O que Jesus espera
de seus seguidores

John Piper

O que Jesus espera de seus seguidores

mandamentos de Jesus ao mundo

Tradução
Maria Emília de Oliveira

Editora Vida
Rua Conde de Sarzedas, 246 — Liberdade
CEP 01512-070 — São Paulo, SP
Tel.: 0 xx 11 2618 7000
atendimento@editoravida.com.br
www.editoravida.com.br
@editora_vida /editoravida

Editor responsável: Gisele Romão da Cruz Santiago
Revisão de tradução: Judson Canto
Revisão de provas: Noemí Lucília Soares Ferreira
Diagramação: Set-up Time
Capa: Arte Peniel

©2005, de John Piper
Título original
What Jesus Demands From the World
edição publicada por
Crossway Books
(Wheaton, Illinois, EUA)

■

Todos os direitos em língua portuguesa reservados por Editora Vida.

Proibida a reprodução por quaisquer meios, salvo em breves citações, com indicação da fonte.

■

Scripture quotations taken from *Bíblia Sagrada, Nova Versão Internacional, NVI* ®.
Copyright © 1993, 2000 by International Bible Society ®.
Used by permission IBS-STL U.S. All rights reserved worldwide.
Edição publicada por Editora Vida, salvo indicação em contrário.

Todos os grifos são do autor.

1. edição: set. 2008
1ª reimpr.: mar. 2010
2ª reimpr.: ago. 2014
3ª reimpr.: mar. 2017
4ª reimpr.: out. 2023

Dados Internacionais de Catalogação na Publicação (CIP)
(Câmara Brasileira do Livro, SP, Brasil)

Piper, John, 1946- .
  O que Jesus espera de seus seguidores: mandamentos de Jesus ao mundo / John Piper; tradução Maria Emília de Oliveira. — São Paulo: Editora Vida, 2008.

  Título original: *What Jesus Demands From the World*.
  Bibliografia
  ISBN 978-85-383-0073-1

  1. Bíblia. N.T. Evangelhos — Harmonias — Crítica, interpretação, etc. 2. Jesus Cristo — Ensinamentos I. Título.

08-06488   CDD-241.5

Índice para catálogo sistemático:
1. Jesus Cristo : Ensinamentos : Vida cristã   241.5

Para
Benjamin e Melissa,
que vivem o amor de Jesus

Sumário

Agradecimentos   13

Sugestões para a leitura deste livro   15

Introdução: o objetivo deste livro   17

Uma palavra aos estudiosos da Bíblia
    (e a quem questiona o que eles estão fazendo)   29

Mandamento 1:   É necessário que vocês nasçam de novo   37
Mandamento 2:   Arrependam-se   40
Mandamento 3:   Venham a mim   45
Mandamento 4:   Creiam em mim   50
Mandamento 5:   Amem-me   55
Mandamento 6:   Ouçam-me   60
Mandamento 7:   Permaneçam em mim   67
Mandamento 8:   Tomem a sua cruz e sigam-me   74
Mandamento 9:   Amem a Deus de todo o seu coração, de toda a sua alma, de todo o seu entendimento e de todas as suas forças   81
Mandamento 10: Regozijem-se e saltem de alegria   91
Mandamento 11: Tenham medo daquele que pode destruir tanto a alma como o corpo no inferno   101
Mandamento 12: Adorem ao Senhor em espírito e em verdade   108
Mandamento 13: Orem sempre e nunca desanimem   115

Mandamento 14: Não se preocupem com as necessidades
do dia-a-dia 124
Mandamento 15: Não se preocupem com as ameaças
do homem 132
Mandamento 16: Humilhem-se, declarando guerra ao orgulho ... 137
Mandamento 17: Humilhem-se como crianças, como servos
e com um coração intrépido e quebrantado 143
Mandamento 18: Não se irem — confiem na providência
de Deus 152
Mandamento 19: Não se irem — tenham misericórdia e perdão ... 161
Mandamento 20: Façam a vontade de meu Pai que está nos
céus — confiem em Jesus para serem
justificados 169
Mandamento 21: Façam a vontade de meu Pai que está nos
céus — confiem em Jesus para serem
transformados 175
Mandamento 22: Esforcem-se para entrar pela porta estreita,
porque a vida é uma guerra 183
Mandamento 23: Esforcem-se para entrar pela porta estreita,
porque Jesus cumpre a nova aliança 192
Mandamento 24: Esforcem-se para entrar pela porta estreita,
porque vocês já estão no poder do Reino 200
Mandamento 25: A justiça de vocês deve ser muito superior à
dos fariseus, porque esta era hipócrita e
repulsiva 210
Mandamento 26: A justiça de vocês deve ser muito superior à
dos fariseus — limpem o interior do copo 217
Mandamento 27: A justiça de vocês deve ser muito superior
à dos fariseus, porque toda árvore boa
produz frutos bons 227
Mandamento 28: Amem seus inimigos — mostrem-lhes a verdade 234

Mandamento 29: Amem seus inimigos — orem por aqueles
que os maltratam   244

Mandamento 30: Amem seus inimigos — façam o bem aos que
os odeiam, dêem a todo aquele que lhes pedir   254

Mandamento 31: Amem seus inimigos para mostrar que vocês
são filhos de Deus   267

Mandamento 32: Amem o próximo como a si mesmos, pois esta
é a Lei e os Profetas   274

Mandamento 33: Amem o próximo com o mesmo empenho
que buscam o bem-estar de vocês   282

Mandamento 34: Amem o próximo como a si mesmos e como
Jesus nos amou   290

Mandamento 35: Acumulem tesouros nos céus, com
generosidade e sacrifício   297

Mandamento 36: Acumulem tesouros nos céus e aumentem
sua alegria em Jesus   303

Mandamento 37: Acumulem tesouros nos céus, "pois foi do
agrado do Pai dar-lhes o Reino"   311

Mandamento 38: Não jurem de forma alguma — digam a
verdade sem usar subterfúgios   320

Mandamento 39: Não jurem de forma alguma — digam
simplesmente "sim" ou "não"   326

Mandamento 40: O que Deus uniu ninguém separe, pois o
casamento retrata a aliança que Deus fez
conosco   332

Mandamento 41: O que Deus uniu ninguém separe, porque
quem se divorciar e se casar outra vez estará
cometendo adultério   339

Mandamento 42: O que Deus uniu ninguém separe — um
homem e uma mulher unidos pela graça
até que a morte os separe   350

Mandamento 43: Dêem a César o que é de César e a Deus o
que é de Deus 357

Mandamento 44: Dêem a César o que é de César, como se
fossem dar a Deus o que é de Deus 363

Mandamento 45: Façam isto em memória de mim, porque eu
edificarei a minha Igreja 371

Mandamento 46: Façam isto em memória de mim — batizem
discípulos e participem da ceia do Senhor 379

Mandamento 47: Deixem a luz de vocês brilhar diante dos
homens, para que glorifiquem ao Pai de
vocês, que está nos céus 386

Mandamento 48: Assim brilhe a luz de vocês diante dos
homens — o sacrifício prazeroso do amor
no sofrimento 392

Mandamento 49: Façam discípulos de todas as nações, porque
toda a autoridade pertence a Jesus 399

Mandamento 50: Façam discípulos de todas as nações, porque
a missão não pode falhar 406

Índice onomástico 414

Índice de assuntos 416

*"Foi-me dada toda a autoridade
nos céus e na terra."*

JESUS

AGRADECIMENTOS

Este livro foi publicado graças a um afluxo de generosidade proveniente de tantas fontes, que eu não seria capaz de citar todas aqui. Na verdade, ela partiu de lugares que nem conheço. Sinto-me feliz, entretanto, por poder mencionar algumas dessas fontes. Os pastores e a congregação da Igreja Batista Bethlehem concederam-me uma licença de cinco meses longe do púlpito, um ato de liberalidade da parte deles em consideração aos 25 anos de nosso ministério na igreja. Sem essa pausa nessas atividades, este livro não teria sido escrito.

A feliz combinação de isolamento e camaradagem, proporcionada pela Tyndale House, em Cambridge, Inglaterra, com sua profusão de recursos, veio a ser o lugar ideal para a pesquisa e a elaboração do texto. Bruce Winter, cujo longo e fiel mandato como diretor da instituição estava chegando ao fim enquanto estive lá, acolheu-me com cortesia, amizade e palavras de incentivo. Os funcionários e leitores da Tyndale House transformaram nossa temporada naquele local em dias alegres e frutíferos. Só Deus sabe quantas mãos anônimas se abriram para tornar tudo isso possível.

David Mathis, Justin Taylor e Ted Griffin leram o manuscrito com atenção e ajudaram-me a fazer centenas de melhorias no texto. Carol Steinbach reuniu mais uma vez sua equipe e preparou o Índice Onomástico para facilitar a tarefa dos leitores. Lane Dennis e sua equipe na Crossway Books incentivaram e apoiaram este projeto desde o planejamento até ele se tornar realidade. Minha esposa, Noël, deu-me liberdade para escrever. Mudou-se para outro local e leu cada palavra com a atenção que só uma esposa talentosa é capaz de dedicar. Conto com o apoio dela em tudo que faço.

Quando alguém me pergunta: "Quanto tempo você levou para escrever este livro?", costumo responder: "Sessenta anos". Sei que não é uma resposta satisfatória, mas ela expressa a verdade: a torrente de generosidade recebida para produzir este livro tem sido constante em minha vida desde o início. Não duvido que minhas experiências desde a Summit Drive Grade School, em Greenville, Carolina do Sul, na década de 1950, depois na Universidade de Munique, no início da década de 1970, e posteriormente no ministério da Palavra durante 25 anos na Igreja Batista Bethlehem foram responsáveis pelo que escrevi neste livro. Não existe separação entre a vida e a dedicação à arte de escrever.

Por todas essas fontes de inesgotável generosidade — conhecidas e desconhecidas — que fluíram na direção de minha vida, sou grato a Jesus, porque ele me criou, me chamou e dirige toda a minha existência, como faz com os governos do mundo e com as galáxias do Universo. Minha oração é que ele use este livro para levar muitas pessoas a conhecê-lo, amá-lo e também a lhe obedecer como único Salvador e Soberano do mundo.

Sugestões para a leitura deste livro

Os livros volumosos nos assustam um pouco, porque imaginamos que devemos começar pela capa e ler até o fim, sem pular nada. Penso que a maioria não irá ler este livro dessa maneira, apenas algumas pessoas. Ele foi estruturado de modo que os assuntos tratados no início ajudem o leitor a compreender os temas posteriores. Dessa perspectiva, pode-se dizer que existe começo, progressão e clímax. Os capítulos, porém, são independentes, e a maioria pode ser lida de maneira isolada. O leitor perceberá quando um capítulo depende de outro.

Por isso, convido-o a começar a leitura em qualquer parte do livro. Você não precisa ler a Introdução em primeiro lugar. Espero, contudo, que o entrelaçamento dos mandamentos de Jesus faça você avançar de um assunto para outro.

Tentei manter os capítulos relativamente curtos para que, de modo geral, possam ser lidos de uma só vez por aqueles que dispõem de pouco tempo durante o dia. É por isso que alguns capítulos tratam do mesmo mandamento sob ângulos diferentes. Achei melhor dividir determinados assuntos em vários capítulos, para não torná-los muito longos.

Uma vez que este livro se concentra nos mandamentos de Jesus, grande parte de sua vida e morte não está relatada aqui. Se você quiser estudar esses assuntos, poderá ler dois outros livros meus (menos volumosos!), nos quais comento sobre Jesus e sua morte: *Um homem chamado Jesus Cristo* (São Paulo: **Vida, 2005**) e *Fifty Reasons Why Jesus Came to Die* [Cinqüenta razões pelas quais Jesus veio morrer]

(Wheaton: Crossway Books, 2006). E, claro, há livros importantes de outros autores, dos quais farei menção nestas páginas.

Acima de tudo, espero que você ore enquanto lê. Mesmo que não esteja habituado a orar, peça a Deus que o proteja dos erros que eu possa ter cometido e que lhe confirme o que é verdadeiro. Afinal, o mais importante é o efeito que Deus produz em nossa vida por meio da Palavra escrita por seu Espírito. É isso que torna a oração tão essencial. Na oração, pedimos a Deus que nos transforme dessa maneira.

Por último, desejo que o propósito da Palavra do Cristo vivo se cumpra no decorrer da leitura: "Tenho lhes dito estas palavras para que a minha alegria esteja em vocês e a alegria de vocês seja completa" (João 15.11).

Introdução: o objetivo deste livro

O objetivo deste livro é obedecer a Jesus de forma que glorifique a Deus. Para essa finalidade, tento obedecer ao último mandamento de Jesus: "... façam discípulos de todas as nações [...] *ensinando-os a obedecer a tudo o que eu lhes ordenei*" (Mateus 28.19,20). O último mandamento de Jesus ordena que ensinemos todos os seus mandamentos.

O mandamento final impossível de ser cumprido

Na verdade, o último mandamento foi mais preciso. Jesus *não* disse: "... ensinando a eles tudo o que eu lhes ordenei". Ele disse: "... ensinando-os a *obedecer* a tudo o que eu lhes ordenei". Podemos ensinar a um papagaio todos os mandamentos de Jesus, mas não podemos ensinar o papagaio a *obedecer* a esses mandamentos. Os papagaios não se arrependem, não adoram Jesus, não acumulam tesouros no céu, não amam os inimigos nem são enviados como ovelhas entre lobos para anunciar o Reino de Deus.

Ensinar uma pessoa a repetir os mandamentos de Jesus como um papagaio é fácil. Ensiná-la a *obedecer* a todos os mandamentos de Jesus é *impossível*. Jesus usou essa palavra. A respeito do homem rico que não quis abrir mão de sua riqueza para segui-lo, Jesus disse: "É mais fácil passar um camelo pelo fundo de uma agulha do que um rico entrar no Reino de Deus. [...] Para o homem é *impossível*, mas para Deus não; todas as coisas são possíveis para Deus" (Marcos 10.25-27).

Por isso, quem se dispõe a obedecer ao último mandamento de Jesus — por exemplo, ensinar o homem rico a obedecer ao mandamento de "renunciar a tudo o que possui" (Lucas 14.33) —, tenta o impossível. Jesus, porém, *não* disse que era impossível. "Todas as coisas são possíveis para Deus". Assim, meu maior desafio ao escrever este livro foi discernir o caminho de Deus para tornar possível a obediência impossível.

Jesus disse que esse objetivo impossível é alcançado por meio do *ensinamento*. "Façam discípulos [...] *ensinando-os* a obedecer a tudo o que eu lhes ordenei". Existe mais do que isso, é claro — por exemplo, a morte de Jesus para resgatar os pecadores (Marcos 10.45), a obra do Espírito Santo (João 14.26) e a oração (Mateus 6.13). No final, porém, Jesus concentrou-se no ensinamento. A meu ver, Deus decidiu fazer o impossível pelo ensino de tudo que Jesus ordenou. Oro para que este livro prove ser um tipo de ensinamento que Deus usará para tornar possível a impossível obediência a Jesus, para a glória de Deus.

Ensinamento e obediência que glorifiquem a Deus

Destaco a glória de Deus porque Jesus fez o mesmo. Ele disse: "Assim brilhe a luz de vocês diante dos homens, para que vejam as suas boas obras e *glorifiquem ao Pai de vocês, que está nos céus*" (Mateus 5.16). O objetivo fundamental dos mandamentos de Jesus não é que seus seguidores lhes obedeçam por meio de boas obras. O objetivo *fundamental* é que Deus seja glorificado. A obediência por meio de boas obras vem a seguir, mas é fundamental que nossa vida de obediência a Deus seja demonstrada como a mais bela realidade do mundo. É esse o objetivo fundamental de Jesus,[1] e o meu.

Isso me ajuda a responder à pergunta: que tipo de ensinamento contido nos mandamentos de Jesus o Senhor Deus estaria disposto a usar para tornar possível essa obediência impossível? Se o objetivo

---

[1] V. especialmente o *Mandamento 47*.

da obediência é, em última análise, glorificar a Deus, então é provável que Deus queira usar algum tipo de ensinamento que mantenha sua glória no centro. Dessa forma, meu objetivo, nas páginas deste livro, é concentrar-me de maneira apropriada na excelsa e preciosa beleza de Deus.

Mantendo os mandamentos em sintonia com Jesus e sua obra

Como podemos nos concentrar de maneira apropriada na beleza de Deus em relação aos mandamentos de Jesus? Debatendo o significado e a motivação dos mandamentos em sintonia com a pessoa e a obra de Jesus. A pessoa e a obra de Jesus são os principais meios pelos quais Deus é glorificado no mundo. Não há revelação maior da glória de Deus. Jesus disse: "... Quem me vê, vê o Pai" (João 14.9). Por isso, a *pessoa* de Jesus é a manifestação da glória de Deus. Vê-lo como ele realmente é significa ver a beleza de Deus, uma beleza infinitamente preciosa. Jesus também disse, enquanto orava: "Eu te glorifiquei na terra, completando a obra que me deste para fazer" (17.4). Por isso, sua *obra* é a manifestação da glória de Deus. Quando vemos o que ele fez e como fez, contemplamos a majestade e a grandeza de Deus.

Portanto, meu objetivo é *investigar o significado e a motivação dos mandamentos de Jesus em sintonia com sua pessoa e obra*. Há um fato que vem à tona reiteradas vezes: Jesus exige uma vida que manifeste o valor de sua pessoa e o efeito de sua obra. Ele não deseja que nos afastemos de seus mandamentos nem de quem ele é e do que tem feito.

Não devemos, então, nos surpreender com seu mandamento final e supremo de ensinar as nações a obedecer a tudo que ele ordenou. Isso faz parte de seu propósito derradeiro. A obediência aos seus mandamentos mostra ao mundo o fruto da obra gloriosa de Jesus e a importância de sua pessoa gloriosa. Em outras palavras, o mundo vê a glória de Deus. Esse é o motivo de Jesus ter vindo ao mudo e de a missão dele perdurar até sua volta.

UM RESUMO DA VIDA E OBRA DE JESUS

Antecipando o que veremos mais adiante, o resumo da vida e obra de Jesus deve ser apresentado já, de modo que desde o início os mandamentos sejam fundamentados de forma correta. Jesus veio ao mundo, enviado por Deus, como o Messias aguardado havia muito tempo pelos judeus. Quando Jesus perguntou aos discípulos: "Quem vocês dizem que eu sou?", Pedro respondeu: "Tu és o Cristo, o Filho do Deus vivo". Jesus, então, comentou: "Feliz é você, Simão, filho de Jonas! Porque isto não lhe foi revelado por carne ou sangue, mas por meu Pai que está nos céus" (Mateus 16.15-17).

Quando Jesus foi julgado, acusaram-no de blasfêmia e, depois, de traição contra César, porque ele dizia ser o Messias, o Rei de Israel, o Filho de Deus. O sumo sacerdote judeu perguntou-lhe: "Você é o Cristo, o Filho do Deus Bendito?". Jesus respondeu: "Sou. E vereis o Filho do homem assentado à direita do Poderoso vindo com as nuvens do céu" (Marcos 14.61,62).

POR QUE JESUS GOSTAVA DO TÍTULO "FILHO DO HOMEM"

Apesar de saber que era o Messias, o Filho de Deus, Jesus gostava de intitular-se "Filho do homem". Esse título contém, em parte, o significado óbvio de que Jesus foi realmente humano. Mas, por ter sido usada pelo profeta Daniel, essa expressão talvez signifique uma afirmação sublime de autoridade universal.

> Em minha visão à noite, vi alguém semelhante a um filho de homem, vindo com as nuvens dos céus. Ele se aproximou do ancião e foi conduzido à sua presença. Ele recebeu autoridade, glória e o reino; todos os povos, nações e homens de todas as línguas o adoraram. Seu domínio é um domínio eterno que não acabará, e seu reino jamais será destruído (Daniel 7.13,14).

Jesus gostava de referir-se a si mesmo como "Filho do homem" porque a palavra "Messias" e a expressão "Filho de Deus" eram carregadas de pretensões políticas populares e dariam a impressão errada a respeito da natureza de sua dignidade messiânica. Poderiam facilmente dar a entender que ele se encaixava nos conceitos da época de que o Messias conquistaria Roma, libertaria Israel e estabeleceria seu Reino na Terra. Jesus teve de navegar por essas águas da política. Apresentou-se como o verdadeiro Messias, o Filho de Deus com autoridade universal, porém rejeitou a noção popular de que o Messias não sofreria, mas passaria imediatamente a governar sobre este mundo.

A expressão "Filho do homem" provou ser muito útil nesse sentido porque, embora contivesse afirmações sublimes para aqueles que tinham ouvidos para ouvir, Jesus não estava, ao que tudo indica, fazendo afirmações explícitas com relação ao poder político. Usando seu título favorito (apesar de não rejeitar os outros), Jesus conseguiu explicar que o tão aguardado Reino messiânico de Deus se cumpriria em seu ministério.[2]

O CUMPRIMENTO DO REINO DE DEUS NA HISTÓRIA

Os judeus aguardavam havia muito tempo o dia em que o Messias chegaria para estabelecer o Reino de Deus. Os inimigos de Israel seriam derrotados; os pecados, eliminados; as doenças, curadas; os mortos, ressuscitados; a justiça, a alegria e a paz, instaladas na Terra com o Messias no trono. Então Jesus veio e declarou: "O tempo é chegado. O Reino de Deus está próximo. Arrependam-se e creiam nas boas novas!" (Marcos 1.15). Jesus estava dizendo que, em seu ministério, o Reino redentor e libertador de Deus havia chegado. "Se é pelo dedo de Deus que eu expulso demônios, então *chegou a*

---

[2] Para uma visão geral dos títulos de Jesus nos Evangelhos, no espaço de 12 páginas, v. Craig L. BLOMBERG, *Jesus and the Gospels* (Nashville: Broadman & Holman, 1997), p. 401-12.

vocês o Reino de Deus. [...] o Reino de Deus está *entre vocês*" (Lucas 11.20; 17.21).

Havia, no entanto, um mistério, ao qual Jesus denominou "o mistério do Reino de Deus" (Marcos 4.11). O mistério era este: o Reino de Deus cumpriu-se na História *antes* de sua manifestação final e triunfante. Cumpriu-se aqui, mas não se consumou aqui.[3] O Reino se cumpriria em dois estágios. No primeiro, o Messias viria e sofreria; no segundo, o Messias viria em glória (Lucas 24.46; Marcos 14.62).

Ele veio para servir, morrer pelos pecados e ressuscitar

Portanto, a obra principal de Jesus na Terra durante sua primeira vinda foi sofrer e morrer para perdoar pecados. Ele declarou: "Nem mesmo o Filho do homem veio para ser servido, mas para servir e dar a sua vida em resgate por muitos" (Marcos 10.45). Na última ceia, com os discípulos, ele pegou o cálice e disse: "Isto é o meu sangue da aliança, que é derramado em favor de muitos, para perdão de pecados" (Mateus 26.28).

Morrer não foi sua única missão, mas foi fundamental. Jesus comprou com o próprio sangue as promessas da nova aliança. A nova aliança era a promessa de Deus de que todos os que ingressassem no Reino vindouro teriam os pecados perdoados, trariam a lei escrita no coração e conheceriam ao Senhor pessoalmente (Jeremias 31.31-34). As bênçãos dessa aliança são essenciais para nos capacitar a obedecer aos mandamentos de Jesus. Por isso, a morte de Jesus é de vital importância para tornar possível a obediência impossível que ele ordena.

A missão de Jesus, porém, era muito maior. Enquanto esteve preso, João Batista quis saber se Jesus era realmente o Messias e mandou perguntar-lhe:

---

[3] Um excelente trabalho sobre o Reino de Deus no ministério de Jesus é George Ladd, *The Presence of the Future* (Grand Rapids: Eerdmans, 1974).

> "És tu aquele que haveria de vir ou devemos esperar algum outro?" Jesus respondeu: "Voltem e anunciem a João o que vocês estão ouvindo e vendo: os cegos vêem, os mancos andam, os leprosos são purificados, os surdos ouvem, os mortos são ressuscitados, e as boas novas são pregadas aos pobres; e feliz é aquele que não se escandaliza por minha causa". (Mateus 11.3-6)

Em outras palavras: "Todas as minhas curas e pregações demonstram que sou o Messias, mas não se escandalizem por eu não estar atendendo à expectativa política das leis terrenas. *Sou* aquele que havia de vir, mas minha missão principal (nesta primeira vinda) é sofrer — dar a vida em resgate por muitos".

Tendo cumprido sua missão, Jesus ressuscitou depois de passar três dias na sepultura. Esse era o plano de Deus. Tratava-se de um ato de suprema autoridade sobre a morte. "Ninguém a tira [minha vida] de mim, mas eu a dou por minha espontânea vontade. Tenho autoridade para dá-la e para retomá-la. Esta ordem recebi de meu Pai" (João 10.18). Depois da ressurreição, ele apareceu aos discípulos em várias ocasiões e provou-lhes que estava fisicamente vivo (Lucas 24.39-43). Jesus explicou-lhes as Escrituras para que pudessem entender completamente que ele cumprira as promessas de Deus (v. 32,45). Em seguida, encarregou-os de serem suas testemunhas, instruiu-os a aguardar o Espírito Santo prometido, e subiu ao céu (v. 46-51).

A OBEDIÊNCIA É O FRUTO DA OBRA DE JESUS E A MANIFESTAÇÃO DE SUA GLÓRIA

As ordens dadas por Jesus foram baseadas em quem ele era e no que ele realizou. Elas não podem ser separadas de sua pessoa e obra. A obediência aos seus mandamentos é o resultado de sua *obra redentora* e a manifestação de sua *glória pessoal*. Foi para isso que ele veio: para instruir um povo que glorificasse seu Reino de bondade e produzisse frutos para ele (Mateus 21.43).

Quando disse: "O Filho do homem veio buscar e salvar o que estava perdido" (Lucas 19.10), Jesus se referia a Zaqueu, que depois de se arrepender deu metade de seus bens aos pobres (v. 8). Em outras palavras, o Filho do homem veio para salvar o povo de seu amor suicida pelos bens materiais (e por outros ídolos) e ensinar-lhes um tipo de obediência impossível, que manifesta o valor infinito de Jesus. Portanto, meu objetivo neste livro é unificar o significado e a motivação dos mandamentos de Jesus, a grandeza de sua obra e a glória de sua pessoa.

Uma palavra sobre o método empregado

Darei mais detalhes sobre a metodologia logo a seguir, em "Uma palavra aos estudiosos da Bíblia" (e convido todos a ler!), mas parece recomendável incluir neste ponto do livro algumas escolhas essenciais que fiz para me orientar. Meu método destina-se a refletir o significado e a motivação dos mandamentos de Jesus *conforme aparecem nos Evangelhos*, no contexto de sua pessoa e obra. Não cito o restante do Novo Testamento porque desejo compreender o Jesus dos Evangelhos. É perfeitamente válido citar o Novo Testamento inteiro, e em minhas pregações não hesito em mencionar outras passagens bíblicas para ajudar a esclarecer qualquer texto, desde que eu não mude o significado. Neste livro, porém, submeti-me quase inteiramente a Jesus por meio da lente de suas palavras, conforme registradas nos Evangelhos. Um objetivo secundário nessa linha de pensamento é estimular a confiança na unidade do Novo Testamento, porque o resultado é bastante compatível com o que os outros autores do Novo Testamento ensinaram.

Por que o livro recebeu esse título?

Algumas palavras a respeito do título *What Jesus Demands From the World*, cuja tradução literal seria *O que Jesus exige do mundo*. Sei que o verbo "exigir" soa desagradável a muitos ouvidos da era moderna — uma palavra áspera, severa, rígida, dura, austera, abrasiva. Escolhi-a, no entanto, para confrontá-la com algumas causas subjacentes, segundo as quais parece ofensivo descrever Jesus como autoritário. Tenho certeza de que, se compreendermos corretamente os mandamentos de Jesus e estivermos dispostos a encontrar nossa suprema alegria nele, suas ordens não nos serão ásperas: serão doces. Elas cairiam sobre nós da mesma forma que os mandamentos da Dama cairiam sobre os animais no romance de C. S. Lewis: "Os animais não pensariam ser custoso se eu lhes dissesse para andarem de cabeça para baixo. Tornar-se-ia para eles um encanto andar de cabeça para baixo. Eu sou o animal Dele e todas as determinações Dele são alegrias".[4]

Tal interpretação, porém, é barata e superficial, uma tentativa de provar que Jesus não costumava se expressar com rispidez. Jesus usava, sim, palavras ásperas quando se dirigia aos seus *adversários*, os escribas e fariseus — por exemplo, em Mateus 23 Jesus se dirige a eles como "filhos do inferno" (v. 15), "cegos insensatos" (v. 17), "guias cegos" (v. 16,24), "hipócritas" e "sepulcros caiados" (v. 27) e "raça de víboras" (v. 33). Ele também se dirige com palavras duras aos seus *discípulos*. Por exemplo: "Se vocês, apesar de serem maus, sabem dar boas coisas aos seus filhos..." (7.11). A Pedro, ele diz: "Para trás de mim, Satanás! Você não pensa nas coisas de Deus, mas nas dos homens" (Marcos 8.33). Ao mesmo Pedro, diz ainda, referindo-se ao destino de João: "... o que lhe importa? Quanto a você, siga-me!" (João 21.22).

Após um duro discurso, registrado em João 6 — "Todo aquele que come a minha carne e bebe o meu sangue tem a vida eterna..." (v. 54) —, o evangelista comenta: "Ao ouvirem isso, muitos dos seus discípulos disseram: 'Dura é essa palavra. Quem pode suportá-la?' [...] Daquela hora em diante, muitos dos seus discípulos voltaram atrás e deixaram de segui-lo" (v. 60,66). Essa foi precisamente a

---
[4] *Perelandra* (London: Macmilan, 1973), p. 76.

conseqüência de ele falar assim. Meu objetivo não é encobrir o sentido mais severo do verbo "exigir" nem suavizar as palavras duras de Jesus, e sim provocar uma mudança em nosso coração e em nosso entendimento, de forma que o severo Jesus seja para nós o meigo Jesus.

Autoridade e amizade na Grande Comissão

Esse é meu objetivo. Você poderá sentir autoridade e amizade nas palavras de Jesus em seu último mandamento. Por um lado, ele diz: "Foi-me dada toda a autoridade nos céus e na terra" (Mateus. 28.18). Por outro, afirma: "Eu estarei sempre com vocês, até o fim dos tempos" (v. 20). Primeiro ele diz: "Eu ordeno porque tenho esse direito. Toda a autoridade no Universo é minha". Depois diz: "Eu ordeno porque vou ajudá-los. Estarei com vocês para sempre".

Estruturei este livro com o propósito de atrair a atenção do leitor com capítulos curtos e com as ordens mais brandas posicionadas antes das mais difíceis (porém igualmente preciosas) de Jesus.[5] Não usei esse recurso pensando em tática ou estilo, mas por ser teologicamente apropriado. A maior parte das ordens relacionadas nos primeiros 19 capítulos não requer nenhuma ação externa. Elas tratam essencialmente do que acontece na mente e no coração e vêm em primeiro lugar porque o tipo de obediência neles exigida por Jesus parte de dentro (onde o valor de Jesus é assimilado) para fora (onde o valor de Jesus é mostrado).

Os sete primeiros capítulos intitulam-se: "É necessário que vocês nasçam de novo", "Arrependam-se", "Venham a mim", "Creiam em mim", "Amem-me", "Ouçam-me" e "Permaneçam em mim". Quando compreendidos na essência, esses mandamentos transformam a autoridade absoluta de Jesus numa arca do tesouro repleta de alegria santificada. Se a pessoa mais gloriosa do Universo pagou todas as minhas dívidas (Mateus 20.28) e agora pede que eu viva com ele e

---

[5] Para entender como escolhi os mandamentos a serem incluídos neste livro v. Meu método para escrever este livro, p. 35.

participe de sua alegria (25.21), não pode existir mandamento que eu mais deseje obedecer. Repito as palavras de Agostinho: "Dai-me o que me ordenais, e ordenai-me o que quiserdes".[6]

ELE OUSOU DAR ORDENS AO MUNDO INTEIRO?

A outra palavra na tradução literal do título deste livro é "mundo" — *O que Jesus exige do mundo*. Duas objeções se apresentam. Primeira: ele *deu* ordens ao mundo inteiro? Segunda: ele *ousou* dar ordens ao mundo inteiro?

Alguém pode perguntar: "Jesus deu essas ordens ao mundo, ou apenas aos discípulos? Elas são princípios éticos para o mundo, ou só para os seguidores de Jesus?" A resposta é: as ordens que ele deu aos discípulos também se aplicam ao mundo porque ele ordena que todos os homens e mulheres, de todos os lugares, sejam seus discípulos. Esta é a mensagem de seu último mandamento: "... vão e façam discípulos de todas as nações, batizando-os em nome do Pai e do Filho e do Espírito Santo, ensinando-os a obedecer a tudo o que eu lhes ordenei..." (Mateus 28.19,20). Jesus ousou dar ordens a "todas as nações" — a todos os grupos étnicos do planeta.[7] Sem exceção. Jesus não é uma divindade tribal. Toda a autoridade que existe no Universo pertence a ele, e toda a Criação deve lealdade a ele.

AVANÇANDO COM TODA AUTORIDADE, MAS SEM ESPADA

Jesus não enviou seu povo com uma espada na mão para fazer discípulos. Seu Reino não vem pela força, mas pela verdade, pelo amor, pelo sacrifício e pelo poder de Deus. "O meu Reino não é deste mundo. Se fosse, os meus servos lutariam para impedir que os judeus me prendessem. Mas agora o meu Reino não é daqui" (João 18.36).

---

[6] *Confissões* (São Paulo: Nova Cultural, 1987 [Coleção Os Pensadores]), livro X, cap. xxix.

[7] Nos dois últimos capítulos deste livro, estendo-me um pouco mais sobre as implicações desse versículo para o mundo e explico melhor o significado de "todas as nações".

Os seguidores de Jesus não matam para conseguir mais adeptos ao Reino. Eles morrem: "Se alguém quiser acompanhar-me, negue-se a si mesmo, tome a sua cruz e siga-me" (Marcos 8.34); "Alguns de vocês [serão entregues] à morte" (Lucas 21.16). Quem condena os seguidores de Jesus à morte talvez esteja fazendo isso em nome da religião. "... virá o tempo quando quem os matar pensará que está prestando culto a Deus" (João 16.2).

Jesus tem toda a autoridade no céu e na terra, mas por enquanto ele restringe seu poder. Nem sempre ele o usa para poupar o sofrimento de seu povo, embora possa usá-lo e, às vezes, o use. Ele estará conosco até o fim dos tempos, mas nem sempre para livrar-nos dos perigos. Seu desejo é que percorramos a mesma estrada pela qual ele passou: "... se me perseguiram, também perseguirão vocês..." (15.20); "... se o dono da casa foi chamado Belzebu, quanto mais os membros da sua família!" (Mateus 10.25).

A autoridade universal de Jesus resulta numa missão de *ensinamento*, não uma missão de terror. Seu objetivo é obediência a tudo que ele ordenou, para a glória de Deus. Essa obediência que glorifica a Deus é espontânea e prazerosa, não obrigatória nem intimidadora. A alegria é triunfante, mesmo quando o preço é alto demais, porque a causa de Jesus não pode falhar. "Bem-aventurados serão vocês quando, por minha causa, os insultarem, os perseguirem e levantarem todo tipo de calúnia contra vocês. Alegrem-se e regozijem-se, porque grande é a sua recompensa nos céus..." (5.11,12). É uma missão muito difícil, mas prazerosa.

Oro para que este livro atenda a esta missão universal: "Façam discípulos de todas as nações [...] *ensinando-os a obedecer a tudo o que eu lhes ordenei*". Oro também para que eu possa repetir fielmente estas palavras de Jesus: "... Aquele que me enviou merece confiança, e digo ao mundo aquilo que dele ouvi" (João 8.26).

Uma palavra aos estudiosos da Bíblia (e a quem questiona o que eles estão fazendo)

Seria natural ouvir um estudioso do Novo Testamento dizer: "Céus! O Piper desconsidera totalmente os duzentos anos de buscas criteriosas pelo Jesus histórico!". Eu entenderia a reação. No entanto, ela não é muito correta. "Desconsidera" não é a palavra certa. Seria mais apropriado dizer que, para mim, a maioria dos frutos dessas buscas não é confiável nem útil para alcançar os objetivos de Jesus para este mundo.

Quais são os resultados das buscas pelo Jesus histórico?

Pouco foi mudado a esse respeito desde 1931, quando Edwyn Hoskyns e Noel Davey escreveram: "Não existem 'resultados garantidos' da crítica do Novo Testamento".[1] Isso não significa, no que diz respeito à busca do Jesus histórico, que seja impossível fazer afirmações categóricas acerca de Jesus. Significa que o esforço para passar por cima dos Evangelhos nos lança num oceano de especulações, as quais não nos levam a nenhuma ilha que possa ser chamada "descrição confiável de Jesus".[2]

---

[1] Edwyn Hoskyns & Noel Davey, *The Riddle of the New Testament* (London: Faber and Faber Limited, 1931), p. 259.

[2] ²Ben Witherington III tem a seguinte opinião acerca das duas primeiras buscas: "A conclusão das duas primeiras buscas, tanto quanto de qualquer outra coisa, revelou

Os estudiosos reconhecem três buscas pelo Jesus histórico. A primeira originou-se muito tempo atrás, com Baruch de Espinosa (1632-1677) e depois foi desenvolvida por Hermann Reimarus (1694-1768), David Friedrich Strauss (1808-1874), William Wrede (1859-1906) e outros. Chegou ao fim sob o duplo ataque de Albert Schweitzer (1875-1965), o qual argumentou que ela não era suficientemente radical, e de Martin Kähler (1835-1912), o qual argumentou que o Jesus histórico, conforme reconstruído pelos críticos, não era o "Cristo histórico bíblico" e, portanto, não tinha utilidade para a fé da igreja.[3]

A segunda busca pelo Jesus histórico foi reavivada em 1953 por Ernst Käsemann, aluno de Rudolf Bultmann, dois alemães de grande talento com os quais tive de concordar em meus tempos de estudante em Munique, no início da década de 1970. Curiosamente, Bultmann e Käsemann morreram aos 92 anos de idade. Bultmann, porém, abandonou suas atividades no início da década de 1970. Morreu em 1976. Käsemann tinha mais de 60 anos quando estudei na Alemanha, e só tive um rápido encontro com ele em um seminário em Paris. Esses dois homens, ao lado de Günther Bornkamm, foram os guardiões da história crítica com quem tive de me confrontar, sem

---

as limitações frustrantes do estudo histórico de qualquer pessoa dos tempos antigos [...]. Nada é tão fugaz quanto a maioria das últimas tendências dos estudos avançados do Novo Testamento, inclusive dos estudos do Jesus histórico. Para entender isso, basta rever as tendências e o impacto da segunda busca pelo Jesus histórico, a qual nos revelou, entre outras coisas, um Jesus existencialista. O Jesus histórico e o Jesus que pode ser reconstruído pelo método histórico-crítico não são um só nem são os mesmos. Para ser mais preciso, o Jesus reconstruído pelo uso idiossincrático do método histórico-crítico ou o Jesus baseado na redução do campo de convergência para algumas passagens tem pouquíssima ligação com o Jesus verdadeiro" (*The Jesus Quest: The Third Search for the Jew of Nazareth* [Downers Grover: InterVarsity Press, 1995], p. 247).

[3] Todos os documentos relevantes desses e de outros autores foram preciosamente compilados num único volume: Gregory W. Dawes (Org.), *The Historical Jesus Quest: Landmarks in the Search for the Jesus of History* (Louisville: Westminster John Knox, 1999). Outra coleção útil de ensaios históricos sobre as buscas pelo Jesus histórico é: James D. G. Dunn & Scot McKnight (Orgs.), The Historical Jesus in Recent Research, in: *Sources for Biblical Theological Study* (Winona Lake: Eisenbrauns, 2005), v. 10.

levar em conta o Jesus que citei em minha tese de doutorado sobre seu mandamento a respeito do amor.

As raízes da desilusão

O tempo que passei na Alemanha acarretou-me uma desilusão cada vez maior no que dizia respeito à tarefa de reconstruir um Jesus histórico, desvinculado da figura unificada do Jesus dos Evangelhos. Detectei nesse empreendimento uma boa medida do que me pareceu ser pura falsidade acadêmica. Havia na parte inicial dos artigos uma quantidade considerável de "talvez", "provavelmente", "possivelmente" e outros advérbios de nuanças variadas, mas no final surgia (aparentemente do nada) uma confiança de que algo útil e consistente fora descoberto. De minha parte, todo aquele maciço intelectual não passava de um castelo de cartas.

Vale a pena ter 60 anos de idade. Tenho presenciado muitos e muitos desabamentos de castelos de cartas. Por exemplo, nos dias de hoje, quem de nós levaria a sério as reconstruções do Jesus histórico elaboradas por Milan Machoveč (*Jesus für Atheisten*, 1972), Herbert Braun (*Jesus*, 1969) ou Kurt Niederwimmer (*Jesus*, 1968)? Contudo, foram todas reconstruções de vanguarda, com as quais tive de concordar. Os dois primeiros divergiam de Bultmann, afirmando que o Reino de Deus no ministério de Jesus foi uma teoria mitológica que podia ser dispensada, porque fora encontrado o "significado" político (Machoveč era marxista) e existencial de Jesus para nós. Niederwimmer aproveitou-se, como diz a sobrecapa do livro, dos "resultados indubitáveis da psicologia profunda" para encontrar no Reino de Deus "a objetivação de um processo coletivo de conscientização". Não me impressionei com o resultado da segunda busca. Tenho visto coisas gloriosas no Jesus dos Evangelhos, e essa busca nada me acrescentou.

Senti-me à vontade diante destas palavras impressionantes de Adolf Schlatter, que definem o que, na opinião dele, deveria ser a intelectualidade (*die Wissenschaft*):

> Mantenho-me o mais afastado possível das conjecturas para evitar o conseqüente esforço de subvertê-las. Parece-me um trabalho infrutífero, pois as conjecturas não são subvertidas por meio da produção de outras iguais. Elas desaparecem quando alguém vê que a observação é mais frutífera que a conjectura [...]. Chamo *Wissenschaft* [intelectualidade] a observação do que existe (*des Vorhandenen*), não a tentativa de imaginar o que não se vê. Talvez alguém conteste, alegando que a adivinhação da conjectura estimula e diverte, ao passo que a observação é difícil e trabalhosa. É verdade: recreação é melhor que trabalho. Mas o evangelho sempre é mal interpretado quando alguém brinca com ele.[4]

Aos poucos, começou a crescer dentro de mim a convicção de que a vida é curta demais e que a Igreja é preciosa demais para que um ministro da Palavra passe a vida inteira tentando recriar Jesus com base em conjecturas. Havia um trabalho a ser feito — e um trabalho difícil — para compreender o que realmente existe no retrato de Jesus apresentado por Deus nos Evangelhos.

Existe esperança para a terceira busca?

A terceira busca pelo Jesus histórico "começou no início da década de 1980, estimulada por novas informações manuscritas e arqueológicas, novos aperfeiçoamentos metodológicos e novo entusiasmo, porque a pesquisa histórica não precisava terminar num beco sem saída".[5] Ela continua, e há relatórios disponíveis sobre o andamento dos trabalhos.[6] Ben Witherington observa: "O desejo de dizer

---

[4] Adolf Schlatter, *Der Evangelist Matthäus* (6. ed. Stuttgart: Calver Verlag, 1963), p. xi. Tradução do autor.
[5] Ben Witherington III, *The Jesus Quest: The Third Search for the Jew of Nazareth* (Downers Grover: InterVarsity Press, 1995), p. 12-3.
[6] Além da obra de Witherington mencionada na nota anterior, v. Larry Hurtado, A Taxonomy of Recent Historical-Jesus Work, in: William E. Arnal & Michel Desjardins (Orgs.), *Whose Historical Jesus?* (Waterloo: Wilfrid Laurier University Press, 1997), p. 272-95; Jonathan Knight, *Jesus: An Historical and Theological Investigation* (London: T&T Clark International, 2004), p. 15-56; James D. G. Dunn & Scot McKnight (Orgs.), *The Historical Jesus in Recent Research*.

algo novo e estimulante caracteriza quase todas as obras [da terceira busca] examinadas neste estudo, chegando, às vezes, ao extremo de preferir o novo ao provável".[7] Minha avaliação de tais empreendimentos é esta: as reconstruções do Jesus histórico divorciadas do quadro composto nos Evangelhos serão esquecidas, tal como foram esquecidos Machoveč, Braun e Niederwimmer.

Há motivos para isso.

Primeiro: até hoje nenhum perfil confiável ou duradouro de Jesus foi reconstruído à parte das informações contidas nos Evangelhos. Não há motivo para pensar que isso mudou, e é fácil entender por quê: quando trocamos *das Vorhandenen* (aquilo que existe e está ao nosso alcance) por conjecturas, transformamos a intelectualidade em jogo acadêmico. O jogo da vida necessita de brinquedos, e todos sabem que o mercado e a escola filosófica exigem novos brinquedos a cada geração. Eles não vão durar, todavia. Contudo, será trágico ver quanto malefício causarão aos que não têm raízes nos Evangelhos — nem a vantagem de ter 60 anos de idade.

Os Evangelhos não foram subvertidos

Segundo: o perfil de Jesus nos Evangelhos não foi subvertido pela intelectualidade. A aparente subversão surge da criação injustificada de critérios de autenticidade que, por definição, excluem aspectos do que é apresentado no Novo Testamento. Felizmente, Deus tem chamado gerações de estudiosos ponderados, rigorosos e fiéis, que não se intimidam diante dos críticos radicais e trabalham pacientemente para estabelecer a credibilidade histórica dos Evangelhos. Dou graças a Deus por eles. Não estou dizendo que eles forneçam a prova definitiva dos Evangelhos, mas que demonstram que os ataques contra a validade histórica do Jesus dos Evangelhos não são convincentes.[8]

---

[7] Ben WITHERINGTON III, *The Jesus Quest: The Third Search for the Jew of Nazareth*, p. 247.
[8] A esse respeito, os seguintes livros apresentam contra-argumentos à terceira busca e à busca em geral: Craig L. BLOMBERG. *The Historical Reliability of the Gospels* (Downers

Fragmentos levam a reconstruções arbitrárias

Terceiro: a construção de um perfil confiável e convincente de Jesus sem o apoio dos Evangelhos é ilusória porque, por definição, o método adotado se serve apenas de fragmentos, sem contexto imediato. Ora, palavras e eventos vagos só podem ser interligados de forma arbitrária. Desse modo, é a mente do estudioso, e não a realidade de Jesus, que orienta a reconstrução. Luke Timothy Johnson apresenta este forte argumento:

> Composições fragmentadas, retalhadas e dispostas em seqüências arbitrárias não funcionam de maneira nenhuma. As composições literárias do Novo Testamento são analisadas com mais critério quando sua integridade literária é respeitada e reconhecida. Consideradas dessa maneira, poderão ser reconhecidas como testemunhas e interpretações de experiência e convicções religiosas.[9]

Somente os Evangelhos permanecem

Quarto: o perfil de Jesus traçado nos Evangelhos do Novo Testamento é o único que se mantém como paradigma para a Igreja e para o mundo por ser o único, no longo prazo, ao qual o povo tem acesso. Seja qual for o perfil que os pesquisadores elaborem, ele será lido apenas por um punhado de gente. Ainda que o transformem num filme de sucesso estrondoso, visto por milhões de

---

Grove: InterVarsity Press, 1987); Idem, *Jesus and the Gospels* (Nashville: Broadman & Holman, 1997); Idem, *The Historical Reliability of John's Gospel* (Downers Grove: InterVarsity Press, 1998); D. A. CARSON. *The Gospel According to John* (Grand Rapids: Eerdmans, 1991), p. 40-68; Michael J. WILKINS & J. P. MORELAND (Orgs.), *Jesus under Fire* (Grand Rapids: Zondervan, 1995); Paul BARNETT, *The Truth About Jesus: The Challenge of the Evidence* (Sydney: Aquila Press, 1994); Luke Timothy JOHNSON, *The Real Jesus: The Misguided Quest for the Historical Jesus and the Truth of the Traditional Gospels* (San Francisco: HarperSanFrancisco, 1996); Gregory BOYD, *Cynic, Sage or Son of God? Recovering the Real Jesus in an Age of Revisionist Replies* (Grand Rapids: Baker, 1995); Gary HABERMAS, *The Historical Jesus: Ancient Evidence for the Life of Christ* (Joplin: College Press, 1996); Lee STROBEL, *Em defesa de Cristo* (São Paulo: Vida, 2006].

[9] Luke Timothy JOHNSON, *The Real Jesus: The Misguided Quest for the Historical Jesus and the Truth of the Traditional*, p. 167.

pessoas, será esquecido em dez anos, enquanto os Evangelhos continuarão na mão do povo. Aposto minha vida que isso foi idéia de Deus e que valerá a pena esforçar-se até o último suspiro para compreender o que existe de fato nos Evangelhos e passar fielmente as informações adiante.

Meu método para escrever este livro

Em complemento ao que eu disse em "Uma palavra sobre o método empregado", na Introdução, talvez seja oportuno ressaltar que o processo de seleção dos mandamentos aqui discutidos foi complexo. Enquanto lia os Evangelhos, compilei e anotei todos os mandamentos, inclusive os implícitos (por exemplo, em "Bem-aventurados os misericordiosos" está implícito o mandamento "Sejam misericordiosos"). A lista ultrapassou 500 mandamentos, contando-se as múltiplas reafirmações nos quatro livros. O passo seguinte foi separar os mandamentos com significado duradouro para a fé e para a vida, ou seja, excluí mandamentos como este: "Levante-se, pegue a sua maca e vá para casa" (Marcos 2.11). Finalmente, veio o processo de agrupar e classificar. Após várias tentativas, consegui incluir todos os mandamentos em cerca de 30 categorias. Esses grupos formaram a estrutura original dos capítulos. Alguns capítulos, porém, se expandiram e foram divididos em dois ou mais. Foi assim que cheguei ao número redondo de 50 capítulos. Não posso afirmar que todos os mandamentos são comentados neste livro. Espero, contudo, ter apresentado categorias suficientes e mandamentos bastantes para compensar os que omiti.

O Jesus dos Evangelhos é o mais radical

O quinto e último motivo é este: as reconstruções de Jesus desvinculadas dos Evangelhos não são duradouras, nem servem de exemplo, no longo prazo, para a Igreja, porque o Jesus mais radical é o dos Evangelhos. Muitas reconstruções feitas sem o apoio dos Evangelhos são motivadas pelo desejo de desligar Jesus das tradições adotadas pela Igreja e enquadrá-lo neste mundo de formas previsíveis e condescendentes. A intenção é boa, mas o método utilizado revela o oposto do que se espera. Quando a Igreja é instruída a não confiar no Jesus dos Evangelhos e a procurar outras versões humanas de Cristo, o verdadeiro Jesus é obscurecido e enfraquecido de modo a não mais poder desvencilhar-se das tradições não bíblicas nas quais foi enredado.

Luke Timothy Johnson ressalta muito bem esse ponto. A Igreja e o mundo têm uma necessidade crítica do "Jesus verdadeiro" dos Evangelhos. As palavras de Johnson são ideais para concluir esta seção e dar impulso a *O que Jesus espera de seus seguidores*:

> A Igreja age como se fosse vitoriosa ou trata seu povo de modo arrogante? É um agente de supressão das necessidades e aspirações humanas? Fomenta a intolerância e o radicalismo? A Igreja proclama um evangelho de sucesso empresarial, apresentando Jesus como seu sócio mais competente? Encoraja um sistema de prosperidade a ponto de abandonar os homens de bem da terra, ou defende uma espiritualidade individualista a ponto de abandonar os pobres do mundo? Seus líderes são corruptos e opressores? Essas distorções do cristianismo não encontram nenhum crítico mais mordaz, nenhum opositor mais radical que o Jesus descoberto *somente* nas páginas do Novo Testamento, o Jesus que se esvaziou a favor de outros e pediu que seus seguidores fizessem o mesmo.
>
> O Jesus a quem Francisco de Assis suplicou em seu apelo por uma Igreja pobre e generosa, em vez de uma Igreja poderosa e dominadora, não era o Jesus histórico, e sim o Jesus dos Evangelhos. É inconcebível que esse Jesus não seja o "verdadeiro Jesus" para aqueles que manifestam desejo pela verdade religiosa, pela integridade teológica e pela história genuína.[10]

---

[10] *The Real Jesus: The Misguided Quest for the Historical Jesus and the Truth of the Traditional*, p. 177.

Mandamento 1

É NECESSÁRIO QUE VOCÊS NASÇAM DE NOVO

Respondeu Jesus: [...] "Não se surpreenda pelo fato de eu ter dito: É necessário que vocês nasçam de novo". (JOÃO 3.5,7)

Em resposta, Jesus declarou: "Digo-lhe a verdade: Ninguém pode ver o Reino de Deus, se não nascer de novo". (V. 3)

No capítulo 3 do evangelho de João, Jesus está conversando com "um fariseu chamado Nicodemos, uma autoridade entre os judeus" (v. 1). Os fariseus eram profundos conhecedores das Escrituras judaicas. Foi por isso que Jesus se espantou com a reação de surpresa de Nicodemos ao ouvi-lo dizer: "É necessário que vocês nasçam de novo". Nicodemos pergunta: "Como alguém pode nascer, sendo velho? É claro que não pode entrar pela segunda vez no ventre de sua mãe e renascer!" (v. 4). Jesus respondeu: "Você é mestre em Israel e não entende essas coisas?" (v. 10).

"PorEI um espírito novo em vocês"

Um profundo conhecedor das Escrituras judaicas não deveria surpreender-se ao ouvir o mandamento de Jesus: "É necessário que vocês nasçam de novo". Por que não? Porque há muitos textos-chave nas Escrituras judaicas que Jesus e Nicodemos conheciam. Deus prometera que um dia seu povo nasceria de novo. Uma das promessas mais claras de Deus encontra-se no livro de Ezequiel. Jesus repetiu as palavras de Ezequiel quando disse: "Ninguém pode entrar no Reino de Deus, se não nascer da água e do Espírito" (v. 5). "Nascer de novo" significa nascer da água e do Espírito. As duas palavras, "água" e "Espírito", estão interligadas em Ezequiel 36.25-27. Deus diz:

> Aspergirei água pura sobre vocês e ficarão puros; eu os purificarei de todas as suas impurezas e de todos os seus ídolos. Darei a vocês um coração novo e porei um espírito novo em vocês; tirarei de vocês o coração de pedra e lhes darei um coração de carne. Porei o meu Espírito em vocês e os levarei a agirem segundo os meus decretos e a obedecerem fielmente às minhas leis.

Deus promete purificar o ser humano do pecado e conceder-lhe um novo espírito mediante a presença de seu Espírito. Jesus imaginava que Nicodemos fosse capaz de estabelecer ligação entre o mandamento para nascer de novo e a promessa de um novo espírito com a dádiva do Espírito de Deus, registrada no livro de Ezequiel. Nicodemos, porém, não entendeu. Para explicar melhor, Jesus descreveu-lhe a função do Espírito de Deus na concessão desse novo espírito: "O que nasce da carne é carne, mas o que nasce do Espírito é espírito" (v. 6).

Os mortos não vêem

Carne é o que somos por natureza. Refere-se à nossa condição humana. Quando nascemos pela primeira vez somos apenas carne. Essa condição humana natural, conforme a sentimos, é espiritualmente sem vida. Não nascemos espiritualmente com um coração que ama Deus. Nascemos espiritualmente mortos.

Foi o que Jesus tentou explicar quando disse a um homem que precisava primeiro sepultar o pai para depois ser seu discípulo: "Deixe que os *mortos* sepultem os seus próprios mortos..." (Lucas 9.60). Alguns estão fisicamente mortos e precisam ser enterrados. Outros estão espiritualmente mortos e podem enterrá-los. Jesus também tentou explicar a questão quando, na parábola do filho perdido, o pai diz: "Este meu filho estava *morto* e voltou à vida..." (15.24). É por isso que "ninguém pode ver o Reino de Deus, se não nascer de novo" (João 3.3). Os mortos não vêem, isto é, eles não vêem o Reino de Deus como um desejo supremo. Parece-lhes algo tolo, mítico ou maçante. Por isso, não podem "entrar no Reino de Deus" (3.5). Não podem porque, para eles, isso é tolice.

Jesus vê a humanidade dividida em duas partes: os que nascem uma só vez — "nascidos da carne", "os [espiritualmente] mortos" — e os que "nascem de novo" pelo Espírito de Deus, ou seja, os que estão vivos para Deus e vêem seu Reino como um desejo supremo e verdadeiro.

"O VENTO SOPRA ONDE QUER"

Nicodemos não está inteiramente errado por sentir-se confuso. Existe aqui um mistério. Jesus diz, em João 3.8: "O vento sopra onde quer. Você o escuta, mas não pode dizer de onde vem nem para onde vai. Assim acontece com todos os nascidos do Espírito".

O mandamento de Jesus a Nicodemos é um mandamento para todos. Ele está falando a todos os habitantes do mundo. Ninguém está excluído. Nenhum grupo étnico tem poder maior diante da vida. O morto está morto — seja qual for sua cor, classificação étnica, cultura ou classe social. Necessitamos de olhos espirituais. Nosso primeiro nascimento não nos conduzirá ao Reino de Deus. Sozinhos, porém, não poderemos nascer de novo. O Espírito faz isso, e ele é livre e sopra de maneiras que não entendemos. Precisamos nascer de novo, mas esse nascimento é uma dádiva de Deus.

Desvie o olhar de si mesmo. Busque em Deus o que só ele pode fazer por você. Não é de aperfeiçoamento moral que seu velho eu necessita: É de vida nova que o mundo inteiro necessita. Essa vida nova é radical e sobrenatural. Independe de nosso controle. Os mortos não podem dar nova vida a si mesmos. Precisamos nascer de novo — "não [...] pela vontade da carne nem pela vontade de algum homem, mas [...] de Deus" (1.13). É isso que Jesus espera de seus seguidores.

Mandamento 2

ARREPENDAM-SE

Daí em diante Jesus começou a pregar: "Arrependam-se, pois o Reino dos céus está próximo". (MATEUS 4.17)

Eu não vim chamar justos, mas pecadores ao arrependimento. (LUCAS 5.32)

Os homens de Nínive se levantarão no juízo com esta geração e a condenarão; pois eles se arrependeram com a pregação de Jonas, e agora está aqui o que é maior do que Jonas. (MATEUS 12.41)

Se não se arrependerem, todos vocês também perecerão. (LUCAS 13.5)

O primeiro mandamento do ministério público de Jesus foi: "Arrependam-se". Ele deu esse mandamento indiscriminadamente, a todos os que estivessem ouvindo. Era um apelo para uma mudança interior radical em relação a Deus e ao homem.

O QUE É ARREPENDIMENTO?

Dois fatores mostram-nos que arrependimento é uma mudança da mente e do coração, não uma simples tristeza por haver pecado ou uma ligeira melhora no comportamento. Primeiro fator: o significado da palavra grega para "arrependimento" (μετανοέω, *metanoeō*) favorece essa interpretação. A palavra tem duas partes: *meta* e *noeō*. A segunda parte (*noeō*) refere-se à mente e seus pensamentos, percepções, disposições e propósitos. A primeira parte (*meta*) é um prefixo que, normalmente, significa movimento ou mudança. Em razão da forma pela qual esse prefixo funciona na maioria das vezes,[1] podemos deduzir que o significado básico de *arrependimento* é experimentar mudança nas percepções, disposições e propósitos da mente.

O segundo fator que aponta para esse conceito de *arrependimento* é esta exigência, de Lucas 3.8, a respeito da relação entre arrependimento e novo comportamento: "Dêem frutos que mostrem o arrependimento". Em seguida, o texto apresenta exemplos desses frutos: "Quem tem duas túnicas dê uma a quem não tem nenhuma; e quem tem comida faça o mesmo" (v. 11). O arrependimento ocorre dentro de nós. Depois essa mudança produz os frutos do novo comportamento. Arrependimento não significa novo modo de agir: é a mudança interior que produz os frutos do novo modo de agir. Jesus ordena que sintamos essa mudança interior.

PECADO: UMA AGRESSÃO A DEUS

Por quê? Jesus responde dizendo que somos pecadores. "Eu não vim chamar justos, mas pecadores ao arrependimento" (Lucas 5.32). Qual era a opinião de Jesus acerca do pecado? Na parábola do filho perdido, ele resume desta maneira o pecado do filho: "... desperdiçou os seus bens vivendo irresponsavelmente. [...] esbanjou [...] com as prostitutas" (15.13,30). Mas, quando se arrepende, o filho diz: "Pai, pequei contra o céu e contra ti. Não sou mais digno de ser chamado teu filho" (v. 21). Portanto, jogar a vida fora, viver irresponsavelmente e gastar dinheiro com prostitutas não é apenas humanamente injurioso, é uma ofensa contra o céu, isto é,

---

[1] Por exemplo, *meta* é usada como prefixo nas palavras *metabainō* (transferência ou mudança de um lugar para outro), *metaballō* (mudança de modo de pensar), *metagō* (conduzir para ou mudar de um lugar para outro), *metatithēmi* (transportar de um lugar para outro, pôr em outro lugar, transferir), *metamorphoō* (mudar de maneira visível a outras pessoas, ser transfigurado), *metastrephō* (causar mudança no estado ou condição; mudar; alterar), *metaschematizō* (mudar a forma de alguma coisa; transformar; mudar) etc.

contra Deus. Esta é a natureza substancial do pecado: ele é uma agressão a Deus.

O mesmo se vê quando Jesus ensina os discípulos a orar. Ele diz que devemos orar assim: "Perdoa-nos os nossos pecados, pois também perdoamos a todos os que nos *devem*..." (Lucas 11.4). Os pecados que Deus perdoa são comparados com os que os outros cometem contra nós. Esses pecados são chamados "dívidas". Portanto, a opinião de Jesus acerca do pecado é que ele desonra a Deus, e nós ficamos com a dívida de restaurar a honra divina que difamamos quando menosprezamos a Deus com comportamento e nossas atitudes. Mais adiante, veremos como essa dívida foi paga pelo próprio Jesus (Marcos 10.45). Para desfrutar essa graça, porém, devemos nos arrepender.

Arrependimento significa experimentar uma mudança na mente, para que possamos ver Deus como verdadeiro, belo e digno de todo o nosso louvor e obediência. Essa mudança na mente também vê Jesus dessa maneira. Sabemos disso porque Jesus declarou: "Se Deus fosse o Pai de vocês, vocês *me* amariam, pois eu vim de Deus..." (João 8.42). Ver Deus com uma mente renovada implica ver Jesus com uma nova mente.

A NECESSIDADE UNIVERSAL DE ARREPENDIMENTO

Jesus não excluiu ninguém ao dar o mandamento do arrependimento. Deixou isso claro quando um grupo se aproximou dele para relatar-lhe duas tragédias. A matança de inocentes sacrificados por Pilatos e a queda da torre de Siloé (Lucas 13.1-4). Jesus aproveitou a ocasião para advertir a todos, até mesmo os portadores das notícias: "... se não se arrependerem, todos vocês também perecerão" (v. 5). As tragédias não significam que alguns pecadores necessitam de arrependimento e outros, não. *Todos* necessitam de arrependimento. Assim como todos precisam nascer de novo (João 3.7), todos precisam arrepender-se, porque todos são pecadores.

Quando Jesus disse: "Eu não vim chamar justos, mas pecadores ao arrependimento" (Lucas 5.32), ele não quis dizer que alguns são bons e não necessitam de arrependimento. Ele quis dizer que alguns *pensam* assim (18.9) e que outros já se arrependeram e acertaram as contas com Deus. Por exemplo, o perito na lei queria "justificar-se" (10.29), ao passo que "o publicano [...] batendo no peito, dizia: 'Deus, tem misericórdia de mim, que sou pecador' [...] e [...] foi para casa justificado diante de Deus" (18.13,14). (Para mais detalhes acerca de 18.9-15, v. *Mandamento 20*.)

HÁ URGÊNCIA NESSE MANDAMENTO PORQUE O JULGAMENTO SE APROXIMA

Ninguém está excluído. Todos necessitam de arrependimento, e a necessidade é urgente. Jesus disse: "... se não se arrependerem, todos vocês também *perecerão*" (13.5). O que ele quis dizer com *perecerão*? Que a condenação de Deus recairá sobre os que não se arrependem. "Os homens de Nínive se levantarão no juízo com esta geração e a condenarão; pois eles se arrependeram com a pregação de Jonas, e agora está aqui o que é maior do que Jonas" (Mateus 12.41). Jesus, o Filho de Deus, está advertindo o povo de que o julgamento está próximo e oferecendo uma saída: o arrependimento. Se não nos arrependermos, Jesus tem uma mensagem para nós: "Ai de você!" (11.21).

É por isso que o mandamento de arrepender-se faz parte da mensagem central de Jesus acerca do Reino de Deus. Ele pregou que o Reino de Deus, aguardado havia tanto tempo, estava presente em seu ministério. " 'O tempo é chegado', dizia ele. 'O Reino de Deus está próximo. Arrependam-se e creiam nas boas novas!' " (Marcos 1.15). O evangelho — as "boas novas" — significa que o julgamento de Deus chegou por meio de Jesus para salvar os pecadores antes da chegada do Reino em sua segunda vinda, para o Juízo Final. O mandamento de arrepender-se baseia-se, portanto, na *oferta* misericordiosa do perdão e na *advertência* igualmente misericordiosa de que, um dia, os que recusarem a oferta perecerão no juízo de Deus.

"A todas as nações, começando por Jerusalém"

Após a ressurreição, Jesus quis ter certeza de que seus apóstolos continuariam a missão de chamar os povos do mundo inteiro ao arrependimento. "[Ele] lhes disse: 'Está escrito que o Cristo haveria de sofrer e ressuscitar dos mortos no terceiro dia, e que em seu nome seria pregado o arrependimento para perdão de pecados a todas as nações, começando por Jerusalém' " (Lucas 24.46,47). O mandamento de Jesus concernente ao arrependimento inclui todas as nações. Chega até nós, independentemente de quem somos ou de onde estamos, e nos atribui essa responsabilidade. Este é o mandamento de Jesus a toda a humanidade: "Arrependam-se. Passem por uma transformação radical de dentro para fora. Substituam todas as desonras feitas a Deus, todas as percepções, disposições e propósitos que menosprezam a Cristo por atitudes que honrem a Deus e exaltem a Jesus".

Mandamento 3

VENHAM A MIM

Venham a mim, todos os que estão cansados e sobrecarregados, e eu lhes darei descanso. (MATEUS 11.28)

Jesus levantou-se e disse em alta voz: "Se alguém tem sede, venha a mim e beba". (JOÃO 7.37)

Jesus declarou: "Eu sou o pão da vida. Aquele que vem a mim nunca terá fome". (JOÃO 6. 35)

Vocês não querem vir a mim para terem vida. (JOÃO 5.40)

Jesus bradou em alta voz: "Lázaro, venha para fora!" O morto saiu.... (JOÃO 11.43,44)

Quando alguém nasce de novo e se arrepende, sua atitude em relação a Jesus sofre uma mudança. Jesus passa a ser o centro e o valor supremo da vida dele. Antes do novo nascimento e do arrependimento, centenas de coisas eram, aparentemente, mais importantes e atraentes: saúde, família, emprego, amigos, esportes, música, comida, sexo, passatempos, aposentadoria. Mas quando Deus nos concede a mudança radical do novo nascimento e do arrependimento, Jesus passa a ser nosso maior tesouro.

SEU JUGO É SUAVE E SEU FARDO É LEVE

Portanto, o mandamento de Jesus: "Venham a mim" não é opressor. Significa aproximar-se daquele que passou a ser tudo para nós. Jesus não veio ao mundo com a finalidade principal de instituir uma nova religião ou uma nova lei. Ele veio ao mundo para sacrificar-se a favor de nossa alegria eterna e fazer tudo que tivesse de ser feito — até mesmo morrer —, a fim de eliminar todos os obstáculos que impedissem essa alegria eterna nele. "Tenho lhes dito estas palavras para que a minha alegria esteja em vocês e a alegria de vocês seja completa" (João 15.11). Quando Jesus nos dá um mandamento (por exemplo: "Venham a mim"), o objetivo fundamental é que tenhamos uma vida plena para desfrutar e condições de difundir seu valor supremo.

Quando Jesus analisou as religiões do mundo, até mesmo o judaísmo de sua época, ele viu muita gente se esforçando para receber o favor das divindades nas quais acreditavam. Jesus não veio substituir o fardo que recebemos de Deus. Ele veio para carregá-lo e nos convida a descansar nele. "Venham a mim, todos os que estão cansados e sobrecarregados, e eu lhes darei descanso. Tomem sobre vocês o meu jugo e aprendam de mim, pois sou manso e humilde de coração, e vocês encontrarão descanso para as suas almas. Pois o meu jugo é suave e o meu fardo é leve" (Mateus. 11.28-30). Não se engane! *Há* um jugo e um fardo à nossa espera quando nos aproximamos de Jesus (se não fosse assim, não haveria nenhum mandamento), mas o jugo é suave e o fardo é leve.

Há um fardo, mas Jesus não é esse fardo

Talvez o fardo não seja tão suave nem tão leve como imaginamos. Jesus também disse: "Como é estreita a porta, e apertado o caminho que leva à vida!..." (7.14). O caminho não é apertado pelo fato de Jesus ser um capataz severo, e sim porque, neste mundo, é difícil demais amar a Jesus acima de todas as coisas. Nossa tendência suicida de amar outras coisas mais que a Jesus precisa ser anulada (5.29,30). Além de nossos pecados, muitos ficam irados conosco porque não amamos o que eles amam. Jesus disse: "Vocês serão traídos até por pais, irmãos, parentes e amigos, e eles entregarão alguns de vocês à morte. Todos odiarão vocês por causa do meu nome" (Lucas 21.16,17).

Jesus, porém, não é o fardo. Quando nos aproximamos de sua presença, ele nos alivia o fardo, alegra a alma e dá vida. "Jesus levantou-se e disse em alta voz: 'Se alguém tem sede, venha a mim e beba'" (João 7.37). Aproximar-se de Jesus significa saciar a sede, e a água que bebemos na comunhão com Jesus nos dá a vida eterna: "... quem beber da água que eu lhe der nunca mais terá sede. Ao contrário, a água que eu lhe der se tornará nele uma fonte de água a jorrar para a vida eterna" (4.14). O mandamento de nos aproximarmos de Jesus é o mandamento de nos aproximarmos da fonte da vida e saciar a sede.

Jesus não usou apenas a metáfora da água da vida eterna para levar-nos a obedecer-lhe. Ele também nos atraiu com a promessa do pão, o sustento da vida. "Eu sou o pão da vida. Aquele que vem a mim nunca terá fome..." (6.35). Jesus é o pão do céu, a fonte e a essência da vida eterna. Ele nos atrai com a promessa de impedir que pereçamos (3.16). O mandamento para nos aproximarmos dele é, portanto, semelhante ao mandamento de um pai ao filho que está na beirada de uma janela em chamas: "Pule em meus braços!". Assemelha-se também ao mandamento de um marido rico, bonito, forte e carinhoso à esposa infiel: "Volte para casa!", ou, ainda, ao mandamento de uma equipe de salvamento que nos encontra agonizando, desidratados após dias no deserto: "Beba esta água!".

"VOCÊS NÃO QUEREM VIR A MIM PARA TEREM VIDA"

Esta é a tragédia pessoal do pecado e da cegueira espiritual: as pessoas não se aproximam de Jesus. Ele chorou por seu povo: "Jerusalém, Jerusalém, você, que mata os profetas e apedreja os que lhe são enviados! Quantas vezes eu quis reunir os seus filhos, como a galinha reúne os seus pintinhos debaixo das suas asas, mas vocês não quiseram" (Mateus 23.37); "Vocês estudam cuidadosamente as Escrituras, porque pensam que nelas vocês têm a vida eterna. E são as Escrituras que testemunham a meu respeito; contudo, vocês não querem vir a mim para terem vida" (João 5.39,40).

Por que as pessoas não se aproximam de Jesus? De certa forma, a resposta é: porque "*não* querem". Elas se *recusam*. Algumas chamam "livre-arbítrio" essa decisão. Jesus diria que se trata de uma decisão de escravizada ao pecado: "Digo-lhes a verdade: Todo aquele que vive pecando é *escravo* do pecado" (8.34). Jesus diria que as pessoas não se aproximam dele porque são escravas de suas preferências por outras coisas: "... a luz veio ao mundo, mas os homens amaram as trevas, e não a luz, porque as suas obras eram más. Quem pratica o mal odeia a luz e não se aproxima da luz..." (3.19,20).

Como, então, alguém poderá aproximar-se dele, se todos nós somos escravos do pecado e estamos espiritualmente mortos (v. *Mandamento 1*)? Jesus respondeu que Deus, em sua infinita misericórdia, vence nossa resistência e nos atrai: "Ninguém pode vir a mim, se o Pai, que me enviou, não o atrair; [...] É por isso que eu lhes disse que ninguém pode vir a mim, a não ser que isto lhe seja dado pelo Pai" (6.44,65). Deus concede a dádiva do novo nascimento e do arrependimento, e essa dádiva abre os olhos dos que são espiritualmente cegos para a verdade e a beleza de Jesus. Quando isso ocorre, todas as objeções suicidas caem por terra. Estamos finalmente livres, e, uma vez livres do pecado e da escravidão, aproximamo-nos dele.

"Lázaro, venha para fora!"

Jesus veio à Terra para reunir suas ovelhas espalhadas pelo mundo inteiro (11.52). Ele deu a vida por elas e ordena que se aproximem dele. Apesar de haver chorado por aquelas que se recusam a obedecer-lhe, seu plano não será frustrado. Jesus reunirá um povo para si. Ele fala com absoluta soberania quando diz: "Tenho outras ovelhas que não são deste aprisco. É necessário que eu as conduza também. Elas ouvirão a minha voz, e haverá um só rebanho e um só pastor" (10.16). Ele *precisa* buscá-las. Elas *ouvirão* sua voz. Elas se *aproximarão* dele.

Quando você ouvir a voz de Jesus dizendo: "Venha a mim", ore para que Deus o faça ver Jesus como irresistivelmente verdadeiro e belo. Ore para que você ouça seu mandamento, assim como Lázaro o ouviu quando estava morto. "Jesus bradou em alta voz: 'Lázaro, venha para fora!'. O morto saiu [da sepultura]..." (11.43,44). Quando você se aproxima de Jesus dessa forma, nunca mais deixa de louvá-lo e de lhe agradecer por sua graça soberana.

Mandamento 4

CREIAM EM MIM

Não se perturbe o coração de vocês. Creiam em Deus; creiam também em mim. (JOÃO 14.1)

Creiam em mim quando digo que estou no Pai e que o Pai está em mim; ou pelo menos creiam por causa das mesmas obras. (JOÃO 14.11)

Creiam em mim quando digo que estou no Pai e que o Pai está em mim; ou pelo menos creiam por causa das mesmas obras. (JOÃO 12.36)

Jesus disse a Tomé: "Coloque o seu dedo aqui; veja as minhas mãos. Estenda a mão e coloque-a no meu lado. Pare de duvidar e creia". (JOÃO 20.27)

Por que Jesus ordena que creiamos nele? Qual o verdadeiro significado de crer nele? Jesus nos dá esse mandamento porque todos os seres humanos estão em situação desesperadora, e somente ele pode resgatar-nos. Jesus nos dá esse mandamento porque, sozinhos, nada podemos fazer; precisamos recorrer a ele em busca de ajuda. Só Jesus pode salvar-nos desse perigo, e ele ordena que confiemos nele, para o nosso bem. Esse resgate pode ser comparado ao bombeiro que encontra alguém quase inconsciente dentro de um edifício em chamas e prestes a desabar. Ele atira a manta térmica sobre a vítima, levanta-a do chão e diz: "Fique imóvel enquanto eu carrego você. Não se mexa. Não tente me ajudar. Vou tirar você daqui. Deixe tudo por minha conta. Confie em mim".

A SITUAÇÃO DESESPERADORA EM QUE NOS ENCONTRAMOS

Evidentemente, a maioria das pessoas não necessita do resgate de um bombeiro divino. Então, qual é a situação desesperadora da qual só Jesus pode resgatar? Jesus explica desta forma (observe as palavras "pereça" e "condenar" e a expressão "ira de Deus"):

> Porque Deus tanto amou o mundo que deu o seu Filho Unigênito, para que todo o que nele crer não pereça, mas tenha a vida eterna. Pois Deus enviou o seu Filho ao mundo, não para condenar o mundo, mas para que este fosse salvo por meio dele. Quem nele crê não é condenado, mas quem não crê já está condenado, por não crer no nome do Filho Unigênito de Deus. [...] Quem crê no Filho tem a vida eterna; já quem rejeita o Filho não verá a vida, mas a ira de Deus permanece sobre ele. (João 3.16-18,36)

Encontramo-nos em situação desesperadora, diz Jesus, porque estamos sob a ira de Deus. Esse é o preço de nosso pecado (v. *Mandamento 2*). Deus é justo, e sua ira se acende apenas contra as atitudes e comportamentos humanos que depreciam seu valor e o tratam com menosprezo. Todos nós já fizemos isso. Na verdade, fazemos isso todos os dias.

DEUS ENVIOU JESUS PARA MORRER EM NOSSO LUGAR

A verdade maravilhosa é que Deus enviou seu Filho Jesus ao mundo, não para acentuar nossa condenação, mas para resgatar-nos dela. E, para resgatar-nos, Jesus tomou sobre si essa condenação e morreu em nosso lugar. Jesus não exigiu de nós atos heróicos de penitência, apenas ordenou que confiássemos nele. Jesus disse: "Eu sou o bom pastor. O bom pastor dá a sua vida pelas ovelhas" (João 10.11).

Isso quer dizer que a morte de Jesus foi proposital. Ele morreu em nosso lugar.

Jesus afirmou ser o cumprimento de uma profecia espantosa registrada em Isaías 53 (comp. Lucas 22.37 com Isaías 53.12). Isaías profetizou, 700 anos antes da vinda de Jesus ao mundo, que um Servo do Senhor morreria por seu povo.

> Certamente ele tomou sobre si
> > as nossas enfermidades
> e sobre si levou as nossas doenças;
> contudo nós o consideramos
> > castigado por Deus,
> por Deus atingido e afligido.
> Mas ele foi transpassado
> > por causa das nossas transgressões,
> foi esmagado por causa
> > de nossas iniqüidades;
> o castigo que nos trouxe paz
> > estava sobre ele, e pelas suas feridas
> > fomos curados.
> Todos nós, tal qual ovelhas,
> > nos desviamos,
> cada um de nós se voltou
> > para o seu próprio caminho;
> e o SENHOR fez cair sobre ele
> > a iniqüidade de todos nós. (Isaías 53.4-6)

Jesus ordena que creiamos nele porque, sozinhos, não podemos fazer nada para livrar-nos da ira de Deus. Jesus tornou-se nosso substituto. Deus imputou a Jesus os pecados que nos trariam condenação. O amor de Deus planejou esta substituição extraordinária: Jesus sofreu o que merecíamos padecer para que pudéssemos usufruir o que ele merecia — a vida eterna. Para usufruir essa vida, precisamos crer em Jesus. Foi o que ele disse: "Asseguro-lhes que aquele que *crê* tem a vida eterna" (João 6.47; v. Lucas 8.12).

Qual o verdadeiro significado de crer em Jesus?

Não há, portanto, muitas perguntas mais importantes que esta: qual o verdadeiro significado de crer em Jesus? Significa, acima de tudo, crer na veracidade de certos fatos históricos. Quando o discípulo chamado Tomé duvidou que Jesus houvesse ressuscitado fisicamente, o Mestre aproximou-se dele e disse: "Coloque o seu dedo aqui; veja as minhas mãos. Estenda a mão e coloque-a no meu lado. Pare de duvidar e creia" (João 20.27). Crer não significa dar um salto no escuro. A fé tem fundamentos e conteúdo. Baseia-se em fatos históricos.

No entanto, crer em Jesus significa mais que conhecer fatos verdadeiros acerca de Jesus. Significa confiar nele como a pessoa viva que ele realmente é. Foi por isso que Jesus, com simplicidade, pediu que crêssemos *nele*: "... creiam em Deus; creiam também em mim" (14.1; v. Mateus 18.6). Crer *em* Jesus é mais que crer em fatos *acerca de* Jesus. Nós confiamos *nele*.

Estar satisfeitos com tudo o que Deus é por nós em Jesus

Observe que Jesus não se oferece a nós como mero resgatador em quem devemos confiar, mas como água viva para saciar a sede. Ele também se oferece a nós como Pastor (Mateus 26.31), Noivo (9.15), Tesouro (13.44), Rei (João 18.36), e assim por diante. O que significa "crer em" Jesus como doador da água da vida?

Jesus disse: "Se alguém tem sede, venha a mim e beba [...] mas quem beber da água que eu lhe der nunca mais terá sede. Ao contrário, a água que eu lhe der se tornará nele uma fonte de água a jorrar para a vida eterna" (7.37; 4.14). Em outra ocasião, Jesus estabeleceu uma ligação entre beber essa água, crer nele e aproximar-se dele: "Eu sou o pão da vida. Aquele que *vem* a mim nunca terá fome; aquele que *crê* em mim nunca terá sede" (6. 35). Em outras palavras, crer em Jesus e beber a água da vida eterna têm o mesmo significado.

Crer em Jesus quando ele se oferece a nós como doador da água da vida não significa simplesmente crer que *essa* água dá vida. A água dá vida quando a bebemos. Jesus dá vida quando confiamos nele. Portanto, confiar em Jesus como água significa beber a água. Significa "receber" Jesus e toda a graça de Deus que dá vida, graça que vem a nós por meio dele. "Quem recebe vocês, recebe a mim; e quem me recebe, recebe aquele que me enviou" (Mateus 10.40; v. João 13.20). Crer em Jesus implica beber a Jesus como a água da vida que sacia a sede da alma. Significa apreciar tudo que Deus é por nós em Jesus e estar satisfeito com isso.

A FRACA ILUSTRAÇÃO DO BOMBEIRO

A ilustração que usei a respeito de confiar no bombeiro é insuficiente. É verdadeira até certo ponto. Jesus é um resgatador. Precisamos ficar imóveis, sem nos mexer e deixar que ele nos leve a um local seguro, afastado da ira de Deus. Mas é possível confiar num bombeiro por quem não temos nenhuma admiração. Talvez ele seja um adúltero e beberrão nos dias de folga. Ele não nos pede que creiamos nele por tudo que ele é, nem que o recebamos ou admiremos sua vida. Jesus, no entanto, pede isso. Ele é muito mais que um resgatador. Por isso, crer nele significa muito mais que confiar em sua capacidade de resgatador.

Jesus veio não apenas para nos resgatar da condenação, mas também para que usufruíssemos a vida eterna, e isso significa que, em Jesus, podemos sentir tudo o que Deus é para nós. Ele disse: "Esta é a vida eterna: que te conheçam, o único Deus verdadeiro, e a Jesus Cristo, a quem enviaste" (João 17.3). Ele sabe de que precisamos muito mais que nós mesmos. Precisamos ser resgatados da ira de Deus e estabelecer um relacionamento com Deus que satisfaça nossa alma. Foi isso que Jesus nos veio conceder, e essa dádiva chega a nós apenas de uma forma: crendo nele. É esta a razão de ele ordenar ao mundo: "Creiam em mim".

Mandamento 5

AMEM-ME

Quem ama seu pai ou sua mãe mais do que a mim não é digno de mim; quem ama seu filho ou sua filha mais do que a mim não é digno de mim. (MATEUS 10.37)

Disse-lhes Jesus: "Se Deus fosse o Pai de vocês, vocês me amariam, pois eu vim de Deus e agora estou aqui". (JOÃO 8.42)

JESUS COMANDA AS EMOÇÕES

Lembro-me de ter lido um livro na faculdade que argumentava: o amor não pode ser um sentimento, porque ele é comandado, e não podemos comandar sentimentos. Em outras palavras, o amor precisa ser um mero ato da vontade ou uma ação do corpo, sem o envolvimento das emoções ou da afetividade. O problema com esse argumento é que a premissa é falsa: Jesus *comanda* os sentimentos. Ele ordena que nossas emoções sejam de uma forma, e não de outra.[1]

---

[1] Atualmente, este é o estudo mais completo sobre as emoções no Novo Testamento: Matthew ELLIOTT, *Faithful Feelings: Emotions in the New Testament* (Leicester: Inter-Varsity Press, 2005), p. 263-4. Elliott escreve: "Parte da essência do cristão está relacionada ao que ele sente. Precisamos resgatar um pouco da percepção de Jonathan Edwards, Calvino, Agostinho e outros, quando eles ressaltam corretamente o papel da emoção na vida do crente. Com um pouco de esforço, podemos ter uma idéia clara das características emocionais dos cidadãos do Reino de Deus. Eles amam a Deus e amam uns aos outros. Alegram-se com o que Jesus fez no passado e com o que fará no futuro. Esperam, com absoluta confiança, que Deus triunfe. Ficam irados diante do pecado e das injustiças e são zelosos de Deus. Aceitam o sofrimento com resignação e

Jesus ordena, por exemplo, que devemos *alegrar*-nos em determinadas circunstâncias (Mateus 5.12), *temer* a pessoa certa (Lucas 12.5), não nos *envergonhar* dele (Lucas 9.26), perdoar *de coração* (Mateus 18.35), e assim por diante. Se o sentimento for correto, Jesus pode exigi-lo de nós. Se eu for desonesto demais para sentir as emoções que devo sentir, esse fato não muda meu dever de senti-las. Se for um mandamento de Jesus, tenho de senti-las. Minha incapacidade moral de produzi-las não elimina minha culpa: revela minha desonestidade. Isso me torna desesperadamente ansioso por um novo coração — o coração que Jesus veio outorgar (v. *Mandamento 1*).

O AMOR POR JESUS É MAIS QUE UMA AFEIÇÃO PROFUNDA

O mandamento de Jesus para amá-lo envolve *mais* — nunca *menos* — que sentimentos profundos de admiração por seus atributos, satisfação por estar em sua companhia, atração por sua presença e afeição por ser semelhante a ele. Jesus disse pelo menos duas coisas que comprovam isso. Disse, por exemplo, que nosso amor por ele deve ser maior que o amor que sentimos por nosso pai, mãe, filho ou filha. "Quem ama seu pai ou sua mãe mais do que a mim não é digno de mim; quem ama seu filho ou sua filha mais do que a mim não é digno de mim" (Mateus 10.37). O amor que nos liga a esses relacionamentos não é movido por uma simples força de vontade. É uma afeição profunda. Jesus diz que nosso amor por ele não é menor que isso — é maior.

Há outra evidência de que Jesus exige que nosso amor vá além de boas ações. Ele disse: "Se vocês me amam, obedecerão aos meus mandamentos" (João 14.15). Alguns utilizam esse versículo para

---

afligem-se com o pecado. Essa vida emocional, porém, raramente é mencionada em nossas teologias, nas quais a emoção não é ressaltada como sinal de fé verdadeira. Os cristãos não vivem apenas a ética do Reino: eles também sentem as atitudes e emoções do Reino. Isso faz parte de um quadro muito claro no Novo Testamento. Esses sentimentos resultam da boa teologia e são componentes necessários da fé".

afirmar: "Amar a Jesus *é* obedecer aos seus mandamentos". Não é o que o texto diz. O texto diz que a obediência aos mandamentos de Jesus *origina-se* em nosso amor por ele. O texto não *separa* as ações do amor, mas os *distingue*. Primeiro o amamos e, em conseqüência desse amor, fazemos o que ele diz. Amar não é sinônimo de obedecer aos mandamentos: é a raiz. Portanto, o amor que Jesus exige de nós é algo muito profundo e forte, semelhante aos laços de afeição que temos com nossa família, porém maiores e mais intensos.

O AMOR POR JESUS NASCE DE UMA NOVA NATUREZA

O mandamento de Jesus para amá-lo dessa forma exige de nós uma nova natureza — um novo coração. Sem esse novo coração, como amar alguém que nunca vimos mais do que amamos aos nossos filhos queridos? Amar assim não faz parte da natureza humana pecaminosa. Jesus deixou isso bem claro quando disse aos que não o amavam: "Se Deus fosse o Pai de vocês, vocês me amariam..." (João 8.42). Em outras palavras: "Vocês não me amam porque não fazem parte da família de Deus. Vocês não têm natureza familiar — espírito familiar, coração familiar, preferências, tendências e propensões familiares. Deus não é o Pai de vocês".

Jesus veio ao mundo como Filho unigênito e divino de Deus (Mateus 11.27), para que pecadores como nós se tornassem filhos não divinos de Deus, com coração e maneiras semelhantes às dele. "Contudo, aos que o receberam, aos que creram em seu nome, [Jesus] deu-lhes o direito de se tornarem filhos de Deus" (João 1.12). Foi por isso que Jesus pôde dizer: "Amem [...] os seus inimigos [...] e vocês serão filhos do Altíssimo..." (Lucas 6.35). Mediante esse novo nascimento (v. *Mandamento 1*) e essa nova fé (v. *Mandamento 4*), Jesus concede-nos os direitos e as propensões de filhos de Deus. No centro dessas propensões, está o amor por Jesus, o Filho de Deus.

"Aquele a quem pouco foi perdoado, pouco ama"

A forma em que Deus nos capacita a amar a Jesus mais do que amamos nossos parentes e amigos íntimos não é um mistério total. A dádiva do novo nascimento e do arrependimento — a nova natureza dos filhos de Deus — é recebida quando vemos a glória do amor de Jesus *por nós*. Jesus ensinou essa lição de forma desafiadora durante um jantar. Um fariseu severo, que demonstrava pouco amor por Jesus, convidou-o para jantar em sua casa. Enquanto estavam reclinados em volta da mesa baixa, usada pelos povos do Oriente Médio, uma prostituta entrou na casa e derramou perfume — misturado com lágrimas — sobre os pés descalços de Jesus e enxugou-os com os próprios cabelos. O fariseu indignou-se por Jesus haver permitido tal coisa.

Jesus, então, fez uma pergunta ao fariseu: se um credor perdoasse dois devedores, um que lhe devia 5 mil dólares, e outro, 50 dólares, qual deles o amaria mais? O fariseu respondeu: "Suponho que aquele a quem foi perdoada a dívida maior". Jesus concordou e prosseguiu: "Vê esta mulher? Entrei em sua casa, mas você não me deu água para lavar os pés; ela, porém, molhou os meus pés com suas lágrimas e os enxugou com seus cabelos. Você não me saudou com um beijo, mas esta mulher, desde que entrei aqui, não parou de beijar os meus pés. Você não ungiu a minha cabeça com óleo, mas ela derramou perfume nos meus pés". E Jesus concluiu: "... ela amou muito. Mas aquele a quem pouco foi perdoado, pouco ama" (Lucas 7.36-48).

Essa história mostra como o grande amor por Jesus é posto em prática. Ele é posto em prática quando nos dispomos a ver a beleza de Jesus nos ter amado primeiro. Nós não o amamos primeiro. Ele nos amou primeiro (João 15.16). Nosso amor por Jesus é despertado quando nos arrependemos de nosso pecado (não como o fariseu preconceituoso) e quando provamos a doçura do perdão amoroso de Jesus. Ele nos amou primeiro e despertou nosso amor por ele.

O MANDAMENTO PARA AMAR JESUS É UM ATO DE AMOR

Não há dúvida de que esse amor produz o fruto da obediência aos outros mandamentos de Jesus (João 14.15), leva-nos a realizar o ministério que ele nos outorgou (21.15-22) e cria em nós o desejo de honrá-lo e bendizê-lo (14.28; 5.23). Oculta nesse fruto está a realidade fundamental de um amor sincero por Jesus — fortes sentimentos de admiração por seus atributos, alegria constante por estar em comunhão com ele, atração permanente por sua presença, grande afeição pela afinidade com ele e muita gratidão por ele nos haver amado primeiro.

Jesus tinha em mente essas emoções e esse fruto quando identificou quem não é "digno" dele: "Quem ama seu pai ou sua mãe mais do que a mim não é digno de mim..." (Mateus 10.37). Amar a Jesus com essas emoções e com esse fruto torna-nos "dignos" dele. Isso não significa que sejamos merecedores de Jesus como na frase "o trabalhador é *digno* de seu salário" (Lucas 10.7, tradução literal). Significa que Jesus merece esse tipo de amor. Somos dignos de Jesus porque ele produziu em nós emoções e atitudes compatíveis com seu valor. As emoções e atitudes correspondem na medida certa ao valor que ele tem. (Compare com a palavra "dignos" neste texto: "Dêem frutos dignos [ou seja, merecedores] de arrependimento" [Lucas 3.8, tradução literal].)

Jesus ordena que ele seja amado pelo mundo porque ele é infinitamente digno de ser amado. E, uma vez que nosso amor por ele nos proporciona a alegria de sua glória, sua presença e seus cuidados, o mandamento de Jesus para amá-lo é uma maneira a mais de sentirmos seu amor transbordando em nós.

Mandamento 6

OUÇAM-ME

Jesus chamou novamente a multidão para junto de si e disse: "Ouçam-me todos e entendam". (MARCOS 7.14)

[Jesus] exclamou: "Aquele que tem ouvidos para ouvir, ouça!". (LUCAS 8.8)

Considerem atentamente como vocês estão ouvindo. (LUCAS 8.18)

Caminhando Jesus e os seus discípulos, chegaram a um povoado, onde certa mulher chamada Marta o recebeu em sua casa. Maria, sua irmã, ficou sentada aos pés do Senhor, ouvindo a sua palavra. Marta, porém, estava ocupada com muito serviço. E, aproximando-se dele, perguntou: "Senhor, não te importas que minha irmã tenha me deixado sozinha com o serviço? Dize-lhe que me ajude!" Respondeu o Senhor: "Marta! Marta! Você está preocupada e inquieta com muitas coisas; todavia apenas uma é necessária. Maria escolheu a boa parte, e esta não lhe será tirada". (LUCAS 10.38-42)

As obras e a vida inteira de Jesus são bons argumentos para explicar por que devemos ouvir sua Palavra. Nas páginas dos Evangelhos, há motivos de sobra para desligar a TV e ouvir a Jesus. Aqui estão alguns desses motivos — e por que muitas pessoas não ouvem a Jesus.

"Ninguém jamais falou da maneira
como esse homem fala"

O ministério de Jesus foi tão impressionante e tão ameaçador, que seus adversários queriam vê-lo fora do caminho. Os fariseus "enviaram guardas do templo para o prenderem" (João 7.32). Para espanto deles, porém, os guardas do templo voltaram de mãos vazias, não porque Jesus tivesse guarda-costas eficientes, mas porque seus ensinamentos eram fascinantes. "Finalmente, os guardas do templo voltaram aos chefes dos sacerdotes e aos fariseus, os quais lhes perguntaram: 'Por que vocês não o trouxeram?' 'Ninguém jamais falou da maneira como esse homem fala', declararam os guardas" (v. 45,46). Depois que ouviram as palavras de Jesus, eles não puderam levar adiante a missão de prendê-lo.

As palavras de Jesus são
as verdadeiras palavras de Deus

Quando Jesus terminou o famoso Sermão do Monte, "as multidões estavam maravilhadas com o seu ensino, porque ele as ensinava como quem tem autoridade, e não como os mestres da lei" (Mateus 7.28,29). Essa autoridade não se baseava num traço de sua personalidade nem em técnicas pedagógicas. O motivo era muito mais profundo. Suas palavras têm autoridade e poder, diz Jesus, porque são palavras de Deus. "Pois não falei por mim mesmo, mas o Pai que me enviou me ordenou o que dizer e o que falar" (João 12.49); "... portanto, o que eu digo é exatamente o que o Pai me mandou dizer" (12.50; v. 8.28); "... Estas palavras que vocês estão ouvindo não são minhas; são de meu Pai que me enviou" (João 14.24). As palavras de Jesus têm autoridade porque, quando ele fala, Deus fala. As palavras de Jesus *provêm* de Deus, o Pai, e ele as fala *como* Deus, o Filho.

As palavras de Jesus silenciam poderes sobrenaturais

No entanto, a autoridade das palavras de Jesus não está apenas no poder extraordinário de revelar as verdades de Deus. Há uma dimensão maior. Ela também tem força para derrotar poderes sobrenaturais. Certa vez, ao defrontar com um endemoninhado, Jesus repreendeu o espírito imundo e disse: "Cale-se e saia dele!" (Marcos 1.25). Ao ver o espírito agitar-se e sair, "Todos ficaram tão admirados que perguntavam uns aos outros: 'O que é isto? Um novo ensino — e com autoridade! Até aos espíritos imundos ele dá ordens, e eles lhe obedecem!'" (v. 27). O mesmo poder da palavra de Jesus curou um leproso (Mateus 8.3), um surdo (Marcos 7.34,35) e um cego (Mateus 9.28-30). O mais admirável de tudo foi que, com um simples mandamento, Jesus ressuscitou três pessoas: "Menina, eu lhe ordeno, levante-se!" (Marcos 5.41,42); "Jovem, eu lhe digo, levante-se!" (Lucas 7.14,15); "Lázaro, venha para fora!" (João 11.43,44).

Jesus tem as palavras de vida eterna

As palavras de Jesus foram *vida* de várias maneiras. Tinham o poder de preservar e restaurar a vida física, mas, acima de tudo, foram o caminho indispensável para a vida *eterna*. É maravilhoso ser ressuscitado — mas não para perecer no inferno depois. Há um elemento extraordinariamente precioso nas palavras de Jesus e um motivo muito importante para ouvirmos o que ele diz: suas palavras levam à vida eterna.

Certa vez, depois de terem ouvido palavras duras de Jesus, "muitos dos seus discípulos voltaram atrás e deixaram de segui-lo. Jesus perguntou aos Doze: 'Vocês também não querem ir?' Simão Pedro lhe respondeu: 'Senhor, para quem iremos? Tu tens as palavras de vida eterna'" (João 6.66-68). A reação de Pedro não foi a de um simples entusiasmo por um mestre carismático. Jesus confirmou o raciocínio de Pedro: "O Espírito dá vida; a carne não produz nada que se aproveite. As palavras que eu lhes disse são espírito e vida" (v. 63). Jesus concorda. Suas palavras são de vida eterna. Todos os que almejam a vida eterna devem ouvir as palavras de Jesus.

Como as palavras de Jesus proporcionam vida eterna? Vimos que, para ter vida eterna, precisamos crer em Jesus: "... a vontade de meu Pai é que todo aquele que olhar para o Filho e nele crer tenha a vida eterna..." (João 6.40; v. *Mandamento 4*). As palavras de Jesus levam à vida eterna porque despertam essa fé. A crença em Jesus não ocorre por um passe de mágica. Ocorre quando ouvimos a Palavra de Deus por intermédio de Jesus.

As palavras de Jesus despertam a fé

Uma das parábolas mais importantes de Jesus é a da semente lançada em quatro tipos de solo. A semente representa a Palavra. Parte dela foi pisada porque caiu à beira do caminho, e as aves a comeram. Jesus apresenta esta explicação: "As que caíram à beira do caminho são os que ouvem, e então vem o Diabo e tira a palavra do seu coração, para que não creiam e não sejam salvos" (Lucas 8.12). Isso mostra que, para Jesus, suas palavras são o elemento fundamental para crer e ser salvo. Se forem dispersas, não haverá fé em Jesus, e não havendo fé em Jesus, não haverá salvação — não haverá vida eterna. É necessário ouvir primeiro as palavras de Jesus e depois crer nele para ter a vida eterna. "... Quem *ouve* a minha palavra e *crê* naquele que me enviou, tem a *vida* eterna..." (João 5.24).

As palavras de Jesus despertam a fé porque revelam quem ele é realmente e o que faz para obter vida eterna para nós. Vemos a glória de Jesus e a auto-suficiência de sua obra em suas palavras; mas nem todos vêem isso. Alguns ouvem suas palavras, mas não as ouvem como verdadeiras e atraentes. Entendem o que ele diz, mas não consideram suas palavras belas e convincentes. Por essa razão, Jesus disse: "... Porque vendo, eles não vêem e, ouvindo, não ouvem nem entendem'" (Mateus 13.13).

Por que eles não ouvem nem crêem?

Por que muitos não ouvem o que Jesus está dizendo? Jesus disse aos seus mais terríveis adversários: "... [vocês] estão procurando matar-me, porque em vocês não há lugar para a minha palavra" (João 8.37). Que frase reveladora: "Em vocês não há lugar para a minha palavra"! A mente e o coração daqueles homens eram moldados (ou obstruídos) de tal forma que, quando Jesus falava, suas palavras não encontravam lugar no coração deles. Isso dá a entender que talvez exista um anseio pelas palavras de Jesus, e esse anseio nos capacite a ouvi-lo. É o que, de fato, Jesus ensina.

Durante o julgamento de Jesus, no fim de sua vida, Pilatos forçou-o a confessar que ele se considerava Rei dos judeus. Jesus respondeu: "Tu dizes que sou rei. De fato, por esta razão nasci e para isto vim ao mundo: para testemunhar da verdade" (18.37). Jesus veio para falar a verdade. Suas palavras são verdade. Pilatos perguntou com cinismo: "Que é a verdade?" (v. 38), ou seja, "não havia lugar" em Pilatos para as palavras de Jesus. Isso, porém, não abalou a Jesus nem significa que Pilatos tenha impedido o plano de Deus. Jesus teve a palavra final e decisiva sobre Pilatos: "... todos os que são *da verdade* me ouvem" (v. 37).

Eis outra frase reveladora. Não apenas: "Em vocês não há lugar para a minha palavra", mas também esta, mais poderosa: "Todos os que são *da verdade* me ouvem". Por um lado, há pessoas que *não têm lugar* no coração nem na mente para a voz de Jesus. Por outro, há pessoas que são *da verdade*. Elas ouvem a Jesus. Nelas, existe lugar para as palavras de Jesus. Existe, por assim dizer, um anseio moldado pela verdade para ouvir a voz de Jesus.

QUEM PERTENCE A DEUS OUVE A PALAVRA DE DEUS

Jesus identifica os dois tipos de ouvintes com duas outras frases. Se eles não ouvem, não pertencem "a Deus"; se ouvem, são suas "ovelhas". Ele descreve assim os que não ouvem: "Aquele que pertence *a Deus* ouve o que Deus diz. Vocês não o ouvem porque não pertencem *a Deus*" (8.47). Temos, agora, três descrições dos que não ouvem: neles, "não há lugar" para as palavras de Jesus; eles "não são da verdade"; eles não pertencem "a Deus". Essa é uma revelação grave.

Significa que nossa condição de pecadores nos incapacita para ouvir a verdade — principalmente se ela vier de Jesus.

Não somos neutros como um metrônomo colocado entre a verdade e o erro, aguardando serenamente o inclinar-se para um lado ou para o outro. Não, temos a forte propensão de nos inclinar para o egoísmo e para todos os erros que o sustentam. Quando Jesus fala, se Deus não nos der ouvidos para ouvir e olhos para enxergar, não haverá lugar em nós para as palavras de Jesus.

Isso explica por que Jesus disse:

> Naquela hora Jesus, exultando no Espírito Santo, disse: "Eu te louvo, Pai, Senhor do céu e da terra, porque escondeste estas coisas dos sábios e cultos e as revelaste aos pequeninos. Sim, Pai, pois assim foi do teu agrado. Todas as coisas me foram entregues por meu Pai. Ninguém sabe quem é o Filho, a não ser o Pai; e ninguém sabe quem é o Pai, a não ser o Filho e aqueles a quem o Filho o quiser revelar". (Lucas 10.21,22)

Em seguida, Jesus voltou-se para os discípulos e declarou: "Felizes são os olhos que vêem o que vocês vêem" (v. 23). Felizes realmente, e abençoados *por Deus*! Essa forma de ver é obra de Deus. Só Deus pode nos dar olhos para ver e ouvidos para ouvir. É por isso que Jesus diz que quem não ouve suas palavras não pertence "a Deus" (João 8.47). Essa é a bênção de que necessitamos desesperadamente — a bênção de que Deus providenciará um lugar para a verdade em nosso coração.

"AS MINHAS OVELHAS OUVEM A MINHA VOZ"

Por fim, Jesus diz que aqueles que têm um lugar para a verdade são suas *ovelhas*: "As minhas ovelhas ouvem a minha voz; eu as conheço, e elas me seguem" (João 10.27). Sabemos, portanto, que seremos suas ovelhas se ouvirmos sua voz. Sabemos que seremos suas ovelhas se houver um lugar para suas palavras em nosso coração, um lugar moldado pela verdade, e se aceitarmos com alegria o que ele diz.

Portanto, insisto, em nome de Jesus, que você ouça suas palavras. Seja como Maria e sente-se aos seus pés (Lucas 10.39,42). Não dê as costas ao mandamento do Pai no monte da Transfiguração: "Este é o meu Filho amado em quem me agrado. *Ouçam-no!*" (Mateus 17.5). Não despreze a beleza e a misericórdia destas palavras: "Os céus e a terra passarão, mas as minhas palavras jamais passarão" (Marcos 13.31). Não se odeie por haver rejeitado aquele que disse: "Tenho lhes dito estas palavras para que [...] a alegria de vocês seja completa" (João 15.11; v. 17.13). Ouça Jesus!

Mandamento 7

PERMANEÇAM EM MIM

Permaneçam em mim, e eu permanecerei em vocês. Nenhum ramo pode dar fruto por si mesmo, se não permanecer na videira. Vocês também não podem dar fruto, se não permanecerem em mim. (JOÃO 15.4)

Como o Pai me amou, assim eu os amei; permaneçam no meu amor. (JOÃO 15.9)

Se vocês permanecerem firmes na minha palavra, verdadeiramente serão meus discípulos. E conhecerão a verdade, e a verdade os libertará. (JOÃO 8.31,32)

As ordens de Jesus são para a vida inteira. Não se restringem a decisões isoladas de arrepender-se, aproximar-se dele, crer nele, amá-lo ou ouvi-lo. Todas as ordens têm prosseguimento. A transformação pelo arrependimento é contínua. A aproximação com Jesus é contínua. Crer nele o tempo todo é um ato contínuo. Ouvir suas palavras como fonte diária de vida espiritual também é um ato contínuo. Jesus ordena que nossa mente e nosso coração estejam em sintonia com ele todos os dias de nossa vida.

Um encontro com Jesus no passado que não tenha tido continuidade em nossa vida foi um encontro falso. Quando Jesus declara: "Se vocês permanecerem firmes na minha palavra, verdadeiramente serão meus discípulos" (João 8.31), ele está dizendo que, se *não* permanecermos, *não* seremos seus discípulos de verdade, e o oposto de discípulos *verdadeiros* é discípulos *falsos*. É o que seremos, se confiarmos em experiências passadas, sem uma consagração contínua a Jesus.

A CONTINUIDADE DO ENCONTRO COM JESUS

O mandamento: "Permaneçam em mim" foi uma das formas que Jesus usou para ensinar a necessidade de uma consagração contínua. Não existe nada especificamente de religioso na palavra "permanecer". Na linguagem do Novo Testamento, é um verbo comum que designa "ficar", "continuar" e, às vezes, "habitar". Jesus queria dizer: "Fiquem comigo. Continuem comigo. Habitem em mim". Nosso encontro com Jesus deve durar a vida inteira.

O contexto desse mandamento é a analogia da videira e seus ramos. Jesus compara-se à videira, e nós somos os ramos.

> Permaneçam em mim, e eu permanecerei em vocês. Nenhum ramo pode dar fruto por si mesmo, se não permanecer na videira. Vocês também não podem dar fruto, se não permanecerem em mim. Eu sou a videira; vocês são os ramos. Se alguém permanecer em mim e eu nele, esse dará muito fruto; pois sem mim vocês não podem fazer coisa alguma. (João 15.4,5)

Essa ilustração ajuda-nos a compreender o que Jesus quer dizer com "permanecer nele". O ponto principal da analogia é que o poder de produzir frutos, ou seja, o poder de viver uma vida frutífera de amor semelhante ao amor de Cristo (v. 12), flui de Jesus, se estivermos vitalmente ligados a ele. Seremos semelhantes a um ramo ligado à videira, da qual flui toda a seiva que sustenta a vida e produz frutos. Jesus diz claramente que ele é o poder de que necessitamos para ter uma vida produtiva. Ele diz: "... sem mim vocês não podem fazer coisa alguma" (v. 5). Permanecer em Jesus significa estar ligado a quem dá vida e poder, ao ramo que produz frutos — Jesus.

A CAUSA DE TODO O BEM, MOMENTO APÓS MOMENTO

Jesus, portanto, ordena que ele seja a causa de todas as boas coisas de nossa vida, momento após momento: "... sem mim vocês não podem fazer *coisa alguma*". Coisa alguma! Verdade? Bem, podemos pecar, parar de produzir frutos e perecer sem ele. Mas não é o que ele promete produzir. Ele quer dizer: "Sem mim, vocês não podem fazer nada que seja verdadeiramente bom, que honre verdadeiramente a Deus e exalte a Cristo. Sem mim, vocês não podem humilhar a si mesmos nem ser eternamente úteis aos outros". Permanecer em Jesus significa estar vitalmente ligado, hora após hora, àquele que produz em nossa vida tudo que ele ordena. Só Jesus é capaz de fazer isso.

SE PERMANECERMOS, PRODUZIREMOS FRUTOS

Em termos práticos, o que isso significa no dia-a-dia? O que significa "estar vitalmente ligado"? Como fazer isso? Antes de tudo, é preciso deixar claro que permanecer em Jesus *não* é o mesmo que produzir frutos ou obedecer aos seus mandamentos. Produzir frutos e obedecer aos mandamentos são *conseqüências* de permanecer. Se permanecermos, produziremos frutos.

Jesus não se contradiz quando afirma: "Se vocês obedecerem aos meus mandamentos, permanecerão no meu amor..." (v. 10). Não significa que obedecer aos seus mandamentos *seja* permanecer em seu amor. Seria o mesmo que dizer: frutificar *é* estar ligado à videira. Não. Frutificar é *conseqüência* de estar ligado à videira. Uma coisa é diferente da outra. Jesus quer dizer que, se não obedecermos aos seus mandamentos, isto é, se não produzirmos o fruto do amor (porque o amor é a soma de todos os seus mandamentos, v. 12), não permaneceremos nele. A verdade se destaca: "... Se alguém permanecer em mim [...] dará muito fruto..." (v. 5).

Portanto, a resposta à pergunta: "Como permanecemos em Jesus?" *não* é "porque produzimos frutos" nem "porque obedecemos aos mandamentos". Isso foge à questão principal, que *é* saber como produzir frutos. A resposta é: permanecendo em Jesus. E a pergunta continua: como permanecemos em Jesus e o que isso significa no dia-a-dia?

Em termos práticos, como permanecemos em Jesus?

Jesus faz uso de duas outras expressões semelhantes que apontam para a resposta. Ele se refere a permanecer em seu *amor*. E também a permanecer em suas *palavras*. Ambos indicam que permanecer é *confiar* continuamente na verdade das palavras de Jesus e na certeza de seu amor.

Permanecer significa confiar no amor de Jesus

Não permanecer no amor de Jesus significa deixar de acreditar que somos amados por ele. Olhamos para nossos problemas — perseguição, enfermidade, abandono — e concluímos que não somos mais amados por Jesus. Isso é o oposto de permanecer no amor de Jesus. Permanecer em seu amor significa crer continuamente, momento após momento, que somos amados.

Tudo que entra em nossa vida sob a autoridade soberana de Jesus (Mateus 8.8) faz parte de seu amor por nós. Se for agradável, ele diz: "É assim que meu Pai cuida das aves do céu e dos lírios do campo; vocês têm muito mais valor que eles" (v. Mateus 6.26-30). Se for uma experiência dolorosa, ele diz: "Não tenham medo, o pior que poderá acontecer é a morte, e eu venci a morte. Estarei com vocês até o fim dos tempos, e vocês serão recompensados na ressurreição dos justos" (v. Mateus 10.28; 28.20; João 11.25,26; Lucas 14.14). Permanecer em Jesus significa confiar que isso é verdade — e vale para *você*. Significa viver essa verdade momento após momento. Ela flui em nós como a seiva flui num ramo. Nós a recebemos e somos sustentados por ela todos os dias de nossa vida.

Permanecer significa confiar nas palavras de Jesus

De forma semelhante, o mesmo se aplica a "permanecer em minha palavra" (v. João 8.31). Essa expressão não significa simplesmente: "obedeçam aos meus mandamentos", e sim: "confiem em minha palavra. Confiem no que eu revelei a vocês a respeito de mim mesmo, de meu Pai e de minha obra". O contexto de João 8.31,32 confirma: "Disse Jesus aos judeus que haviam crido nele: 'Se vocês permanecerem firmes na minha palavra, verdadeiramente serão meus discípulos. E conhecerão a verdade, e a verdade os libertará'". A conseqüência de permanecer nas palavras de Jesus é ser liberto. De quê? Do pecado. Da escravidão que Jesus tinha em mente quando disse: "Todo aquele que vive pecando é *escravo do pecado*" (v. 34). A libertação do pecado é o fruto de permanecer nas palavras de Jesus: "Se vocês permanecerem firmes na minha palavra [...] a verdade os libertará". Não pecar é o *fruto*, não a *definição*, de permanecer nas palavras de Jesus. Portanto, obedecer aos seus mandamentos, que é outra maneira de descrever a libertação do pecado, não é o significado de permanecer em suas palavras, mas o fruto de permanecer nelas.

Concluímos, então, que permanecer em Jesus — em seu amor e em suas palavras — é confiar que ele nos ama realmente em todos os momentos e que tudo o que revelou acerca de si mesmo, de sua obra por nós e de nosso futuro com ele é verdadeiro. Isso nos remete ao que vimos no capítulo sobre crer em Jesus (*Mandamento 4*). Crer em Jesus como nossa água viva significa *beber* a água — saboreá-la e ficar satisfeito com ela. É o que ocorre com a seiva que flui da videira para o ramo. Nós a recebemos, bebemos, saboreamos e satisfazemos a alma com ela. Essa satisfação diária e continuamente renovada em Jesus é o segredo para produzir frutos.[1] É o que significa permanecer em Jesus.

---

[1] Tento esclarecer esse assunto, com vários exemplos práticos de como isso funciona na vida real, no livro *The Purifying Power of Living by Faith in FUTURE GRACE* (Sisters: Multnomah, 1995).

Jesus nos mantém ligados a ele

Pode parecer fácil permanecer, ficar implantado e descansar em Jesus e beber a água da vida, mas a verdade é que muitas vezes somos tentados a procurar em outra planta a seiva que nos dá vida. Além de nossas tendências pecaminosas, o Diabo quer arrancar-nos da videira. Jesus disse que precisamos orar diariamente para que Deus nos livre do mal (v. Mateus 6.13). Devemos, portanto, nos lembrar de que Jesus não nos abandona à própria sorte. Embora ordene que permaneçamos nele — somos responsáveis por isso e culpados se não lhe obedecermos —, ele próprio cuida disso. Sem sua ajuda, não conseguiríamos permanecer nele.

Jesus mostrou-nos essa verdade pelo menos de três maneiras. Ele afirmou que ninguém poderia arrancar suas ovelhas (os ramos verdadeiros) de sua mão.

> As minhas ovelhas ouvem a minha voz; eu as conheço, e elas me seguem. Eu lhes dou a vida eterna, e elas jamais perecerão; ninguém as poderá arrancar da minha mão. (João 10.27-29)

Em seguida, Jesus orou, pedindo que o Pai nos guardasse em seu nome (em Jesus). "Pai santo, protege-os em teu nome, o nome que me deste [...] Enquanto estava com eles, eu os protegi e os guardei no nome que me deste. Nenhum deles se perdeu, a não ser aquele que estava destinado à perdição, para que se cumprisse a Escritura" (João 17.11,12). É Deus, portanto, quem realiza a obra decisiva de nos manter ligados à videira.

Jesus dá o exemplo de como ele orava por seus discípulos e os livrava, para que nenhum deles se perdesse. Ele predisse, na véspera de sua morte, que Simão Pedro o negaria três vezes. Em seguida, porém, declarou com autoridade soberana a Simão, palavras de incentivo que servem para todos nós: "Simão, Simão, Satanás pediu vocês para peneirá-los como trigo. Mas eu orei por você, para que a sua fé não desfaleça. E quando você se converter, fortaleça os seus irmãos" (Lucas 22.31,32). Jesus orou para que Simão mantivesse a fé, e tinha conhecimento do que aconteceria. Ele disse: "*Quando* você se converter...", não "*Se* você se converter...". A resposta de Deus à oração de Jesus foi soberanamente decisiva. Sim, a fé de Simão vacilou, e ele pecou ao negar que conhecia Jesus. Mas sua fé não vacilou completamente. Ele não foi cortado da videira. Jesus orou por ele, e não há motivo para pensar que tenha cessado de orar por nós dessa maneira.[2]

Não estamos perdendo tempo na batalha de permanecer em Jesus. Ela existe, mas não depende de nós. Jesus vence. Ninguém pode arrancar-nos de sua mão. Jesus e o Pai são maiores que tudo. Portanto, seu mandamento para que permaneçamos nele significa que devemos continuar a confiar naquele que nos ajuda a continuar confiando.

---

[2] Alguns comentaristas não aceitam a idéia de que Jesus só guarda os que permanecem nele. Apelam — e isso é compreensível — para João 15.1,2,6: "Eu sou a videira verdadeira, e meu Pai é o agricultor. Todo ramo que, estando em mim, não dá fruto, ele corta; e todo que dá fruto ele poda, para que dê mais fruto ainda. [...] Se alguém não permanecer em mim, será como o ramo que é jogado fora e seca. Tais ramos são apanhados, lançados ao fogo e queimados". Será que isso significa que podemos estar verdadeiramente ligados à videira que dá vida e, depois, ser "apanhados" e "lançados ao fogo"? Não creio que Jesus esteja dizendo isso, principalmente por causa das três razões que acabei de apresentar. Creio que Jesus está dizendo que alguns parecem estar ligados à videira, mas não estão. Eles têm uma ligação; porém, essa ligação não é verdadeira nem lhes proporciona vida. Judas é o exemplo mais claro no ministério de Jesus. Esteve "ligado" a Jesus por três anos. Houve certa dose de influência fluindo nele, e ele recebeu muitas bênçãos de Jesus. Contudo, não estava ligado de forma a receber vida dele. Por isso, foi "cortado" — não da vida verdadeira, mas da ligação artificial que, por uns tempos, parecia verdadeira, mas não era.

Mandamento 8

TOMEM A SUA CRUZ E SIGAM-ME

Se alguém quiser acompanhar-me, negue-se a si mesmo, tome a sua cruz e siga-me. Pois quem quiser salvar a sua vida, a perderá, mas quem perder a sua vida por minha causa, a encontrará. (MATEUS 16.24,25)

Sigam-me, e eu os farei pescadores de homens. (MARCOS 1.17)

Eu sou a luz do mundo. Quem me segue, nunca andará em trevas, mas terá a luz da vida. (JOÃO 8.12)

Siga-me, e deixe que os mortos sepultem os seus próprios mortos. (MATEUS 8.22)

Se você quer ser perfeito, vá, venda os seus bens e dê o dinheiro aos pobres, e você terá um tesouro nos céus. Depois, venha e siga-me. (MATEUS 19.21)

Jesus foi totalmente humano e totalmente Deus (João 1.1,14). Ele não foi Deus com verniz humano, ou seja, não estava fantasiado de Deus. Ele foi homem de carne e osso, filho de um carpinteiro (Marcos 6.3). Por isso, quando ordenou a pescadores e publicanos: "Sigam-me", a obediência deles foi concreta mediante o ato físico de colocar os pés na estrada, seguir os passos de Jesus e fazer parte de seu grupo itinerante.

SEGUINDO JESUS QUANDO ELE NÃO ESTÁ AQUI

Jesus tinha conhecimento de que não viveria para sempre neste mundo, portanto não poderia ter seguidores que o acompanhassem no sentido físico. "Agora que vou para aquele que me enviou [...] eu lhes afirmo que é para o bem de vocês que eu vou. Se eu não for, o Conselheiro não virá para vocês; mas se eu for, eu o enviarei" (João 16.5,7). Jesus tinha plena consciência de que o movimento iniciado por ele continuaria depois que ele voltasse para o Pai, no céu. Era esse o plano dele (v. *Mandamento 45*).

Portanto, o mandamento para que o sigamos foi relevante não apenas em relação ao tempo em que ele viveu neste mundo, mas também para toda a eternidade. Ele deixou isso bem claro no final de seu ministério terreno. Ele ressuscitou dos mortos e subiu ao céu, para junto do Pai. Jesus disse a Pedro que o apóstolo morreria como mártir depois de sua partida deste mundo. Pedro quis saber se ele seria o único mártir e perguntou a Jesus o que aconteceria com seu companheiro, o apóstolo João. Jesus respondeu: "Se eu quiser que ele permaneça vivo até que eu volte, o que lhe importa? Quanto a você, siga-me!" (21.22).

Esse versículo indica que "seguir a Jesus" é segui-lo depois de sua partida deste mundo. Até o dia de sua volta, ele espera que seus discípulos na Terra o "sigam". Não se restringe aos que o acompanharam a pé pela Palestina. Jesus ordena que todos os seres humanos, de todos os países e de todas as idades o sigam.

Seguir a Jesus é dar prosseguimento à obra que ele veio realizar

Pedro e André eram pescadores profissionais. Quando Jesus lhes disse: "Sigam-me, e *eu os farei pescadores de homens*" (Marcos 1.17), usou uma figura de linguagem relevante para eles, a qual se aplica a todos os que seguem a Jesus. O mandamento de seguir a Jesus significa que todos devem participar da obra que ele veio realizar, da qual ele fez menção repetidas vezes: "... o Filho do homem veio [...] para servir e dar a sua vida em resgate por muitos" (10.45); "... o Filho do homem veio buscar e salvar o que estava perdido" (Lucas 19.10); "Eu não vim chamar justos, mas pecadores ao arrependimento" (5.32); "... eu vim para que tenham vida, e a tenham plenamente" (João 10.10); "Agora [...] o que direi? Pai, salva-me desta hora? Não; eu vim exatamente para isto, para esta hora. Pai, glorifica o teu nome!..." (12.27,28).

Em resumo, Jesus veio para morrer "... pela nação judaica, e não somente por aquela nação, mas também pelos filhos de Deus que estão espalhados..." (11.51,52). Ele veio *reunir* um povo — um povo fiel a ele, para a glória do Pai — e fez isso morrendo no lugar deles, salvando-os de seus pecados e dando-lhes a vida eterna e uma nova ética: a de amar como ele amou (13.34,35). Quando ordena que o sigamos, ele deseja que participemos também da missão de reunir seu povo: "... aquele que comigo não ajunta, espalha" (Lucas 11.23). Não há seguidores neutros: ou ajuntamos ou espalhamos. Seguir a Jesus significa dar prosseguimento à obra que ele veio realizar — reunir um povo fiel a ele, para a glória do Pai.

Seguir a Jesus no sofrimento

Dar prosseguimento à obra que ele veio realizar implica sofrer também o que ele sofreu. Seguir a Jesus é compartilhar seu sofrimento. Quando nos chama para segui-lo, Jesus ressalta esse ponto. Ele sabia que estava caminhando em direção à cruz e ordena que façamos o mesmo. Ele definiu sua vida e seu ministério, sabendo que iria a Jerusalém para ser morto. "Preciso prosseguir hoje, amanhã e depois de amanhã, pois certamente nenhum profeta deve morrer fora de Jerusalém!" (13.33).

Portanto, Jesus "partiu resolutamente em direção a Jerusalém" (9.51). Ele sabia exatamente o que aconteceria naquela cidade. Tudo fora planejado por seu Pai quando o enviou ao mundo. "Estamos subindo para Jerusalém e o Filho do homem será entregue aos chefes dos sacerdotes e aos mestres da lei. Eles o condenarão à morte e o entregarão aos gentios, que zombarão dele, cuspirão nele, o açoitarão e o matarão. Três dias depois ele ressuscitará" (Marcos

10.33,34). Era esse o plano, minucioso a ponto de detalhar que ele seria cuspido.

Esse foi o desígnio da vida de Jesus, e ele sabia que seu sofrimento recairia sobre seus seguidores: "... se me perseguiram, também perseguirão vocês..." (João 15.20). Por isso, no âmago desse mandamento reside o fato de que devemos segui-lo no sofrimento. "Se alguém quiser acompanhar-me, negue-se a si mesmo, tome a sua cruz e siga-me" (Mateus 16.24). Jesus ressaltou a autonegação e o dever de carregar a cruz.

Sofrer por Jesus com alegria mostra seu valor supremo

Jesus não morreu para tornar nossa vida mais fácil ou mais próspera. Ele morreu para remover todos os obstáculos que nos impedem a alegria permanente de termos decidido viver para ele. Jesus nos convida a sofrer por ele, porque o sofrimento que suportamos com alegria (5.12) mostra que ele vale mais que todas as recompensas terrenas, que agradam ao mundo (13.44; 6.19,20). Se seguimos a Jesus somente porque ele torna a vida mais fácil, o mundo entenderá que amamos as mesmas coisas que eles amam e que Jesus tão-somente nos proporciona algumas facilidades. No entanto, se sofrermos com Jesus no caminho do amor, por ser ele nosso tesouro supremo, deixaremos transparecer ao mundo que nosso coração almeja uma fortuna diferente. É por isso que Jesus nos dá este mandamento: "Negue-se a si mesmo, tome a sua cruz e siga-me".

O sofrimento por Jesus é temporário; a alegria em Jesus é eterna

O sofrimento é temporário. Jesus não nos chama para sofrer por toda a eternidade. Foi disso que ele veio nos livrar. "Aquele que ama a sua vida, a perderá; ao passo que aquele que odeia a sua vida *neste mundo*, a conservará para a *vida eterna*" (João 12.25); "... quem perder a sua vida por minha causa e pelo evangelho, a salvará" (Marcos 8.35). O sofrimento por Jesus é temporário. A alegria em Jesus é eterna. Pedro certa vez perguntou (talvez com um traço de autocomiseração): "Nós deixamos tudo para seguir-te! Que será de nós?". Jesus respondeu, sem ligar para a autocomiseração de Pedro: "Todos os que tiverem deixado casas, irmãos, irmãs, pai, mãe, filhos ou campos, por minha causa, receberão cem vezes mais e herdarão a vida eterna" (Mateus 19.27,29). Todo sacrifício é válido para seguir a Jesus: "A sua recompensa virá na ressurreição dos justos" (Lucas 14.14); "... grande é a sua recompensa nos céus..." (Mateus 5.12).

Mesmo antes de chegarmos ao céu, a alegria permeará o caminho árduo até a morte e a ressurreição. Nada se compara à alegria de andar na luz com Cristo, porque andar sem ele é andar na escuridão. Jesus disse: "Eu sou a luz do mundo. Quem me segue, nunca andará em trevas, mas terá a luz da vida" (João 8.12). Seguir a Jesus leva-nos, de fato, ao sofrimento e à morte, mas o caminho é iluminado com vida e verdade. Jesus prometeu: "... E eu estarei sempre com vocês, até o fim dos tempos" (Mateus 28.20). Onde Jesus está presente, existe alegria — alegria na tristeza por enquanto, mas alegria apesar de tudo. "Tenho lhes dito estas palavras para que a minha alegria esteja em vocês e a alegria de vocês seja completa" (João 15.11).

Rupturas nos relacionamentos pessoais

É por isso que as rupturas causadas por seguir a Jesus não são devastadoras. Existem rupturas nos relacionamentos pessoais, nos relacionamentos com bens materiais e com nossa vocação. Jesus tem maneiras chocantes para descrever o preço a ser pago por quem deseja segui-lo. "Siga-me, e deixe que os mortos sepultem os seus próprios mortos" (Mateus 8.22); "Se alguém vem a mim e ama o seu pai, sua mãe, sua mulher, seus filhos, seus irmãos e irmãs, e até sua própria vida mais do que a mim, não pode ser meu discípulo" (Lucas 14.26). Em outras palavras, seguir a Jesus é tão importante, que exige comportamentos considerados atitudes de *ódio* pelo mundo. Tenho visto exemplos disso nas escolhas dolorosas feitas pelos missionários. Eles partem com filhos pequenos para lugares de extremo perigo e deixam pais idosos para trás — bem cuidados, é claro, mas talvez nunca mais tenham a oportunidade de voltar a vê-los neste mundo. Alguns chamam a isso "falta de amor". Jesus, porém, tem os olhos fitos nas nações e nas exigências do amor no caso dos missionários.

Rupturas no relacionamento com os bens materiais

Seguir a Jesus implica também romper nosso relacionamento com os bens materiais. Havia um jovem rico que amava exageradamente seus bens materiais. Jesus tocou no ponto nevrálgico da idolatria do jovem com este mandamento: "Se você quer ser perfeito, vá, venda os seus bens e dê o dinheiro aos pobres, e você terá um tesouro nos céus. Depois, venha e siga-me" (Mateus 19.21; v. *Mandamento 20*). Se alguma coisa no caminho nos impede de seguir a Jesus, precisamos livrar-nos dela.

Esse mandamento não se aplica apenas ao jovem rico, mas a todos nós: "Da mesma forma, *qualquer de vocês* que não renunciar a tudo o que possui não pode ser meu discípulo" (Lucas 14.33). Renunciar aos bens materiais nem sempre significa vender tudo. Jesus elogiou Zaqueu por ele haver prometido distribuir *metade* de seus bens com os pobres (Lucas 19.8,9). Renunciar a *tudo* significa colocar todos os bens à disposição de Jesus, ou seja, usá-los de forma a agradá-lo, e jamais permitir que impeçam nossa obediência radical ao amor, conforme ele ordenou.

Rupturas no relacionamento com a vocação

Por fim, pode haver uma ruptura com nossa vocação quando decidimos seguir Jesus. Quando ele chamou os Doze para segui-lo, nenhum deles era seguidor profissional de Jesus. Eles eram pescadores, publicanos — tinham uma profissão. Por incrível que pareça, o chamado foi feito de maneira bem simples: "Passando [Jesus], viu Levi, filho de Alfeu, sentado na coletoria, e disse-lhe: 'Siga-me'. Levi levantou-se e o seguiu" (Marcos 2.14). Foi assim mesmo! (Segundo sabemos.) Para a maioria de nós, o chamado não é tão simples, mas sempre é feito.

O chamado pode ser feito a você. Nem todos precisam abandonar sua vocação para seguir a Jesus. Um homem quis deixar seu lar para seguir a Jesus, porém o Mestre disse: "Vá para casa, para a sua família e anuncie-lhes quanto o Senhor fez por você e como teve misericórdia de você" (5.19). A maioria de nós deve permanecer onde está e seguir a Jesus pelos caminhos radicais de amor que nossa posição e relacionamentos exigirem.[1] Isso, contudo, não se aplica a todos. Para alguns — talvez para você (enquanto lê esta seção do livro) — seguir a Jesus corresponde a uma ruptura arriscada com sua vocação. Não tenha medo de renunciar ao que lhe é íntimo para segui-lo.

Seguir a Jesus custa caro, mas vale a pena

Jesus não deseja atraí-lo com engodos e manobras. Ele é muito incisivo a respeito do preço a ser pago. Na verdade, ele pede que você calcule o preço:

> Qual de vocês, se quiser construir uma torre, primeiro não se assenta e calcula o preço, para ver se tem dinheiro suficiente para completá-la? [...] Ou, qual é o rei que, pretendendo sair à guerra contra outro rei, primeiro não se assenta e pensa se com dez mil homens é capaz de enfrentar aquele que vem contra ele com vinte mil? (Lucas 14.28,31).

Permita que o chamado para seguir a Jesus seja claro e sincero: "Neste mundo vocês terão aflições; contudo, tenham ânimo! Eu venci o mundo" (João 16.33). O preço é alto, mas vale a pena.

---

[1] Para mais detalhes sobre como deve ser nossa obediência a Jesus no trabalho secular, v. John PIPER, [*Não jogue sua vida fora*, São Paulo: Mackenzie, 2007].

Mandamento 9

AMEM A DEUS DE TODO O SEU CORAÇÃO, DE TODA A SUA ALMA, DE TODO O SEU ENTENDIMENTO E DE TODAS AS SUAS FORÇAS

Respondeu Jesus: "O [mandamento] mais importante é este: 'Ouve, ó Israel, o Senhor, o nosso Deus, o Senhor é o único Senhor. Ame o Senhor, o seu Deus, de todo o seu coração, de toda a sua alma, de todo o seu entendimento e de todas as suas forças'". (MARCOS 12.29,30)

Ai de vocês, fariseus, porque dão a Deus o dízimo da hortelã, da arruda e de toda a sorte de hortaliças, mas desprezam a justiça e o amor de Deus! Vocês deviam praticar estas coisas, sem deixar de fazer aquelas. (LUCAS 11.42)

Sei que vocês não têm o amor de Deus. Eu vim em nome de meu Pai, e vocês não me aceitaram; mas, se outro vier em seu próprio nome, vocês o aceitarão. (JOÃO 5.42,43)

Jesus veio restabelecer o tipo de relacionamento para o qual os seres humanos foram criados: o relacionamento com Deus e entre si. No que se refere ao relacionamento com Deus, Jesus diz que, acima de tudo, fomos criados para amar a Deus de todo o nosso coração, de toda a nossa alma, de todo o nosso entendimento e de todas as nossas forças. Jesus parte do princípio de que amar a Deus significa amá-lo por quem ele é, e essa visão de Jesus acerca de Deus está presente em tudo o que ele diz.

Conhecer a Deus e amá-lo por tudo o que ele é

Deus é o Criador. Ele criou os seres humanos (Mateus 19.4) e o mundo (Marcos 13.19). Deus sustenta o que ele criou, controlando tudo nos mínimos detalhes, até mesmo os pássaros e os lírios do campo. "Não se vendem dois pardais por uma moedinha? Contudo, nenhum deles cai no chão sem o consentimento do Pai de vocês" (Mateus 10.29; v. 6.30). Ele é Deus de sabedoria (Lucas 11.49), de justiça (Mateus 6.33), de poder (Mateus 22.29), de ira (João 3.36), de compaixão (Lucas 15.20) e de amor (João 3.16). Ele é uma pessoa, não uma simples força. É apresentado como um Pai que ama seus filhos (João 1.12; 16.27). Jesus ordena a todos nós: "Amem a esse Deus. Amem a ele com todas as suas forças e por tudo que ele é".

Para amar a Deus, é preciso conhecê-lo. Deus não seria honrado com um amor sem fundamento. Na verdade, isso não existe. Se não soubermos nada acerca de Deus, não haverá nada em nossa mente que desperte amor por ele. Se o amor não for uma conseqüência de conhecer a Deus, não há motivo para considerá-lo amor *por Deus*. Talvez haja um vago enlevo em nosso coração ou alguma gratidão difusa em nossa alma, mas se esses sentimentos não forem conseqüência de conhecer a Deus, não podemos chamá-lo "amor por Deus".

Jesus: revelação de Deus, o *litmus test*[1] de nosso amor por Deus

Jesus veio ao mundo para tornar Deus conhecido, de modo que pudesse ser verdadeiramente amado. Jesus disse aos discípulos:

---
[1] Teste no qual um único fator é decisivo. [N. do T.]

> "Se vocês realmente me conhecessem, conheceriam também o meu Pai. Já agora vocês o conhecem e o têm visto". Disse Filipe: "Senhor, mostra-nos o Pai, e isso nos basta". Jesus respondeu: "Você não me conhece, Filipe, mesmo depois de eu ter estado com vocês durante tanto tempo? Quem me vê, vê o Pai. Como você pode dizer: 'Mostra-nos o Pai'?" (João 14.7-9).

Jesus revela a Deus de forma tão profunda, que o ato de aceitar a Jesus passa a ser o teste para amar a Deus e tê-lo como Pai. "Se Deus fosse o Pai de vocês, vocês me amariam..." (8.42). Se não temos a Jesus, não temos a Deus. Jesus tornou-se o parâmetro de nosso conhecimento acerca de Deus e de nosso amor por Deus.

> ... conheço vocês. Sei que vocês não têm o amor de Deus. Eu vim em nome de meu Pai, e vocês não me aceitaram; mas, se outro vier em seu próprio nome, vocês o aceitarão. Como vocês podem crer, se aceitam glória uns dos outros, mas não procuram a glória que vem do Deus único?. (João 5.42-44)

Jesus reflete e exalta a Deus de tal forma, que negá-lo significa negar a Deus. Jesus sabe que seus adversários "não têm o amor de Deus [dentro deles]" porque não o aceitam. "... aquele que me rejeita, está rejeitando aquele que me enviou" (Lucas 10.16). Se eles amassem a Deus, amariam a Jesus. Jesus tornou Deus conhecido de maneira mais clara e mais abrangente que qualquer outra revelação. Por isso, é impossível amar a Deus e rejeitar a Jesus.

"Eu os fiz conhecer o teu nome"

Portanto, se quisermos amar a Deus, precisamos conhecê-lo conforme ele é revelado em Jesus. Antes de Cristo vir ao mundo, Deus despertou o sentimento de amor por meio da revelação dele próprio em sua Palavra — que sempre apontou para Jesus. "Vocês estudam cuidadosamente as Escrituras", disse Jesus, "porque pensam que nelas vocês têm a vida eterna. E são as Escrituras que testemunham a meu respeito" (João 5.39). Depois que Jesus veio ao mundo, é a revelação do próprio Jesus que desperta o sentimento de amor a Deus: "... ninguém conhece o Pai a não ser o Filho e aqueles a quem o Filho o quiser revelar" (Mateus 11.27).

Foi o que Jesus fez por seus discípulos. Ele tornou Deus conhecido. Na Oração Sacerdotal, em João 17, ele diz: "Eu os fiz conhecer o teu nome, e continuarei a fazê-lo..." (v. 26). Esse é o cumprimento tão esperado da profecia na lei de Moisés: "O Senhor, o seu Deus, dará um coração fiel a vocês e aos seus descendentes, para que o amem de todo o coração e de toda a alma e vivam" (Deuteronômio 30.6). Jesus é o cumprimento dessa profecia. Por isso, não podemos amar a Deus sem considerar a revelação de Jesus que muda nosso coração para conhecermos a Deus de tal maneira, que o contemplemos como a uma beleza arrebatadora.

Contemplando a Deus como a uma beleza arrebatadora

Usei a expressão "beleza arrebatadora" para ressaltar dois pontos. O primeiro é que amar a Deus não é uma simples decisão. Não podemos simplesmente decidir amar a música clássica ou a sertaneja, muito menos decidir amar a Deus. A música precisa ser arrebatadora. Se não a amamos, alguma coisa precisa mudar dentro de nós. Essa mudança possibilita que a mente sinta a música com a sensação arrebatadora de atração. O mesmo ocorre em relação a Deus. Não podemos simplesmente decidir amá-lo. Ocorre uma mudança dentro de nós, e, em conseqüência dessa mudança, ele se torna atraente de maneira arrebatadora. Sua glória — sua beleza — atrai nossa admiração e nos dá prazer.

O outro ponto que destaco na expressão "beleza arrebatadora" é que o amor por Deus não é essencialmente um comportamento, e sim uma afeição — não ações, mas deleite. A glória de Deus passa a ser nossa alegria suprema. Começamos, acima de tudo, a querer conhecê-lo, vê-lo, estar com ele e ser semelhante a ele. Há vários motivos importantes para acreditar que o amor por Deus é, acima de tudo, uma experiência intensa de afeições, não de comportamento.

Amar a Deus é o primeiro mandamento; amar o próximo é o segundo

Em primeiro lugar, Jesus faz distinção entre o primeiro e o segundo mandamentos. Ele diz: " 'Ame o Senhor, o seu Deus de todo o seu coração, de toda a sua alma e de todo o seu entendimento'. Este é o primeiro e maior mandamento. E o segundo é semelhante a ele: 'Ame o seu próximo como a si mesmo' " (Mateus 22.37-39). Portanto, amar a Deus não pode ser definido como amar o próximo. São tipos diferentes de amor. Amar a Deus é o primeiro mandamento. Amar o próximo é o segundo. O primeiro é o principal e não depende de nenhuma obediência. O segundo é de menor importância e depende de amar a Deus. Eles não estão separados, porque o verdadeiro amor por Deus produzirá sempre amor pelo próximo. Mas são diferentes. Significam que amar o próximo não é igual a amar a Deus. O amor ao próximo é o extravasamento ou o fruto de amar a Deus. Amar a Deus não é igual a amar o próximo. É uma admiração e um deleite arrebatadores por Deus.

"O seu coração está longe de mim"

Em segundo lugar, Jesus diz aos fariseus quando eles criticam a liberdade dos discípulos:

> Bem profetizou Isaías acerca de vocês, hipócritas; como está escrito:
> "Este povo me honra com os lábios,
> mas o seu coração está longe de mim". (Marcos 7.6,7)

Jesus afirma que ações externas — até mesmo as religiosas dirigidas a ele — não são a essência da adoração. Não são a essência do amor. O essencial é o que ocorre no coração. O comportamento externo agrada a Deus quando flui de um coração que o admira espontaneamente e se deleita nele, isto é, quando esse comportamento flui do amor de Deus.

O OPOSTO DE AMAR A DEUS É ODIAR E DESPREZAR

Em terceiro lugar, Jesus diz: "Ninguém pode servir a dois senhores; pois odiará um e amará o outro, ou se dedicará a um e desprezará o outro. Vocês não podem servir a Deus e ao Dinheiro" (Mateus 6.24). O oposto de amar a Deus é "odiar" e "desprezar". São palavras relacionadas a emoções fortes. Dão a entender que o oposto — "amar" — também é uma emoção forte. Por isso, amar a Deus é uma forte emoção interior, não uma simples ação exterior. Alguém, contudo, pode argumentar que "servir" é a palavra-chave do texto, a qual dá a entender que amar a Deus é servir a Deus. Mas o sentido não é esse. O texto diz que não podemos servir a dois senhores ("a Deus e ao Dinheiro") porque, por trás disso, existem duas paixões diametralmente opostas: ódio *versus* amor, devoção *versus* desprezo. Jesus não equipara amar a Deus com servir a Deus. Para ele, o ato de servir a Deus está em amar a Deus.

"UMA GERAÇÃO PERVERSA E ADÚLTERA PEDE UM SINAL MIRACULOSO"

Em quarto lugar, quando os fariseus, que não sentiam nenhum amor por Jesus (ou por Deus; v. João 5.42), pedem: "Mestre, queremos ver um sinal miraculoso feito por ti" (Mateus 12.38), Jesus retruca, de modo a derramar luz sobre a índole propensa a amar a Deus: "Uma geração perversa e adúltera pede um sinal miraculoso! Mas nenhum sinal lhe será dado, exceto o sinal do profeta Jonas" (v. 39). Por que ele os chama de "geração perversa e adúltera" em busca de um sinal? Porque Deus é o marido de Israel (Ezequiel 16.8), e Jesus é o Deus que veio tentar reaver sua esposa infiel. É por isso que ele refere a si mesmo como o "noivo" (Mateus 25.1).

Por que uma esposa (Israel representado por seus líderes) se colocaria diante do marido (Jesus), exigindo um sinal de que ele era seu marido? Para Jesus, não se tratava de ignorância inocente, mas de um coração *adúltero*. Israel não ama seu marido. Israel ama outros pretendentes — como as honras humanas (Mateus 23.6) e o dinheiro (Lucas 16.14). Esta é a lição que aprendemos aqui: nosso amor por Deus, conforme Jesus ordena, deve ser semelhante ao amor da esposa pelo marido, não um simples comportamento externo, mas afeição, admiração e deleite sinceros. Esse amor não deve basear-se no serviço de um escravo, mas neste texto de Cântico dos Cânticos:

> Estamos alegres e felizes por sua causa;
>   celebraremos o seu amor
>   mais do que o vinho.
> Com toda a razão você é amado!. (1.4)

DE TODO O CORAÇÃO, ALMA, ENTENDIMENTO E FORÇA

Quando ordena que amemos a Deus de todo o coração, alma, entendimento e força, Jesus está dizendo que toda a aptidão inata e toda a capacidade de nosso ser devem expressar a plenitude de nossa afeição por Deus, a plenitude de todas as formas pelas quais o estimamos como um verdadeiro tesouro. Estas quatro aptidões e capacidades têm significados semelhantes:[2] coração, alma, entendimento e força.

---

[2] Com referência a "coração" e "entendimento", considere que, nos Evangelhos, a palavra "entendimento" (διάνοια), a mesma usada no mandamento de amar a Deus "de todo o seu entendimento" (εjν o{λη/ της διανοία/ σου), aparece só mais uma vez, em Lucas 1.51, onde é traduzida por "pensamentos" e ocorre no "coração": "Agiu com o seu braço valorosamente; dispersou os que, no coração, alimentavam *pensamentos* (διανοία/) soberbos". Portanto, "entendimento" e "coração" nem sempre têm significados distintos. Com referência a "coração" e "alma", considere que Jesus disse: "Não tenham medo dos que matam o corpo, mas não podem matar a *alma*. Antes, tenham medo daquele que pode destruir tanto a *alma* como o corpo no inferno" (Mateus 10.28). Isso dá a entender que "alma" é a plenitude da vida ou da personalidade, separada do corpo. Portanto, ela abrange o "coração", embora seja mais que coração.

Contudo, não são idênticas. "Coração" ressalta o centro de nossa vida volitiva e emocional, sem excluir o pensamento (Lucas 1.51). "Alma" indica nossa vida como um todo, embora às vezes separada do corpo (Mateus 10.28). "Entendimento" salienta nossa capacidade de raciocínio. "Força" destaca a capacidade de fazer esforços vigorosos com o corpo e com a mente (Marcos 5.4; Lucas 21.36).

A função dessas aptidões e capacidades em relação a amar a Deus é demonstrar esse amor.[3] Pode ser que "coração" seja mencionado em primeiro lugar por ser considerado, acima de tudo, a *fonte* do amor expresso por meio da alma (vida), do entendimento (pensamento) e da força (esforço). Lucas, em particular, parece compreender dessa maneira, porque usa uma preposição grega diferente na expressão "*de* todo o seu coração" da que usa ao traduzir as outras três expressões (v. nota 3). De qualquer forma, o ponto principal é

---

[3] No mandamento de amar a Deus "*de* todo o seu coração, *de* toda a sua alma, *de* todo o seu entendimento e *de* todas a suas forças", as preposições gregas traduzidas por "de" não são as mesmas em todas as vezes que esse mandamento aparece nos Evangelhos. Três Evangelhos citam Deuteronômio 6.5, onde a preposição hebraica usada é בְ (בְכָל־לְבָבְךָ וּבְכָל־נַפְשְׁךָ וּבְכָל־מְאֹדֶךָ). Mateus 22.37, porém, traduz a preposição por ἐν todas as vezes (ἀγαπήσεις κύριον τὸν θεόν σου ἐν ὅλῃ τῇ καρδίᾳ σου καὶ ἐν ὅλῃ τῇ ψυχῇ σου καὶ ἐν ὅλῃ τῇ διανοίᾳ σου). Marcos 12.30 traduz a preposição por ἐξ todas as vezes (ἀγαπήσεις κύριον τὸν θεόν σου ἐξ ὅλης τῆς καρδίας σου καὶ ἐξ ὅλης τῆς ψυχῆς σου καὶ ἐξ ὅλης τῆς διανοίας σου καὶ ἐξ ὅλης τῆς ἰσχύος σου). Em razão disso, estou inclinado a considerar ἐν e ἐξ duas maneiras de expressar o mesmo significado instrumental da palavra hebraica בְ. Ou seja, ambas significam mais ou menos "de". Coração, alma, entendimento e forças são meios *de* demonstrar amor por Deus. Uma ligeira variação a essa interpretação é sugerida pela maneira peculiar com que Lucas traduz Deuteronômio 6.5. Ele usa a preposição ἐξ em relação a "coração", mas ἐν em relação a "alma", "forças" e "entendimento" (ἀγαπήσεις κύριον τὸν θεόν σου ἐξ ὅλης [τῆς] καρδίας σου καὶ ἐν ὅλῃ τῇ ψυχῇ σου καὶ ἐν ὅλῃ τῇ ἰσχύι σου καὶ ἐν ὅλῃ τῇ διανοίᾳ σου, καὶ τὸν πλησίον σου ὡς σεαυτόν, Lc 10.27). Talvez Lucas tivesse a intenção de dizer que o coração é a "fonte" (portanto, ἐκ), ao passo que "alma", "entendimento" e "forças" seriam as esferas nas quais esse amor é demonstrado (portanto, ἐν). Isso se encaixaria no que estou ressaltando, isto é, que o amor por Deus é, em primeiro lugar, uma questão de afeições (do coração), sendo, em segundo lugar, demonstrado na ação da vida de esforço mental e físico.

que toda aptidão inata e toda capacidade que temos devem sempre demonstrar que Deus é o nosso mais precioso tesouro.

TODA CAPACIDADE VALORIZA DEUS ACIMA DE TODAS AS COISAS

Amar a Deus é essencialmente considerá-lo um tesouro. Amá-lo de *todo* o coração, de *toda* a alma, de *todo* o entendimento e de *todas* as forças significa que todas as nossas aptidões inatas e todas as nossas capacidades o valorizam acima de todas as coisas, de tal forma que, quando consideramos qualquer outra coisa tão preciosa quanto um tesouro, estamos fazendo o mesmo em relação a Deus. Em outras palavras, podemos valorizar outras coisas boas até certo ponto, porém não mais do que valorizamos a Deus. Podemos valorizá-las como manifestação do valor que atribuímos a Deus. Se uma de nossas capacidades humanas achar prazer em qualquer pessoa ou em qualquer coisa de tal forma que esse prazer não agrade a Deus, então não amamos a Deus com toda essa capacidade.

Essa forma de entender o amor por Deus é confirmada pela maneira em que ele é amado nos Salmos. Jesus considerava-se o objetivo, o centro e o cumprimento das Escrituras do Antigo Testamento, até mesmo dos Salmos (Mateus 5.17; Lucas 24.27; João 5.39). É de esperar, portanto, que ele exija um amor que amplie e ponha em prática o que os salmistas sentiram. Lemos em Salmos que o amor a Deus é absolutamente exclusivo: "A quem tenho nos céus senão a ti? E na terra, nada mais desejo além de estar junto a ti" (73.25); "Ao SENHOR declaro: 'Tu és o meu Senhor; não tenho bem nenhum além de ti' " (16.2). O que essa exclusividade significa, se os salmistas também falam, por exemplo, de amar outras pessoas (16.3)?

Temos uma pista, em Salmos 43.4, no qual o salmista diz: "Então irei ao altar de Deus, a Deus, a fonte da *minha plena alegria*". A expressão "minha plena alegria" significa literalmente "a alegria de meu regozijo" ou "a alegria de minha exultação".[4] Isso indica que Deus é a alegria de todas as alegrias. Em meu regozijo por todas as coisas boas que Deus tem feito, ele está no centro de minha alegria, é a alegria de meu regozijo. Quando eu me regozijo em tudo, portanto, existe um regozijo centralizado em Deus. Toda alegria que não tem Deus no centro é irreal e, com o passar do tempo, irá estourar como uma bolha. Foi isso que levou Agostinho a orar: "Pouco te ama quem te ama juntamente com alguma criatura, e não a ama por tua causa".[5]

Não permita que seu amor esfrie

Deduzo, portanto, que o mandamento de Jesus para amar a Deus de todo o coração, de toda a alma, de todo entendimento e de todas as forças significa que cada impulso, cada ato de toda aptidão inata e de toda capacidade deve ser uma expressão de valorizar Deus acima de todas as coisas. Jesus advertiu que esse mandamento, o mais importante de todos, seria esquecido por muitos nos últimos dias: "Devido ao aumento da maldade, o amor de muitos esfriará..." (Mateus 24.12).

Tome cuidado para que seu amor por Deus não esfrie nestes dias. Lembre-se: nós o amamos até o ponto em que o conhecemos. E lembre-se de que somente Jesus pode torná-lo conhecido verdadeira e inteiramente (Mateus 11.27). Olhe firme para Jesus e ore para que ele lhe revele Deus como uma beleza arrebatadora. "Quem me vê, vê o Pai" (João 14.9).

---

[4] Há duas palavras em hebraico para alegria ou regozijo (שִׂמְחַת גִּילִי).
[5] *Confissões*, livro 10, capítulo XXIX (São Paulo: Martin Claret, 2006).

Mandamento 10
REGOZIJEM-SE E SALTEM DE ALEGRIA

Bem-aventurados serão vocês, quando os odiarem, expulsarem e insultarem, e eliminarem o nome de vocês, como sendo mau, por causa do Filho do homem. Regozijem-se nesse dia e saltem de alegria, porque grande é a sua recompensa no céu. Pois assim os antepassados deles trataram os profetas. (LUCAS 6.22,23)

Eu lhes dei autoridade para pisarem sobre cobras e escorpiões, e sobre todo o poder do inimigo; nada lhes fará dano. Contudo, alegrem-se, não porque os espíritos se submetem a vocês, mas porque seus nomes estão escritos nos céus. (LUCAS 10.19,20)

O Reino dos céus é como um tesouro escondido num campo. Certo homem, tendo-o encontrado, escondeu-o de novo e, então, cheio de alegria, foi, vendeu tudo o que tinha e comprou aquele campo. (MATEUS 13.44)

Tenho lhes dito estas palavras para que a minha alegria esteja em vocês e a alegria de vocês seja completa. (JOÃO 15.11)

ALEGRIA SURPREENDENTE

O mandamento de Jesus: "Regozijem-se [...] e saltem de alegria" (Lucas 6.23; v. Mateus 5.12) tem tantos motivos para nos deixar confusos, que seriam necessários muitos livros para revelar todas as suas surpreendentes implicações.[1] Meio século atrás, C. S. Lewis reagiu assim diante da surpresa de constatar a evidência inabalável nos Evangelhos:

> Se pensarmos seriamente nas promessas audaciosas de recompensa e na natureza desconcertante das recompensas prometidas nos Evangelhos, teremos a idéia de que nosso Senhor não considera nossos desejos fortes demais, e sim fracos demais. Somos criaturas sem entusiasmo, que se enganam com bebida, sexo e ambição quando existe uma alegria infinita oferecida a nós. Agimos como uma criança ignorante que deseja continuar a fazer bolinhos de lama num cortiço porque não é capaz de imaginar o que significa receber o convite para passar um fim de semana à beira-mar. Contentamo-nos com muito pouco.[2]

Em outras palavras, o mandamento de Jesus para sermos felizes não é insignificante nem supérfluo. É um chamado vibrante para quem está encontrando felicidade nos lugares errados. A solução de Jesus para o nosso amor ao pecado não é arrancar nossos olhos pecaminosos e lançá-los fora (Mateus 5.29). Ele deseja que sejamos dominados pela alegria dentro de uma realidade, isto é, Deus.

"Cheio de alegria, foi, vendeu tudo o que tinha"

O ponto central da pregação de Jesus era a declaração de que o Reino do céu estava próximo. Jesus queria dizer que ele era o Rei e que sua obra tinha como finalidade a chegada do Reino de Deus (Lucas 11.20; 17.20,21). Para mostrar ao povo como o Reino chegaria, ele contou uma curta parábola: "O Reino dos céus é como um tesouro escondido num campo. Certo homem, tendo-o encontrado,

---

[1] Escrevi um pequeno livro para orientar as pessoas nesse assunto: *The Dangerous Duty of Delight* (Sisters: Multnomah, 2001), e outro maior, no qual me aprofundo um pouco mais: *Desiring God: Meditations of a Christian Hedonist* (Sisters: Multnomah, 2003).

[2] *The Weight of Glory, and Other Addresses* (Grand Rapids: Eerdmans, 1965), p. 2 [*O peso de glória,* no prelo por Editora Vida].

escondeu-o de novo e, então, *cheio de alegria*, foi, vendeu tudo o que tinha e comprou aquele campo" (Mateus 13.44).

O significado da parábola é que a presença salvadora e o Reino soberano de Deus são tão preciosos que, quando as pessoas os virem como realmente são — um tesouro escondido no campo —, perceberão que nada é tão valioso quanto a imensa fortuna de fazer parte desse Reino. Jesus não deixa dúvida nenhuma a respeito da experiência interna dessa "conversão". Ela é movida pela alegria. Ele diz: "*Cheio de alegria*, foi, vendeu tudo o que tinha e comprou aquele campo".

Não poderia ser de outra forma. Jesus veio ao mundo para trazer *boas* novas, não notícias más. Ele não está nos convidando para fazer parte de uma religião movida pela força de vontade, que exige apenas deveres e não proporciona nenhuma satisfação. Ele nos convida a nos aproximarmos dele e de seu Pai. Ele nos convida a sentirmos alegria. Não alegria em coisas materiais, claro. Jesus não está pregando um evangelho de saúde, riqueza e prosperidade — o evangelho que, lamentavelmente, os Estados Unidos exportam para o mundo. Ele está pregando a alegria em *Deus* e em seu *Filho*.

É por isso que a parábola descreve a vinda do Reino como o ato de "vender tudo". O mandamento de Jesus em relação à alegria é que não devemos nos afastar um milímetro do mandamento radical de Lucas 14.33: "... qualquer de vocês que não renunciar a tudo o que possui não pode ser meu discípulo". Renunciamos a todas as coisas materiais que nos dão alegria porque encontramos o tesouro escondido no campo e fomos orientados a perceber que esse tesouro — esse Deus glorioso — é infinitamente mais precioso que tudo o que possuímos ou podemos possuir neste mundo. É por isso que renunciamos a tudo com alegria.

A AUTONEGAÇÃO E A BUSCA PELA ALEGRIA

Este é o significado da autonegação: renunciar a tudo neste mundo para ter Jesus. Venda tudo, para que possa ter o Reino. C.

S. Lewis captou o espírito desse mandamento de Jesus quando escreveu:

> O Novo Testamento tem muito a dizer a respeito da autonegação, mas não a respeito da autonegação como um fim em si. Recebemos o mandamento de negar a nós mesmos e tomar a nossa cruz para seguir a Cristo; e quase toda a descrição do que acabaremos por encontrar, se a obedecermos, contém um apelo para o desejo.[3]

Negamos a nós mesmos porque existe uma grande recompensa por trás da autonegação. Jonathan Edwards aprofunda-se mais no assunto ao analisar o relacionamento do mandamento de Jesus acerca da autonegação com seu mandamento a respeito da alegria.

> A autonegação também será reconhecida entre os problemas das pessoas piedosas [...]. Mas aqueles que tentaram negar a si mesmos podem dar o testemunho de que nunca sentiram satisfação ou alegria maiores do que após grandes atos de autonegação. A autonegação destrói a raiz e o alicerce da tristeza e pode ser comparada ao ato de se lancetar uma ferida grave e dolorosa, de modo que seja curada e traga saúde em abundância, como recompensa pela dor da cirurgia.[4]

Se isso for verdade, o mandamento da autonegação é outra forma de Jesus nos convidar a buscar radicalmente nossa alegria mais profunda e mais duradoura. As duas ordens não competem entre si. Assemelham-se ao mandamento de livrar-se de um câncer e ao de submeter-se à cirurgia.

---

[3] *The Weight of Glory, and Other Addresses*, p. 1 [*O peso de glória*, no prelo por Editora Vida].
[4] The Pleasantness of Religion, in: Wilson H. KIMNACH, Kenneth P. MINKEMA & Douglas A. SWEENEY (Orgs.), *The Sermons of Jonathan Edwards: A Reader* (New Haven: Yale University Press, 1999), p. 23-4.

Nossa alegria não está na prosperidade acima de tudo, mas na obediência e sofrimento

O que mais nos confunde quando Jesus diz: "Regozijem-se [...] e saltem de alegria" é que ele dá esse mandamento precisamente no contexto do sofrimento. "Bem-aventurados serão vocês, quando os odiarem, expulsarem e insultarem, e eliminarem o nome de vocês, como sendo mau, por causa do Filho do homem. Regozijem-se nesse dia e saltem de alegria, porque grande é a sua recompensa no céu. Pois assim os antepassados deles trataram os profetas" (Lucas 6.22,23). Quando ordena que nos regozijemos, Jesus está ciente do tipo de mundo em que vivemos, um mundo repleto de sofrimento. Ele confirma que parte desse sofrimento recairá sobre nós, seus discípulos: "... [Eles] os entregarão às sinagogas e prisões [...] e eles entregarão alguns de vocês à morte. Todos odiarão vocês por causa do meu nome" (21.12,16,17): "Se o dono da casa foi chamado Belzebu, quanto mais os membros da sua família!" (Mateus 10.25); "Se me perseguiram, também perseguirão vocês" (João 15.20).

Jesus sabia de tudo isso. Na verdade, ele ordena que o sigamos no caminho doloroso do amor (v. *Mandamento 8*). Por isso, a alegria que ele ordena agora ("nesse dia", Lucas 6.23) não é entusiasmo. Não é alegria banal. Não é superficial nem marcada por frivolidade. Esse é o erro cometido por muitos cristãos e muitas igrejas. Pensam que esse mandamento de Jesus é para contar anedotas ou introduzir brincadeiras nas instituições cristãs. Não sinto num ambiente assim o clima de Jesus se encaminhando a Jerusalém. Algo está errado.

Está errado porque falta o aroma do sofrimento. Para Jesus, o mandamento da alegria é uma forma de conviver com o sofrimento e sobreviver a esse sofrimento. Por isso, essa alegria é séria. Lutamos por ela a ponto de cortar nossa mão (Mateus 5.30), vender nossos bens materiais (Mateus 13.44) e carregar uma cruz com Jesus até o Calvário (Mateus 10.38,39). Ela tem cicatrizes. A alegria entoa canções alegres com lágrimas. Lembra as horas de sofrimento e sabe que outras virão. A estrada para o céu é penosa, mas é alegre.

A RAIZ DA SANTIDADE

O mandamento de Jesus para nos regozijarmos é a chave que abre seu mandamento para a santidade. O poder purificador da vida espiritual e os aspirantes a discípulos de Jesus são sufocados "pelas preocupações, pelas riquezas e pelos prazeres desta vida" (Lucas 8.14). O que mais coopera para libertar essas videiras sufocadas é o poder de um prazer maior. Jesus disse que é "em sua alegria" que seus seguidores vendem tudo. É sua alegria que interrompe a sufocação produzida pelo pecado.

Muitos cristãos acham que o estoicismo é um bom antídoto para a sensualidade. Não é. Trata-se de uma fraqueza sem esperança e ineficaz. A religião movida pela força de vontade quase sempre fracassa e, mesmo que tenha sucesso, obtém glória para si mesma, não para Deus. Ela produz legalistas rigorosos, não pessoas que amam. Jonathan Edwards entendeu a falta de poder dessa filosofia:

> Aproximamo-nos com forças redobradas dos pecadores, para convencê-los a ter uma vida piedosa [...]. O argumento comum é a vantagem da religião, mas que lástima!, o homem pecador não está à procura de vantagem [moral]; é o prazer que ele busca. De agora em diante, lutaremos contra eles com suas armas.[5]

A busca pelo prazer em Deus não é um compromisso com o mundo sensual, mas o único poder capaz de derrotar as concupiscências da vida enquanto produz pessoas que amam a Deus.

---

[5] The Pleasantness of Religion. Os parágrafos anteriores e posteriores foram adaptados por John PIPER, A God-Entranced Vision of All Things: Why We Need Jonathan Edwards 300 Years Later, in: John PIPER e Justin TAYLOR (ORGS.) *A God-Entranced Vision of All Things: The Legacy of Jonathan Edwards* (Wheaton: Crossway Books, 2004), p. 29.

A RAIZ DA ALEGRIA NO SOFRIMENTO ESTÁ NA GRANDE RECOMPENSA: JESUS

Jesus baseia nossa alegria presente explicitamente na esperança da grande recompensa. "Regozijem-se nesse dia e saltem de alegria, porque *grande é a sua recompensa no céu...*" (Lucas 6.23). Ele não diz qual é a recompensa, mas no contexto de sua vida e mensagem, a recompensa principal é a comunhão com Jesus e com Deus, o Pai, por intermédio de Jesus (João 17.3,24).

Diversos fatores apontam para esse entendimento. Por exemplo, Jesus diz aos discípulos pouco antes de sua morte: "... agora é hora de tristeza para vocês, mas *eu os verei outra vez*, e vocês se alegrarão, e ninguém lhes tirará essa alegria" (16.22). A alegria incontida que Jesus promete baseia-se em sua presença: "Eu os verei outra vez".

Jesus declara, de forma semelhante: "Tenho lhes dito estas palavras para que a minha alegria esteja em vocês e a alegria de vocês seja completa" (João 15.11). A plenitude da alegria é mencionada por João Batista, e ele a baseia na presença de Jesus, comparando-o com um noivo, e ele próprio como amigo do noivo: "A noiva pertence ao noivo. O amigo que presta serviço ao noivo e que o atende e o ouve, *enche-se de alegria quando ouve a voz do noivo*. Esta é a minha alegria, que agora se completa" (3.29).[6] A alegria "completa" de João baseia-se na presença de Jesus.

Dessa forma, presumo que a essência da recompensa na qual confiamos para completar nossa alegria é a plenitude da presença de Jesus, que sentiremos um dia. Alegramo-nos *agora* não apenas porque aguardamos essa futura comunhão com Jesus, mas também porque ele já está conosco, por intermédio de seu Espírito. Ele nos fez esta promessa para quando retornasse ao Pai: "Não os deixarei órfãos; vol-

---

[6] A palavra "completa" (πεπληνρωται) traduz a mesma palavra grega (πληνοω) de João 15.11 (πληρωθη/ς), 16.24 (πεπληρωμεννη) e 17.13 ("plenitude", πεπληρωμεννην). Todas se referem à alegria dos discípulos como plena. Uma vez que João 3.29 e 16.24 baseiam essa alegria na presença de Jesus, podemos deduzir que as outras duas também o são.

tarei para vocês" (14.18). Disse também: "Eu estarei sempre com vocês, até o fim dos tempos" (Mateus 28.20). Jesus declarou que, embora não estivesse mais fisicamente aqui, o Espírito da verdade viria a fim de glorificá-lo para nós: "Quando o Espírito da verdade vier, ele [...] me glorificará, porque receberá do que é meu e o tornará conhecido a vocês" (João 16.13,14). Por isso, embora não possamos ver a Jesus agora, esperamos nele com grande alegria, e ele sustenta essa alegria com sua presença constante.

Jesus compra e provê nossa alegria

Como, então, obedeceremos ao mandamento de Jesus: "Regozijem-se [...] e saltem de alegria"? Obedeceremos a esse mandamento encorajados pelo fato de Jesus ter-se oferecido para morrer a fim de perdoar nossos pecados — para perdoar nossa incapacidade de nos alegrarmos nele como deveríamos. Na última ceia, ele pegou o cálice de vinho e disse: "Isto é o meu sangue da aliança, que é derramado em favor de muitos, *para perdão de pecados*" (Mateus 26.28). Foi para isto que ele veio: "... o Filho do homem veio [...] para [...] dar a sua vida em resgate por muitos" (Marcos 10.45). Portanto, nossa alegria baseia-se neste sólido fundamento: Jesus derramou seu sangue para que nossa incapacidade de nos alegrarmos nele fosse perdoada.

Também somos incentivados a obedecer a esse mandamento porque ele prometeu interceder por nós de tal maneira, que o amor do Pai pelo Filho fosse sentido em nosso coração. Ele orou: "Eu os fiz conhecer o teu nome, e continuarei a fazê-lo, a fim de que o amor que tens por mim esteja neles, e eu neles esteja" (João 17.26). Reflita cuidadosamente nisto: o amor do Pai pelo Filho não é um amor de misericórdia, de perdão. O Filho não tem pecado, não tem defeito. Não necessita de misericórdia. O amor do Pai pelo Filho é um amor de infinita alegria, admiração e companheirismo. Jesus prometeu que esse amor estaria em nós. Para mim, trata-se de uma promessa que Jesus nos fez de trabalhar em nós para que nossa alegria fosse a mesma alegria que o Pai tem no Filho. Não estamos sozinhos na missão de nos alegrarmos em Jesus. Ele próprio está empenhado em fazer essa alegria acontecer.

O MANDAMENTO DE NOS ALEGRARMOS EM JESUS COMO MEIO DE GLORIFICÁ-LO

Finalmente, ao ler o compromisso de Jesus de glorificar o Pai e o Filho (João 17.1), deduzo que sua intenção de sustentar nossa alegria nele faz parte de nossa missão de glorificar o Pai e o Filho. Em outras palavras, alegrar-se no Pai e no Filho é essencial para glorificar a Deus. Se isso for verdade, teremos uma poderosa confirmação de nosso dever de buscar a alegria. Temos esse dever porque ele manifesta a glória de Deus.

Essa verdade deve fazer-nos tremer diante da tragédia de não nos alegrarmos em Deus. Devemos estremecer diante da indiferença terrível de nosso coração. Devemos despertar para esta verdade: é um pecado, uma deslealdade não buscar satisfação plena em Deus. Existe uma palavra final para buscar mais alegria na criação que no Criador: "traição". Isso deve nos motivar a obedecermos ao mandamento de Jesus: "Regozijem-se [...] e saltem de alegria".

NÃO EXISTE LIMITE PARA A INTENSIDADE DA ALEGRIA EM JESUS

É verdade que o desejo pela felicidade pode ser direcionado para objetos errados, mas esse desejo não pode ser forte demais. Jonathan Edwards defende essa idéia em seu sermão baseado em Cântico dos Cânticos 5.1: "Comam, amigos, bebam quanto puderem, ó amados!". Edwards extrai a seguinte doutrina do texto: "As pessoas não necessitam e não devem estabelecer limites para seu apetite espiritual agraciado por Deus". Ao contrário, ele diz, elas devem

> esforçar-se de todas as maneiras possíveis para inflamar seus desejos e obter mais prazeres espirituais. [...] Nossa fome e sede por Deus,

por Jesus Cristo e pela santidade não podem ser grandes demais em relação ao valor dessas coisas, porque são coisas de valor infinito. [...] Esforcem-se [portanto] para promover apetites espirituais, deitando-se no caminho da fascinação. [...][7] Não existe excesso na ingestão desse alimento espiritual. Não existe a virtude da temperança no banquete espiritual.[8]

Portanto, sinta-se encorajado, porque Deus o fez para alegrar-se nele. Não se conforme com nenhuma alegria menor. Deite-se no caminho da fascinação, isto é, concentre o olhar no tesouro plenamente satisfatório de Jesus Cristo, que nos amou e entregou sua vida em resgate por muitos, para nossa alegria permanente.

---

[7] Extraído do sermão não publicado: Sacrament Sermon on Canticles 5.1 (c. 1729), versão editada por Kenneth Minkema em parceria com *The Works of Jonathan Edwards* (Yale University).

[8] The Spiritual Blessings of the Gospel Represented by a Feast, in: Kenneth MINKEMA (Org.), Sermons and Discourses, 1723-1729, *The Works of Jonathan Edwards* (New Haven: Yale University Press, 1997), v. 14, p. 286. Os dois parágrafos anteriores foram adaptados de A God-Entranced Vision of All Things, p. 27-8.

Mandamento 11

TENHAM MEDO DAQUELE QUE PODE DESTRUIR TANTO A ALMA COMO O CORPO NO INFERNO

Não tenham medo dos que matam o corpo, mas não podem matar a alma. Antes, tenham medo daquele que pode destruir tanto a alma como o corpo no inferno. (MATEUS 10.28)

"E aqueles inimigos meus, que não queriam que eu reinasse sobre eles, tragam-nos aqui e matem-nos na minha frente!". (LUCAS 19.27)

Então ele dirá aos que estiverem à sua esquerda: "Malditos, apartem-se de mim para o fogo eterno, preparado para o Diabo e os seus anjos". [...] E estes irão para o castigo eterno, mas os justos para a vida eterna. (MATEUS 25.41,46)

AS IMAGENS QUE JESUS APRESENTA DO INFERNO

Jesus fala do inferno mais que qualquer outra pessoa na Bíblia. Refere-se a ele como um lugar de "trevas, onde haverá choro e ranger de dentes" (Mateus 8.12). Todas as alegrias que associamos com a luz serão tiradas, e todos os medos que associamos com escuridão serão multiplicados. O resultado será um sofrimento tão intenso que faz a pessoa ranger os dentes para suportá-lo.

Jesus também se refere ao inferno como "fornalha ardente" onde os que praticam o mal serão lançados no fim dos tempos, quando ele voltar. "O Filho do homem enviará os seus anjos, e eles tirarão do seu Reino tudo o que faz tropeçar e todos os que praticam o mal. Eles os lançarão na fornalha ardente, onde haverá choro e ranger de dentes" (13.41,42). Outras referências ao inferno feitas por Jesus: "o fogo do inferno" (5.22); "o fogo eterno, preparado para o Diabo e os seus anjos" (25.41); "o inferno, onde o fogo nunca se apaga" (Marcos 9.43); "o castigo eterno" (Mateus 25.46).

A última descrição é especialmente dolorosa e temível, pois contrasta com a "vida eterna": "Estes irão para o castigo eterno, mas os justos para a *vida eterna*". Nesse contraste, percebemos a tragédia da perda e do sofrimento infinito. Assim como a "vida eterna" será uma experiência infinita de prazer na presença de Deus, o "castigo eterno" será uma experiência infinita de sofrimento debaixo da ira de Deus (João 3.36; 5.24).

O INFERNO NÃO É MERA CONSEQÜÊNCIA DE MÁS ESCOLHAS

A palavra "ira" é importante para compreendermos o que Jesus quer dizer quando se refere ao inferno. O inferno não é simplesmente a conseqüência natural da rejeição a Deus. Costuma-se dizer isso porque é difícil aceitar a idéia de que Deus envia gente para lá. Diz-se que as pessoas se encaminham para lá. É certo que elas fazem escolhas que as conduzem ao inferno, mas essa não é toda a verdade. Jesus diz que tais escolhas são realmente merecedoras do inferno. "... qualquer que disser: 'Louco!', corre o risco [é culpado, é merecedor] de ir para o fogo do inferno" (Mateus 5.22). É por isso que ele dá ao inferno o nome de "castigo" (25.46). O castigo não é uma conseqüência natural auto-imposta (por exemplo, fumar provoca câncer no pulmão), é a punição da ira de Deus (como o juiz que condena um criminoso a trabalhos forçados).

As ilustrações empregadas por Jesus para mostrar como as pessoas vão para ao inferno não sugerem conseqüência natural, mas o exercício da justa ira. Por exemplo, ele conta a história de um servo cujo senhor partiu em viagem. O servo diz: "Meu senhor está demorando", e começa "a bater em seus conservos e a comer e a beber com os beberrões". Jesus diz (referindo-se à sua repentina segunda vinda): "O senhor daquele servo virá num dia em que ele não o espera e numa hora que não sabe. Ele o punirá severamente e lhe dará lugar com os hipócritas, onde haverá choro e ranger de dentes" (24.48-51). Essa ilustração representa a ira legítima e santa, acompanhada de punição. Jesus o colocará (θησει) com os hipócritas.

Jesus conta outra história para ilustrar sua partida deste mundo e seu retorno no julgamento. "Um homem de nobre nascimento foi para uma terra distante para ser coroado rei e depois voltar. [...] Mas os seus súditos o odiavam e por isso enviaram uma delegação para lhe dizer: 'Não queremos que este homem seja nosso rei'" (Lucas 19.12,14). Quando voltou, depois de ter sido coroado rei, para recompensar os que confiaram nele e o honraram com a própria vida, o nobre castigou os que o haviam rejeitado como rei: "E aqueles inimigos meus, que não queriam que eu reinasse sobre eles, tragam-nos aqui e matem-nos na minha frente!" (v. 27). Mais uma vez, a idéia do inferno não é a de uma enfermidade provocada por maus hábitos, mas de um rei manifestando ira santa contra os que se recusam a obedecer às suas ordens misericordiosas.

"TENHAM MEDO DAQUELE QUE PODE DESTRUIR TANTO A ALMA COMO O CORPO NO INFERNO"

Foi por essa razão que Jesus disse: "... tenham medo daquele que pode destruir tanto a alma como o corpo no inferno" (Mateus 10.28). O medo que ele ordena não é o medo do inferno como conseqüência natural de maus hábitos, mas de Deus como um juiz santo que condena os pecadores ao inferno. O mandamento de ter medo de Deus como de um juiz santo parece, a princípio, desestimulante. Dá a entender que seguir a Jesus significa uma existência de ansiedade, sempre imaginando que Deus está zangado conosco e pronto para nos castigar ao menor deslize. Não é, porém, o que Jesus deseja para seus seguidores.

Há um detalhe que talvez nos deixe confusos. Logo depois de ordenar: "Tenham medo daquele que pode destruir tanto a alma como o corpo no inferno", Jesus diz algo preparado especialmente para nos dar paz profunda e total confiança no cuidado paternal de Deus: "Não se vendem dois pardais por uma moedinha? Contudo, nenhum deles cai no chão sem o consentimento do Pai de vocês. Até os cabelos da cabeça de vocês estão todos contados. Portanto, não tenham medo; vocês valem mais do que muitos pardais!" (10.29-31).

Sem fazer uma pausa entre uma frase e outra Jesus acrescenta: "Tenham medo do Deus que os lança no inferno" e: "Não tenham medo, porque Deus é o Pai de vocês e os valoriza mais que aos pardais e conhece suas mais ínfimas necessidades". Na verdade, o cuidado paternal de Deus, que tudo provê, é um dos mais doces e penetrantes ensinamentos de Jesus:

> Observem as aves do céu: não semeiam nem colhem nem armazenam em celeiros; contudo, o Pai celestial as alimenta. Não têm vocês muito mais valor do que elas? [...] Portanto, não se preocupem, dizendo: "Que vamos comer?" ou "Que vamos beber?" ou "Que vamos vestir?" Pois os pagãos é que correm atrás dessas coisas; mas o Pai celestial sabe que vocês precisam delas. (6.26,31,32)

Devemos temer a Deus e confiar em Deus

O que Jesus tinha em mente ao proferir estas duas verdades acerca de Deus: temer a Deus e confiar em Deus? Não pode ser simplesmente que o "temor de Deus" significa "respeito a Deus", em vez de "ter medo dele". A explicação não se encaixa nestas palavras: "... temam aquele que, depois de matar o corpo, tem poder para lançar no inferno. Sim, eu lhes digo, esse vocês devem temer" (Lucas 12.5). Evidentemente, é verdade que devemos ter respeito por Deus, isto é, reverenciar sua santidade, poder e sabedoria. Mas existe também um medo verdadeiro dele que pode coexistir com a doce paz e confiança nele.

O ponto principal é este: o próprio Deus afasta sua ira de nós. Não sentimos paz porque nós mesmos retiramos de nossos pensamentos o

Deus de ira; sentimos paz quando ele afasta sua ira de nós. Deus fez isso quando enviou Jesus para morrer em nosso lugar, para que a ira divina fosse retirada de todo aquele que crê em Jesus.

> Da mesma forma como Moisés levantou a serpente no deserto, assim também é necessário que o Filho do homem seja levantado [na cruz para morrer], para que todo o que nele crer tenha a vida eterna [não ira]. [...] Quem crê no Filho tem a vida eterna; já quem rejeita o Filho não verá a vida, mas a ira de Deus permanece sobre ele. (João 3.14,15,36)

Quando bradou na cruz: "Meu Deus! Meu Deus! Por que me abandonaste?" (Marcos 15.34), Jesus estava sentindo, em nosso lugar, a ira do abandono de Deus, porque ele não havia feito nada para merecer o castigo de ser abandonado pelo Pai. Quando disse, finalmente, na cruz: "Está consumado!" (João 19.30), ele quis dizer que a dívida de nossa salvação — nossa libertação da ira de Deus e a graça de recebermos as bênçãos de Deus — estava totalmente paga.

Jesus disse que veio ao mundo para "dar a sua vida em resgate por muitos" (Mateus 20.28), e, naquele momento, o preço total do resgate foi pago, e a obra de absorver e retirar a ira de Deus foi consumada. Agora, ele diz, quem nele crê tem comunhão eterna com Deus e está plenamente seguro de que a ira do Juiz não mais existe. "... [Ele] não será condenado, mas já passou da morte para a vida" (João 5.24).

MEDO DA FALTA DE FÉ

De que, então, devemos ter medo? A resposta é: da *falta de fé*. Para os seguidores de Jesus, ter medo de Deus significa ter medo da terrível possibilidade de não confiar naquele que pagou um preço tão alto por nossa paz. Ou seja, um dos meios que Deus usa para manter nossa paz e nossa confiança em Jesus é o medo do que Deus nos poderá fazer se não crermos. Não vivemos no desconforto do medo constante porque cremos. Isto é, descansamos na obra suficiente e completa de Jesus e no cuidado soberano de nosso Pai. Nos momentos em que a falta de fé nos assalta, porém, um medo santo se levanta para avisar-nos de que estamos cometendo uma tolice em não confiar naquele que nos amou e entregou seu Filho à morte para que nossa alegria fosse livre de ansiedade.

Passar os braços ao redor do pescoço de Deus leva o medo embora

A ilustração a seguir ajudou-me a compreender como essa experiência funciona. Quando Karsten, meu filho mais velho, tinha cerca de 8 anos, fomos visitar um homem que tinha um cão enorme. Quando abrimos a porta, o cão olhou firme para meu filho, quase sem precisar levantar a cabeça. Aquela era uma situação de causar medo a um menino pequeno. O dono da casa garantiu-nos que o cão era inofensivo e que gostava de crianças. Pouco depois, pedimos a Karsten que fosse buscar algo que havíamos esquecido no carro. Quando ele começou a atravessar correndo o pátio, o cão rosnou alto e correu atrás dele. O dono do cão foi até a porta e gritou para Karsten: "Não corra. Ele não gosta quando as pessoas fogem dele".

Um cão enorme que ama as crianças, mas não gosta que fujam dele: Deus é assim. Se você confiar nele, gostar dele e passar os braços ao redor de seu pescoço forte, ele será tudo aquilo que você espera encontrar num amigo. Mas se você decidir que existem coisas mais importantes e fugir dele, ele ficará zangado. Jesus disse de maneira muito clara, em Lucas 19.27: "E aqueles inimigos meus, que não queriam que eu reinasse sobre eles, tragam-nos aqui e matem-nos na minha frente!".

O inferno significa que o pecado é terrivelmente grave

O mandamento de Jesus para termos medo daquele que pode destruir a alma e o corpo no inferno ensina-nos que o pecado é muito mais grave do que imaginamos. Muitos acham que o inferno é um castigo injusto para nossos pecados porque não vêem o pecado como ele realmente é nem a Deus como ele de fato é. Jesus nos conta o que dirá àqueles que irão para o inferno: "Então eu lhes direi claramente: Nunca os conheci. Afastem-se de mim vocês, que *praticam o mal*!" (Mateus 7.23). São aqueles que "praticam o mal", isto é, que infringem a lei de Deus. O pecado é, antes de tudo, contra Deus e depois contra o homem.

Portanto, a gravidade do pecado origina-se do que ele diz acerca de Deus. Deus é infinitamente digno de ser honrado. Mas o pecado diz o oposto. O pecado diz que existem coisas mais desejáveis e mais dignas. Até que ponto isso é grave? A gravidade de um crime é determinada, em parte, pela dignidade da pessoa e do cargo que está sendo desrespeitado. Se a pessoa for infinitamente digna, infinitamente ilustre, infinitamente querida e ocupar um cargo de infinita dignidade e autoridade, rejeitá-la é um crime infinitamente ultrajante. Portanto, merece um castigo infinito. A intensidade das palavras de Jesus acerca do inferno não é uma reação exagerada a pequenas ofensas. As palavras de Jesus são um testemunho ao infinito valor de Deus e à desonra ultrajante do pecado humano.

O DOM PRECIOSO DO MEDO

Preste atenção a este mandamento claro de Jesus: devemos ter medo daquele que pode destruir a alma e o corpo no inferno. Considere-o uma grande demonstração de misericórdia. Que maravilhosa é essa advertência de Jesus! Ele não quer que ignoremos a ira vindoura. Ele não somente adverte. Ele resgata. Este é o melhor efeito do medo: ele nos desperta para a necessidade que temos de ajuda e aponta-nos o Redentor suficiente em tudo, Jesus. Deixe que o medo tenha esse efeito em você. Deixe que ele o conduza a Jesus, que diz a quem nele crê: "Não tenham medo, pequeno rebanho, pois foi do agrado do Pai dar-lhes o Reino" (Lucas 12.32).

Mandamento 12

ADOREM AO SENHOR EM ESPÍRITO E EM VERDADE

Está chegando a hora, e de fato já chegou, em que os verdadeiros adoradores adorarão o Pai em espírito e em verdade. São estes os adoradores que o Pai procura. Deus é espírito, e é necessário que os seus adoradores o adorem em espírito e em verdade. (JOÃO 4.23,24)

Jesus lhe disse: "Retire-se, Satanás! Pois está escrito: 'Adore o Senhor, o seu Deus, e só a ele preste culto'". (MATEUS 4.10)

Este povo me honra com os lábios, mas o seu coração está longe de mim. Em vão me adoram; seus ensinamentos não passam de regras ensinadas por homens. (MATEUS 15.8,9)

Ninguém pode servir a dois senhores; pois odiará um e amará o outro, ou se dedicará a um e desprezará o outro. Vocês não podem servir a Deus e ao Dinheiro. (MATEUS 6.24)

Todos neste mundo adoram alguma coisa. Do mais religioso ao mais cético, todos reverenciam uma entidade superior a ponto de construir a vida em torno dela. Pode ser Deus ou pode ser o dinheiro. E o que provoca essa adoração é o poder motivador de algo muito precioso e amado que molda nossas emoções, vontade, pensamento e comportamento. Dentro dessa experiência universal de adoração, Jesus ordenou: "Adorem [a Deus] em *espírito* e em *verdade*" (João 4.24). Concilie a experiência da adoração com a *verdade* acerca de Deus, e deixe que seu *espírito* seja realmente despertado e impelido por essa verdade.

"Está chegando a hora, e de fato já chegou"

Jesus disse essas palavras enquanto conversava com uma samaritana, perto da cidade na qual ela morava. A mulher havia questionado a Jesus a respeito da diferença entre o lugar de adoração dos samaritanos e o dos judeus: "Nossos antepassados adoraram neste monte, mas vocês, judeus, dizem que Jerusalém é o lugar onde se deve adorar" (João 4.20). A reação de Jesus foi desviar o foco da geografia para algo espantoso que estava ocorrendo ali, diante dela. Ele disse: "Creia em mim, mulher: está próxima a hora em que vocês não adorarão o Pai nem neste monte, nem em Jerusalém. [...] No entanto, está chegando a hora, *e de fato já chegou*, em que os verdadeiros adoradores adorarão o Pai em espírito e em verdade..." (v. 21,23). Que declaração radical, essa de que a hora *de fato já chegou*, a hora em que não haveria mais adoração em Jerusalém! O que Jesus estava querendo dizer?

Jesus fez a maravilhosa afirmação de que ele era o Messias tão aguardado pelos judeus. "Disse a mulher: 'Eu sei que o Messias (chamado Cristo) está para vir. Quando ele vier, explicará tudo para nós'. Então Jesus declarou: 'Eu sou o Messias! Eu, que estou falando com você'" (v. 25,26). Por isso, quando Jesus afirmou que a hora "de fato já chegou" — em que não haveria mais adoração em Jerusalém —, ele quis dizer que o Reino do Messias havia chegado e que a forma de adoração à qual o povo estava habituado seria radicalmente modificada.

"Destruam este templo, e eu o levantarei em três dias"

Jesus declarou isso porque ele próprio substituiria o templo. O "lugar" de adoração — o "lugar" onde o povo se encontraria com Deus dali em diante — seria Jesus, não o templo em Jerusalém.

Ele transmitiu essa informação de várias maneiras. Por exemplo, disse dentro do templo: "Destruam este templo, e eu o levantarei em três dias" (2.19). Os judeus perguntaram, confusos: "Este templo levou quarenta e seis anos para ser edificado, e o senhor vai levantá-lo em três dias?" (v. 20). O autor do evangelho explica: "Mas o templo do qual ele falava era o seu corpo" (v. 21). Em outras palavras, Jesus estava afirmando que, quando ressuscitasse, ele seria o novo "templo" — o novo lugar onde o povo se encontraria com Deus.

Jesus fez outra declaração surpreendente quando foi criticado por ter permitido que os discípulos colhessem espigas e comessem seus grãos no sábado. Ele reagiu a essa crítica lembrando que Davi, o rei de Israel, alimentara seus companheiros com os pães da Presença, destinados exclusivamente aos sacerdotes. Jesus estabeleceu uma ligação entre si e seus discípulos: "Eu lhes digo que aqui está o que é maior do que o templo" (Mateus 12.6). Ou seja, "o Messias, o Filho de Davi, está aqui, e ele próprio tomará o lugar do templo".

Nem neste monte, nem em Jerusalém, mas em espírito e em verdade

Quando disse à mulher samaritana, "está chegando a hora, *e de fato já chegou*, em que os verdadeiros adoradores adorarão o Pai em espírito e em verdade", Jesus explicou que, com a vinda do Messias, o modo de adorar a Deus sofreria total transformação. A geografia passaria para o segundo plano: "... vocês não adorarão o Pai nem neste monte, nem em Jerusalém" (João 4.21). As preocupações geográficas dão lugar às preocupações internas espirituais. "... os verdadeiros adoradores adorarão o Pai em espírito e em verdade" (v. 23). Samaria e Jerusalém são substituídas pelas realidades espirituais de "espírito e verdade". O importante agora não é onde adorar, mas saber se adoramos a Deus de acordo com a verdade e se nosso espírito está sinceramente despertado e movido por essa verdade.

Toda adoração deve ser por intermédio de Jesus e a Jesus

A nova e importante verdade é que a adoração passa a ser feita por intermédio de Jesus. Ele é o templo onde encontramos a Deus. Essa afirmação é verdadeira porque Jesus derramou seu sangue "para perdão de pecados" (Mateus 26.28), deu a "vida em resgate por muitos" (Marcos 10.45) e abriu o caminho, por meio de seu corpo crucificado e ressuscitado, para nos reconciliar com Deus (João 3.16,36). Não existe meio de os pecadores oferecerem adoração aceitável a Deus sem a intermediação do sangue de Jesus.

A adoração passa a ser feita por intermédio de Jesus porque ele é Deus. Jesus não é simplesmente o mediador da adoração entre nós e o Pai: ele também *deve* ser adorado. Ele afirmou isso de forma direta e indireta. Perdoou pecados, algo que somente Deus pode fazer (Marcos 2.5-11). Aceitou ser adorado pelos discípulos (Mateus 14.33; 28.9). Afirmou sua pré-existência eterna com Deus: "Eu lhes afirmo que antes de Abraão nascer, Eu Sou!" (João 8.58). Declarou que era um com o Pai: "Quem me vê, vê o Pai" (14.9); "Eu e o Pai somos um" (10.30). Por isso, todos devem honrar "o Filho como honram o Pai" (5.23). Toda adoração "em verdade" deve ser adoração a Jesus *e* por intermédio de Jesus. "Para que todos honrem o Filho como honram o Pai".

Adoração em espírito

O que significa a expressão "em espírito"? "... está chegando a hora, e de fato já chegou, em que os verdadeiros adoradores adorarão o Pai *em espírito*..." (4.23). Alguns intérpretes entendem que a expressão se refere ao Espírito Santo de Deus. Eu entendo que se refere ao *nosso* espírito. Talvez as duas interpretações não estejam muito distantes do que Jesus quer dizer. Em João 3.6, ele estabelece uma extraordinária ligação entre o Espírito de Deus e nosso espírito: "... o que nasce do Espírito é espírito". Enquanto o Espírito Santo não vivificar nosso espírito com o nascimento de uma nova vida, nosso espírito estará morto e indiferente, nem sequer terá a capacidade de ser espírito. Somente quem é nascido do Espírito é espírito (vivo). Assim, quando Jesus diz que os verdadeiros adoradores adorarão ao Pai "em espírito", ele quer dizer que a verdadeira adoração é possível apenas aos espíritos que se tornaram vivos e sensíveis por meio da vivificação do Espírito de Deus.[1]

Esse "espírito" é essencial na adoração. Caso contrário, a adoração é morta. Ou usamos a expressão de Jesus, ou ela é empregada "em vão".

> Este povo me honra
>   com os lábios,
> mas o seu coração está longe de mim.
> *Em vão* me adoram;
> seus ensinamentos
>   não passam de regras
> ensinadas por homens. (Mateus 15.8,9)

Um coração (e espírito) vivo e em sintonia com Deus é essencial. Jesus contrasta a autêntica adoração em espírito e verdade com a adoração externa concentrada em Samaria e em Jerusalém. Aquela adoração torna-se autêntica por dois motivos: a *mente* de quem adora compreende a verdade de Jesus, e o *espírito* de quem adora se sente estimulado a agir de acordo com a verdade que a mente conhece. Quem não sente nenhuma afeição por Deus, despertada pela verdade de Jesus, não está adorando "em espírito e em verdade".[2] Aquele cuja afeição foi construída em cima de falsos conceitos acerca de Deus não está adorando "em espírito e em verdade". Jesus ordena a adoração em espírito e a adoração em verdade.

---

[1] Este parágrafo foi adaptado de: John PIPER, *Desiring God: Meditations of a Christian Hedonist*, ed. rev. e aum. (Sisters: Multnomah, 2003), p. 82.

[2] V. o capítulo 3 de *Desiring God* (Worship: The Feast of Christian Hedonism) para conhecer uma justificativa mais completa dessa afirmação e a forma em que ela se encaixa na realidade de que nossos sentimentos são instáveis, às vezes animados e às vezes desanimados.

ADORAR A VIDA INTEIRA

Uma das implicações desse conceito de adoração é que ela se aplica à vida inteira, bem como aos cultos na igreja. A essência da adoração está na visão verdadeira de Deus em nossa mente e nas afeições autênticas de nosso espírito por Deus. Toda vez que manifestamos a excelência de Deus por meio de palavras ou de ações procedentes de um espírito que o ama como ele realmente é, estamos adorando em espírito e em verdade. Pode ser no trabalho, em casa ou na igreja. Não importa. O importante é que vejamos a glória de Deus em Jesus (verdade) e o amemos acima de todas as coisas (espírito). Quando isso transborda em nós, tratamos as pessoas com amor e abnegação, para o bem delas. Poucas coisas manifestam de maneira mais clara a beleza de Deus. Para os seguidores de Jesus, esse tipo de adoração se aplica à vida inteira.

Essa idéia é magnificamente ilustrada na conexão que Jesus faz entre adorar a Deus e servir a Deus. Jesus disse ao Diabo quando este o tentava: "Retire-se, Satanás! Pois está escrito: 'Adore o Senhor, o seu Deus, e só a ele preste culto' " (Mateus 4.10). O ato de servir era quase sempre vinculado ao ato de adorar, como manifestação exterior do ministério religioso no templo. Agora, porém, o templo é Jesus. Como o ato de adorá-lo e servir a ele pode ser transformado?

"VOCÊS NÃO PODEM SERVIR A DEUS E AO DINHEIRO"

Em Mateus 6.24, temos um surpreendente vislumbre do que o ato de servir[3] a Deus significa para Jesus. Ele disse: "Ninguém pode servir a dois senhores; pois odiará um e amará o outro, ou se dedicará a um e desprezará o outro. Vocês não podem servir a Deus e ao

---

[3] A palavra para "servir" em Mateus 6.24 (δουλευνω) não é a mesma palavra usada em Mateus 4.10 (λατρευνω, traduzida por "prestar culto" na NVI). A última refere-se, em geral, às atividades religiosas no templo. A outra refere-se, em geral, ao trabalho de um escravo para seu senhor. Em minha opinião, a nova situação apresentada por Jesus deixa claro que o serviço de "escravo" é uma nova forma de adoração.

Dinheiro". Há um fato surpreendente nas palavras de Jesus: o ato de servir a Deus é comparado ao ato de servir ao dinheiro. Mas como servimos ao dinheiro? Não servimos ao dinheiro da mesma forma que servimos às pessoas, isto é, ajudando-as ou atendendo às suas necessidades. Servimos ao dinheiro quando o valorizamos de tal forma que nossa vida inteira se beneficie do que ele pode fazer por nós.

De acordo com Jesus, o mesmo ocorre em relação a Deus. Não podemos ajudar a Deus ou atender às necessidades de Deus, "pois *nem mesmo* o Filho do homem veio para ser servido" (Marcos 10.45). Servimos a Deus quando o valorizamos a tal ponto que orientamos nossa vida inteira de modo a usufruir os benefícios que ele pode nos proporcionar. Diferentemente do dinheiro, o que Deus pode fazer por nós acima de todos os demais tesouros é *ser* para nós tudo que almejamos ter.

O VALOR INFINITO DE DEUS EM JESUS

Portanto, nossa vida deve ser dedicada a servir a Deus, isto é, a vida inteira deve ser moldada por um desejo ardente de maximizar nossa experiência acerca do valor supremo de Deus em Jesus. Assim, terminamos por onde começamos. Todos neste mundo adoram alguma coisa. Do mais religioso até o mais cético, todos reverenciam uma entidade superior a ponto de construir a vida em torno dela — mesmo inconscientemente. Jesus ordena que cada pessoa neste mundo construa a vida em torno do valor infinito de Deus em Jesus. A quem você está adorando? Peça a Jesus que lhe abra os olhos para a *verdade* do valor supremo de Deus e desperte seu *espírito* para amá-lo acima de todas as coisas.

Mandamento 13

OREM SEMPRE E NUNCA DESANIMEM

Jesus contou aos seus discípulos uma parábola, para mostrar-lhes que eles deviam orar sempre e nunca desanimar. (LUCAS 18.1)

Orem por aqueles que os perseguem. (MATEUS 5.44)

Quando você orar, vá para seu quarto, feche a porta e ore a seu Pai, que está em secreto. Então seu Pai, que vê em secreto, o recompensará. (MATEUS 6.6)

Quando orarem, não fiquem sempre repetindo a mesma coisa, como fazem os pagãos. (MATEUS 6.7)

Vocês, orem assim: "Pai nosso, que estás nos céus! Santificado seja o teu nome". (MATEUS 6. 9)

Peçam, pois, ao Senhor da colheita que envie trabalhadores para a sua colheita. (MATEUS 9.38)

"... quanto mais o Pai que está nos céus dará o Espírito Santo a quem o pedir!". (LUCAS 11.13)

Peçam e receberão, para que a alegria de vocês seja completa. (JOÃO 16.24)

Eu farei o que vocês pedirem em meu nome, para que o Pai seja glorificado no Filho. (JOÃO 14.13)

Jesus deseja formar um povo que ora. Seu mandamento é claro, e o assunto é tão importante, que ele nos diz *por que, como, por quem* e *pelo que* devemos orar. Apesar de imaginarmos que o Filho de Deus não tinha necessidade de orar, ele próprio nos dá o exemplo, como ser humano perfeito, levantando-se de madrugada para orar (Marcos 1.35), procurando oportunidades para orar sozinho (Mateus 14.23), passando a noite inteira em oração (Lucas 6.12) e, no final, preparando-se para o sofrimento (22.41,52).

Por quê? Para a glória de Deus

Por que Jesus considerava a oração tão importante para seus seguidores? O motivo é que a oração corresponde a dois grandes propósitos de Deus que Jesus veio cumprir: glória de Deus e nossa alegria. Jesus disse: "E eu farei o que vocês *pedirem* em meu nome, para que o Pai seja *glorificado* no Filho" (João 14.13). A oração foi planejada por Deus para manifestar tanto a plenitude dele quanto nossa necessidade. A oração glorifica a Deus porque nos posiciona como sedentos e coloca Deus na posição de fonte que sacia nossa sede.[1]

Jesus conhecia os salmos e com certeza leu Salmos 50.15, no qual Deus, de modo semelhante a Jesus, ordena que oremos em busca de ajuda e mostra que a oração honra a Deus: "... e clame a mim no dia da angústia; eu o livrarei, e você me honrará". A oração foi planejada para que nos relacionássemos com Deus, ficando claro que *nós* recebemos a ajuda e *ele* recebe a glória. Jesus disse que veio ao mundo para glorificar ao Pai: "Eu te glorifiquei na terra, completando a obra que me deste para fazer" (17.4). Parte da missão que Deus lhe confiou foi ensinar os discípulos a orar, porque oramos no nome de Jesus, "para que o Pai seja glorificado no Filho" (14.13).

---

[1] Não estou afirmando que a oração deva conter apenas pedidos, sem incluir agradecimento, louvor ou confissão. Este capítulo trata apenas da oração como petição, pois foi a forma principal que Jesus adotou para ensinar sobre a oração.

POR QUÊ? PARA NOSSA ALEGRIA

Outro propósito que Jesus veio cumprir foi o de nos dar alegria. Tudo que Jesus ensinou teve a finalidade de nos libertar dos destruidores da alegria eterna e abastecer-nos com a única alegria duradoura — a alegria em Deus. "... digo estas coisas enquanto ainda estou no mundo, para que eles tenham a plenitude da minha alegria" (17.13). Um de seus ensinamentos mais marcantes com respeito à nossa alegria foi sobre a oração, e ele deixou bem claro seu objetivo: nossa alegria. "Peçam e receberão, para que a alegria de vocês seja completa" (16.24). O fato mais extraordinário acerca da oração, conforme Jesus ordena, é que ela serve perfeitamente para assegurar a glória de Deus e nossa alegria.

Há grandes incentivos para obedecermos ao mandamento de Jesus de "orar sempre e nunca desanimar" (Lucas 18.1). Ele acrescenta outros incentivos porque deseja ardentemente que sintamos esperança na oração. Por exemplo, ele diz: "... o seu Pai sabe do que vocês precisam, antes mesmo de o pedirem" (Mateus 6.8). O fato é que não precisamos usar frases repetitivas na oração, na esperança de chamar a atenção de Deus ou despertar seu desejo de nos atender. Ele é nosso Pai zeloso, onisciente, e responderá à nossa oração. Logo depois, Jesus destaca a solicitude de Deus em nos atender, comparando-o com um pai humano, mas ressaltando que Deus tem muito mais empenho nessa tarefa que os pais humanos.

> Peçam, e lhes será dado; busquem, e encontrarão; batam, e a porta lhes será aberta. [...] Qual de vocês, se seu filho pedir pão, lhe dará uma pedra? Ou se pedir peixe, lhe dará uma cobra? Se vocês, apesar de serem maus, sabem dar boas coisas aos seus filhos, quanto mais o Pai de vocês, que está nos céus, dará coisas boas aos que lhe pedirem! (Mateus 7.7,9-11)

Para responder à pergunta: *"Por que* devemos orar?", Jesus diz: "Porque Deus está empenhado em ouvir nossas orações e dar-nos uma resposta" — o que não nos deve surpreender, pois a oração foi planejada para magnificar a Deus e sustentar nossa alegria nele.

COMO? COM SIMPLICIDADE

Como, então, devemos orar? A solicitude de Deus em nos atender e seu perfeito conhecimento do que necessitamos antes de pedir significa que devemos usar palavras simples e rejeitar as vãs repetições baseadas na idéia de que Deus se comove com nossas cantilenas monótonas. "Quando orarem, não fiquem sempre repetindo a mesma coisa, como fazem os pagãos. Eles pensam que por muito falarem serão ouvidos. Não sejam iguais a eles, porque o seu Pai sabe do que vocês precisam, antes mesmo de o pedirem" (Mateus 6.7,8).

COMO? COM PERSEVERANÇA

Isso não quer dizer que não existe lugar para a perseverança na oração. De fato, Jesus deixa bem claro que devemos perseverar na oração por longo tempo, se necessário, quando quisermos destruir uma grande barreira em busca de justiça para a glória de Deus (Lucas 11.5-8; 18.1-8). O principal não é vencer a resistência de Deus, mas entender, pela oração perseverante, a sabedoria divina quanto ao meio e ao tempo da resposta à nossa oração. Deus não tem má vontade: ele quer ajudar seus filhos e glorificar seu nome, porém sabe melhor que nós *quando* e *como* dar a resposta. Por isso, a perseverança na oração demonstra a confiança de que Deus é nossa única esperança e que ele agirá da melhor maneira, no tempo oportuno, para responder às nossas súplicas persistentes.

COMO? POR MEIO DA MORTE DE JESUS E EM SEU NOME

A confiança que temos na oração provém de Jesus. Ele não nos ensinou apenas a orar — ele morreu por nós e ressuscitou para remover os obstáculos insuperáveis no que diz respeito à oração. Sem a morte de Jesus, nossos pecados não seriam perdoados (Mateus

26.28), e a ira de Deus permaneceria sobre nós (João 3.36). Nessa condição, não poderíamos esperar nenhuma resposta de Deus. Jesus é, portanto, a base de todas as nossas orações. Foi por isso que ele nos ensinou a orar em seu nome. "Eu farei o que vocês pedirem *em meu nome*, para que o Pai seja glorificado no Filho" (João 14.13; v. 16.23,24). Encerrar a oração com a frase "em nome de Jesus, amém" não é mera tradição: é uma declaração de fé em Jesus como a única esperança de acesso a Deus.

Como? Com fé

Jesus deseja realmente que oremos *com fé*: "Tudo o que pedirem em oração, *se crerem*, vocês receberão" (Mateus 21.22; v. Marcos 11.24). Alguns tomam esses versículos ao pé da letra e os transformam em poder do pensamento positivo. Acreditam que, se tivermos confiança em que algo acontecerá, certamente acontecerá. Mas isso seria ter fé em nossa fé. Quando nos ensinou a "mover montanhas" pela fé, Jesus foi explícito: "Tenham fé *em Deus*" (Marcos 11.22). Parece haver ocasiões em que Deus deixa claro o que pretende fazer. Nesse caso, devemos ter plena confiança de que será feito. A propósito disso, Jesus diz: "... Tudo o que vocês pedirem em oração, creiam que já o receberam, e assim lhes sucederá" (11.24). É Deus quem faz isso, e nossa confiança repousa nele e em sua vontade revelada. Caso contrário, seríamos Deus, e ele governaria o Universo de acordo com nossa vontade, não com a dele.

Jesus deixa claro que existe uma espécie de filtro pelo qual passam nossas orações, para assegurar que serão atendidas de acordo com a vontade de Deus. "Se vocês permanecerem em mim, e as minhas palavras permanecerem em vocês, pedirão o que quiserem, e lhes será concedido" (João 15.7). A promessa de Jesus aqui é expressa mais claramente que em Marcos 11.24.[2] Estamos confiando nele como

---

[2] Mesmo no contexto de Marcos 11.24, há um requisito implícito na promessa: "Tudo o que vocês pedirem em oração, creiam que já o receberam, e assim lhes sucederá." O versículo 25 diz: "E quando estiverem orando, se tiverem alguma

nossa videira que nos sustenta? Suas palavras estão moldando nossa mente e nosso coração, para que possamos discernir como orar de acordo com sua sabedoria?

Orar com fé nem sempre significa ter a certeza de que tudo acontecerá conforme pedimos, mas sempre significa que, por causa de Jesus, confiamos que Deus nos ouve e nos ajudará da forma que lhe parecer melhor. Significa que ou ele nos dará apenas o que pedimos ou nos dará algo melhor. O pai dará ao filho uma pedra se este lhe pedir pão? Não. Nem lhe dará pão, se o pão estiver embolorado. Talvez lhe dê um pedaço de bolo. Às vezes, as respostas de Deus nos deixam extasiados com a abundância. Em outras ocasiões, têm mais gosto de remédio que de comida e põem nossa fé à prova, porque é o medicamento para nossa real necessidade.

Como? Não para recebermos elogios

Em vista de tudo isso, deve ficar claro que a recompensa da oração vem de Deus, não do homem. Jesus, no entanto, mostra que o coração do homem é capaz de transformar o mais belo ato de Deus em ato humano e estragá-lo. Ele nos adverte:

> Quando vocês orarem, não sejam como os hipócritas. Eles gostam de ficar orando em pé nas sinagogas e nas esquinas, a fim de serem vistos pelos outros. Eu lhes asseguro que eles já receberam sua plena recompensa. Mas quando você orar, vá para seu quarto, feche a porta e ore a seu Pai, que está em secreto. Então seu Pai, que vê em secreto, o recompensará (Mateus 6.5,6).

---

coisa contra alguém, perdoem-no, para que também o Pai celestial lhes perdoe os seus pecados". Significa que, mesmo que peçamos perdão, crendo que o receberemos, *não* o receberemos enquanto não perdoarmos aqueles contra quem temos alguma coisa. Isso deixa claro que a promessa não é tão ampla quanto parece a princípio. Existem limites. Não podemos simplesmente manipular a Deus por estar confiantes no que pedimos. Existem preceitos morais. É o que Jesus está dizendo com uma condição: "Se [...] as minhas palavras permanecerem em vocês, pedirão o que quiserem, e lhes será concedido" (João 15.7). As palavras de Jesus moldam a atitude e o conteúdo de nossas orações.

Jesus odeia a hipocrisia — por exemplo, aparentar sentir amor por Deus quando realmente amamos o elogio dos homens. Suas palavras mais depreciativas foram reservadas aos "hipócritas". Chamou-os "filhos do inferno", "guias cegos", "cheios de ganância e cobiça", "sepulcros caiados" (Mateus 23.15,24,25,27). O mandamento é inequívoco: "Tenham cuidado com o fermento dos fariseus, que é a hipocrisia" (Lucas 12.1). A implicação disso para a oração (também para o jejum e os atos de caridade, Mateus 6.1-4,16-18) é: "Amem a Deus e a tudo que ele será para vocês na oração, mas não amem o elogio dos homens. Acima de tudo, não transformem o ato de oração, que é de grande valor para Deus, num ato de hipocrisia, que é de grande valor para os homens".

Por quem?

Por quem Jesus ordena que oremos? Por nós, claro. Não porque mereçamos. A oração não tem relação com merecimento, e sim com misericórdia. Oramos por nós porque somos fracos. Temos muita propensão para pecar e dependemos inteiramente de ser preservados pela graça, a fim de que nossa frágil obediência se sustente. Jesus disse: "Vocês, orem assim [...]. E não nos deixes cair em tentação, mas livra-nos do mal" (Mateus 6.9,13). Oramos por nós em primeiro lugar, porque conhecemos nossa fragilidade e vulnerabilidade mais que qualquer pessoa. Depois, oramos pelos outros seguidores de Jesus e pelo mundo.

Ninguém deve ser excluído de nossas orações. Quando Jesus nos ensina a orar: "Santificado seja o teu nome" (6.9), ele quer dizer que devemos orar assim por qualquer pessoa que ainda não tenha santificado o nome de Deus. Se em nosso coração egoísta pensarmos em algum adversário de quem não gostamos, Jesus é incisivo — essa pessoa também deve ser abençoada em nossas orações: "... Amem os seus inimigos e orem por aqueles que os perseguem" (5.44); "... abençoem os que os amaldiçoam, orem por aqueles que os maltratam" (Lucas 6.28). Ninguém deve ser excluído do nosso amor. Ninguém deve ser excluído da nossa oração.

Pelo quê?

Finalmente, *pelo que* Jesus ordena que oremos? O que devemos pedir ao Pai? A resposta sucinta de Jesus está na oração do Pai-nosso (Mateus 6.9-13).

> Pai nosso, que estás nos céus!
> 1) Santificado seja o teu nome.
> 2) Venha o teu Reino;
> 3) Seja feita a tua vontade, assim na terra como no céu.
> 4) Dá-nos hoje o nosso pão de cada dia.
> 5) Perdoa as nossas dívidas, assim como perdoamos aos nossos devedores.
> 6) E não nos deixes cair em tentação, mas livra-nos do mal.

Oramos por nós, pelos outros seguidores de Jesus e pelo mundo, declarando que honramos e respeitamos o nome de Deus acima de todas as coisas (1). Esta é a primeira função da oração: orar para que as pessoas glorifiquem a Deus. Oramos para que o poder salvador e purificador de Deus — o poder que exalta Jesus — domine nossa vida e venha, um dia, manifestar-se de forma ampla e universal (2). Oramos para fazer a vontade de Deus como os anjos fazem no céu, isto é, sem hesitação e com todo zelo e cuidado (3). Oramos pelo sustento do corpo e da mente, para vivermos uma vida de obediência neste mundo (4). Oramos pelo perdão de nossos pecados diários a fim de honrar a Deus como se deve (5). Isto é, pedimos a Deus que nos conceda todos os dias a perfeita redenção, cujo preço Jesus pagou definitivamente por todos nós quando morreu na cruz. Oramos para que Deus nos proteja do mal e das tentações que nos levam à ruína e enfraqueçem nosso testemunho por ele (6).

O Pai-nosso mostra-nos a natureza maravilhosa da oração. Dá primazia à súplica para que o nome de Deus seja glorificado, que o Reino de Deus avance e triunfe e que a vontade de Deus seja cumprida no mundo da mesma forma que no céu. Deus planeja usar as orações dos homens para realizar seus propósitos absolutos e universais. Por exemplo, Jesus diz que devemos orar pelos obreiros que proclamarão o evangelho a todas as nações. "Peçam [...] ao Senhor da colheita que envie trabalhadores para a sua colheita" (9.38), apesar de saber que o Reino de Deus triunfará. Ele declarou: "... sobre esta pedra edificarei a minha igreja, e as portas do Hades não poderão vencê-la. [...] E este evangelho do Reino será pregado em todo o mundo como testemunho a todas as nações, e então virá o fim" (16.18; 24.14). Não há incertezas acerca do triunfo de Deus. Contudo, na providência de Deus esse triunfo depende da oração humana.

Isso quer dizer que a oração não é apenas um dever do homem, mas também um dom de Deus. Jesus despertará em seu povo o espírito da oração que suplica que tudo seja feito para cumprir os propósitos de Deus no mundo. As orações dos seguidores de Jesus e os propósitos de Deus não falharão.

Mandamento 14

Não se preocupem com as necessidades do dia-a-dia

Não se preocupem com sua própria vida, quanto ao que comer ou beber; nem com seu próprio corpo, quanto ao que vestir. Não é a vida mais importante que a comida, e o corpo mais importante que a roupa? (Mateus 6.25)

Não se preocupem com o amanhã, pois o amanhã trará as suas próprias preocupações. Basta a cada dia o seu próprio mal. (Mateus 6.34)

Não tenham medo, pequeno rebanho, pois foi do agrado do Pai dar-lhes o Reino. (Lucas 12.32)

Há reis que preferem manter seus súditos em estado de inquietação. Se estiverem ansiosos com respeito à própria vida e preocupados por não saberem de onde virá a próxima refeição, talvez se sintam mais dispostos a obedecer às ordens do rei, a fim de poderem receber dos estoques da realeza a comida de que necessitam. A preocupação tolhe os movimentos dos súditos. O medo dá firmeza à monarquia.

Jesus não mantém seu Reino à custa da ansiedade

Uma das características mais maravilhosas de Jesus é que ele não deseja que seu povo viva ansioso. Ele não mantém seu Reino à custa de espíritos inquietos. Ao contrário, o objetivo do Reino de Jesus[1] é libertar-nos das preocupações. Ele não precisa nos manter preocupados para demonstrar seu poder e sua superioridade, pois são intocáveis e invencíveis. Ao contrário, ele exalta seu poder e sua superioridade quando leva embora nossas preocupações.

Quando Jesus diz: "Não se preocupem com o amanhã" (Mateus 6.34), ele estabelece o tipo de vida que todos desejam — sem preocupações, sem medo dos homens ou de situações ameaçadoras. Mas como, porém, Jesus espera que seu mandamento seja cumprida se tudo à nossa volta nos deixa preocupados? Jesus nos auxilia, apresentando dois tratamentos para combater a preocupação e o medo. O primeiro está relacionado à preocupação com as necessidades básicas da vida, como alimento, bebida, roupa (v. 25,34). O segundo está relacionado à preocupação com o mal que os homens podem nos causar (10.24-31). Na primeira passagem, Jesus confirma nossa capacidade de viver com alegria, mesmo sem saber como nossas necessidades serão atendidas. Na segunda, que abordarei no próximo capítulo, Jesus nos incentiva a perseverar na causa da verdade quando alguém nos ameaça.

As preocupações do dia-a-dia

Todos são capazes de compreender claramente a mensagem principal de Jesus em Mateus 6.25-34: "Não se preocupem". Versículo 25: "Não se preocupem com sua própria vida". Versículo 31: "Não se preocupem, dizendo: 'Que vamos comer?' ". Versículo 34: "Não se preocupem com o amanhã". Essa, porém, é a forma negativa de apresentar a mensagem principal desses textos. Há uma forma positiva, no versículo 33. Em vez de se preocupar, "busquem, pois, em primeiro lugar o Reino de Deus". Quando pensarmos na vida, no alimento

---

[1] Jesus afirma ser Rei, mas não o rei que o povo esperava. Ele diz, em João 18.36: "O meu Reino não é deste mundo. Se fosse, os meus servos lutariam para impedir que os judeus me prendessem. Mas agora o meu Reino não é daqui" (v. Mateus 25.31,34; João 12.14,15).

ou em roupas — ou no cônjuge, no emprego, em nossa missão —, não devemos nos afligir com isso. Ao contrário, devemos pensar em Deus, o Rei, nesse momento. Jesus está dizendo: "Entreguem a situação ao seu poder majestoso e façam a vontade de Deus com a confiança de que ele estará com vocês e suprirá todas as suas necessidades. Se acreditarem no Reino do Pai celestial, não haverá necessidade de se preocupar com coisa alguma". As outras passagens dão sustentação ao mandamento de Jesus.

"A VIDA É MAIS IMPORTANTE QUE A COMIDA, E O CORPO MAIS IMPORTANTE QUE A ROUPA"

Jesus apresenta pelo menos oito motivos aos discípulos para não viverem preocupados com o amanhã. O *primeiro* encontra-se no versículo 25: "Não se preocupem com sua própria vida, quanto ao que comer ou beber; nem com seu próprio corpo, quanto ao que vestir". Por quê? Porque "a vida [é] mais importante que a comida, e o corpo mais importante que a roupa". O que isso significa?

Por que temos a tendência de nos preocupar com comida e com roupa? Porque há três coisas que perderemos se não tivermos comida e roupa. Primeira: perderemos alguns prazeres. Afinal, a comida agrada ao paladar. Segunda: perderemos alguns elogios humanos e olhares de admiração se não usarmos roupas bonitas. Terceira: possivelmente perderemos a vida se não tivermos alimento para comer ou roupas que nos protejam do frio. Preocupamo-nos com comida e com roupa porque não queremos perder prazeres físicos, elogios humanos nem a vida.

Jesus reage assim a essas preocupações: "Se você for dominado pelas preocupações com essas coisas, deixará de ver as grandezas da vida". A vida não nos foi concedida para o prazer físico acima de tudo, mas para algo bem maior — agradar a Deus (Lucas 12.21). A vida não nos foi concedida para receber a aprovação dos homens acima de tudo, mas para algo bem maior — a aprovação de Deus (João 5.44). A vida não nos foi concedida para ser prolongada neste mundo acima de tudo, mas para algo bem maior — a vida eterna com Deus no futuro (3.16).

Não devemos nos preocupar com comida e com roupa porque elas não proporcionam as coisas *grandiosas* da vida, isto é, agradar a Deus, buscar sua graça e misericórdia, querer passar a eternidade em sua presença. Se vivermos preocupados com essas coisas, deixaremos de ver os grandes propósitos da vida centralizada em Deus.

"Observem as aves do céu"

O *segundo* motivo que Jesus apresenta para abandonarmos as preocupações encontra-se no versículo 26: "Observem as aves do céu: não semeiam nem colhem nem armazenam em celeiros; contudo, o Pai celestial as alimenta. Não têm vocês muito mais valor do que elas?". Quando observamos as aves, não extraímos uma lição de indolência. Elas usam o bico para cavar a terra, caçam insetos e constroem ninhos com fios e folhas. Jesus, no entanto, diz que é *Deus* quem as alimenta. As aves não ficam preocupadas à procura de alimento como se Deus não fosse o mesmo amanhã. Elas saem para trabalhar — e nós também devemos sair para trabalhar —, mas quando o Sol nasce no dia seguinte Deus continua a ser Deus.

Vocês não podem "acrescentar uma hora que seja à sua vida"

O *terceiro* motivo para não termos preocupações: ela é inútil. "Quem de vocês, por mais que se preocupe, pode acrescentar uma hora que seja à sua vida?" (v. 27). O argumento é bastante pragmático: a preocupação não leva a lugar nenhum e não faz bem nenhum. Seja qual for a causa da preocupação, sabemos que ela não diminui o problema, apenas aumenta o sofrimento enquanto convivemos com ela. Por isso, não se preocupe. A preocupação não tem nenhuma utilidade.

"Vejam como crescem os lírios do campo"

O *quarto* motivo que Jesus apresenta para abandonarmos as preocupações baseia-se nos lírios do campo:

> Por que vocês se preocupam com roupas? Vejam como crescem os lírios do campo. Eles não trabalham nem tecem. Contudo, eu lhes digo que nem Salomão, em todo o seu esplendor, vestiu-se como um deles. Se Deus veste assim a erva do campo, que hoje existe e amanhã é lançada ao fogo, não vestirá muito mais a vocês, homens de pequena fé?. (v. 28-30)

Quando observamos um lírio, que não tem instinto nem vontade própria para trabalhar e fiar e mesmo assim tem belo formato e cor, devemos tirar pelo menos uma conclusão, de acordo com Jesus: Deus gosta de adornar todas as coisas. Se ele tem prazer em enfeitar a erva do campo que hoje está aqui, mas não estará amanhã, por certo esse prazer se expressará na maneira em que veste seus filhos!

Alguém poderá contestar: "Deus não me enfeitou!". Ou: "Deus não ornamenta os cristãos pobres que vivem em situação de miséria neste mundo". É verdade. Poucos seguidores de Jesus se vestem como Salomão. Mas não poderíamos realizar nossa obra se nos vestíssemos como ele. Jesus referiu-se a João Batista desta maneira: "Ora, os que vestem roupas esplêndidas e se entregam ao luxo estão nos palácios" — mas não João Batista! Ele tinha uma obra profética a realizar. "As roupas de João eram feitas de pêlos de camelo, e ele usava um cinto de couro na cintura. O seu alimento era gafanhotos e mel silvestre" (Lucas 7.25; Mateus 3.4). Contudo, "entre os nascidos de mulher não surgiu ninguém maior do que João Batista" (Mateus 11.11). O adorno que Jesus prometeu não são roupas extravagantes, e sim as roupas de que necessitarmos. Por acaso você já viu um discípulo de Jesus cumprir a missão que Deus lhe ordenou sem o adorno de que necessita?

Devemos, todavia, ser cautelosos. Não podemos medir a perfeição da provisão divina com um padrão inferior ao nosso chamado. Deus não nos chama para vivermos em palácios: ele nos chama para carregarmos nossa cruz e amarmos o próximo a qualquer custo. Quando não precisarmos mais carregar a cruz — sobre ombros feridos, se Deus assim o desejar —, haverá um manto real à nossa espera. A promessa divina de suprir todas as nossas necessidades não significa que Deus nos tornará ricos, tampouco que ele nos manterá vivos ("... e eles entregarão alguns de vocês à morte", Lucas 21.16). Significa que ele dará a todos nós tudo que for necessário para fazer a vontade de Deus (v. o comentário sobre Mateus 6.33, a seguir).

"O PAI CELESTIAL SABE QUE VOCÊS PRECISAM DELAS"

O *quinto* e o *sexto* motivos pelos quais o seguidor de Jesus não deve ter preocupações encontram-se no versículo 32. Não devemos nos preocupar com o que comer, beber e vestir porque "[quinto motivo] os pagãos é que correm atrás dessas coisas; mas [sexto motivo] o Pai celestial sabe que vocês precisam delas". As preocupações com as coisas deste mundo nos colocam na mesma posição que os incrédulos. Mostram que nossa felicidade é muito semelhante àquela encontrada no mundo. Jesus, entretanto, não quer que pensemos assim. As preocupações também mostram que, em nosso modo de entender, o Pai celestial desconhece as necessidades de seus filhos ou que talvez seu coração não seja o de um Pai amoroso. As preocupações mostram que estamos perto demais do mundo e afastados demais de Deus. Por isso, abandone as preocupações. O mundo não tem nada de eterno a oferecer, e o Pai celestial amoroso conhece suas necessidades hoje e sempre.

"TODAS ESSAS COISAS LHES SERÃO ACRESCENTADAS"

O *sétimo* motivo para deixarmos de lado as preocupações é este: quando buscamos o Reino de Deus em primeiro lugar, ele trabalha por nós e supre todas as nossas necessidades. "Busquem, pois, em primeiro lugar o Reino de Deus e a sua justiça, e todas essas coisas lhes serão acrescentadas" (v. 33). A expressão "todas essas coisas" não significa tudo que *imaginamos* necessitar, mas tudo de que realmente necessitamos. As necessidades reais são determinadas pela missão que Deus nos dá, não pelo que imaginamos estar fazendo. Deus nos dará "todas essas coisas" de que necessitamos para cumprir seu chamado em nossa vida.

"O AMANHÃ TRARÁ AS SUAS PRÓPRIAS PREOCUPAÇÕES"

O *último* motivo é: "Portanto, não se preocupem com o amanhã, pois o amanhã trará as suas próprias preocupações. Basta a cada dia o seu próprio mal" (v. 34). Deus destinou a cada dia sua porção de prazer e sofrimento, conforme diz este antigo hino sueco, principalmente nos dois últimos versos:

> Dia a dia, em todos os momentos,
> Força encontro em lutas ou labor,
> Pois de Deus recebo sempre alento;
> Que razão terei pra ter temor?
> Deus que é bom, e sábio e compassivo,
> Cada dia dá-me o que é melhor.
> Uma dor, e logo um lenitivo;
> Luta e paz eu sinto em derredor.[2]

Não se aproprie indevidamente das preocupações que Deus atribuiu para amanhã, isto é, não as antecipe para hoje na forma de preocupação. Creia que Deus será o mesmo amanhã. Amanhã haverá graça para os problemas de amanhã. Essa graça não será concedida hoje.

A idéia central de tudo isso não deixa margem à dúvida: Jesus não quer que seus seguidores se preocupem. Ele não quer manter seu Reino à custa de súditos em constante preocupação. Ao contrário,

---

[2] Karolina Wilhelmina SANDELL-BERG, Dia a dia, *Hinário adventista*, hino 359. Disponível em: <http://www.cvvnet.org> (Ministério Cristo Vai Voltar). Acesso em: 17 set. 2007.]

de acordo com Mateus 6.33, quanto mais importante seu Reino for para nossa vida, menos preocupações teremos.

Uma vez que, para Jesus, os motivos apresentados (encontramos oito) ajudam a vencer as preocupações, seria aconselhável guardá-los na mente e tentar trazê-los para nossa vida intelectual e emocional. A meu ver, seria prudente memorizar Mateus 6.25-34. Se incutirmos em nossa mente e em nosso coração essas oito realidades contra as preocupações, jamais nos esqueceremos delas.

Mandamento 15

NÃO SE PREOCUPEM COM AS AMEAÇAS DO HOMEM

Por minha causa vocês serão levados à presença de governadores e reis como testemunhas a eles e aos gentios. Mas quando os prenderem, não se preocupem quanto ao que dizer, ou como dizê-lo. Naquela hora lhes será dado o que dizer. (MATEUS 10.18,19)

O discípulo não está acima do seu mestre, nem o servo acima do seu senhor. Basta ao discípulo ser como o seu mestre, e ao servo, como o seu senhor. Se o dono da casa foi chamado Belzebu, quanto mais os membros da sua família! Portanto, não tenham medo deles. Não há nada escondido que não venha a ser revelado, nem oculto que não venha a se tornar conhecido. O que eu lhes digo na escuridão, falem à luz do dia; o que é sussurrado em seus ouvidos, proclamem dos telhados. Não tenham medo dos que matam o corpo, mas não podem matar a alma. Antes, tenham medo daquele que pode destruir tanto a alma como o corpo no inferno. Não se vendem dois pardais por uma moedinha? Contudo, nenhum deles cai no chão sem o consentimento do Pai de vocês. Até os cabelos da cabeça de vocês estão todos contados. Portanto, não tenham medo; vocês valem mais do que muitos pardais!. (MATEUS 10.24-31)

Mesmo que obtenhamos uma pequena vitória sobre o medo de não ter nossas necessidades atendidas (assunto abordado no capítulo anterior), continuamos a sentir um temor muito grande diante da possibilidade de perder a vida por falar a verdade. É disso que Jesus fala em Mateus 10.24-31. Esse assunto é importante em nossos dias, porque há indícios cada vez maiores de que a tolerância contemplará toda a humanidade, exceto aqueles que declaram total lealdade a Jesus.

O objetivo de Jesus em Mateus 10.24-31 é encorajar-nos a proclamar sua verdade com clareza e sinceridade, seja qual for o preço. Da mesma forma que em Mateus 6.25-34, a idéia principal é óbvia, em razão das três repetições do mandamento: "Não tenham medo". Versículo 26: "Não tenham medo deles". Versículo 28: "Não tenham medo dos que matam o corpo". Versículo 31: "Não tenham medo; vocês valem mais do que muitos pardais!". O objetivo de Jesus é claro: que sejamos corajosos. Mas ser corajosos para fazer o quê?

"O QUE É SUSSURRADO EM SEUS OUVIDOS, PROCLAMEM DOS TELHADOS"

Jesus tem algo bem específico em mente: sentir medo das ameaças, mas prosseguir com coragem. Ele afirma, nos versículos 27 e 28: "O que eu lhes digo na escuridão, falem à luz do dia; o que é sussurrado em seus ouvidos, proclamem dos telhados. Não tenham medo...". O medo destacado por Jesus nessa passagem é o de falar às claras (à luz do dia) e em público (dos telhados) se houver risco de nossas palavras nos causarem problemas.

Portanto, este é o mandamento: "Não tenham medo de falar às claras nem em público o que lhes ensinei, mesmo que isso lhes custe a vida". As palavras de Jesus que se seguem a esse mandamento são de incentivo — cinco motivos pelos quais devemos ter coragem de proclamar a verdade.

ELES FARÃO COM VOCÊ O QUE FIZERAM COM JESUS

Em primeiro lugar, observe o vocábulo "portanto" no início do versículo 26: "*Portanto*, não tenham medo deles". A ausência de medo origina-se no que Jesus acabara de dizer: "Se o dono da casa foi chamado Belzebu, quanto mais os membros da sua família!". Como essas palavras podem ajudar-nos a não ter medo?

O raciocínio de Jesus parece ser mais ou menos este: "O tratamento rude recebido por vocês por terem falado a verdade não é um acontecimento inesperado, aleatório, insignificante. Ao contrário, é o mesmo tratamento que recebi, e isso é sinal de que vocês me pertencem. Não tenham medo dos rótulos que lhes atribuirão quando vocês falarem a verdade. Esses nomes ligam vocês a mim".

"Não há nada escondido que não venha a ser revelado"

Em segundo lugar, observe a palavra "pois" no meio do mesmo versículo 26.[1] "Portanto, não os temais; *pois* [segundo motivo para não ter medo] nada há encoberto, que não venha a ser revelado; nem oculto, que não venha a ser conhecido" (RA). Como essas palavras podem nos ajudar a não ter medo de proclamar a verdade?

Elas ajudam porque nos garantem que a verdade da qual estamos falando triunfará. Ela será confirmada no final. Talvez alguns a rejeitem. Talvez a considerem demoníaca e não a pronunciem. Talvez tentem enterrá-la, escondê-la do mundo e fingir que ela não existe. Jesus, no entanto, diz: "Tenham ânimo e proclamem a verdade, porque no final toda a verdade será revelada. Toda a realidade passará a ser conhecida, e os que a proclamam com clareza e em público serão absolvidos".

Não tenham medo, vocês poderão apenas ser mortos!

Em terceiro lugar, diz Jesus, "não tenham medo, vocês poderão apenas ser mortos". "Não tenham medo dos que matam o corpo, mas

---

[1] Algumas versões bíblicas não mencionam essas palavras importantes por achar que a omissão ajuda a fluência do pensamento. Por exemplo, a NVI omite a importante palavra "pois" (γανρ). Ela consta no original grego, e é de suma importância.

não podem matar a alma" (v. 28). A pior coisa que seus adversários poderão fazer quando vocês falarem a verdade será matar seu corpo. A alma permanecerá intocada e feliz em Deus para sempre, mas se vocês ficarem em silêncio, abandonarem o caminho da verdade e se iludirem com os elogios dos homens, poderão perder a alma. Se quiserem ter medo de alguma coisa, tenham medo de perder a alma (v. *Mandamento 11*). Mas não tenham medo do que os homens possam fazer a vocês. Tudo que poderão fazer é despachar a alma de vocês para o paraíso. Não tenham medo.

"Até os cabelos da cabeça de vocês estão todos contados"

Em quarto lugar, não tenham medo de falar a verdade. Sejam corajosos e falem às claras e em público, porque Deus está cuidando de todos vocês nos menores detalhes. O versículo 30 diz isso. Jesus declarou: "Até os cabelos da cabeça de vocês estão todos contados". O sofrimento a que vocês poderão ser submetidos por falar a verdade *não* ocorrerá por desinteresse de Deus ou por ele desconhecer a luta de vocês. Ele está tão perto, que pode separar um fio de cabelo do outro e contá-los. Não tenham medo, ele está perto. Está interessado e zela por vocês. Tenham ânimo e falem a verdade, seja qual for o preço.

"Nenhum deles cai no chão sem o consentimento do Pai de vocês"

Finalmente, não tenham medo porque Deus não permitirá que nada lhes aconteça sem o consentimento dele. "Vocês valem mais do que muitos pardais!" (v. 31); "... nenhum deles cai no chão sem o consentimento do Pai de vocês" (v. 29). O argumento de Jesus é este: Deus governa o mundo nos mínimos detalhes, como cuidar das aves que caem ao chão. Por isso, nenhum mal se abaterá sobre vocês que não seja da vontade de Deus. Essa confiança tem dado grande coragem aos seguidores de Jesus ao longo dos séculos. Muitos repetiram as palavras do missionário Henry Martyn: "Se [Deus] tem uma obra para eu realizar, não posso morrer".[2] Não morreremos enquanto a obra que Deus nos confiou não for completada.

Não tenham medo de enfrentar os homens

O mandamento de Jesus vale para hoje, e há motivos suficientes para obedecer-lhe com alegria e coragem. Não se preocupem com as necessidades comuns da vida nem tenham medo das ameaças dos homens. Não se deixem levar pela tendência atual que nos convence a manter um silêncio pacífico enquanto a verdade é atropelada. Jesus disse: "Não pensem que vim trazer paz à terra; não vim trazer paz, mas espada" (v. 34). Não espada de aço, mas a espada da verdade que dá vida a todos os que crêem. Amem a verdade e proclamem dos telhados as palavras que ouviram de Jesus. Não tenham medo de enfrentar o homem.

---

[2] *Journal and Letters of Henry Martyn* (New York: Protestant Episcopal Society for the Promotion of Evangelical Knowledge, 1851), p. 460. A edição original em inglês, de 1837, foi publicada em Londres e editada pelo rev. S. Wilberforce, reitor de Brighstone.

Mandamento 16

HUMILHEM-SE, DECLARANDO GUERRA AO ORGULHO

Todo aquele que a si mesmo se exaltar será humilhado, e todo aquele que a si mesmo se humilhar será exaltado. (MATEUS 23.12)

O publicano ficou à distância. Ele nem ousava olhar para o céu, mas batendo no peito, dizia: "Deus, tem misericórdia de mim, que sou pecador". (LUCAS 18.13)

Bem-aventurados os pobres em espírito, pois deles é o Reino dos céus. (MATEUS 5.3)

Cuidado com os mestres da lei. Eles fazem questão de andar com roupas especiais, e gostam muito de receber saudações nas praças e de ocupar os lugares mais importantes nas sinagogas e os lugares de honra nos banquetes. [...] Esses homens serão punidos com maior rigor! (LUCAS 20.46,47)

Assim também vocês, quando tiverem feito tudo o que lhes for ordenado, devem dizer: "Somos servos inúteis; apenas cumprimos o nosso dever". (LUCAS 17.10)

Jesus reservou aos hipócritas seus adjetivos mais afrontosos (v. *Mandamento 13*) porque a raiz da hipocrisia é o orgulho. A aversão de Jesus ao orgulho é evidente na freqüência e na variedade de suas exortações à humildade.

Orgulho: rebeldia, merecimento, prazer

É difícil definir o orgulho porque suas manifestações são sutis e em geral não se parecem com a arrogância. É fácil entender isso se classificarmos a ostentação e a autopiedade como duas formas de orgulho.

Ostentação é a reação do orgulho ao sucesso. Autopiedade é a reação do orgulho ao sofrimento. A ostentação diz: "Eu mereço admiração por ter conseguido tanto sucesso". A autopiedade diz: "Eu mereço admiração por ter me sacrificado tanto". A ostentação é a voz do orgulho no coração dos fortes. A autopiedade é a voz do orgulho no coração dos fracos. A ostentação dá idéia de auto-suficiência. A autopiedade dá idéia de auto-sacrifício. A autopiedade não transmite a idéia de orgulho porque aparenta necessitar de alguma coisa. Essa necessidade, porém, origina-se no ego ferido, e a pessoa não quer que os outros a vejam como alguém desamparado, mas como um herói. A necessidade que a autopiedade sente não tem origem na sensação de desmerecimento, e sim na de merecimento não reconhecido. É a reação do orgulho não aplaudido.[1]

Jesus analisa minuciosamente as profundezas do orgulho. Expõe suas múltiplas camadas e manifestações. No fundo do orgulho, existe uma complexa estrutura composta de livre-arbítrio, mérito e prazer em sentir-se superior aos outros. Explicando melhor, existe uma combinação de *rebeldia* (contra Deus como justo e soberano), *merecimento* (de ser tratado de forma melhor) e *prazer* (em sentir-se acima dos outros). Nenhum deles se manifesta de maneira clara.

A pessoa pode ser passivamente rebelde, mas, ao mesmo tempo em que evita demonstrar rebeldia diante dos outros, se empenha em ter o máximo de liberdade de controlar o próprio destino. Ou então tentar mostrar que se sente indigna, depreciando a si mesma constantemente em público, mas fica furiosa quando não consideram esse

---

[1] Este parágrafo foi extraído de: John PIPER. *Desiring God: Meditations of a Christian Hedonist* (Sisters: Multnomah, 2003), p. 302.

comportamento uma virtude. Ou ainda manifesta prazer em se sentir superior aos outros, vangloriando-se ou desejando ser elogiada por não se vangloriar.

ORGULHO: UMA SENSAÇÃO DE MERECIMENTO

Jesus concentra-se nas manifestações visíveis do orgulho para chamar nossa atenção. Lucas revela-nos por que ele contou a parábola do fariseu presunçoso e do publicano humilde (v. *Mandamento 20*): "A alguns que confiavam em sua própria justiça e desprezavam os outros, Jesus contou esta parábola" (Lucas 18.9). É o que quero dizer com sensação de merecimento — a sensação de merecer alguma coisa boa de Deus.

Essa sensação de merecimento anda de mãos dadas com a ostentação de ser superior aos outros. O fariseu da parábola, imaginando possuir muitos méritos, diz: "Deus, eu te agradeço porque não sou como os outros homens: ladrões, corruptos, adúlteros; nem mesmo como este publicano. Jejuo duas vezes por semana e dou o dízimo de tudo quanto ganho" (v. 11,12). O fato de agradecer a Deus não elimina o prazer daquele homem em se sentir superior aos outros. Existe uma diferença entre o prazer humilde de se tornar uma pessoa melhor pela graça de Deus e o prazer orgulhoso de se achar superior aos outros. O orgulho não se compraz em crescer em santidade, mas em crescer na capacidade de se sentir superior.

NECESSIDADE DE RECEBER ELOGIOS HUMANOS

Talvez não tenhamos uma forte sensação de merecimento, mas podemos estar em busca do mesmo resultado, ou seja, do elogio humano. Jesus diz que não devemos dar esmolas, orar ou jejuar com a finalidade de ser vistos pelos homens: "Tenham o cuidado de não praticar suas 'obras de justiça' diante dos outros para serem vistos por eles. [...] E quando vocês orarem, não sejam como os hipócritas. Eles gostam de ficar orando em pé nas sinagogas e nas esquinas, a fim de serem vistos pelos outros. [...] Quando jejuarem, não mostrem uma aparência triste como os hipócritas, pois eles mudam a aparência do rosto a fim de que os outros vejam que eles estão jejuando" (Mateus 6.1,5,16). Jesus diz que essas pessoas são "hipócritas" porque oram e jejuam com a intenção de demonstrar que amam a Deus, mas na realidade amam o elogio humano. Essa é uma das dimensões do orgulho.

O elogio para atrair piedade alheia não é o único tipo de elogio que o orgulho deseja. O orgulho também deseja elogio para a riqueza e o poder. Por isso, Jesus diz aos discípulos: "Os reis das nações dominam sobre elas; e os que exercem autoridade sobre elas são chamados benfeitores. Mas, vocês não serão assim..." (Lucas 22.25,26). Em outras palavras, não devemos sentir satisfação por ser superiores em poder e em riqueza. A satisfação de estar "por cima" ou "acima" dos outros não provém da confiança humilde na graça de Deus, e sim de um coração orgulhoso.

O orgulho posiciona-se de centenas de maneiras para obter o elogio dos homens. Por exemplo, o lugar em que nos sentamos numa reunião ou como conduzimos uma negociação ou o título impresso na frente de nosso nome. "[Os mestres da lei e os fariseus] gostam do lugar de honra nos banquetes e dos assentos mais importantes nas sinagogas, de serem saudados nas praças e de serem chamados 'rabis'" (Mateus 23.6,7). Não estou dizendo que ser chamado "rabi" ou sentar-se num lugar de honra seja sempre errado. A questão é o que amamos — o que consideramos, necessitamos e desejamos como um tesouro. O orgulho é movido pelo desejo de ser exaltado pelos homens com lugares de honra e títulos.

O ORGULHO É DESPROVIDO DE AMOR

Em seguida, Jesus mostra que o orgulho é desprovido de amor. Antes de afirmar: "Tudo o que fazem é para serem vistos pelos homens" (Mateus 23.5), Jesus diz: "Eles atam fardos pesados e os colocam sobre os ombros dos homens, mas eles mesmos não estão dispostos a levantar um só dedo para movê-los" (v. 4). Os orgulhosos ensinam padrões morais elevados, mas não têm misericórdia nem discernimento espiritual para ajudar os outros a carregar o fardo. São desprovidos de amor.

Isso não nos causa surpresa, por dois motivos. Primeiro: o orgulho não quer, de maneira nenhuma, que os outros passem à sua frente, porque anularia um dos motivos de ele se sentir superior. Segundo: o orgulho não entende como a graça de Deus atua para ajudar os pecadores a progredir em santidade sem serem orgulhosos. Os orgulhosos não levantam um só dedo para mostrar ao pecador arrependido que o jugo de Jesus é suave e que seu fardo é leve (Mateus 11.30), porque, para eles, o jugo de Jesus não é suave nem seu fardo é leve. Eles se esforçam para mantê-los pesados, de modo que, no final, haja uma sensação de merecimento e de ostentação. Se tudo fosse suave e leve, como poderiam vangloriar-se?

"SOMOS SERVOS INÚTEIS"
Nos ensinamentos de Jesus, há uma íntima relação entre a humildade e a condição de servo. Ser humilde é ser servo. Eles não são a mesma coisa, porém a humildade produz a disposição para serviços insignificantes com alegria no coração. O discípulo deixa de ser pobre de espírito e passa a confiar na graça de Deus como uma criança. Desenvolve um coração de servo e deseja servir aos outros.

A primeira das conhecidas bem-aventuranças de Jesus é: "Bem-aventurados os pobres em espírito" (Mateus 5.3). Isto é, bem-aventurados são os que não encontram motivo para mérito ou elogio quando olham para dentro de si. São o oposto daqueles que "confiavam em sua própria justiça" (Lucas 18.9). Eles sabem que nada têm em si que mereça o elogio de Deus.

Os humildes assumem com alegria o lugar dos servos inúteis descritos por Jesus em Lucas 17.10: "Assim também vocês, quando tiverem feito tudo o que lhes for ordenado, devem dizer: 'Somos servos inúteis; apenas cumprimos o nosso dever'". Que declaração profunda — e devastadora para o orgulho até o último vestígio! Jesus diz que nenhum ato de obediência, do pior ao melhor, merece reivindicar o elogio de Deus. A pessoa perfeitamente obediente deve dizer: "Sou um servo inútil". Isso deve fazer parte de sua obediência. É como dizer a Deus: "Não coloco sobre teus ombros nenhum dever de recompensar-me". Essa convicção é a raiz da humildade: não merecemos nenhuma recompensa de Deus.

Explicando de maneira mais positiva o exemplo do humilde publicano, a única coisa boa que podemos exigir de Deus é sua misericórdia, mesmo assim ela é imerecida: "Deus, tem misericórdia de mim, que sou pecador" (Lucas 18.13). "Eu lhes digo que este homem, e não o outro, foi para casa justificado diante de Deus" (v. 14). A alegria do humilde não está em ser merecedor de alguma coisa, mas em receber misericórdia.

Mandamento 17

HUMILHEM-SE COMO CRIANÇAS, COMO SERVOS E COM UM CORAÇÃO INTRÉPIDO E QUEBRANTADO

Eu lhes asseguro que, a não ser que vocês se convertam e se tornem como crianças, jamais entrarão no Reino dos céus. Portanto, quem se faz humilde como esta criança, este é o maior no Reino dos céus. (Mateus 18.3,4)

O maior entre vocês deverá ser como o mais jovem, e aquele que governa, como o que serve. (Lucas 22.26)

O discípulo não está acima do seu mestre [...] Se o dono da casa foi chamado Belzebu, quanto mais os membros da sua família! Portanto, não tenham medo deles. (Mateus 10.24-26)

O segredo da humildade não está na sensação de ausência de mérito (como vimos no capítulo anterior), mas na sensação da presença da graça de Deus. Humildade não é apenas ser semelhante ao servo que diz: "Sou um servo inútil": é também sentir-se como uma criança descansando nos braços do pai. Jesus disse: "Eu lhes asseguro que, a não ser que vocês se convertam e se tornem como crianças, jamais entrarão no Reino dos céus. Portanto, quem *se faz humilde* como esta *criança*, este é o maior no Reino dos céus" (Mateus 18.3,4). Precisamos ser humildes de duas maneiras: como servo inútil e como criança confiante.

Qual o ponto de comparação com uma criança? Se nos concentrarmos no contexto original, o foco recairá principalmente sobre três palavras: "humildade", "pequeninos" e "crer".

HUMILDADE

Jesus diz, em Mateus 18.4: "Quem *se faz humilde* como esta criança, este é o maior no Reino dos céus". O verbo grego na expressão "se faz humilde" quase não era usado na época de Jesus para indicar uma virtude. Em geral, significava esmagar, abater, afligir, rebaixar e degradar.[1] A palavra foi escolhida porque o mandamento de Jesus não era de natureza sentimental, embora "tornar-se como crianças" fosse um mandamento suave e fácil de cumprir. Para os fortes, autoconfiantes, auto-suficientes, perspicazes, arrojados e controladores, entretanto, o mandamento de Jesus era devastador. Jesus sabia que, em sua época, as crianças não eram modelos de imitação. Ele as escolheu por causa de "sua falta de poder e baixa posição social".[2] O mandamento de Jesus é que terminemos nosso romance com o poder, com a posição social, com a auto-suficiência, com os direitos e com o controle.

PEQUENINOS

Jesus usa a palavra "pequeninos" para descrever os discípulos como se fossem crianças. Ele diz: "Se alguém fizer tropeçar um destes pequeninos que crêem em mim, melhor lhe seria amarrar uma pedra de moinho no pescoço e se afogar nas profundezas do mar" (Mateus 18.6). Ele descreve os crentes como "pequeninos" e os pequeninos

---

[1] V. ταπεινους (*tapeinos*), in: Gerhard FRIEDRICH (Org.), *Theological Dictionary of the New Testament* (Grand Rapids: Eerdmans, 1972), v. 8, p. 4-9: "[No mundo grego e helenístico] os homens 'exploram', 'oprimem' [...] 'humilham', 'diminuem' [...] 'rebaixam os outros, quebrantando-lhes o espírito'. [...] A idéia de que o homem deve humilhar-se é rejeitada" (4).

[2] Ulrich LUZ, *Matthew 8—20: A Commentary* (trad. James E. Crouch, Minneapolis: Augsburg Fortress, 2001), p. 428.

como aqueles que "crêem". Ambas as palavras são importantes. "Pequeninos" ressalta que os discípulos não são grandes aos olhos do mundo. Não são fortes. Não são auto-suficientes. Ao contrário. Sua marca visível é que eles "crêem em mim". Eles não confiam em si mesmos, mas em Jesus.

Confiança

Esse é provavelmente o ponto principal na comparação de Jesus entre seus discípulos e as crianças. As crianças podem ter muitos defeitos, mas numa família normal e estruturada elas confiam que o papai cuida delas. As crianças não ficam acordadas à noite imaginando de onde virá a próxima refeição. Não se afligem no carrinho quando o céu começa ficar cinzento. "A criança é, por natureza, humilde [...] e sua vida baseia-se na confiança instintiva".[3] Elas são humildes e modestas segundo os padrões de sucesso estabelecidos pelo mundo. São felizes e livres de ansiedade, confiantes de que todas as suas necessidades serão supridas. O mundo não concede medalhas de honra a crianças. Não escreve livros acerca de seus feitos. Não responsabilizamos as crianças por nada. Mas elas são as que menos se preocupam com isso. Contentam-se em receber o cuidado dos pais.

Jesus, é claro, não nos chama para sermos improdutivos ou imaturos como as crianças. Esse não é o ponto de comparação. Ele reside no fato de que não devemos ansiar ser mais fortes, mais inteligentes ou mais ricos que os outros. Nossa alegria não está na sensação de superioridade. Não devemos nos ressentir da falta de reconhecimento se o mundo não valorizar o trabalho que Jesus nos confiou. Não devemos inquietar-nos se formos tachados de humildes, ou mesmo de tolos, pelos padrões do mundo. Ao contrário, precisamos "crer" em Jesus da mesma forma que a criança crê. Precisamos encontrar

---

[3] Alexander McClaren. *The Gospel According to Matthew: Chapters XVII to XXVII*. (London: Hodder and Stoughton, n.d.), p. 3.

segurança, significado e alegria em Jesus e em tudo que nosso Pai celestial é para nós em Jesus (v. *Mandamento 4*).

A HUMILDADE PRODUZ O ESPÍRITO DE SERVO

Jesus ressalta que a pobreza de espírito — a humildade e a confiança semelhantes às de uma criança — produz o espírito e a vida de servo. Em diversas ocasiões, os discípulos de Jesus discutiram entre si para saber qual deles era ou seria o maior no Reino dos céus. Jesus respondeu todas as vezes mais ou menos com a mesmo mandamento: "Se alguém quiser ser o primeiro, será o último, e servo de todos" (Marcos 9.35). Em algumas circunstâncias, para ilustrar seu argumento, ele colocou uma criança no meio deles e disse: "Quem recebe uma destas crianças em meu nome, está me recebendo; e quem me recebe, não está apenas me recebendo, mas também àquele que me enviou" (v. 37). Se você estiver disposto a trabalhar numa creche e ficar feliz ao colocar uma criança no colo, você será o "primeiro".

Até na última ceia, quando Jesus se preparava para entregar sua vida como demonstração máxima do amor de servo, os discípulos começaram a discutir para saber quem era o maior, porque esse desejo está profundamente enraizado em nós. Jesus disse:

> Os reis das nações dominam sobre elas; e os que exercem autoridade sobre elas são chamados benfeitores. Mas, vocês não serão assim. Ao contrário, o maior entre vocês deverá ser como o mais jovem, e aquele que governa, como o que serve. Pois quem é maior: o que está à mesa, ou o que serve? Não é o que está à mesa? Mas eu estou entre vocês como quem serve. (Lucas 22.25-27)

Jesus pôs fim ao desejo de qualquer um ser o maior entre os homens e apresentou uma nova forma de vida, isto é, servir com humildade (como o mais jovem).

Como Jesus serviu e servirá

O que significa servir? Em Mateus 20.26-28, Jesus faz uma comparação entre seu mandamento de servir aos outros e a forma pela qual ele nos serve, revelando-nos o que se passa em sua mente:

> Não será assim entre vocês. Ao contrário, quem quiser tornar-se importante entre vocês deverá ser servo, e quem quiser ser o primeiro deverá ser escravo; como o Filho do homem, que não veio para ser servido, mas para servir e dar a sua vida em resgate por muitos.

Servir significa realizar com amor aquilo que é muito difícil para nós, mas com o objetivo de produzir benefícios temporários e eternos para os outros.

Por espantoso que possa parecer, o papel de servo desempenhado por Jesus não terminou no final de sua vida terrena. Ele descreve sua segunda vinda não apenas como uma demonstração de grande poder e glória (Marcos 13.26), mas também como um tempo no qual ele voltará a assumir o papel humilde (porém belo) de servo: "Felizes os servos cujo senhor os encontrar vigiando, quando voltar. Eu lhes afirmo que ele se vestirá para servir, fará que se reclinem à mesa, e virá servi-los" (Lucas 12.37). Jesus jamais deixará de nos servir. Será que isso não faz despertar em seu coração o desejo de servir aos outros enquanto segue aquele que o amou, entregou a vida por você e nunca cessa de servi-lo? O coração do pecador salvo que deseja seguir a Jesus não pergunta: "Como posso conseguir o máximo de prestígio ou aplauso?". Ele pergunta: "Como posso fazer o melhor possível para quem necessita de minha ajuda, sem me importar com o que isso me custe?".

Quando Jesus diz (repetidas vezes): "Todo aquele que a si mesmo se exaltar será humilhado, e todo aquele que a si mesmo se humilhar será exaltado" (Mateus 23.12; Lucas 14.11; 18.14), ele está nos alertando contra o grande assassino do ato de servir (o orgulho da exaltação de si mesmo) e chamando-nos para o grande exemplo de servir (a humildade como dependentes de Cristo).

Um coração intrépido e quebrantado para proclamar a verdade de Deus

O servo de que necessitamos hoje para proclamar a verdade de Deus deve ter um coração intrépido e quebrantado. Menciono isso porque o espírito de relativismo de nossos dias criou uma atmosfera na qual falar a verdade com convicção e exortar os outros a crer não é considerado um ato de humildade. A afirmação de Jesus de que ele é o único caminho para o céu (João 5.23; 14.6) é considerada arrogante.

G. K. Chesterton pressentiu isso quando escreveu, em 1908:

> O mal de que sofremos hoje em dia é a humildade no lugar errado. A modéstia deslocou-se do órgão da ambição.
>
> A modéstia se fixou no órgão da convicção, onde ela nunca deveria estar. O homem foi concebido para duvidar de si mesmo, mas não duvidar da verdade, e isso foi exatamente invertido. Hoje em dia a parte humana que o homem afirma é exatamente a parte que não deveria afirmar. A parte de que ele duvida é exatamente a parte de que não deveria duvidar — a razão divina. [...] Mas o novo cético é tão humilde que duvida até de sua capacidade de aprender. [...] A verdade é que há uma humildade real típica de nossa época; mas acontece que praticamente se trata de uma humildade mais venenosa do que as mais loucas prostrações do asceta. A antiga humildade [...] fazia o homem duvidar de seus esforços, o que possivelmente o levava a trabalhar com mais afinco. Mas a nova humildade faz o homem duvidar de seus objetivos, e isso o fará parar de trabalhar pura e simplesmente. [...]
>
> Estamos em vias de produzir uma raça de homens mentalmente modestos demais para acreditar na tabuada.[4]

---

[4] G. K. Chesterton. *Ortodoxia* (São Paulo: Mundo Cristão, 2008).

Se a humildade não está em conformidade com o relativismo de nossos dias, então o que ela é? Espero que as considerações feitas neste capítulo tenham esclarecido o assunto e ajudado a entender como proclamar com intrepidez o que Jesus nos ensinou — por amor a ele e no serviço que prestamos aos outros. A seguir, apresento cinco implicações do que mencionei nos dois últimos capítulos.

Humildade: cinco implicações para proclamar a verdade com intrepidez

Primeira: a humildade começa com o desejo de submissão a Deus, em Jesus. "O discípulo não está acima do seu mestre, nem o servo acima do seu senhor" (Mateus 10.24). Nossa convicção não provém de exaltarmos a nós mesmos, mas de nos submetermos àquele que se revela para nós por meio de sua palavra e nos ordena que a proclamemos.

Segunda: a humildade não se sente no direito de receber um tratamento melhor que o recebido por Jesus. "Se o dono da casa foi chamado Belzebu, quanto mais os membros da sua família!" (10.25). A humildade não retribui o mal com o mal. Humildade não é a vida baseada em direitos supostamente adquiridos: é uma vida de sacrifício.

Terceira: a humildade não proclama a verdade para enaltecer o ego por meio de força dominadora ou para triunfar num debate. Ela proclama a verdade a serviço de Cristo e ama o adversário. "O que eu [Jesus] lhes digo na escuridão, falem à luz do dia [...]. Não tenham medo..." (Mateus 10.27,28).

Quarta: a humildade sabe que depende da graça de Deus para conhecer, crer e falar. "... sem mim vocês não podem fazer coisa alguma" (João 15.5). Isso resulta numa conduta que não é arrogante nem medrosa.

Quinta: a humildade sabe que é falível, portanto leva a crítica em consideração e aprende com ela, mas sabe também que Deus incutiu em nossa mente a convicção de que ele nos chama para convencer outras pessoas. Jesus disse que a igreja deveria estar pronta para corrigir seus membros obstinados (Mateus 18.15-17). Disse também que, apesar de sermos falíveis e necessitarmos de correção, devemos avançar com intrepidez e fazer discípulos de todas as nações, aconselhando-os a obedecer a tudo o que Jesus ordenou (Mateus 28.19,20).

Humildade: o dom de receber todas as coisas como dádiva

Enquanto pensava em encerrar este capítulo com uma subdivisão sobre *como* obedecer ao mandamento de nos humilharmos, percebi que a resposta não se encontra numa nova técnica e sim nos capítulos anteriores acerca de arrependimento (*Mandamento 2*), de aproximar-se de Jesus (*Mandamento 3*), de crer em Jesus (*Mandamento 4*), de amar a Jesus (*Mandamento 5*), de permanecer em Jesus (*Mandamento 7*) e de tomar a cruz de Jesus e segui-lo (*Mandamento 8*). Em meio a tudo isso, a resposta veio à tona: a humildade não flui diretamente do ato de renúncia à vontade própria, porque assim que renunciamos a ela tomamos conhecimento disso e caímos na tentação de sentir orgulho por esse ato de renúncia. Como fugir dessa armadilha?

No fundo, a verdadeira humildade sabe que ela é uma dádiva fora de nosso alcance. Se a humildade fosse um produto fácil de ser obtido, teríamos o impulso de nos orgulharmos dela. Humildade é o dom de receber todas as coisas como dádiva, numa atitude despretensiosa e de gratidão. Pensei em encerrar o capítulo com um exemplo pessoal de como eu (de modo imperfeito) enfrento essa batalha. Em 6 de dezembro de 1988, fiz o seguinte registro em meu diário, uma confissão de como necessito de Deus e de minha resposta à pergunta sobre como ser humilde.

> A maneira mais eficaz não seria refrear a satisfação que sinto em me enaltecer e concentrar-me em enaltecer a Deus? A autonegação e

a crucificação da carne são essenciais, mas, ó, como é fácil enaltecer-me, até mesmo da autonegação! Esse motivo insidioso de prazer só poderá ser eliminado se eu subjugar todas as minhas faculdades para sentir prazer em enaltecer a Deus. O hedonismo cristão[5] é a solução final. É mais profundo que a morte do "eu". É preciso ir até o fundo da sepultura da carne para encontrar a corrente verdadeiramente livre da água milagrosa que nos cativa com o sabor da glória de Deus. Somente nessa admiração inexprimível e plena está o fim do "eu".

---

[5] Para compreender melhor essa expressão, v. John PIPER, *Desiring God: Meditations of a Christian Hedonist* (Sisters: Multnomah, 2003). O parecer resumido do hedonismo cristão é este: Deus é completamente glorificado em nós quando nos sentimos completamente satisfeitos nele. Portanto, o cristão hedonista é aquele que faz da satisfação em Jesus Cristo a grande busca de sua vida, por acreditar que essa busca é a melhor maneira de mostrar que Jesus é a Realidade mais gloriosa do Universo.

Mandamento 18

NÃO SE IREM — CONFIEM NA PROVIDÊNCIA DE DEUS

Vocês ouviram o que foi dito aos seus antepassados: "Não matarás", e "quem matar estará sujeito a julgamento". Mas eu lhes digo que qualquer que se irar contra seu irmão estará sujeito a julgamento. Também, qualquer que disser a seu irmão: "Racá", será levado ao tribunal. E qualquer que disser: "Louco!", corre o risco de ir para o fogo do inferno. (MATEUS 5.21,22)

Já vimos repetidas vezes que, sozinhos, não somos capazes de obedecer às ordens de Jesus. Em certas ocasiões, como ocorre com o mandamento de amar ou de crer, tentamos tornar as ordens de Jesus praticáveis definindo-as como meros atos externos ou meras deliberações. Imaginamos que podemos controlar esses atos e deliberações com mais eficiência do que controlamos nossas emoções. Talvez. Mas, quando se trata da ira, Jesus faz claramente o oposto do que tentamos fazer quando tornamos suas ordens mais externas e mais praticáveis. Ele está dizendo que o ato externo do homicídio é errado e, mais radicalmente, que o sentimento interno de ira por trás desse ato é errado. Por isso, ele ordena (seguindo a Lei de Moisés) que não *cometamos* o ato externo do homicídio; e vai além, ordenando que não *sintamos* a emoção interna da ira por trás desse ato.

Ninguém decide sentir ira

Podemos sentir o impacto dessa afirmação se pararmos para refletir que ninguém *decide* sentir ira. Quando vemos um ato exorbitante de crueldade ou de injustiça, não paramos para pensar se a ira é uma boa reação, optando, após algumas considerações, pela dose correta de ira. Ninguém age dessa maneira. A ira tão-somente surge. Manifesta-se espontaneamente. Não é uma escolha racional. Não é um ato premeditado.[1] Alguma coisa acontece, e ela surge em nosso coração. O motivo da ira, bem como sua força e duração, é uma mistura da maldade que observamos e da condição de nosso coração e de nossa mente. Jesus não ordena que dominemos as manifestações da ira com autocontrole, embora quase sempre nosso dever seja esse. Ele ordena que haja uma mudança em nossa condição. Ele exige uma profunda transformação interior da mente e do coração que impeça o surgimento da ira que não devemos ter. Essa transformação é apresentada de várias maneiras: novo nascimento (*Mandamento 1*), arrependimento (*Mandamento 2*) e fé (*Mandamento 4*).

Portanto, o que mencionamos neste capítulo a respeito do mandamento de não se irar está arraigado a outros ensinamentos de Jesus. Ele não está interessado em mudanças psicológicas e emocionais. Está interessado em discípulos nascidos de novo, que vivam pela fé em sua obra redentora e em sua ajuda. *Ele* derramou seu sangue; *nós* recebemos perdão (Mateus 26.28). *Ele* pagou o resgate; *nós* fomos libertados da condenação e da escravidão do pecado (Marcos 10.45; João 8.32). *Ele* trouxe o Reino de Deus; *nós* sentimos o poder transformador de Deus (Lucas 11.20). *Ele* é a videira; *nós* somos

---

[1] Não estou dizendo que aquilo que fazemos deliberadamente não tenha efeito sobre nossa ira. Podemos decidir remoer uma ofensa e intensificar a ira. Podemos optar por concentrar a atenção na misericórdia de Cristo por nós e reduzir a intensidade da ira. A meu ver, porém, a experiência do momento não é controlada imediatamente pela nossa vontade, como se fosse um simples ato de levantar a mão.

os ramos. Sem ele, não podemos fazer coisa alguma (João 15.5). Nisso está incluída a obediência ao mandamento de não se irar.

O QUE SIGNIFICA IRA?

Como ocorre com todas as emoções — que existem antes das palavras e não dependem delas —, a ira é difícil de ser definida, mas devemos tentar entendê-la porque, evidentemente, há sentimentos diferentes conhecidos por ira, alguns dos quais são pecaminosos e outros, não. Por exemplo, em Marcos 3.5, Jesus fica irado contra os líderes religiosos que querem impedi-lo de curar um homem no sábado. "*Irado*, [Jesus] olhou para os que estavam à sua volta [...] profundamente entristecido por causa do coração endurecido deles...". Jesus referiu-se repetidas vezes à ira *de Deus*, diretamente no julgamento (João 3.36; Lucas 21.23) e indiretamente nas parábolas (Mateus 18.34; 22.7; Lucas 14.21).

Um dicionário de língua inglesa define ira como "um forte sentimento de insatisfação, em geral de antagonismo". A expressão "um forte sentimento de insatisfação" não é uma definição correta, porque uma comida desagradável ao paladar não suscita ira, embora provoque uma forte insatisfação. Essa insatisfação necessita de outro componente para se transformar em ira. Se alguém nos serve uma comida de gosto horrível e faz isso intencionalmente, poderemos ficar irados. A ira parece ser mais ou menos uma forte insatisfação com algo que está ocorrendo pela vontade de alguém e que, para nós, não deveria estar ocorrendo.

Ficamos irados também por outros motivos. Quando tropeçamos numa raiz, podemos virar para trás e chutar a raiz com ira. Quando batemos a cabeça no armário da cozinha, podemos fechar a porta do armário com ira. Passados alguns momentos, porém, consideramos tais reações uma tolice. Sentimos intuitivamente que estamos atribuindo vontade própria à raiz ou ao armário, como se tivessem feito aquilo de propósito.

Foi por isso que o jovem Jonathan Edwards revolveu não mais se irar com objetos inanimados. Sua Resolução 15 dizia: "*Resolvo jamais sofrer o menor impulso de ira contra seres irracionais*".[2] Portanto, a diferença entre ira e outras emoções de insatisfação é: a ira envolve forte insatisfação com algo que está acontecendo por intenção de alguém e que, a nosso ver, não deveria estar acontecendo.

A IRA DE JESUS E A NOSSA IRA

Se Jesus, o ser humano ideal, pôde sentir e manifestar ira, somos induzidos a perguntar o que ele está proibindo em Mateus 5.22 quando diz: "... qualquer que se irar contra seu irmão estará sujeito a julgamento...". Em sua perfeição humana, ele fez um chicote de cordas e derrubou as mesas dos cambistas no templo (João 2.15; Mateus 21.12). Ele sentiu ira e tristeza na sinagoga (Marcos 3.5). Chamou os mestres da lei e fariseus de "filhos do inferno" (Mateus 23.15), "cegos insensatos" (Mateus 23.17) e "sepulcros caiados" (Mateus 23.27).

Não creio que Jesus tenha recebido permissão para sentir ira por ser o Filho de Deus, não sendo ela permitida a nenhum outro ser humano. A Bíblia que ele leu e ratificou (João 10.35; Mateus 5.18) mencionava a ira de homens consagrados do passado (Êxodo 32.19; Números 16.15; Neemias 5.6; Salmos 4.4). Penso que a solução seja tentar definir o que torna a ira benéfica e o que a torna nociva. Jesus nos ajuda a fazer isso no contexto de Mateus 5.22 e em outras declarações suas. Analisemos primeiro outras coisas que ele disse para depois retornar ao contexto de Mateus 5.22.

Vejo pelo menos cinco fatores no ensinamento de Jesus que determinam se um sentimento de ira é legítimo ou não. Eles podem ser identificados por meio de cinco palavras-chave. Neste capítulo,

---

[2] Jonathan EDWARDS. Memoirs of Jonathan Edwards, A. M., in: Edward HICKMAN (Org.), *The Works of Jonathan Edwards* (Edinburgh: Banner of Truth, 1974), v. 1, p. xxi.

abordaremos três: "amor", "proporção" e "providência". No capítulo seguinte, abordaremos "misericórdia" e "serviço ao próximo" em sua relação com a ira.

Amor e ira

Para ser benéfica, é necessário que a ira humana seja governada por amor a quem a provocou em nós. Jesus disse: "Amem os seus inimigos e orem por aqueles que os perseguem [...] façam o bem aos que os odeiam, abençoem os que os amaldiçoam" (Mateus 5.44; Lucas 6.27,28). Essas ordens exercem efeito controlador sobre a natureza da ira. Mostram que a ira legítima não deve desejar a condenação de quem a provocou nem deve sentir prazer nisso. Se a ira for benéfica, precisa ser governada por nossa obediência ao mandamento de abençoar e fazer o bem a quem provocou nossa ira e orar por ele.

Isso dá forma à definição da ira. Se imaginarmos que a ira *sempre* inclui sentimentos de vingança, desforra e hostilidade, será impossível existir ira benéfica. Mas a ira dos cristãos piedosos nem sempre é motivada por esses sentimentos. A própria experiência de Jesus mostra-nos que a ira benéfica existe. Podemos afirmar, portanto, que ela deve ser governada pelo amor. Com a ajuda de Jesus, podemos ficar irados com uma pessoa e, ao mesmo tempo, orar por ela, abençoá-la e fazer-lhe o bem. Essa ira se origina de uma grande insatisfação com quem a provocou — até mesmo com o coração corrupto de quem cometeu aquele ato —, mas devemos desejar que tudo tenha um bom propósito, orar pela situação e esforçar-nos para melhorá-la. Essa ira não tem de ser nociva.

Proporção e ira

Jesus ensina que a reação positiva diante de um ato de maldade deve ser proporcional à ofensa moral recebida. Por exemplo, ele ilustra, por meio desta parábola, o propósito de Deus em punir alguns com mais rigor que a outros:

> Aquele servo que conhece a vontade de seu senhor e não prepara o que ele deseja, nem o realiza, receberá muitos açoites. Mas aquele que não a conhece e pratica coisas merecedoras de castigo, receberá poucos açoites. A quem muito foi dado, muito será exigido; e a quem muito foi confiado, muito mais será pedido. (Lucas 12.47,48)

Há uma implicação nas palavras de Jesus: se o castigo varia de acordo com o grau de maldade, a reação à maldade também deve variar.

Em outras palavras, a ira deve ser governada não apenas por nosso amor a quem a provocou, mas também pela gravidade da ofensa. Se a ira for desproporcional à ofensa, não será benéfica. Isso se torna mais evidente quando decidimos que nossa ira não deve ser maior que a ofensa recebida. Todos nós já sentimos ira em maior grau que a ofensa recebida. Um pai que se zanga com o filho de 3 anos e o espanca descontroladamente é um exemplo claro de ira desproporcional.

No entanto, a ira em proporção muito pequena também pode ser considerada um erro. Esse fato não é muito evidente. A ausência de ira na presença de um ato maldoso não é necessariamente um erro. Jesus é claro ao dizer que não devemos ficar irados com nosso irmão (pelo menos em algumas circunstâncias), e isso significa que há situações nas quais a ira parece ser natural, mas devemos evitá-la. Veremos como isso é possível logo adiante. Por ora, sinto-me na obrigação de dizer que existem bons e *maus* motivos para a ira. Os que não têm discernimento ou são insensíveis em relação à gravidade do pecado — uma ofensa contra Deus — talvez desconheçam o mal que ele pode causar. Nesse caso, a ausência de ira é desproporcional à gravidade do mal cometido e não é benéfica.

Providência e ira

Uma das maiores verdades que Jesus ensinou para livrar-nos da ira pecaminosa é a verdade da providência abrangente e infinita de Deus, isto é, seu controle sábio e soberano sobre todas as coisas, para o bem de seus filhos. O surgimento e a força da ira devem ser governados por nossa confiança na providência de Deus, porque ele tem autoridade sobre o mal que provoca a ira e não permitirá que nada recaia sobre nós que não seja para o nosso bem.

A fúria que toma conta de nosso coração quando somos tratados injustamente ou vemos pessoas queridas sendo tratadas com crueldade é natural e muito forte. Jesus ensinou-nos a lidar com o medo, não com a ira, mas a relação destas palavras com a ira é clara. Ele disse:

> Não tenham medo dos que matam o corpo, mas não podem matar a alma. Antes, tenham medo daquele que pode destruir tanto a alma como o corpo no inferno. Não se vendem dois pardais por uma moedinha? Contudo, nenhum deles cai no chão sem o consentimento do Pai de vocês. Até os cabelos da cabeça de vocês estão todos contados. Portanto, não tenham medo; vocês valem mais do que muitos pardais! (Mateus 10.28-31)

O primeiro ponto a ser discutido é que a vida neste mundo é governada por Deus nos mínimos detalhes — nenhuma ave cai no chão sem o consentimento dele. O segundo ponto é que Deus está perto, e seu conhecimento de nossa situação é total — até os cabelos de nossa cabeça estão todos contados. Conclusão: nada nos acontecerá que não seja pela providência amorosa e sábia de Deus. Não tenha medo. Por conseguinte, não se ire a ponto de contradizer sua confiança no cuidado de Deus sobre sua vida. A providência de Deus deve mudar nossa forma de enxergar as circunstâncias que nos poderiam enfurecer.

Quando predisse o futuro de seus discípulos, Jesus declarou: "Vocês serão traídos até por pais, irmãos, parentes e amigos, e eles entregarão alguns de vocês à morte. Todos odiarão vocês por causa do meu nome. Contudo, nenhum fio de cabelo da cabeça de vocês se perderá" (Lucas 21.16-18). Mais uma vez, Jesus nos assegura — de modo assustador — que, mesmo correndo o risco de ser mortos por causa dele ("eles entregarão alguns de vocês à morte"), estaremos totalmente protegidos ("nenhum fio de cabelo da cabeça de vocês se perderá"). A providência de Deus governará todo o mal que for cometido contra nós, para que seus bons propósitos sejam cumpridos. Isso terá efeito sobre nosso modo de sentir ira. O mal está sendo feito, mas não terá a última palavra e, no final, servirá para que Deus cumpra seus propósitos ocultos. A ira pode ocorrer, mas a amargura, a ofensa e a hostilidade serão removidas mediante essa confiança.

Alegria na perseguição

Uma das ilustrações mais claras de como a providência de Deus domina o efeito controlador da ira é o mandamento de Jesus para que nos alegremos quando formos perseguidos injustamente. Ele diz:

> Bem-aventurados serão vocês quando, por minha causa, os insultarem, os perseguirem e levantarem todo tipo de calúnia contra vocês. Alegrem-se e regozijem-se, porque grande é a sua recompensa nos céus, pois da mesma forma perseguiram os profetas que viveram antes de vocês. (Mateus 5.11,12)

Nossa ira é grande quando recebemos tratamento injusto. Poucas coisas nos deixam mais irados. Sentimo-nos ofendidos e perseguidos, mas Jesus ressalta que isso é "maligno" e "falso". Esses fatores deixam-nos enfurecidos.

Jesus, porém, transforma completamente o sentimento comum, emocional e compreensível da ira. Em vez de dizer: "Irem-se de forma legítima" ou: "Tentem controlar a ira", ele diz algo inimaginável: "Alegrem-se e regozijem-se". A linguagem usada em Lucas 6.23

é mais extraordinária ainda. Jesus diz: "Regozijem-se nesse dia e *saltem* de alegria". A ira provocada pela perseguição injusta faz parte desse mandamento, porém ela será transformada se nos alegrarmos por sermos perseguidos injustamente.

Alegrar-se não significa aprovar o tratamento injusto. Não significa que deixamos de considerá-lo injusto. Provavelmente não significa que não exista *nenhuma* ira. Alguns tipos de ira santa — forte desaprovação emocional — podem ser emocionalmente compatíveis com a alegria. A alma humana feita à imagem de Deus é complexa, e sabemos, depois de tudo que Jesus nos ensinou acerca de Deus, que Deus sente ira e alegria simultaneamente, porque ele vê e reage perfeitamente ao mal e ao bem ao mesmo tempo.[3]

Nossa alegria diante da perseguição é possível por causa da providência de Deus. Nenhum fio de cabelo de nossa cabeça se perderá (quando nos matarem). Nenhuma ave (ou fio de cabelo de nossa cabeça) cairá sem o consentimento dele. A providência governa nosso sofrimento. No final, será grande "a sua recompensa nos céus". Jesus explica por que a alegria, e não a ira, poderá dominar em tempos de perseguição: "Alegrem-se e regozijem-se, *porque grande é a sua recompensa nos céus...*" (Mateus 5.12). A ira benéfica, portanto, é governada pela fé na sábia, poderosa e misericordiosa providência de Deus.

---

[3] Jesus, por exemplo, ensinou que Deus alimenta todas as aves e veste todos os lírios do campo no mundo (Mateus 6.26-30), que nenhuma ave cai ao chão sem seu consentimento (10.29), que todos os fios de cabelo de nossa cabeça estão contados (29.30) e que, mesmo diante de todas as hostilidades da vida, nenhum fio de cabelo de nossa cabeça se perderá (Lucas 21.18). Em outras palavras, Deus conhece perfeitamente os mínimos detalhes do que se passa no mundo, e sua ira (João 3.36) e alegria (Lucas 15.7) ocorrem em perfeita proporção com o que ele vê. Pelo fato de haver falta de fé e arrependimento ao mesmo tempo e a todo instante, ele é capaz de reagir simultaneamente a ambos, com emoções diferentes.

Mandamento 19

NÃO SE IREM — TENHAM MISERICÓRDIA E PERDÃO

"Senhor, quantas vezes deverei perdoar a meu irmão quando ele pecar contra mim? Até sete vezes?" Jesus respondeu: "Eu lhe digo: Não até sete, mas até setenta vezes sete". (Mateus 18.21,22)

Hipócrita, tire primeiro a viga do seu olho, e então você verá claramente para tirar o cisco do olho do seu irmão. (Mateus 7.5)

Misericórdia e ira

A ira não é apenas influenciada pela providência de Deus, que garante cuidar de nós e dar-nos uma recompensa no futuro (como vimos no capítulo anterior): ela também é governada pela lembrança comovente de que o perdão de nossos pecados foi concedido graças a uma misericórdia infinita. Jesus ensina que, se vivermos conscientes de que somos réus (porque ofendemos a honra de Deus) e fomos perdoados, a ira nociva não terá poder sobre nossa vida. Ele ilustra isso quando seus discípulos perguntaram quantas vezes devemos perdoar. "Pedro aproximou-se de Jesus e perguntou: 'Senhor, quantas vezes deverei perdoar a meu irmão quando ele pecar contra mim? Até sete vezes?' Jesus respondeu: 'Eu lhe digo: Não até sete, mas até setenta vezes sete' " (Mateus 18.21,22). A pergunta clama por uma resposta. Como é possível perdoar centenas de vezes, alguém que nos ofende?

Jesus responde com uma parábola a respeito do Reino dos céus. Ela mostra a grande proximidade do Reino com o poder de perdoar. Jesus diz a Pedro e a quem quiser ouvir: "Por isso, o Reino dos céus é como um rei que desejava acertar contas com seus servos" (v. 23). É importante notar a comparação dessa parábola com o Reino dos céus. Significa que o triunfo sobre a ira por meio do perdão faz parte do domínio (Reino) de Deus na vida de seu povo. O perdão não é simplesmente uma técnica de psicologia para administrar os relacionamentos humanos — é a obra de Deus e fruto do perdão que Jesus nos prometeu com seu sangue (26.28).

Como perdoar setenta vezes sete

A parábola conta a história de um rei cujo servo lhe devia a quantia espantosa de 10 mil talentos (18.24). "Para compreender a exorbitância dessa quantia, basta dizer que o rei Herodes tinha uma renda anual de cerca de 900 talentos, e que a Galiléia e a Peréia [a 'terra além do Jordão'], no ano 4 a.C., pagaram 200 talentos em impostos."[1] Aparentemente, a quantia foi exagerada de propósito (assim como dizemos "zilhões" de dólares) ou o servo era um oficial de alta patente que conseguiu apropriar-se de quantias enormes do tesouro do rei ao longo dos anos. Seja como for, Jesus descreve essa dívida como praticamente incalculável.

O rei ameaçou vender o servo e sua família. Mas "o servo prostrou-se diante dele e lhe implorou: 'Tem paciência comigo, e eu te pagarei tudo' [uma promessa aparentemente impossível de ser cumprida, em vista da quantia]. O senhor daquele servo teve compaixão dele, cancelou a dívida e o deixou ir" (v. 26,27). Esse perdão é tão grandioso quanto o tamanho da dívida, e esse é o ponto principal. Jesus quer incutir em nossa mente que o pecado é uma dívida incalculável para com Deus. Jamais poderemos saldá-la. Jamais teremos

---

[1] Walter Grundman, *Das Evangelium Nach Matthäus* (Berlin: Evangelische Verlagsanstalt, 1968), p. 423.

condições de acertar as contas com Deus. Não há penitência, boas obras ou justificativas capazes de pagar a dívida da desonra que lançamos sobre Deus com nossos pecados.

O servo, porém, não recebeu aquele perdão pelo que este representava: magnífico, imerecido, destinado aos humildes de coração ou a quem suscita misericórdia. Jesus não relata nenhuma palavra de gratidão ou de admiração daquele servo. Incrível! Simplesmente relata acontecimentos incompreensíveis logo após o perdão.

> Mas quando aquele servo saiu, encontrou um de seus conservos, que lhe devia cem denários. Agarrou-o e começou a sufocá-lo, dizendo: "Pague-me o que me deve!" Então o seu conservo caiu de joelhos e implorou-lhe: "Tenha paciência comigo, e eu lhe pagarei". Mas ele não quis. Antes, saiu e mandou lançá-lo na prisão, até que pagasse a dívida. (v. 28-30)

O "perdão" recebido por aquele homem não lhe abrandou a ira. Ele agarrou o conservo e começou a sufocá-lo.

O rei tomou conhecimento do caso e ficou (legitimamente) irado (v. 34). Disse ao servo: " 'Servo mau, cancelei toda a sua dívida porque você me implorou. Você não devia ter tido misericórdia do seu conservo como eu tive de você?' Irado, seu senhor entregou-o aos torturadores, até que pagasse tudo o que devia" (v. 32-34). A conclusão da parábola atinge em cheio a questão da ira e do perdão. Jesus diz: "Assim também lhes fará meu Pai celestial, se cada um de vocês não perdoar de coração a seu irmão" (v. 35).

A mensagem principal da parábola é que Deus não tem obrigação de salvar quem diz ser seu discípulo, se esse pretenso discípulo não tiver recebido a dádiva do perdão pelo que ele realmente representa — infinitamente precioso, estupendo, imerecido, destinado aos humildes de coração e a quem suscita misericórdia. Se dissermos que fomos perdoados por Jesus, mas não houver em nosso coração nenhuma brandura para perdoar os outros, não receberemos o perdão de Deus (v. Mateus 6.14,15; Marcos 11.25).[2]

Lembre-se, a parábola foi contada para ajudar Pedro a entender o mandamento de Jesus de perdoar setenta vezes sete (Mateus 18.22). Isto é, foi contada para ajudar-nos a lidar com a ira que surge naturalmente em nosso coração quando alguém nos ofende centenas de vezes. A solução, diz Jesus, é viver com plena consciência desta maravilhosa dádiva: fomos perdoados de uma dívida muito maior que todos os erros cometidos contra nós. Explicando melhor: devemos viver com plena consciência de que a ira de Deus contra nós foi eliminada, apesar de termos pecado contra ele muito mais que setenta vezes sete. Esse modo de viver produzirá um coração quebrantado, contrito, alegre e terno, que governará nossa ira. A única ira benéfica é a ira moldada por um coração humilde.

"Tire primeiro a viga do seu olho"

Jesus confirma com outras palavras a maneira pela qual ele define a misericórdia como meio de dominar a ira. Ela se manifesta, às vezes, quando julgamos os outros. Jesus deu-nos um mandamento a esse respeito:

> Não julguem, para que vocês não sejam julgados. Pois da mesma forma que julgarem, vocês serão julgados; e à medida que usarem, também será usada para medir vocês. Por que você repara no cisco que está no olho do seu irmão, e não se dá conta da viga que está em seu próprio olho? Como você pode dizer ao seu irmão: "Deixe-me tirar o cisco do seu olho", quando há uma viga no seu? Hipócrita, tire primeiro a viga do seu olho, e então você verá claramente para tirar o cisco do olho do seu irmão. (Mateus 7.1-5)

---

[2] O objetivo da parábola de Jesus não é aumentar a discussão em torno do perdão de Deus, se podemos recebê-lo e depois perdê-lo. Vimos no mandamento 7 que Jesus não permitirá que nenhum de seus discípulos se perca. O objetivo da parábola é mostrar que o perdão oferecido por Deus, mas que não transforma nossa vida a ponto de perdoarmos os outros, não nos salvará.

O mandamento de não julgar parece tão inquestionável quanto o de não se irar. "Não julguem, para que vocês não sejam julgados". As palavras que se seguem ao mandamento mostram que existe um julgamento mau e um julgamento bom e necessário — assim como existe a ira benéfica e a ira nociva. Quando Jesus diz: "Tire primeiro a viga do seu olho, e então você verá claramente para tirar o cisco do olho do seu irmão", ele mostra que é necessário fazer o julgamento do cisco no olho do irmão — juízo gentil, carinhoso e restaurador. O que Jesus proíbe é julgar sem primeiro tirar a viga do próprio olho.

Foi o que ocorreu com o servo inclemente. Ele não teve plena consciência de que sua "dívida-viga" havia sido perdoada (10 mil talentos), para poder perdoar com alegria a "dívida-cisco" de seu irmão (100 denários). Jesus espera que, quando virmos a viga em nosso olho, saibamos como retirá-la, isto é, saibamos como encontrar o perdão e a ajuda de Jesus. Caso contrário, o delicado procedimento de retirar o cisco do olho de nosso irmão será impossível. Não poderemos fazer uma cirurgia delicada no olho de alguém se houver uma viga pendurada no nosso.

Jesus citou o julgamento para mostrar que a ira de quem julga pode ser dominada. Ela é destruída pelo coração quebrantado. Vivemos conscientes de nossa condição pecaminosa e conscientes também de que somente a misericórdia de Jesus pode tirar a viga de nosso olho por meio do perdão e da cura. Essa conscientização transforma a ira em tolerância, para corrigirmos nosso irmão com delicadeza, amor e paciência. A ira legítima talvez permaneça por causa de nossa insatisfação diante do sofrimento que o cisco no olho está causando às pessoas que amamos. Mas essa ira não julga. A ira benéfica é governada pela misericórdia demonstrada ao nosso irmão.

O SERVIÇO AO PRÓXIMO E A IRA

Temos a tendência de ficar irados não apenas quando somos constantemente ofendidos, mas também quando os outros nos dão ordens — principalmente para fazer o que não queremos. Essa ira está quase sempre arraigada ao orgulho que não sente obrigação nem alegria de ser servo. Tudo que Jesus ensina sobre servir os outros, porém, leva-nos a compreender de outra maneira o significado de ser servo (v. *Mandamento 17*). Para ser discípulo de Jesus, é imprescindível estar disposto a negar a si mesmo e carregar sua cruz: "Se alguém quiser acompanhar-me, negue-se a si mesmo, tome a sua cruz e siga-me" (Mateus 16.24).

Jesus caminhou em direção à cruz para morrer pelos outros. Ele ordena que o acompanhemos e, se necessário, morramos pelos outros também. A disposição para sofrer necessária a quem segue a Jesus dá origem ao espírito de servo, que não se ira ao receber ordens. Jesus usou uma expressão extraordinária para ilustrar seu mandamento: "escravo de todos". Ele disse: "... quem quiser ser o primeiro deverá ser *escravo de todos*. Pois nem mesmo o Filho do homem veio para ser servido, mas para servir e dar a sua vida em resgate por muitos" (Marcos 10.44,45).

Jesus não quis dizer que o ato de segui-lo fosse uma missão maçante e sem alegria. "Tenho lhes dito estas palavras para que a minha *alegria* esteja em vocês e a alegria de vocês seja completa" (João 15.11). Martinho Lutero captou o espírito de alegria da "escravidão" do crente quando disse, em 1520: "O cristão é o senhor mais livre de todos, e não é submisso a ninguém;[3] o cristão é o servo mais obediente de todos, e é submisso a todos".[4] Não nos pertencemos. Pertencemos a Jesus. Devemos fazer o que ele nos ordenar, para não ter de ouvi-lo dizer: "Por que vocês me chamam 'Senhor, Senhor' e não fazem o que eu digo?" (Lucas 6.46).

---

[3] Foi o que Jesus quis dizer neste diálogo com Simão Pedro: " 'O que você acha, Simão? De quem os reis da terra cobram tributos e impostos: de seus próprios filhos ou dos outros?' 'Dos outros', respondeu Pedro. Disse-lhe Jesus: 'Então os filhos estão isentos' " (Mateus 17.25,26). Em seguida, para mostrar que os filhos libertos (discípulos) também são servos, Jesus ordenou a Pedro que pagasse os impostos (v. 27).

[4] The Freedom of a Christian, in: *Three Treatises* (Filadélfia: Fortress, 1960), p. 277.

O espírito de submissão transforma o sentimento de ira. Como "escravos de todos", a experiência emocional de receber ordens para fazer o que não queremos é diferente da que seria se fôssemos *senhores de todos*. Por amor a Jesus, o escravo alegra-se em servir os outros. Ele diz ao seu Mestre: "A minha comida é fazer a vontade daquele que me enviou e concluir a sua obra" (João 4.34). Estamos aqui para servir. A ira benéfica é governada pelo contentamento que Jesus nos concede quando servimos aos outros, mesmo àqueles que não o merecem.

Que tipo de ira Jesus proíbe?

Agora, retornemos à ira que Jesus proíbe. "Vocês ouviram o que foi dito aos seus antepassados: 'Não matarás', e 'quem matar estará sujeito a julgamento'. Mas eu lhes digo que qualquer que se irar contra seu irmão estará sujeito a julgamento" (Mateus 5.21,22). Diante do que vimos até agora, eu diria que a ira que Jesus proíbe é aquela que está por trás do homicídio. Cristo está reforçando o mandamento de não matar, ressaltando que não apenas o ato criminoso merece condenação: o sentimento por trás dele também merece. Jesus não proíbe qualquer tipo de ira: ele condena aquela que leva ao homicídio.

O ponto central dessa proibição é confirmado por duas ilustrações: "Também, qualquer que disser a seu irmão: 'Racá', será levado ao tribunal. E qualquer que disser: 'Louco!', corre o risco de ir para o fogo do inferno" (v. 22). A condenação refere-se às ações *externas*, não apenas à ira interna. Revelam, portanto, o tipo de ira que Jesus tem em mente. Ele condena a ira porque ela é um forte sentimento de insatisfação, *até mesmo* sentimentos de desrespeito e de hostilidade que buscam expressão no homicídio ou em palavras de baixo calão. *Essa* é a ira que Jesus proíbe. Não creio, porém, que Jesus condene *qualquer* tipo de ira, menos ainda a dele próprio (Marcos 3.5). Todos os outros ensinamentos de Jesus orientam-nos a discernir se nossa ira é justificada, especialmente os ensinamentos que já abordamos em relação ao amor, à proporção, à providência, à misericórdia e ao serviço ao próximo.

A VIDEIRA É A FONTE PARA ABRANDAR A FORÇA DA IRA

No entanto, o mandamento de não nos irarmos é radical e devastador. Coloca-nos frente a frente com a impossibilidade de receber a salvação. Não podemos obedecer ao mandamento de Jesus apenas com força de vontade. A ira não é uma opção nossa. É um fruto no ramo de nossa vida. A pergunta é: de que videira fazemos parte? Por meio de quem produziremos frutos? O mandamento de Jesus de não nos irarmos é também um mandamento para permanecermos nele, nossa videira. "Se alguém permanecer em mim e eu nele, esse dará muito fruto; pois sem mim vocês não podem fazer coisa alguma" (João 15.5).

Mandamento 20

FAÇAM A VONTADE DE MEU PAI QUE ESTÁ NOS CÉUS — CONFIEM EM JESUS PARA SEREM JUSTIFICADOS

Nem todo aquele que me diz: "Senhor, Senhor", entrará no Reino dos céus, mas apenas aquele que faz a vontade de meu Pai que está nos céus. (MATEUS 7.21)

Se você quer entrar na vida, obedeça aos mandamentos. (MATEUS 19.17)

O publicano ficou à distância. Ele nem ousava olhar para o céu, mas batendo no peito, dizia: "Deus, tem misericórdia de mim, que sou pecador". Eu lhes digo que este homem, e não o outro, foi para casa justificado diante de Deus. Pois quem se exalta será humilhado, e quem se humilha será exaltado. (LUCAS 18.13,14)

SUBMISSÃO EXTERNA ÀS LEIS NÃO É SUFICIENTE

Um homem rico perguntou a Jesus: "Bom mestre, que farei para herdar a vida eterna?" (Marcos 10.17). Jesus respondeu a essa pergunta em duas etapas. Na primeira, ele disse: "Você conhece os mandamentos: 'Não matarás, não adulterarás, não furtarás, não darás falso testemunho, não enganarás ninguém, honra teu pai e tua mãe' " (v. 19). Jesus estabeleceu uma ligação entre a vida eterna e a obediência à lei de Deus: "Se você quer entrar na vida, obedeça aos mandamentos" (Mateus 19.17). O homem declarou: "Mestre, a tudo isso tenho obedecido desde a minha adolescência" (Marcos 10.20). Seria verdade? Talvez até certo ponto. Talvez não houvesse nenhum comportamento externo que contrariasse as leis de Deus. Mas, e quanto ao coração daquele homem? Jesus afirmou em outra ocasião: "Eu lhes digo que se a justiça de vocês não for muito superior à dos fariseus e mestres da lei, de modo nenhum entrarão no Reino dos céus" (Mateus 5.20; v. *Mandamentos 25-27*). O problema com esses rigorosos cumpridores da Lei era que eles se concentravam apenas no comportamento externo: "Ai de vocês, mestres da lei e fariseus, hipócritas! Vocês limpam o exterior do copo e do prato, mas por dentro eles estão cheios de ganância e cobiça" (23.25). Ocorreria o mesmo com aquele homem rico?

A segunda etapa da resposta de Jesus à pergunta revela um sério problema no coração daquele homem: " 'Falta-lhe uma coisa', disse ele [Jesus]. 'Vá, venda tudo o que você possui e dê o dinheiro aos pobres, e você terá um tesouro no céu. Depois, venha e siga-me' " (Marcos 10.21). Que declaração incrível! Falta ao homem apenas "uma coisa", Jesus disse. Se ele possuísse essa "uma coisa", talvez fosse alguém perfeito. Mateus registra estas palavras de Jesus: "Se você *quer ser perfeito*, vá, venda os seus bens e dê o dinheiro aos pobres, e você terá um tesouro nos céus. Depois, venha e siga-me" (19.21). O homem, portanto, *não* era perfeito. Não estava obedecendo à lei de Deus com perfeição. Ele não herdaria a vida eterna se não possuísse "uma coisa" que lhe estava faltando.

"Falta-lhe uma coisa"

Qual seria essa "uma coisa"? Ela parece subdividida em três: "venda o que possui", "dê o dinheiro aos pobres", "siga-me". Como essas três ordens se transformam em uma? Elas podem ser resumidas assim: "O vínculo com seus bens precisa ser substituído por um vínculo comigo". Foi como se o homem houvesse permanecido ali com as mãos cheias de dinheiro, ouvindo Jesus dizer: "Falta-lhe uma coisa; estenda os braços e segure minhas mãos". Para fazer isso, o homem precisava abrir os dedos e deixar o dinheiro cair ao chão. A "uma coisa" não é o que cairia de suas mãos, mas o que ele segurava nas mãos.

Quando alguém ama a Jesus acima do dinheiro, os pobres são sempre beneficiados. É por isso que Jesus menciona os pobres. O mais importante, contudo, é o que está acontecendo entre o homem e Jesus. "Falta-lhe uma coisa, e essa coisa sou eu. Pare de amar o dinheiro e comece a amar-me. Você quer herdar a vida eterna. Quer entrar no Reino dos céus. Eu sou o tesouro dos céus. Se você tivesse um tesouro nos céus, me amaria. Se você preferir o dinheiro a mim, não entrará nos céus, onde eu sou o tesouro, mas se me amar acima do dinheiro 'você terá um tesouro nos céus'. Eu estarei lá. Você só herdará a vida eterna se estiver vinculado a mim. Se você quer ser perfeito — a única maneira de entrar no Reino de Deus —, siga-me."

Perfeição por intermédio de Jesus

Esta é uma lição essencial para nós. Jesus não zomba da lei de Deus. Não diz que não é importante guardar os mandamentos. Ele diz: "Sejam perfeitos como perfeito é o Pai celestial de vocês" (Mateus 5.48). Jesus não diminui a importância daquele padrão de comportamento. Ao contrário, ele o ordena ao mundo inteiro. Em seguida, oferece-o mediante um vínculo com ele próprio. "Se você quer ser perfeito [...] venha e siga-me". Jesus é o único caminho que conduz à perfeita obediência, e, para herdarmos a vida eterna, a obediência tem de ser perfeita.

A pergunta decisiva é: *de que forma* Jesus é o caminho para a perfeição? Uma resposta histórica: Jesus é nossa perfeição. Isto é, se estivermos ligados a ele pela fé, Deus nos considera perfeitos por causa de Jesus, embora nós mesmos não o sejamos. Outra resposta histórica: Jesus, mediante sua presença e seu poder dentro de nós, transforma-nos de tal maneira, que começamos a amar como ele ama e a buscar a perfeição que só obteremos no céu. Parece-me que Jesus nos dá bons motivos para acreditar que ambas as respostas são corretas.

Jesus disse que veio para "dar a sua vida em resgate por muitos" (Marcos 10.45), que seu sangue seria "derramado em favor de muitos" (Mateus 26.28) e que quem cresse que ele havia sido levantado na cruz teria os pecados perdoados e herdaria a vida eterna (João 3.14,15). Tudo isso deixa claro que a vida e a morte de Jesus são nossa única esperança de escapar à ira (3.36) e chegar ao céu. Jesus disse estas palavras a respeito dos bem-intencionados em guardar a lei em Israel: "... nenhum de vocês lhe obedece" (7.19). Ele não hesitou também em chamar os discípulos de "maus". "Se vocês, *apesar de serem maus*, sabem dar boas coisas aos seus filhos, quanto mais o Pai de vocês, que está nos céus, dará coisas boas aos que lhe pedirem!" (Mateus 7.11). Todos os seres humanos são pecadores e estão debaixo da santa ira de Deus, sem nenhuma esperança de herdar a vida eterna com base na própria obediência. Jesus veio para resolver esse problema.

Para resolvê-lo, Jesus remove a ira de Deus. Remove-a sofrendo o castigo que nós merecíamos e pagando a dívida que jamais pagaríamos (v. *Mandamento 11*). Em razão do sangue derramado por Jesus, todos os nossos pecados foram cancelados, e Deus não mais nos vê como criaturas pecadoras e imperfeitas. Conseguimos isso graças ao nosso vínculo com Jesus, pela fé.

"Este homem [...] foi para casa justificado diante de Deus"

Jesus, porém, ensina que existe algo mais, além da ausência de culpa, para sermos perfeitos. Ele conta a parábola do fariseu e do publicano que subiram ao templo para orar. Os dois homens representam os grupos popularmente vistos como o mais justo (os fariseus) e o mais pecador (o judeu publicano, que se comprometia a trabalhar para os romanos e espoliava o próprio povo para encher os bolsos de dinheiro).

O fariseu ressaltava sua obediência às Leis: "Deus, eu te agradeço porque não sou como os outros homens: ladrões, corruptos, adúlteros; nem mesmo como este publicano. Jejuo duas vezes por semana e dou o dízimo de tudo quanto ganho" (Lucas 18.11,12). Jesus diz: "Mas o publicano ficou à distância. Ele nem ousava olhar para o céu, mas batendo no peito, dizia: 'Deus, tem misericórdia de mim, que sou pecador'. Eu lhes digo que este homem, e não o outro, foi para casa *justificado* diante de Deus..." (v. 13,14).

A palavra "justificado" é fundamental, pois capta a finalidade da parábola. Lucas inicia a parábola dizendo: "A alguns *que confiavam em sua própria justiça* e desprezavam os outros, Jesus contou esta parábola" (v. 9). A parábola trata, portanto, de como ser "justo" diante de Deus.

As palavras "justificado" e "justo" procedem do mesmo vocábulo no original grego. O verbo significa "declarar justo" da maneira como faz o juiz no tribunal. O juiz não *transforma* o réu em homem justo. Ele o *reconhece* e *declara* justo. O verbo é usado dessa maneira em Lucas 7.29: "Todo o povo, até os publicanos, ouvindo as palavras de Jesus, reconheceram que o caminho de Deus era justo [lit. 'justificaram a Deus']". Justificar a Deus não significa *transformá-lo* em justo, e sim reconhecê-lo e declará-lo justo. Foi o que Deus fez ao publicano. "Este homem [...] foi para casa *justificado*" (18.14), isto é, foi declarado justo por Deus.

A parábola estabelece um contraste dramático entre os "que confiavam em sua própria justiça" (porque cumpriam a Lei com rigor) e aqueles que se desesperavam por não serem justos e, desviando o olhar de si mesmos, buscavam a misericórdia de Deus para que ele os declarasse justos, embora não o fossem. Observe atentamente um ponto importante na parábola: aqueles "que confiavam em sua própria justiça" estavam dispostos a dar a Deus o crédito por essa justiça: "Deus, *eu te agradeço* porque não sou como os outros homens..." (18.11). Isso de nada adiantou, entretanto. Nossa justiça, mesmo produzida pela graça de Deus, não tem fundamento sólido para se sustentar na santa presença de Deus.

O HOMEM RICO NECESSITA DE JESUS PARA SER JUSTO

Jesus não entra em detalhes sobre como sua obediência e sua morte proporcionam o fundamento para a justificação, mas temos bons motivos para pensar que a declaração de Deus acerca da justiça é destinada aos pecadores que vêem em Jesus a única esperança de serem aceitos por Deus. Jesus disse ao homem rico: "Você não herdará o Reino só por ter cumprido as leis. Você não é perfeito. 'Falta-lhe uma coisa'. Venha a *mim*". Faltava Jesus àquele homem. Se o fato de ser declarado justo, embora ele não o fosse, era a única esperança daquele homem (conforme mostra a parábola do publicano[1]), então Jesus é o fundamento dessa declaração. É por isso que aquele homem precisava abrir mão do dinheiro e aproximar-se de Jesus.

Portanto, a perfeição que faltava ao rico é encontrada em Jesus. Deus considerará o homem perfeito se ele parar de depender do dinheiro e passar a depender de Jesus. Essa é primeira resposta histórica à pergunta: de que forma Jesus é o caminho para a perfeição? Em nosso relacionamento com ele, somos considerados perfeitos, apesar de continuar sendo pecadores. É isso que significa ser justificado. Abordaremos a segunda resposta no próximo capítulo, ou seja, Jesus, mediante sua presença e seu poder dentro de nós, nos transforma para que possamos amar verdadeiramente, como ele ama, e buscar a perfeição.

---

[1] É importante observar que Lucas entrelaça a parábola do fariseu e do publicano (Lucas 18.9-14) com uma nota acerca da necessidade de receber o Reino como uma criança (v. 15-17) e depois com a história do homem rico ao qual falta uma coisa para completar sua obediência: Jesus (18-23). Aparentemente, a verdade da justificação dos pecadores pela fé é ilustrada nas histórias seguintes.

Mandamento 21

FAÇAM A VONTADE DE MEU PAI QUE ESTÁ NOS CÉUS — CONFIEM EM JESUS PARA SEREM TRANSFORMADOS

Quem faz a vontade de Deus, este é meu irmão, minha irmã e minha mãe. (MARCOS 3.35)

Felizes são aqueles que ouvem a palavra de Deus e lhe obedecem. (LUCAS 11.28)

Nem todo aquele que me diz: 'Senhor, Senhor', entrará no Reino dos céus, mas apenas aquele que faz a vontade de meu Pai que está nos céus. (MATEUS 7.21)

Vimos no capítulo anterior que faltava "uma coisa" ao homem rico que queria herdar a vida eterna. Para "ser perfeito", ele necessitava de Jesus (Mateus 19.21). Jesus é o caminho para a perfeição, mas *de que forma* ele é o caminho para a perfeição? A resposta está no capítulo anterior: Jesus é a base de nossa perfeição diante de Deus quando confiamos nele. Passemos, agora, a outra resposta, também verdadeira: Jesus, mediante sua presença e seu poder dentro de nós, nos transforma para que possamos amar verdadeiramente, como ele ama, e buscar a perfeição.

É NECESSÁRIA UMA DOSE DE OBEDIÊNCIA VERDADEIRA E CONSTANTE

A resposta contida no capítulo anterior não explica totalmente as palavras de Jesus acerca de fazer a vontade de Deus. Jesus diz que é necessário fazer a vontade de Deus para entrar no Reino dos céus. "Nem todo aquele que me diz: 'Senhor, Senhor', entrará no Reino dos céus, mas apenas aquele que faz a vontade de meu Pai que está nos céus" (Mateus 7.21). Jesus acrescenta que, no dia do julgamento, afastará os que "praticam o mal": "Então eu lhes direi claramente: Nunca os conheci. Afastem-se de mim vocês, que praticam o mal!" (v. 23). Ele diz que eles "irão para o castigo eterno" porque não amaram os necessitados: "'... O que vocês deixaram de fazer a alguns destes mais pequeninos, também a mim deixaram de fazê-lo'. E estes irão para o castigo eterno..." (25.45,46).

Não há dúvida de que Jesus viu a necessidade de certa porção de obediência verdadeira e incessante à vontade de Deus para a salvação final. "Quem faz a vontade de Deus, este é meu irmão, minha irmã e minha mãe" (Marcos 3.35). Por isso, a segunda resposta histórica à pergunta: de que forma Jesus é o caminho para a perfeição? é esta: ele nos capacita para mudar. Jesus nos transforma de tal maneira, que começamos a amar verdadeiramente, como ele ama, e a buscar a perfeição que finalmente encontraremos no céu.

Digo isso porque Jesus não nos dá nenhuma indicação de que podemos ser perfeitos neste mundo. Ele ensina, na oração do Pai-nosso, a petição "Dá-nos hoje o nosso pão de cada dia" e acrescenta esta: "Perdoa as nossas dívidas, assim como perdoamos aos nossos devedores" (Mateus 6.11,12). Da mesma forma que oramos pelo pão de cada dia, devemos orar pelo perdão todos os dias. Jesus não especifica um tempo neste mundo no qual não necessitaremos do perdão diário.

É por isso que digo que Jesus nos transforma de tal maneira, que *começamos* a amar verdadeiramente, como ele ama, e a *buscar* a perfeição que *finalmente encontraremos no céu*. Embora a perfeição constante só seja alcançada no céu, Jesus nos transforma agora, e essa transformação é realmente necessária à salvação final. Entretanto, a *maneira* pela qual o novo comportamento é necessário difere da maneira pela qual a confiança em Jesus é necessária para atingir a perfeição. Quando confiamos em Jesus, estamos ligados a ele. Por isso, por causa da obra de Jesus, e unicamente por ela, Deus nos considera justos, mesmo antes de nosso comportamento ser transformado. O publicano que clamou: "Deus, tem misericórdia de mim, que sou pecador" (Lucas 18.13) não se atreveu a apontar nenhum comportamento justo nele próprio como base para ser justificado. Ele desviou o olhar de si mesmo e suplicou misericórdia. Deus declarou-o justo antes de seu comportamento mudar. Portanto, confiar em Jesus é necessário para estar ligado a ele, que é o fundamento de nossa justificação, mas o comportamento novo e transformado é necessário porque ele é *fruto* e *evidência* dessa ligação com Jesus.

"TODA ÁRVORE BOA DÁ FRUTOS BONS"

Vimos no mandamento 7 que, quando estamos ligados a Jesus pela fé, temos uma nova vida de amor. Esse é o fruto que Jesus produz enquanto trabalha em nós: "Eu sou a videira; vocês são os ramos. Se alguém permanecer em mim e eu nele, esse dará muito fruto; pois sem mim vocês não podem fazer coisa alguma" (João 15.5). Em outra ocasião, ele deixa claro que a "árvore boa" — quem confia verdadeiramente nele — produzirá frutos bons: "Toda árvore boa dá frutos bons, mas a árvore ruim dá frutos ruins" (Mateus 7.17).

O fruto não faz a árvore ficar boa. A árvore é que faz o fruto ser bom. Boas ações não nos vinculam a Jesus. Elas não são a base para sermos declarados justos. Somente a confiança em Jesus nos liga a ele. Mediante essa ligação, Deus declara que somos perfeitos, e essa mesma ligação libera o poder de produzir fruto. Quando Jesus afirma: "Toda árvore que não produz bons frutos é cortada e lançada ao fogo" (7.19), ele não está dizendo que somos aceitos por Deus por causa do fruto — o publicano não tinha nenhum fruto a oferecer —, mas que a ausência de fruto mostra que não estamos ligados a Jesus.[1]

Por isso, quando Jesus ordena que façamos a vontade de seu Pai que está nos céus, ele quer dizer duas coisas. Primeira: "Creiam em mim como sua única esperança para uma perfeita justiça, que não procede de vocês. Essa perfeição é o fundamento de vocês terem sido aceitos por Deus e do direito que têm à herança na vida eterna". É por isso que quando lhe perguntaram: "O que precisamos fazer para realizar as obras que Deus requer?", Jesus deu esta resposta simples: "A obra de Deus é esta: crer naquele que ele enviou" (João 6.28,29). Crer em Jesus é o primeiro e o mais essencial aspecto da vontade de Deus para nós. Segunda: "Essa mesma fé que os liga a mim para justificação também os liga a mim da mesma forma que um ramo confia na videira. Dessa maneira, vocês produzirão o fruto do amor que cumpre a lei de Deus por meio de um comportamento verdadeiro e constante".

A VONTADE DE DEUS PARA HOJE ESTÁ EXPRESSA NA LEI DO ANTIGO TESTAMENTO?

Voltemos ao homem rico que perguntou a Jesus: "Bom Mestre, que farei para herdar a vida eterna?" (Marcos 10.17) e perguntemos a nós mesmos: como o cumprimento da Lei se encaixa na resposta de Jesus? A primeira resposta de Jesus ao homem foi: "Se você quer entrar na vida, obedeça aos mandamentos" (Mateus 19.17). Vimos

---

[1] Embora possa causar confusão, é possível usar o verbo "justificar" para mostrar como o fruto do bom comportamento funcionará no dia do juízo. Os frutos podem "justificar-nos" no sentido de provar que somos crentes, que pertencemos a Jesus e que em Jesus temos uma situação privilegiada com Deus. É como entendo Mateus 12.37: "Por suas palavras vocês serão *absolvidos* [justificados], e por suas palavras serão condenados". É como se o Juiz dissesse: "A evidência é convincente: suas palavras confirmam o julgamento de que você crê verdadeiramente em meu Filho, deixou seu processo nas mãos dele e confiou em sua justiça para ser inocentado neste tribunal". Ou: "Suas palavras justificam [confirmam, ratificam] a conclusão desta corte de que você confiou na justiça de Jesus Cristo para sua justificação neste tribunal".

que, embora o ato de obedecer à Lei não produza uma justiça suficientemente boa para ser aceito por Deus, o esforço para fazer a vontade de Deus é essencial. A pergunta agora é: a vontade de Deus para hoje está expressa na Lei do Antigo Testamento? Um simples sim causaria confusão. Um simples não também. Antes, precisamos esclarecer: sim, desde que a Lei seja passada pelo filtro de todas as mudanças introduzidas por Jesus, o qual é o objetivo e o cumprimento da Lei.

Jesus disse: "Era necessário que se cumprisse tudo o que a meu respeito está escrito na Lei de Moisés, nos Profetas e nos Salmos" (Lucas 24.44). A Lei e os Profetas apontavam para Jesus. Não é de admirar que, quando ele veio, a Lei e os Profetas foram cumpridos e mudados. Jesus falou dessa mudança com cuidado e respeito: "Não pensem que vim abolir a Lei ou os Profetas; não vim abolir, mas cumprir. Digo-lhes a verdade: Enquanto existirem céus e terra, de forma alguma desaparecerá da Lei a menor letra ou o menor traço, até que tudo se cumpra" (Mateus 5.17,18).

Abolir não é o propósito de Jesus. Seu propósito é cumprir. E quando a Lei foi cumprida em Jesus, sua aplicação original foi dramaticamente alterada. Uma nova era surgiu, e os seguidores de Jesus passaram a referir-se à Lei de forma diferente de Israel. Foi por isso que Jesus disse: "A Lei e os Profetas profetizaram até João [Batista]. Desse tempo em diante estão sendo pregadas as boas novas do Reino de Deus, e todos tentam forçar sua entrada nele" (Lucas 16.16).

COMO A MANEIRA DE ENCARAR A LEI MUDOU COM A CHEGADA DE JESUS

Apresento um simples esboço das mudanças que ocorreram na forma de lidar com a Lei desde que Jesus veio ao mundo.

Em primeiro lugar, quando Jesus disse: "Não percebem que nada que entre no homem pode torná-lo 'impuro'?" (Marcos 7.18), ele estava praticamente anulando as leis cerimoniais do Antigo Testamento. Marcos faz este simples comentário: "Ao dizer isso, Jesus declarou 'puros' todos os alimentos" (v. 19). "Em sua autoridade, e somente nela, Jesus deixou de lado o princípio da pureza cerimonial incorporada em grande parte da Lei mosaica."[2] Daí em diante, "os filhos estão isentos" (Mateus 17.26), e podemos comer ou não comer, de acordo com o que o amor exige.

Em segundo lugar, menciono o amor como critério fundamental de nosso comportamento por ser o segundo aspecto destacado por Jesus na nova maneira de encarar a Lei: ele declarou que tudo se resumia ao amor: "Assim, em tudo, façam aos outros o que vocês querem que eles lhes façam; pois esta é a Lei e os Profetas" (7.12). Ao dizer isso, Jesus redirecionou o foco dos mandamentos *per se* para um relacionamento com ele, capaz de produzir o amor que cumpre a Lei (v. *Mandamento 32*).

Em terceiro lugar, Jesus contou uma parábola sobre o proprietário de uma vinha cujos arrendatários não queriam entregar-lhe os frutos que lhe pertenciam. Vários servos foram enviados para falar com os arrendatários, mas a grande maioria foi espancada por estes. Finalmente, ele enviou seu filho, e eles o mataram. Essa parábola representava a relação de Deus com o povo de Israel. O povo, em sua maioria, recusou-se a entregar o fruto da adoração e da obediência e ainda matou o Filho de Deus (21.33-41). Jesus perguntou aos ouvintes o que o proprietário deveria fazer. Esta foi a resposta: "Matará de modo horrível esses perversos e arrendará a vinha a outros lavradores, que lhe dêem a sua parte no tempo da colheita" (v. 41). A aplicação da resposta de Jesus aos ouvintes judeus continha uma informação assustadora e implicava uma mudança considerável na forma de encarar a Lei.

Ele declarou: "Eu lhes digo que o Reino de Deus será tirado de vocês [Israel] e será dado a um povo que dê os frutos do Reino" (21.43). Deus estava tirando sua obra redentora de Israel e transferindo-a para as nações gentias (v. *Mandamento 50*). O povo de

---

[2] George LADD, *The Presence of the Future*. (Grand Rapids, Mich.: Eerdmans, 1974), p. 285.

Deus não mais seria definido por etnias, nem por sua participação no sistema teocrático de reis, sacerdotes e juízes, nem pelas leis cerimoniais e cívicas que sustentavam aquele sistema. O povo seria definido pela fé em Jesus e pelo fruto do amor.

As conseqüências dessa mudança foram gigantescas. Não era mais a vontade de Deus que seu povo se vingasse em seu nome das nações impiedosas, como na conquista de Canaã (Deuteronômio 9.3-6). O povo de Deus (os seguidores de Jesus) não mais governaria a si mesmo, condenando à morte os blasfemadores (Levítico 24.14), os adúlteros (Levítico 20.10), os fornicadores (Deuteronômio 22.21), os profanadores do sábado (Êxodo 31.14), os feiticeiros (Êxodo 22.18), as falsas testemunhas (Deuteronômio 19.16,19) ou o filho que desobedecesse aos pais (Êxodo 21.15,17). Esses mandamentos estavam entrelaçados com o governo cívico e teocrático de uma etnia, e não mais se aplicariam ao povo de Deus sem identidade étnica e política que agora está presente em todos os grupos étnicos e políticos do mundo (Mateus 28.19).

Em quarto lugar, o sistema religioso inteiro, com seus sacerdotes, o templo e os sacrifícios, já havia alcançado seu objetivo em Jesus. Vimos no *Mandamento 12* que Jesus, mediante sua morte e ressurreição, assumiu o lugar do templo e dos sacrifícios pelos pecados. Portanto, as leis que governavam a reconciliação do povo com Deus por meio daquele sistema foram cumpridas na morte e ressurreição de Jesus.

CREIAM NO FILHO DE DEUS E PRODUZAM O FRUTO DO AMOR

Chego à conclusão de que o mandamento de Jesus para fazermos a vontade do Pai e obedecermos aos mandamentos é o mesmo que ele deu ao homem rico que queria saber como herdar a vida eterna. O mandamento mais urgente de Jesus para nós é: "Parem de adorar o dinheiro e comecem a me adorar, pois sou a única esperança de alguém alcançar aquela 'uma coisa' que falta: a perfeita justiça". Sim, devemos obedecer aos mandamentos, porém somente depois de terem passado pelo filtro, isto é, de terem sido cumpridos em Jesus. Em termos práticos, para receber a orientação de que necessitamos devemos olhar para Jesus, que se revelou por meio de sua vida, morte e ensinamentos. Precisamos depender do poder de Jesus para ser semelhantes ao ramo da videira. Dessa forma, é Cristo, e não Moisés, quem recebe toda a glória, porque Jesus pagou o preço da nova aliança.

No entanto, mesmo após essa transformação obtida pelos canais divinos (Marcos 10.27), nossa justiça não é perfeita nesta vida nem suficiente para nos fazer perfeitos diante de Deus. Portanto, o mandamento de Jesus para fazermos a vontade de seu Pai e obedecer aos seus mandamentos implica abandonar a idéia de fazer de nossa obediência a base para sermos aceitos por Deus. A transformação pela qual passamos é resultado de nossa união com Jesus. Somos aceitos por Deus graças a essa união, e ela é firmada quando cremos em Jesus. O fruto demonstra a realidade da união e a autenticidade da fé. Esta é a vontade de Deus: devemos crer em seu Filho, usufruir nossa união com ele, descansar na declaração misericordiosa de Deus, que nos considera perfeitos e aceitos, e produzir o fruto do amor.

Mandamento 22

ESFORCEM-SE PARA ENTRAR PELA PORTA ESTREITA, PORQUE A VIDA É UMA GUERRA

Alguém lhe perguntou: "Senhor, serão poucos os salvos?" Ele lhes disse: "Esforcem-se para entrar pela porta estreita, porque eu lhes digo que muitos tentarão entrar e não conseguirão". (LUCAS 13.23,24)

Jesus nos ensinou que a vida é uma guerra. Quando ele disse: "*Esforcem*-se para entrar pela porta estreita" (Lucas 13.24), a palavra grega traduzida por "esforcem" é *agōnizesthe* (ἀγωνίζεσθε). É possível distinguir a palavra "agonizar" no vocábulo grego, cujo significado é sofrer, mortificar, empenhar-se. O fato mais importante acerca da palavra "esforcem", porém, é que Jesus a profere só mais uma vez, quando diz que seus discípulos "lutariam" se o Reino dele fosse deste mundo. "O meu Reino não é deste mundo. Se fosse, os meus servos *lutariam* [*ēgōnizonto*, ηγωνίζοντο] para impedir que os judeus me prendessem" (João 18.36). Por isso, a expressão "esforcem-se para entrar" significa que entrar é uma batalha.

ESFORÇAR-SE PARA ENTRAR ONDE?

Entrar onde? No Reino de Deus. A resposta é clara no contexto imediato. Depois de dizer "esforcem-se para entrar pela porta estreita", Jesus faz menção do dono da casa que se levanta e fecha a porta, para que ninguém mais possa entrar (Lucas 13.25). Os do lado de fora baterão e pedirão: "Senhor, abre-nos a porta", mas o dono da casa responderá: "Não os conheço, nem sei de onde são vocês". E eles dirão: "Comemos e bebemos contigo, e ensinaste em nossas ruas". Ele, porém, responderá: "Afastem-se de mim, todos vocês, que praticam o mal!" (v. 25-27).

Em seguida, Jesus aplica a ilustração à situação real de alguns que serão excluídos do Reino de Deus, enquanto os gentios do mundo inteiro "ocuparão os seus lugares à mesa no Reino de Deus". "Ali haverá choro e ranger de dentes, quando vocês virem Abraão, Isaque e Jacó, e todos os profetas no *Reino de Deus*, mas vocês excluídos. Pessoas virão do oriente e do ocidente, do norte e do sul, e ocuparão os seus lugares à mesa no *Reino de Deus*" (13.28,29).

A "porta estreita" pela qual devemos nos "esforçar" para entrar é a porta do Reino de Deus. Do lado de fora, haverá "choro e ranger de dentes" (13.28) — uma das maneiras de Jesus se referir ao inferno. "... e lançarão aqueles [os perversos] na fornalha ardente, onde haverá choro e ranger de dentes" (Mateus 13.50). A alternativa para a porta estreita é a perdição. "Entrem pela porta estreita, pois larga é a porta e amplo o caminho que leva à *perdição*" (7.13). O que está em jogo quando Jesus ordena: "Esforcem-se para entrar..." é céu e inferno. Trata-se de questão resolvida.

A MAIOR AMEAÇA É PECAR TODOS OS DIAS

Como Jesus espera que nos esforcemos para entrar pela porta estreita? Quais são os obstáculos? Se a vida é uma guerra, quem é o inimigo? O objetivo dessa guerra é não ferir ninguém. Jesus é claro ao dizer que devemos amar nossos inimigos e fazer o bem aos que nos odeiam (Lucas 6.27). Dizer que a vida é uma guerra não significa declarar guerra contra pessoas, mas apenas contra o pecado, especialmente o nosso. Na verdade, é nosso pecado que nos impede de entrar no Reino, não uma pessoa. O pecado dos outros pode nos ferir, até matar, mas não nos impede de entrar no Reino de Deus.

Nosso pecado é a maior ameaça à nossa entrada no Reino de Deus, e a tentação para pecar tem origens múltiplas e incríveis.

Jesus ordena uma séria vigilância pessoal. "Vigiem" é uma de suas ordens mais freqüentes. A idéia é que precisamos estar acordados, alertas e preparados, para que as tentações da vida não nos peguem desprevenidos, não tomem conta de nós nem nos deixem cair em desgraça. Jesus disse aos discípulos no jardim do Getsêmani: "Vigiem e orem para que não caiam em tentação. O espírito está pronto, mas a carne é fraca" (Marcos 14.38). Esse mandamento é importante para a vida inteira. As tentações estão por toda parte, e Jesus as leva a sério. Assim, o lema para nossa vida inteira é: vigiar, estar alerta.

Digo *vida inteira* porque Jesus nos adverte que os dias anteriores à sua segunda vinda serão aparentemente normais. Serão, conforme ele diz, semelhantes aos dias de Noé antes de o Dilúvio destruir o povo, que não desconfiava de nada. Eles não vigiaram. Não vigiaram porque a vida parecia normal demais.

> Nos dias anteriores ao Dilúvio, o povo vivia comendo e bebendo, casando-se e dando-se em casamento, até o dia em que Noé entrou na arca [...]. Assim acontecerá na vinda do Filho do homem. [...] Portanto, vigiem, porque vocês não sabem em que dia virá o seu Senhor". (Mateus 24.38,39,42)

Nada é mais normal que comer, beber e casar. O ponto fundamental é que precisamos estar vigilantes o tempo todo, não apenas quando pressentimos tempos de perigo. Eles são sempre perigosos. As tentações destruidoras da alma, isto é, a falta de fé e o pecado, estão presentes no dia-a-dia, na vida normal. Esforçar-se para entrar pela porta estreita é um chamado diário, para a vida inteira.

Sofrimento e prazer podem impedir nossa entrada pela porta estreita

O mandamento de Jesus para vigiarmos é abrangente. Tanto o sofrimento quanto os prazeres da vida apresentam perigos para a alma.

Na parábola do semeador, Jesus adverte sobre ambas as situações. O sofrimento e os prazeres da vida ameaçam destruir o prosseguimento da obra de fé produzida pela Palavra em nossa vida. Quando cai em terreno pedregoso, a Palavra brota, porém morre em seguida. Essa ilustração representa aqueles que ouvem a Palavra, mas, "quando surge alguma tribulação ou perseguição por causa da palavra" (Mateus 13.21), a abandonam. Não entram pela porta estreita.

Quando cai entre espinhos, a palavra brota, porém morre em seguida. Essa ilustração se refere aos que ouvem a Palavra, mas "são sufocados pelas preocupações, pelas riquezas e pelos prazeres desta vida" (Lucas 8.14). Eles não entram pela porta estreita. Um abandona a Palavra por causa do sofrimento (tribulação ou perseguição); o outro é sufocado pelos prazeres e riquezas da vida. O mandamento para vigiarmos é abrangente. Nesta vida, não existe lugar isento de lutas.

Talvez isto nos cause surpresa, mas o mandamento de Jesus a respeito da vigilância é dirigido com mais freqüência aos prazeres da vida que ao sofrimento. Alguns se afastam de Deus por causa do sofrimento, porém um número maior é seduzido pelos prazeres da vida. Ao contrário do sofrimento, os prazeres raramente despertam o ser humano para a necessidade que têm de Deus. Por isso, Jesus preocupou-se mais em advertir-nos dos perigos da prosperidade que dos perigos da pobreza.

Os riscos dos elogios e dos vícios

Um poderoso engodo para nos afastar do Reino de Deus são os elogios humanos. Jesus adverte: "Cuidado com os mestres da lei. Eles fazem questão de andar com roupas especiais, e gostam muito de receber saudações nas praças e de ocupar os lugares mais importantes nas sinagogas e os lugares de honra nos banquetes" (20.46). "Cuidado" significa estar alerta, ficar atento, prestar atenção. É um mandamento para estarmos vigilantes contra a armadilha de seguir quem vive à procura de honras humanas. "Tenham o cuidado de não praticar suas 'obras de justiça' diante dos outros para serem vistos por eles..." (Mateus 6.1). Ficamos satisfeitos quando alguém fala bem de nós. Talvez isso não seja errado, mas é perigoso. É tempo de vigiar. Jesus diz:

> Ai de vocês,
>   quando todos
>   falarem bem de vocês,
> pois assim
>   os antepassados deles
>   trataram os falsos profetas. (Lucas 6.26)

Menos sutil é o engodo dos vícios. Jesus concentra-se no álcool e em seus efeitos devastadores sobre a mente e o corpo. Ele diz: "Tenham cuidado, para não sobrecarregar o coração de vocês de libertinagem, bebedeira e ansiedades da vida, e aquele dia venha sobre vocês inesperadamente" (Lucas 21.34). Há drogas, alimentos e atitudes que "sobrecarregam" o coração. Eles minam a energia do coração. É o oposto da vigilância. Não nos esforçaremos "para entrar pela porta estreita" se permitirmos que o uso de drogas, alimentos ou bebidas embotem nossa vigilância espiritual.

O DINHEIRO: UMA AMEAÇA MORTAL PARA QUEM DESEJA ENTRAR PELA PORTA ESTREITA

Jesus nos adverte com muita freqüência sobre o perigo do dinheiro. O dinheiro é um perigo mortal. A escolha entre o céu e o inferno depende de nossa vigilância contra o engodo do dinheiro. Jesus deixou isso muito claro nestas palavras: "É mais fácil passar um camelo pelo fundo de uma agulha do que um rico entrar no Reino de Deus" (Marcos 10.25). O objetivo fundamental é entrar no Reino. O esforço para obter riquezas não nos conduzirá à porta estreita.

Em diversas ocasiões, Jesus nos recomenda tomar cuidado com o engano das riquezas. "Não acumulem para vocês tesouros na terra [...]. Vocês não podem servir a Deus e ao Dinheiro. [...] Portanto, não se preocupem, dizendo: 'Que vamos comer?' ou 'Que vamos beber?' ou 'Que vamos vestir?' " (Mateus 6.19,24,31); "Quando chegam as preocupações desta vida, o engano das riquezas e os anseios por outras coisas sufocam a palavra, tornando-a infrutífera" (Marcos 4.19); "Vendam o que têm e dêem esmolas" (Lucas 12.33); "Pois onde estiver o seu tesouro, aí também estará o seu coração" (Mateus 6.21); "Da mesma forma, qualquer de vocês que não renunciar a tudo o que possui não pode ser meu discípulo" (Lucas 14.33); "Mas ai de vocês, os ricos, pois já receberam sua consolação" (6.24); "Bem-aventurados vocês, os pobres, pois a vocês pertence o Reino de Deus" (6.20);[1] "Cuidado! Fiquem de sobreaviso contra todo tipo de ganância; a vida de um homem não consiste na quantidade dos seus bens" (12.15).

"OLHOS BONS" AJUDAM-NOS A ENTRAR PELA PORTA ESTREITA

Parece, então, que o esforço para entrar no Reino de Deus pela porta estreita é, em grande parte, uma batalha relacionada ao dinheiro. Devemos, portanto, nos aprofundar nesse estudo, como Jesus fez. Ele diz que devemos ficar "de sobreaviso contra todo tipo de ganância". Jesus demonstra estar preocupado com nossos "olhos"

---

[1] Apesar de pronunciar um "ai" sobre os ricos (Lucas 6.24) e abençoar os pobres (v. 20), Jesus não está dizendo que o dinheiro torna alguém abençoado ou amaldiçoado. Sabemos disso porque ele também diz: "Ai de vocês, que agora riem" (v. 25) e "Bem-aventurados vocês, que agora choram" (v. 21). O próprio contexto diz que os discípulos devem regozijar-se (v. 23). Portanto, Jesus admite que amenizaremos o sentido de suas afirmações aparentemente absolutas. Os ricos e os pobres abençoados são os que consideram Jesus seu supremo tesouro e buscam usar a riqueza ou a pobreza para exaltar o valor de Cristo acima do dinheiro e do que este pode comprar. Sabemos também que Jesus não pronunciou bênção nem maldição sobre a condição financeira, pois ele disse ao jovem rico que vendesse tudo o que possuía (Marcos 10.21), mas elogiou Zaqueu por ter dado metade de seus bens aos pobres (Lucas 19.8,9). Contudo, é importante mencionar que Jesus considera a riqueza muito perigosa e a pobreza auspiciosa: ele pronuncia um "ai" sobre aquela enquanto abençoa esta.

quando fala dos tesouros da vida. Vemos isso em sua surpreendente declaração, registrada em Mateus 6.22,23: "Os olhos são a candeia do corpo. Se os seus olhos forem bons, todo o seu corpo será cheio de luz. Mas se os seus olhos forem maus, todo o seu corpo será cheio de trevas...". O modo pelo qual enxergamos a realidade determina se estamos nas trevas ou não.

Você perguntará, naturalmente, qual a relação disso com o dinheiro. Antes de tudo, observe que a declaração de Jesus encontra-se entre o mandamento de acumular tesouros nos céus (v. 19-21) e a advertência de que não podemos servir "a Deus e ao Dinheiro" (v. 24). Por que a explicação sobre os olhos bons e maus foi encaixada entre dois ensinamentos a respeito do dinheiro? Para mim, o que torna os olhos bons é a forma pela qual eles enxergam a Deus, em relação ao dinheiro. Esse é o ponto principal nos dois lados da declaração. Nos versículos de 19 a 21, o ponto principal é: devemos desejar a recompensa celestial, não a recompensa terrena, o que, em resumo, significa: desejem a Deus, não ao dinheiro. No versículo 24, a questão é se devemos servir a dois senhores. Resposta: não podemos servir a Deus e ao dinheiro.

Trata-se de uma dupla descrição sobre andar na luz! Se acumularmos tesouros nos céus, não na terra, andaremos na luz. Se servirmos a Deus, não ao dinheiro, andaremos na luz. Jesus diz, entre as duas declarações, que os olhos são a candeia do corpo e que os olhos bons produzem abundância de luz. Então, que olhos são bons e produzem tanta luz e que olhos são maus e nos deixam nas trevas?

O QUE SIGNIFICA "OLHOS BONS"?

Encontramos uma pista em Mateus 20.15. Jesus acabara de contar a parábola dos homens que trabalharam uma hora e receberam a mesma quantia que aqueles que trabalharam o dia inteiro, porque o dono da vinha era misericordioso e generoso. Além disso, todos haviam concordado com a remuneração antes do início do trabalho. Os que trabalharam o dia inteiro reclamaram por receber o mesmo que aqueles que trabalharam uma hora. Jesus respondeu com uma declaração semelhante à registrada em Mateus 6.23: "São maus os teus olhos porque eu sou bom?" (Mateus 20.15, RA).

Por que os olhos deles eram maus? Porque não viram a misericórdia do dono da vinha como algo belo. Viram-na como algo desprezível. Não viram a realidade pelo que ela era. Não tiveram olhos capazes de enxergar a misericórdia como mais desejável que o dinheiro.

Examinemos agora os "olhos maus", de Mateus 6.23, para tentar discernir o significado de "olhos bons". Como devem ser os olhos bons, que nos enchem de luz? Devem ser olhos que enxergam a generosidade do Mestre como algo mais precioso que o dinheiro. Os olhos bons enxergam a Deus e seus caminhos, não o dinheiro, como o grande Tesouro na vida. Os olhos bons vêem as coisas como realmente são. Deus é realmente mais valioso que tudo que o dinheiro é capaz de comprar.

Nossos olhos são bons quando olhamos para Deus e almejamos a recompensa de sua companhia, isto é, quando acumulamos tesouros no céu. Nossos olhos são bons quando olhamos para o senhor-dinheiro e para o Senhor-Deus e enxergamos ao Senhor-Deus como infinitamente mais precioso. Os "olhos bons" sabem avaliar com sabedoria e discernir com inteligência. Não enxergam apenas os fatos a respeito do dinheiro e de Deus. Não percebem apenas o que é verdadeiro ou falso. Enxergam beleza e feiúra; percebem o que tem valor e o que não tem; sabem discernir entre o que é realmente desejável e o que é indesejável. A visão dos olhos bons não é neutra. Quando enxerga a Deus, vê nele um Deus maravilhoso, um Deus desejável.

É por isso que os olhos bons conduzem ao caminho da luz: eles acumulam tesouros no céu e servem a Deus, não ao dinheiro. Os olhos bons possuem um *único* Tesouro: Deus. Quando isso acontecer em sua vida, seu corpo será cheio de luz. Essa verdade é tão importante que Jesus acrescenta, em Lucas 11.35: "Portanto, *cuidado* para que a luz que está em seu interior não sejam trevas". Explicando melhor, esteja vigilante. Não seja indiferente, negligente nem descuidado nessa questão. Esforce-se e lute para manter bons os seus olhos. Isto é, faça o que for necessário para enxergar a Deus, não ao dinheiro, como algo supremamente precioso e desejável.

No próximo capítulo, continuaremos a examinar as implicações do mandamento de Jesus: "Esforcem-se para entrar pela porta estreita". Analisaremos suas considerações acerca da vigilância e do estado de alerta com referência aos falsos profetas, aos falsos cristos e à imprevisibilidade de sua segunda vinda. Depois, nos voltaremos para a pergunta: como o mandamento para vigiar se encaixa no mandamento para descansar em Jesus? Como o sério tema da vigilância se encaixa na doçura dos cuidados de Jesus?

Mandamento 23

Esforcem-se para entrar pela porta estreita, porque Jesus cumpre a nova aliança

Entrem pela porta estreita, pois larga é a porta e amplo o caminho que leva à perdição, e são muitos os que entram por ela. Como é estreita a porta, e apertado o caminho que leva à vida! São poucos os que a encontram. (Mateus 7.13,14)

Este cálice é a nova aliança no meu sangue, derramado em favor de vocês. (Lucas 22.20)

O mandamento de Jesus para vigiar — "esforcem-se para entrar pela porta estreita" — foi-nos dado em razão dos muitos perigos que ameaçam nossa alma. Os avisos mais freqüentes proferidos por Jesus são: "Cuidado!"; "Vigiem!"; "Fiquem atentos!". Vimos no capítulo anterior a necessidade de lutar contra os perigos do sofrimento e dos prazeres da vida: o engodo do dinheiro, os elogios humanos, a atração pelos vícios. Passaremos agora a analisar os perigos dos falsos profetas e dos falsos cristos e os da nostalgia dos tempos em que o preço a ser pago pelo discipulado não era tão alto. Depois, analisaremos a pergunta decisiva: toda essa vigilância e todo esse esforço para entrar pela porta estreita condizem com os doces convites de Jesus para buscá-lo e encontrar descanso nele?

OS PERIGOS DOS FALSOS PROFETAS E DOS FALSOS CRISTOS

Jesus adverte-nos de que haverá muitos falsos profetas e falsos cristos. Sua primeira advertência, depois de dizer: "Como é estreita a porta, e apertado o caminho que leva à vida!", é esta: "Cuidado com os falsos profetas. Eles vêm a vocês vestidos de peles de ovelhas, mas por dentro são lobos devoradores. Vocês os reconhecerão por seus frutos. Pode alguém colher uvas de um espinheiro ou figos de ervas daninhas?" (Mateus 7.15,16). Não se trata de uma observação fortuita, mas de uma advertência de vida ou morte: "Aparecerão falsos cristos e falsos profetas que realizarão sinais e maravilhas para, se possível, enganar os eleitos. Por isso, *fiquem atentos*: avisei-os de tudo antecipadamente" (Marcos 13.22,23). Fiquem atentos! Fiquem de olhos abertos! Vigiem! Estejam alertas! Esforcem-se para entrar pela porta estreita.

Jesus ressalta que *estreita* é a porta que leva à vida. Nem todos os argumentos serão capazes de atravessar a porta estreita do Reino de Deus. Existem muitos falsos cristos. Nesse contexto, *Cristo* significa o Messias judeu — o único que cumpre todas as promessas de Deus, traz consigo o Reino, senta-se no trono de Davi e governa o mundo inteiro. Existe um só Cristo; os outros são "falsos cristos". Jesus é o único Messias. Por isso, a porta é tão estreita quanto a fé em Jesus, o único Messias verdadeiro e Rei dos reis.

Sentado em meu escritório, eu conversava com seguidores de outro "cristo", rogando-lhes que aceitassem ao único e verdadeiro Cristo: Jesus. Segundo eles, Cristo já retornou ao mundo e está arrebanhando um povo para si. Li para eles Lucas 17.24, na tentativa de mostrar-lhes que, segundo as palavras de Jesus, sua vinda seria conhecida pelo mundo inteiro de forma inequívoca, e quem dissesse que ele já havia retornado não passava de um embusteiro: "O Filho do homem no seu dia será como o relâmpago cujo brilho vai de uma extremidade à outra do céu". Eles argumentaram que, para entender o significado secreto desse versículo, eu deveria ler um livro escrito pelo líder deles, o "cristo" em quem acreditavam. Quando saíram, observei-os pela janela enquanto caminhavam para o estacionamento e orei por eles. Dei graças a Deus por ele ter-me ajudado a "ficar atento". Jesus disse que isso aconteceria, e esse aviso ajudou-me a vigiar naquele dia em meu escritório. Essa vigilância faz parte do significado de "esforçar-se para entrar pela porta estreita".

Não há necessidade de saber quando o Senhor voltará

Jesus insiste no mandamento de vigiarmos porque o dia de sua segunda vinda é desconhecido de todos nós. "*Vigiem*, porque vocês não sabem em que dia virá o seu Senhor. [...] Portanto, vigiem, porque vocês não sabem o dia nem a hora!" (Mateus 24.42; 25.13). Quando diz: "Vigiem" ou: "Estejam atentos", Jesus não está querendo que deixemos de dormir ou que fiquemos plantados numa janela. Sabemos disso porque o mandamento de "vigiar" é o clímax da parábola das dez virgens, das quais cinco foram prudentes e cinco foram insensatas, mas todas dormiram. As prudentes levaram óleo com suas candeias, para que, quando o noivo chegasse, pudessem sair com as candeias acesas e saudá-lo. Aquela era a missão delas. Jesus diz que "... todas ficaram com sono e adormeceram" (25.5). Ele não critica as virgens prudentes por terem dormido.

Quando o noivo chegou, à meia-noite (representando a segunda vinda de Jesus ao mundo numa hora inesperada), "as virgens que estavam preparadas [as cinco prudentes] entraram com ele para o banquete nupcial. E a porta foi fechada" (25.10). As virgens insensatas tiveram de sair para comprar óleo, porque estavam despreparadas. Ao retornar, gritaram: "Senhor! Senhor! Abra a porta para nós!" (v. 11). O noivo (representando Jesus) respondeu: "A verdade é que não as conheço!" (v. 12). A lição da parábola de Jesus é: "Portanto, *vigiem*, porque vocês não sabem o dia nem a hora!" (v. 13). No entanto, as dez virgens dormiram — as cinco prudentes também. Portanto, quando Jesus diz: "Vigiem!", ele não está ordenando que deixemos de dormir ou que fiquemos olhando pela janela.

Jesus quer dizer: vigiem sua vida, estejam atentos ao que o Noivo lhes ordenou fazer. As virgens prudentes cumpriram as ordens do Senhor: suas candeias estavam preparadas. Não tiveram problema em dormir porque haviam cumprido sua missão. Por isso, uma forma de interpretar a frase "esforcem-se para entrar pela porta estreita" é: cumpram seu chamado. Estejam vigilantes para fazer o que Deus lhes ordenou. Vocês ficarão felizes quando Jesus voltar e encontrá-los engajados sinceramente em sua missão terrena de glorificá-lo. "Quem é, pois, o administrador fiel e sensato, a quem seu senhor encarrega dos seus servos, para lhes dar sua porção de alimento no tempo devido? Feliz o servo a quem o seu senhor encontrar fazendo assim quando voltar" (Lucas 12.42,43). Esforçar-se para entrar no Reino de Deus pela porta estreita implica vigilância e fidelidade na obra que Jesus nos confiou. Ele diz, em uma de suas parábolas: "Façam esse dinheiro render até a minha volta" (Lucas 19.13), isto é, devemos aplicar todas as nossas forças na obra que ele nos confiou.

Perseverança e o perigo da nostalgia

Uma das grandes tentações para deixarmos de cumprir a missão que Jesus nos confiou é olhar para trás quando estamos cansados da luta e ficar lembrando como a vida era fácil antes de começarmos a segui-lo. Esforçar-se para entrar pela porta estreita significa perseverar na luta. O zelo de muitos pretensos seguidores de Jesus esfria, e eles se desviam do caminho. Jesus disse: "Devido ao aumento da maldade, o amor de muitos esfriará, mas aquele que perseverar até o fim será salvo" (Mateus 24.12,13). Um dos fatores que estreitam a porta do Reino de Deus é que o esforço para entrar deve durar até o fim.

Jesus, portanto, alerta-nos contra a nostalgia dos tempos em que ainda não havíamos decidido segui-lo. Ele diz que a tensão dos últimos dias desta era forçará o povo a olhar para trás. Com simplicidade surpreendente, ele adverte: "Lembrem-se da mulher de Ló!" (Lucas 17.32), referindo-se a uma mulher do Antigo Testamento que teve de abandonar sua cidade, chamada Sodoma, porque Deus estava prestes a destruí-la por causa dos pecados cometidos por seus habitantes. Tragicamente, como ocorre com tantos pretensos seguidores de Jesus que começam a deixar o antigo caminho do pecado, ela olhou para trás. "A mulher de Ló olhou para trás e se transformou numa coluna de sal" (Gênesis 19.26). Deus enxergou um coração idólatra quando ela olhou de relance na direção de Sodoma. A cidade era seu verdadeiro amor, não Deus. Esforçar-se para entrar pela porta estreita significa prestar atenção ao alerta de Jesus: "Ninguém que põe a mão no arado e olha para trás é apto para o Reino de Deus" (Lucas 9.62).

Qual a relação entre esforçar-se para entrar pela porta estreita e descansar em Jesus?

Chegou o momento de fazer a pergunta: toda essa vigilância e todo esse esforço para entrar pela porta estreita condizem com os doces convites de Jesus para buscá-lo e encontrar descanso nele? Se o esforço e a vigilância exigidos parecem tornar a vida mais infeliz e penosa, tenha em mente que Jesus repreendeu os peritos na lei que sobrecarregavam o povo com fardos pesados demais, sem oferecer-lhes ajuda: " 'Quanto a vocês, peritos na lei', disse Jesus, 'ai de vocês também!, porque sobrecarregam os homens com fardos que dificilmente eles podem carregar, e vocês mesmos não levantam nem um dedo para ajudá-los' " (Lucas 11.46). Acima de tudo, tenha em mente a maneira em que Jesus convidou o povo a segui-lo:

> Venham a mim, todos os que estão cansados e sobrecarregados, e eu lhes darei descanso. Tomem sobre vocês o meu jugo e aprendam de mim, pois sou manso e humilde de coração, e vocês encontrarão descanso para as suas almas. Pois o meu jugo é suave e o meu fardo é leve. (Mateus 11.28-30)

As ordens de Jesus para nos esforçarmos e estarmos vigilantes parecem um fardo pesado porque dão a idéia de que fomos abandonados à própria sorte. Temos a tendência de pensar que, depois de nos ordenar alguma coisa e transformá-la em condição para entrarmos no Reino de Deus, Jesus se afasta e fica observando, para ver se cumprimos seu mandamento. Não costumamos pensar que, quando ele nos dá um mandamento, também nos capacita para cumpri-lo.

Jesus veio cumprir a nova aliança em seu sangue

Jesus sabia que viera cumprir a "nova aliança" prometida pelo profeta Jeremias. No fim de sua vida terrena, por ocasião da última ceia, ele tomou o cálice, que representava seu sangue, e disse: "Este cálice é a *nova aliança* no meu sangue, derramado em favor de vocês!" (Lucas 22.20).

A novidade acerca da nova aliança foi que os mandamentos de Deus não seriam meramente escritos em pedra (Êxodo 24.12), como na aliança feita com Moisés. Dali em diante, seriam escritos no coração do povo de Deus. Deus prometeu, por intermédio de Jeremias:

> "Estão chegando os dias", declara o Senhor,
>   "quando farei uma nova aliança
>   com a comunidade de Israel
>   e com a comunidade de Judá.
> Não será como a aliança
>   que fiz com os seus antepassados
> quando os tomei pela mão
>   para tirá-los do Egito [...].
> Esta é a aliança que farei
>   com a comunidade de Israel
>   depois daqueles dias",
>   declara o Senhor:

*"Porei a minha lei no íntimo deles
e a escreverei nos seus corações"*. (Jeremias 31.31-33)

Jesus veio instituir a nova aliança por meio de sua vida, morte e ressurreição e pelo envio do Espírito Santo. O profeta Ezequiel registra de que maneira a nova aliança irá assegurar a obediência do povo de Deus (o esforço para entrar pela porta estreita): Deus enviará seu Espírito e porá um novo espírito dentro deles, mediante o qual serão renovados. Deus diz, por intermédio de Ezequiel:

> Porei o meu Espírito em vocês e os levarei a agirem segundo os meus decretos [...]. Darei a eles um coração não dividido e porei um novo espírito dentro deles; retirarei deles o coração de pedra e lhes darei um coração de carne. Então agirão segundo os meus decretos e serão cuidadosos em obedecer às minhas leis. (Ezequiel 36.27; 11.19,20)

A intenção de Deus é apresentar seus mandamentos a eles *e* dar-lhes a capacidade de cumpri-los. Essa é a nova aliança.

Por meio de seu sangue, Jesus pagou o preço da nova aliança por todos os que confiam nele. Depois, com base no perdão de pecados mediante seu sacrifício na cruz (Mateus 26.28), ele promete ao povo enviar o Espírito Santo:

> Eu pedirei ao Pai, e ele lhes dará outro Conselheiro para estar com vocês para sempre, o Espírito da verdade. [...] Quando vier o Conselheiro, que eu enviarei a vocês da parte do Pai, o Espírito da verdade que provém do Pai, ele testemunhará a meu respeito. [...] Ele me glorificará, porque receberá do que é meu e o tornará conhecido a vocês. (João 14.16,17; 15.26; 16.14)

Sem Cristo, nosso esforço será em vão

Por meio de sua morte e pelo envio do Espírito Santo, Jesus garante as promessas da nova aliança para os que confiam nele. A cláusula principal dessa aliança é: nossos pecados estão perdoados, e o Espírito de Deus nos é concedido para ajudar-nos a obedecer às ordens de Jesus, ou seja, devemos nos esforçar para entrar pela porta estreita. O mandamento "esforcem-se para entrar", portanto, não significa que ele esteja distante, observando de longe. Martinho Lutero escreveu em seu famoso hino:

> A nossa força nada faz,
> Estamos, sim, perdidos;
> Mas nosso Deus socorro traz
> E somos protegidos.
> Defende-nos Jesus,
> O que venceu na cruz,
> Senhor dos altos céus;
> E, sendo o próprio Deus,
> Triunfa na batalha.[1]

Não estamos sozinhos na luta. "Esforcem-se" é um mandamento para sentirmos o esforço imenso de Deus por nós para que possamos cumprir a promessa da nova aliança. Só assim, agiremos segundo os seus decretos (Ezequiel 36.27). Veremos tudo isso de maneira mais clara e contundente no capítulo seguinte, que trata da presença do Reino de Deus, da presença da vida eterna e de como manter esperança, alegria e paz enquanto nos esforçamos para entrar pela porta estreita.

---

[1] Castelo forte, *Cantor cristão* (Campo Grande: Clevan, 2002), hino 323.

Mandamento 24

ESFORCEM-SE PARA ENTRAR PELA PORTA ESTREITA, PORQUE VOCÊS JÁ ESTÃO NO PODER DO REINO

Digo-lhes a verdade: Quem não receber o Reino de Deus como uma criança, nunca entrará nele. (MARCOS 10.15)

O mandamento "esforcem-se" para entrar no Reino de Deus pela porta estreita deve ser ouvido em conjunto com o fato de que Deus já agiu para tornar essa luta repleta de esperança e de confiança. O esforço não deve ser acompanhado da angústia por não poder entrar no Reino de Deus, mas da segurança de que *entraremos* e com a sensação definitiva de que já entramos. Isto talvez pareça um paradoxo: esforçar-nos para entrar, se já entramos. Trata-se, todavia, de uma verdade insondável para todos os que confiam em Jesus.

O MISTÉRIO DO REINO DE DEUS: ELE ESTÁ AQUI

No centro da mensagem de Jesus, encontra-se a afirmação de que tanto o Reino de Deus quanto a vida eterna consistem de experiências *presentes* e promessas *futuras*. Quando ordena que nos esforcemos para entrar no Reino pela porta estreita, Jesus tem em mente a experiência futura da alegria final e da comunhão perfeita com Deus que desfrutaremos quando o Reino vier em todo o seu esplendor. Devemos nos esforçar para isso. Contudo, o "mistério do Reino" (Marcos 4.11) revelado por Jesus aos discípulos foi que o Reino *já* havia chegado em seu ministério e que seus seguidores *já podiam* entrar nele e sentir seu poder, mesmo antes de sua consumação.[1] Por exemplo, Jesus disse: "Se é pelo dedo de Deus que eu expulso demônios, então *chegou a vocês o Reino de Deus*. [...] o Reino de Deus *está entre vocês*" (Lucas 11.20; 17.21). O Reino de Deus, que será consumado no futuro, já estava presente no ministério de Jesus, e seu poder reside em libertar o povo da escravidão de Satanás e do pecado.

Para os seguidores de Jesus, isso significa que nosso esforço para "entrar pela porta estreita" é realizado no poder do Reino que recebemos como dom gratuito. Lembre-se da declaração de Jesus: "Digo-lhes a verdade: Quem não receber o Reino de Deus como uma criança, nunca entrará nele" (Marcos 10.15). Nós o recebemos agora como um dom, pela fé, e sentimos seu poder. Mediante o poder do Reino, atravessaremos o "apertado caminho" e entraremos pela "porta estreita". Paradoxalmente, esforçamo-nos para *entrar* no Reino estando já *dentro* do Reino. O verdadeiro poder do Reino está aqui, e entramos nesse poder pela fé. A consumação do Reino, com sua vitória sobre a morte, a enfermidade e o pecado, ocorrerá no futuro: ainda não chegamos lá.

A VIDA ETERNA É NOSSA DESDE JÁ

A mesma interligação entre o futuro e o presente é válida com relação à *vida eterna*, não apenas ao Reino de Deus. Por um lado, Jesus fala da vida eterna como uma herança futura: "Todos os que tiverem

---

[1] "O mistério do Reino é a vinda do Reino na História antes de sua manifestação apocalíptica. É, em resumo, 'o cumprimento sem a consumação'. [...] A nova verdade, agora apresentada por revelação na pessoa e na missão de Jesus, é que *o Reino que finalmente virá com poder apocalíptico, conforme profetizado por Daniel, entrou antes no mundo de forma oculta, para trabalhar secretamente dentro dos homens e entre eles*" (George LADD, *The Presence of the Future*, p. 222).

deixado casas, irmãos, irmãs, pai, mãe, filhos ou campos, por minha causa, receberão cem vezes mais e *herdarão a vida eterna*" (Mateus 19.29; v. 25.46). Por outro lado, ele ensina que quem crê nele tem a vida eterna desde já: "Eu lhes asseguro: Quem ouve a minha palavra e crê naquele que me enviou, tem a vida eterna e não será condenado, mas *já passou da morte para a vida*" (João 5.24; v. 3.36). Se confiarmos em Jesus, teremos a vida eterna agora, mas só a sentiremos em sua plenitude no futuro.

A PRESENÇA DA VIDA E DO REINO PRODUZ ALEGRIA, NÃO PRESUNÇÃO

Os ensinamentos de Jesus acerca da verdade de que entrar no Reino de Deus e entrar na vida eterna de experiências *presentes* e esperança *futura* não expressam, em si, presunção nem negligência. Não produzem este tipo de atitude: "Já estou salvo, por isso posso viver como quiser. Não preciso estar vigilante. Não preciso esforçar-me para entrar pela porta estreita". Não deve ser essa a atitude de quem entrou na vida eterna e foi alcançado pelo poder do Reino de Deus. Ao contrário, essa verdade expressa esforço acompanhado de alegria.

Para alguns, esforçar-se não parece ser uma forma alegre de viver. Parece mais um fardo pesado. Não é assim, entretanto, que pensam os seguidores de Jesus. Evidentemente, tomar nossa cruz, negar a nós mesmos e ser "escravo de todos" (Marcos 10.44) costuma ser muito trabalhoso, mas não é uma missão sufocante. Existe alegria em todas as situações. Este é o aspecto fundamental do *mandamento 10*: "Regozijem-se [...] e saltem de alegria" (Lucas 6.23). Na verdade, é a alegria de possuir a vida eterna desde já, de estar no Reino de Deus desde já, de saber que nossos pecados foram perdoados desde já e de estar em comunhão com Jesus desde já que nos dão forças para lutar a fim de, no futuro, na consumação do Reino de Deus, podermos entrar pela porta estreita. Essa é a lição principal da pequena parábola registrada em Mateus 13.44: "O Reino dos céus é como um tesouro escondido num campo. Certo homem, tendo-o encontrado, escondeu-o de novo e, então, cheio de alegria, foi, vendeu tudo o que tinha e comprou aquele campo". A alegria é motivo para vender tudo, para lutar com o objetivo de entrar pela porta estreita.

Isto ilustra como podemos realizar com alegria algo aparentemente muito difícil — no caso, vender todos os nossos bens: *"Cheio de alegria,* foi, vendeu tudo o que tinha". Esta é a bandeira que tremula acima de todos os nossos esforços como seguidores de Jesus: *cheios de alegria,* lutamos contra todas as tentações que podem destruir nossa alma com prazeres e sofrimento enganadores. Lutamos como quem *tem obrigação* de lutar, e *venceremos.* O esforço é essencial, e o rebanho de Cristo certamente colherá os resultados: "As minhas ovelhas ouvem a minha voz; eu as conheço, e elas me seguem. Eu lhes dou a vida eterna, e elas jamais perecerão; ninguém as poderá arrancar da minha mão" (João 10.27,28).

Ajuda para os fracos

O mandamento de Jesus: "Esforcem-se para entrar pela porta estreita" é abrangente. Parece exercer pressão sobre todas as outras ordens. Não se refere a um único tipo de mandamento: ela permeia as demais ordens, e devemos levá-la muito a sério. Trata-se de um mandamento para vigiar nossos pensamentos, sentimentos e ações a vida inteira, todos os dias, todas as horas. Por isso, causa-me estranheza ver alguns seguidores de Jesus tão fracos. Tenho tentado ajudá-los a ter ânimo. Talvez fosse uma boa idéia encerrar este capítulo com uma lista de formas práticas de manter a esperança e a alegria enquanto nos esforçamos para passar pela porta estreita.

A luta diz respeito a gostar do que temos, não a conquistar o que não temos

Em primeiro lugar, lembre-se de que a principal batalha é para continuarmos a considerar Jesus o supremo tesouro de nossa vida. Ele não nos chama para lutar por jóias falsas. Seguir a Jesus é o resultado de encontrar um tesouro escondido num campo — um tesouro de valor infinito. Depois, ainda que tenhamos "de perder os filhos, bens, mulher",[2] devemos alegremente desfrutar esse tesouro por inteiro. Esforçar-se para entrar pela porta estreita é tão difícil quanto amar a Jesus acima de todas as coisas.

A batalha não é para fazer o que bem desejamos, mas para querer o que é infinitamente digno de desejar. A luta não é um esforço extenuante para obter o descanso final em Deus, e sim um esforço prazeroso para descansar na paz que Jesus nos concede de modo gratuito.

> Venham a mim, todos os que estão cansados e sobrecarregados, e eu lhes darei descanso. Tomem sobre vocês o meu jugo e aprendam de mim, pois sou manso e humilde de coração, e vocês encontrarão descanso para as suas almas. Pois o meu jugo é suave e o meu fardo é leve. (Mateus 11.28-30)

As ordens de Jesus são difíceis de ser obedecidas na proporção em que suas promessas são difíceis de ser apreciadas e sua presença é difícil de ser amada.

Jesus promete ajudar-nos a fazer o impossível

Em segundo lugar, lembre-se de que Jesus prometeu ajudar-nos a obedecer ao seu mandamento. "Eu sou a videira; vocês são os ramos. Se alguém permanecer em mim e eu nele, esse dará muito fruto; pois sem mim vocês não podem fazer coisa alguma" (João 15.5; v. Mandamento 7, "Permaneçam em mim"). Ele prometeu estar conosco até o fim dos tempos (Mateus 28.20). Prometeu não nos deixar órfãos quando voltasse para o céu e garantiu que estaria conosco para nos ajudar (João 14.16-18). Ele sabe que é impossível cumprir suas ordens, mas nos prometeu ajuda onipotente: "Para o

---

[2] Martinho Lutero, Castelo forte, *Cantor cristão*, hino 323.

homem é impossível, mas para Deus não; todas as coisas são possíveis para Deus" (Marcos 10.27). Não pense em lutar para conseguir a graça divina. Pense em lutar com a graça da ajuda de Deus.

O PERDÃO E A JUSTIFICAÇÃO SUSTENTAM NOSSO ESFORÇO

Em terceiro lugar, lembre-se de que o perdão de pecados e a justificação pela fé sustentam nosso esforço (v. *Mandamento 20*). Não lutamos para obter perdão e justificação. Lutamos porque já os temos. Jesus oferece o perdão em Mateus 26.28 ("Isto é o meu sangue da aliança, que é derramado em favor de muitos, para perdão de pecados") e a justificação em Lucas 18.13,14 ("O publicano ficou à distância. Ele nem ousava olhar para o céu, mas batendo no peito, dizia: 'Deus, tem misericórdia de mim, que sou pecador'. Eu lhes digo que este homem, e não o outro, foi para casa justificado diante de Deus..."). Nossa condição de perdoados e justificados por Deus é a base de nossa luta, não o objetivo dela. Precisamos lutar porque essa é a marca de quem pertence a Cristo. Se não lutarmos, não estaremos dando mostras de pertencer a Jesus. A luta, no entanto, não produz o relacionamento com Jesus. O relacionamento firme com Jesus produz a alegria de lutar.

O TEMPO DA PERFEIÇÃO AINDA NÃO CHEGOU

Em quarto lugar, tenha em mente que o tempo da perfeição ainda não chegou. Gostaríamos de estar livres de todas as ações, sentimentos e pensamentos pecaminosos desde já. Esse desejo e esse esforço fazem parte da nossa luta, mas viveríamos desesperados se a perfeição nesta vida fosse um pré-requisito para entrar pela porta estreita. *Existe* a exigência de perfeição. Ela foi mostrada no *Mandamento 20* ("Se você quer ser perfeito, vá, venda os seus bens", Mateus 19.21), mas nenhum ser humano é capaz de alcançá-la. Somente Jesus cumpre toda a justiça (Mateus 3.15). É por isso que ele nos ensina a orar, não uma só vez, mas todos os dias: "Perdoa as nossas dívidas"

(6.12). Jesus não hesitou em chamar seus discípulos (não os pretensos discípulos, mas os sinceros) de "maus": "Se vocês, *apesar de serem maus*, sabem dar boas coisas aos seus filhos..." (Mateus 7.11). Devemos ter ânimo, porque a marca do verdadeiro seguidor de Jesus ainda não é a perfeição, mas a batalha implacável contra o pecado. Podemos fraquejar, mas não abandonaremos a Jesus.[3] Podemos tropeçar, mas não cometeremos apostasia.

Jesus ora por nós para que não fraquejemos

Em quinto lugar, lembre-se de que não abandonamos a Jesus porque ele nos está ajudando com sua presença e seu Espírito e orando por nós. Jesus disse a Pedro, antes de o discípulo negá-lo três vezes: "Eu orei por você, para que a sua fé não desfaleça. E quando você se converter, fortaleça os seus irmãos" (Lucas 22.32). Jesus sabia que Pedro pecaria e sabia que ele se arrependeria de havê-lo negado. Ele disse "*quando* você se converter", e não "*se* você se converter". Não usou seu poder soberano para impedir Pedro de pecar, mas usou-o para impedir o discípulo de cometer apostasia. Não existe motivo para pensar que Jesus parou de orar por seus amados. Deus atende ao seu Filho quando este ora: "Pai santo, protege-os em teu nome, o nome que me deste, para que sejam um, assim como somos um" (João 17.11).

Estamos esforçando-nos para entrar na casa de nosso Pai

Em sexto lugar, lembre-se de sua posição como verdadeiro *filho* de Deus. Jesus ensinou os discípulos a conhecer a Deus e a confiar

---

[3] O verbo "abandonar" pode referir-se a um afastamento temporário de Cristo causado por medo, seguido de arrependimento e restauração. Por exemplo, em Mateus 26.31, Jesus disse aos discípulos: "Ainda esta noite todos vocês me abandonarão. Pois está escrito: 'Ferirei o pastor, e as ovelhas do rebanho serão dispersas'". Estou usando o verbo em seu sentido mais absoluto. Os verdadeiros seguidores de Jesus jamais o abandonarão de modo completo e final.

nele como *Pai* celestial. Antes de Jesus vir ao mundo, o povo de Israel pensava em Deus como Pai da nação, mas não como Pai *individualmente*. Jesus, porém, ressaltou o relacionamento individual com Deus e referiu-se a ele reiteradas vezes. A conclusão era: Deus ama cada um de nós como seu filho e tomará conta de nós. Acredite nisso.

Essa afirmação, porém, não se aplica a todas as pessoas. Por exemplo, Jesus disse a alguns judeus: "Se Deus fosse o Pai de vocês, vocês me amariam, pois eu vim de Deus e agora estou aqui. [...] Vocês pertencem ao pai de vocês, o Diabo, e querem realizar o desejo dele..." (João 8.42,44). Eis uma verdade fundamental para os seguidores de Jesus: se Deus é nosso Pai, amamos a Jesus. Significa que, para ser filho de Deus, é necessário ter uma nova natureza. A marca dessa nova natureza é o amor a Jesus. Portanto, amar a Jesus é a garantia de que somos filhos de Deus.

Se já somos filhos de Deus, podemos ter plena confiança de que o esforço para entrar pela porta estreita da casa de nosso Pai será bem-sucedido. Deus cuidará disso. Ele é nosso Pai. Ele não está nos vigiando para saber se nos esforçamos o suficiente para ser seus filhos. Sua preocupação é nos ajudar a chegar à sua casa. Por exemplo, se alguém nos puser à prova em público para saber se manteremos nosso testemunho a respeito de Jesus, o próprio Jesus diz que não devemos nos preocupar: "pois não serão vocês que estarão falando, mas o Espírito do Pai de vocês falará por intermédio de vocês" (Mateus 10.20). Nem um pardal cai ao chão sem o consentimento do Pai, afirma Jesus, "portanto, não tenham medo; vocês valem mais do que muitos pardais!" (v. 29,31). Esse é o espírito de confiança que recebemos por ser filhos de Deus.

"Seus nomes estão escritos nos céus"

Em sétimo lugar, lembre-se de que, enquanto você se esforça para entrar pela porta estreita, seu nome está escrito nos céus. Jesus disse: "Alegrem-se, não porque os espíritos se submetem a vocês, mas porque seus nomes estão escritos nos céus" (Lucas 10.20). Se todos os nomes estivessem escritos no céu, não haveria motivo para alegrar-se; todavia, há muitos percorrendo o caminho da destruição, e não o caminho da porta estreita: "... larga é a porta e amplo o caminho que leva à perdição, e são muitos os que entram por ela" (Mateus 7.13). Nem todos os nomes estão escritos lá. Ter o nome escrito no céu significa que Deus nos livrará do mal e nos conduzirá ao seu Reino. Jesus já havia lido sobre o assunto no livro de um profeta que ele conhecia muito bem: "Haverá um tempo de angústia como nunca houve desde o início das nações até então. Mas naquela ocasião o seu povo, *todo aquele cujo nome está escrito no livro, será liberto*" (Daniel 12.1).

Fomos escolhidos por Deus e entregues a Jesus

Em oitavo lugar, lembre-se de que Jesus não está arrebanhando discípulos que Deus não conhece. Deus os escolheu desde o princípio e escreveu o nome deles em seu livro. Agora, o Pai os entrega ao Filho para serem salvos. "Todo aquele que o Pai me der virá a mim, e quem vier a mim eu jamais rejeitarei" (João 6.37). Os seguidores de Jesus pertenciam a Deus desde o princípio e foram entregues a Jesus (João 17.9). Se alguém se aproxima de Jesus, é porque o Pai o conhecia e o entregou a seu Filho. Jesus declarou: "É por isso que eu lhes disse que ninguém pode vir a mim, a não ser que isto lhe seja dado pelo Pai" (João 6.65). Quando eles se aproximam, Jesus lhes revela o Pai, e o Pai os livra de se perderem: "Eu revelei teu nome àqueles que do mundo me deste. Eles eram teus; tu os deste a mim" (João 17.6); "Meu Pai, que as deu [as minhas ovelhas] para mim, é maior do que todos; ninguém as pode arrancar da mão de meu Pai" (10.29). Quando você se lembrar de que é filho de Deus e alegrar-se com isso, seu esforço não será cansativo, como o de um escravo.

Jesus sustenta nosso esforço por meio de sua alegria

Em nono lugar, lembre-se de que a alegria em Deus é o caminho pelo qual Jesus nos conduz à porta estreita. Ele diz: "Eu sou a videira; vocês são os ramos. [...] sem mim vocês não podem fazer coisa alguma" (João 15.5). Ele acrescenta: "Tenho lhes dito estas palavras para que a minha alegria esteja em vocês e a alegria de vocês seja completa" (v. 11). Jesus nos capacita a entrar pela porta estreita porque ele divide sua alegria conosco. Mais adiante, ele complementa: "... ninguém lhes tirará essa alegria" (João 16.22). Essa alegria em Jesus e em tudo o que Deus é para nós em seu Filho sustenta durante a vida inteira nossa luta para entrarmos pela porta estreita.

Nosso esforço não será inútil

A vigilância é a marca dos seguidores de Jesus. Eles sabem que "... larga é a porta e amplo o caminho que leva à perdição..." (Mateus 7.13). Levam a vida a sério, pois o céu e o inferno estão em jogo. Portanto, levam a alegria a sério também. O Filho de Deus os resgatou da culpa e do poder do pecado. Eles são filhos de Deus. O nome deles está escrito no céu. Receberam o Conselheiro, o Espírito da verdade. Receberam a promessa de Jesus de estar com eles até o fim dos tempos. Sabem que Jesus está orando por eles. Alegram-se porque foram declarados justos perante Deus por causa de Jesus. Receberam o Reino. Têm a vida eterna desde já. Estão maravilhados pelo fato de ninguém poder arrancá-los das mãos de Deus. Nessa alegria, eles são fortalecidos enquanto se esforçam para entrar pela porta estreita, e têm certeza de que seu esforço não será inútil.

Mandamento 25

A JUSTIÇA DE VOCÊS DEVE SER MUITO SUPERIOR À DOS FARISEUS, PORQUE ESTA ERA HIPÓCRITA E REPULSIVA

Eu lhes digo que se a justiça de vocês não for muito superior à dos fariseus e mestres da lei, de modo nenhum entrarão no Reino dos céus. (MATEUS 5.20)

Ai de vocês, mestres da lei e fariseus, hipócritas! Vocês são como sepulcros caiados: bonitos por fora, mas por dentro estão cheios de ossos e de todo tipo de imundície. Assim são vocês: por fora parecem justos ao povo, mas por dentro estão cheios de hipocrisia e maldade. (MATEUS 23.27,28)

Do interior do coração dos homens vêm os maus pensamentos, as imoralidades sexuais, os roubos, os homicídios, os adultérios, as cobiças, as maldades, o engano, a devassidão, a inveja, a calúnia, a arrogância e a insensatez. Todos esses males vêm de dentro e tornam o homem "impuro". (MARCOS 7.21-23)

Bem-aventurados os puros de coração, pois verão a Deus. (MATEUS 5.8)

Jesus disse que não poderemos entrar no Reino dos céus se nossa justiça não for muito superior à dos fariseus e mestres da lei (Mateus 5.20). Essas palavras podem levar alguém a concluir que devemos esconjurar os fariseus. Eles eram os alunos mais aplicados da lei mosaica e exigiam o cumprimento rigoroso de todos os seus detalhes. A tradição diz que havia 246 mandamentos positivos na Lei (os cinco primeiros livros da Bíblia) e 365 proibições.[1] A vocação dos fariseus era defender e cumprir rigorosamente esses mandamentos. Será que Jesus quis dizer que devemos ser mais meticulosos em calcular o número de leis e ajustar nosso comportamento em torno delas?

John Stott responde:

> Não é exagero dizer que os cristãos conseguem obedecer a cerca de 240 mandamentos, ao passo que os melhores fariseus talvez tenham conseguido chegar a 230. Não. A justiça cristã é maior que a justiça farisaica por ser mais profunda, por ser uma justiça do coração. [...] A justiça que agrada [a Deus] é uma justiça interior da mente e da motivação. Porque "o Senhor vê o coração".[2]

Essa é a resposta certa, mas, para compreendê-la claramente, precisamos saber o que Jesus viu ao olhar para a justiça dos mestres da lei e dos fariseus. Não foi um quadro muito bonito.

---

[1] Maimônides (1135-1204), filósofo e médico judeu nascido na Espanha, talvez tenha sido o maior intelectual judeu da Idade Média. Publicou uma lista definitiva das leis do Pentateuco (os cinco primeiros livros da Bíblia). Chegou ao número 613, dois a mais que o número tradicional, porque considerou "Eu sou o SENHOR, o teu Deus" (Êxodo 20.2) e "Ouça, ó Israel: O SENHOR, o nosso Deus, é o único SENHOR" (Deuteronômio 6.4) mandamentos positivos. "Ele reconheceu que, pelo fato de o corpo humano ter 248 partes distintas, uma era para lembrar de obedecer aos mandamentos positivos de Deus 'de todo o coração', e, pelo fato de haver 365 dias no ano, um era para lembrar de não desobedecer aos mandamentos de Deus todos os dias do ano. Desde a época de Maimônides, a contagem de 613 leis tem sido aceita como o número tradicional" (John SAILHAMER, *The Pentateuch as Narrative* [Grand Rapids: Zondervan 1992], p. 481). Todos os 613 mandamentos estão relacionados na obra de Sailhamer, p. 482-516.

[2] *The Message of the Sermon on the Mount*. (Leicester: Inter-Varsity, 1978), p. 75. [*A mensagem do Sermão do Monte*, São Paulo: ABU, 1986]. A referência ao fato de Deus ver o coração foi extraída de 1Samuel 16.7; v. tb. Lucas 16.15.

JESUS E OS FARISEUS: IRA E SÚPLICA

Nenhum grupo despertou tanta ira e sofrimento no coração de Jesus quanto os fariseus. Mateus 23 é o capítulo mais rigoroso dos Evangelhos. Contém críticas intermináveis contra os fariseus. Apesar disso, encerra com uma exposição do sofrimento no coração de Jesus: "Jerusalém, Jerusalém, você, que mata os profetas e apedreja os que lhe são enviados! Quantas vezes eu quis reunir os seus filhos, como a galinha reúne os seus pintinhos debaixo das suas asas, mas vocês não quiseram" (v. 37). Essa manifestação de tristeza pelos fariseus também é expressa na parábola do filho perdido, na atitude do irmão mais velho. O irmão mais velho representa os fariseus e os mestres da lei, que reprovavam o fato de Jesus comer em companhia de pecadores. "Os fariseus e os mestres da lei o criticavam: 'Este homem recebe pecadores e come com eles'" (Lucas 15.2).

Jesus contou a parábola do filho perdido em resposta às críticas recebidas. A lição principal da parábola era esta: o fato de Jesus comer com os pecadores não significava cumplicidade de Deus com o pecado, e sim a busca de Deus pelos pecadores. No fim da parábola, Jesus atinge os fariseus. Descreve o pai (que representa a Deus) aproximando-se do farisaico filho mais velho e suplicando-lhe que participe da comemoração da volta do irmão mais novo. A parábola é uma oferta misericordiosa aos fariseus de participação na celebração da graça na vida e no ministério de Jesus.

O irmão mais velho, porém, não quis trocar a posição irada de *servo* moralista pela posição jubilosa de filho: "Olha! todos esses anos tenho *trabalhado como um escravo* ao teu serviço e nunca desobedeci às tuas ordens. Mas tu nunca me deste nem um cabrito para eu festejar com os meus amigos" (Lucas 15.29). Ele se vê como servo merecedor, não como filho livre e amado. As últimas palavras do pai ao filho mais velho estão carregadas da tristeza que Jesus sentia pelos fariseus: "Meu filho, você está sempre comigo, e tudo o que tenho é seu.³ Mas nós tínhamos que celebrar a volta deste seu irmão e alegrar-nos, porque ele estava morto e voltou à vida, estava perdido e foi achado" (v. 31). O irmão, aparentemente, não quer festejar. Não ama a misericórdia. Quer ser tratado pelos próprios méritos, não pela misericórdia do pai. A parábola deixa o final em aberto. Os fariseus ali presentes devem atentar para o convite dirigido a eles. Jesus os acolherá na celebração da graça e da salvação se eles abandonarem sua postura moralista e se alegrarem com a misericórdia.

Pelo que sabemos, poucos fariseus passaram por essa transformação. Aparentemente, Nicodemos passou. Ele foi o fariseu que se aproximou de Jesus à noite para fazer-lhe perguntas e ouviu Jesus dizer: "Ninguém pode ver o Reino de Deus, se não nascer de novo" (João 3.3). Após a morte de Jesus, Nicodemos, "uma autoridade entre os judeus" (v. 1), tomou uma atitude extremamente arriscada. Levou cerca de 30 quilos de uma mistura de mirra e aloés para reverenciar o corpo de Jesus (João 19.39) e, com José de Arimatéia, proporcionou a Jesus um sepultamento digno. A Bíblia não menciona se Nicodemos se tornou discípulo; menciona apenas que José se tornou "discípulo de Jesus" (Mateus 27.57). É difícil, porém,

---

³ Isso não significa que os fariseus estão salvos. Sabemos que Jesus os considerava expulsos do Reino, a menos que se arrependessem. Ele declarou, em Mateus 8.11,12: "Eu lhes digo que muitos virão do oriente e do ocidente, e se sentarão à mesa com Abraão, Isaque e Jacó no Reino dos céus. Mas os súditos do Reino serão lançados para fora, nas trevas, onde haverá choro e ranger de dentes". Jesus queria dizer que seus irmãos, o povo judeu (representado em seus líderes pelos fariseus e o irmão mais velho), estavam em posição extraordinariamente privilegiada. Deus lhes outorgara a Lei, a aliança e as promessas, e viera ao mundo como o Messias judeu. O Reino de Deus pertencia ao povo judeu como herança natural, por assim dizer, mas o ministério de Jesus revelou que muitos em Israel não amavam ao Deus de Israel e estavam provando não ser merecedores da herança. Pelo fato de insistir em não ser um filho jubiloso, mas um servo irado, o irmão mais velho não poderia beneficiar-se do que estava ocorrendo na casa. Esse é o significado das palavras ameaçadoras de Jesus em Mateus 21.43: "Eu lhes digo que o Reino de Deus será tirado de vocês [dos judeus que se opunham a Jesus] e será dado a um povo que dê os frutos do Reino [judeus e gentios que creram em Jesus e o seguiram no caminho de amor do Calvário]".

imaginar um fariseu assumir um risco tão grande sem que houvesse passado a crer em Jesus. Contudo, é um caso raro. A maioria dos fariseus foi inimiga de Jesus até o fim.

Os fariseus amavam as honrarias, o dinheiro e o sexo

O quadro que Jesus pinta dos fariseus é trágico e repulsivo. A raiz do problema é que o coração deles está muito distante de Deus. Jesus disse-lhes em Mateus 15.7,8:

Bem profetizou Isaías acerca de vocês, dizendo:

> "Este povo me honra
> com os lábios,
> mas o seu coração está longe
> de mim".

O coração deles não amava a Deus; eles amavam dinheiro, os elogios e o sexo.

Depois de Jesus ter contado a parábola acerca do uso correto do dinheiro, em Lucas 16.1-9, os fariseus zombaram dele. Lucas escreveu que eles "amavam o dinheiro" (v. 14). Mais tarde, Jesus advertiu: "Cuidado com os mestres da lei. [...] Eles devoram as casas das viúvas" (Lucas 20.46,47). Eles criavam regras e preservavam tradições que faziam das doações ao templo uma desculpa para não ajudar os pobres, nem mesmo os parentes (Marcos 7.9-13). Ao revelar o que se passava no coração dos fariseus, Jesus afirmou que eles estavam "cheios de ganância e cobiça" (Mateus 23.25). Apesar da esmerada religiosidade, eles não amavam a Deus: amavam o dinheiro.

Amavam também as honrarias humanas. A recompensa que buscavam pelo que faziam não era a comunhão com Deus, e sim a admiração dos outros. Jesus disse:

> Tudo o que fazem é para serem vistos pelos homens. Eles fazem seus filactérios bem largos e as franjas de suas vestes bem

longas; gostam do lugar de honra nos banquetes e dos assentos mais importantes nas sinagogas, de serem saudados nas praças e de serem chamados "rabis". (Mateus 23.5-7)

Esse apego aos elogios humanos torna impossível a fé genuína no auto-sacrifício de Jesus. Por isso, Jesus disse a eles:[4] "Como vocês podem crer, se aceitam glória uns dos outros, mas não procuram a glória que vem do Deus único?" (João 5.44). O coração deles não desejava a Deus como recompensa: preferiam ser honrados pelos homens.

Assim, como geralmente ocorre com os que são movidos pelo amor ao dinheiro e aos elogios humanos, os fariseus também estavam, ao que parece, quase sempre envolvidos com sexo ilícito. Jesus chama-os "uma geração perversa e *adúltera*". "Alguns dos fariseus e mestres da lei lhe disseram: 'Mestre, queremos ver um sinal miraculoso feito por ti'. Ele respondeu: 'Uma geração perversa e *adúltera* pede um sinal miraculoso!' " (Mateus 12.38,39). Argumentei no *mandamento 9* que essas palavras se referem, no mínimo, ao adultério *espiritual* de Israel por não querer ter a Jesus como seu verdadeiro marido. É natural, porém, supor que a palavra "adúltera" queira dizer que os "maridos" alternativos não sejam apenas o dinheiro e as honrarias humanas, mas também o sexo ilícito. Quando o coração não está profundamente maravilhado com a glória de Deus, em geral é movido pelos poderes deploráveis do dinheiro e dos elogios humanos.

HIPOCRISIA: A DISSIMULAÇÃO AO CUMPRIR A LEI DE DEUS

Jesus considerava essa idolatria mais repulsiva ainda porque tudo vinha revestido de religiosidade. Era a essência do que ele chamou

---

[4] Os fariseus não são mencionados de maneira explícita em João 5, mas "os judeus" mencionados nos versículos 10, 15, 16 e 18 são, provavelmente, os porta-vozes do povo, ou seja, os mestres da lei e os fariseus. O papel representado por eles é idêntico ao que os fariseus representam em outras ocasiões.

"hipocrisia". "Ai de vocês, mestres da lei e fariseus, hipócritas! Vocês limpam o exterior do copo e do prato, mas por dentro eles estão cheios de ganância e cobiça" (Mateus 23.25). Limpar o exterior do copo refere-se a usar a lei de Deus para ocultar a rejeição a Deus. Essa atitude intensificou a ira de Jesus.

> Ai de vocês, mestres da lei e fariseus, hipócritas! Vocês são como sepulcros caiados: bonitos por fora, mas por dentro estão cheios de ossos e de todo tipo de imundície. Assim são vocês: por fora parecem justos ao povo, mas por dentro estão cheios de hipocrisia e maldade. (Mateus 23.27,28)

São palavras fortes para descrever o coração dos fariseus: ganância, cobiça, ossos de cadáveres, imundície, hipocrisia e maldade. Tudo não passava de dissimulação ao cumprir à risca a lei mosaica.

Existe algo pior, todavia. No próximo capítulo, veremos alguns comportamentos que demonstram de falta de amor, resultado dessa forma de corrupção. Neste ponto, devo deixar claro que a justiça dos fariseus de nada vale para Deus. Devemos ter uma justiça que seja muito superior à que vemos nos fariseus.

Mandamento 26

A JUSTIÇA DE VOCÊS DEVE SER MUITO SUPERIOR À DOS FARISEUS — LIMPEM O INTERIOR DO COPO

Estejam atentos e tenham cuidado com o fermento dos fariseus e dos saduceus. (MATEUS 16.6)

Guias cegos! Vocês coam um mosquito e engolem um camelo. (MATEUS 23.24)

Ai de vocês, mestres da lei e fariseus, hipócritas! Vocês limpam o exterior do copo e do prato, mas por dentro eles estão cheios de ganância e cobiça. Fariseu cego! Limpe primeiro o interior do copo e do prato, para que o exterior também fique limpo. (MATEUS 23.25,26)

Eles atam fardos pesados e os colocam sobre os ombros dos homens, mas eles mesmos não estão dispostos a levantar um só dedo para movê-los. (MATEUS 23.4)

A exposição de Jesus a respeito do coração dos fariseus, como vimos no capítulo anterior, é devastadora: ganância, cobiça, ossos de cadáveres, imundície, hipocrisia e maldade. Isso não deve causar nenhuma surpresa. Quando esse tipo de coração se protege e deseja tudo para si, aparentando "justiça" do lado externo, ele necessariamente se concentra nos elementos menos importantes da justiça.

Cegos à espiritual

É mais fácil dar o dízimo que amar a justiça, a misericórdia e a fidelidade. "Ai de vocês, mestres da lei e fariseus, hipócritas! Vocês dão o dízimo da hortelã, do endro e do cominho,¹ mas têm negligenciado os preceitos mais importantes da lei: a justiça, a misericórdia e a fidelidade..." (Mateus 23.23). Eles não tinham senso de proporção espiritual: "Guias cegos! Vocês coam um mosquito e engolem um camelo" (23.24). Para piorar as coisas, quando o cego passa a ser guia, há risco de outras pessoas saírem machucadas, até destruídas. "... eles são guias cegos. Se um cego conduzir outro cego, ambos cairão num buraco" (15.14).

A cegueira e a apatia espiritual dos mestres da lei e dos fariseus eram não só suicidas, mas também assassinas. Eles estavam destruindo a si mesmos e a outros. Jesus disse: "Ai de vocês [fariseus], porque são como túmulos que não são vistos, por sobre os quais os homens andam sem o saber!" (Lucas 11.44). O contato físico com os mortos era considerado profanação. Ironicamente, apesar de todos os seus esforços para permanecerem formalmente limpos, eles não apenas demonstravam estar mortos, como também representavam perigo aos demais por causa dessa condição.

A condição diabólica das exigências impiedosas

Eles também não se importavam com o próximo. Como ocorre com os hipócritas moralistas, eles eram implacáveis em fazer exigências aos outros. "Eles atam fardos pesados e os colocam sobre os ombros dos homens, mas eles mesmos não estão dispostos a levantar um só dedo para movê-los" (Mateus 23.4). Eles aplicavam a Lei de forma impiedosa. Diferentemente de Jesus, cujo jugo é suave e cujo fardo é leve (11.28-30), porque ele nos ajuda

---

[1] Hortelã, endro e cominho são especiarias e representam as minúcias da obediência exterior dos mestres da lei e fariseus, em contraste com sua grande corrupção interior.

a cumprir o que exige,² eles apenas faziam exigências e não levantavam um dedo para ajudar. Dessa maneira, não somente pereciam, mas também arrastavam outras pessoas consigo. "Ai de vocês, mestres da lei e fariseus, hipócritas! Vocês fecham o Reino dos céus diante dos homens! Vocês mesmos não entram, nem deixam entrar aqueles que gostariam de fazê-lo" (23.13).

No sentido rigoroso da palavra, isso é diabólico. Os hipócritas condenados ao inferno trabalhavam para arrastar outras pessoas consigo. Com profundo amor pelos perdidos e vulneráveis, Jesus descarregou sua fúria contra aqueles agentes do inferno: "Ai de vocês, mestres da lei e fariseus, hipócritas, porque percorrem terra e mar para fazer um convertido e, quando conseguem, vocês o tornam duas vezes mais filho do inferno do que vocês" (23.15). Nessa passagem, Jesus não está usando metáforas nebulosas. Eles são filhos do inferno porque o Diabo é o pai deles, não Deus. Jesus disse-lhes: "Se Deus fosse o Pai de vocês, vocês me amariam, pois eu vim de Deus [...] ele me enviou. [...] Vocês pertencem ao pai de vocês, o Diabo, e querem realizar o desejo dele" (João 8.42-44). No coração deles, existiam afeições e escolhas feitas conforme a vontade de Satanás. A estrutura deles seguia os padrões do inferno.

Os fariseus tentaram esquivar-se dessa afirmativa. Invertendo as posições, acusaram Jesus de estar a serviço de Satanás: "... É somente por Belzebu, o príncipe dos demônios, que ele expulsa demônios" (Mateus 12.24). Jesus retrucou que seu ministério não poderia derrotar Satanás com a cumplicidade do próprio Satanás: "Se Satanás expulsa Satanás, está dividido contra si mesmo. Como, então, subsistirá seu reino?" (v. 26). Não, o fato permanecia: os fariseus — a "raça de víboras" — é que não podiam dizer coisas boas, porque *eram* maus. "... como podem vocês, que são maus, dizer coisas boas? Pois a boca fala do que está cheio o coração" (v. 34).

---

² V. *Mandamentos 7, 21, 23* e *24*.

Limpe o interior para que o exterior também fique limpo

Esta é a essência do problema dos mestres da lei e fariseus: o coração deles era mau e "endurecido" (Marcos 3.5; 10.5). Todos os seus esforços religiosos e morais eram gastos para limpar o exterior e guardar o que saía da boca, não do coração. Jesus deixou bem claro para os discípulos que os fariseus tinham essa religiosidade às avessas, e era uma questão importante para os discípulos. Por isso, ele lhes explicou em particular: "Não percebem que o que entra pela boca vai para o estômago e mais tarde é expelido? Mas as coisas que saem da boca vêm do coração, e são essas que tornam o homem 'impuro' [...] mas o comer sem lavar as mãos não o torna 'impuro'" (Mateus 15.17-20).

Os fariseus agiam como tolos — como se Deus, que fez o exterior, não se importasse muito mais com o interior. Jesus esbravejou: "Insensatos! Quem fez o exterior não fez também o interior?" (Lucas 11.40). Em seguida, disse, da forma mais clara e direta possível, o que eles precisavam fazer. "Fariseu cego! Limpe primeiro o interior do copo e do prato, para que o exterior também fique limpo" (Mateus 23.26). Em outra ocasião, Jesus foi mais indireto, porém ainda desafiador: "Dêem o que está dentro do prato como esmola, e verão que tudo lhes ficará limpo" (Lucas 11.41).

Contrariando esse conselho, os fariseus davam esmolas "para serem vistos pelos homens" (Mateus 23.5). Não havia generosidade no coração deles. Quando davam esmolas, não o faziam de coração, isto é, não ofereciam amor. Não se interessavam em saber se os pobres eram filhos do inferno ou filhos do céu. Queriam apenas ser admirados por seus feitos. A solução de Jesus foi esta: "Limpe primeiro o interior do copo e do prato, para que o exterior também fique limpo". Antes de tudo, deve ocorrer a transformação do interior e, por conseguinte ("para que", ἵνα), o exterior ficará limpo. Jesus se preocupava com o comportamento, mas não apenas com o comportamento em si.

É por isso que o evangelho meramente social jamais será defendido por Jesus. "Fazer boas ações" não é a mensagem principal de Jesus. Para quem deseja agradar a Deus e obedecer a Jesus, é absolutamente indispensável fazer isto: "Limpe primeiro o interior do copo". E o "para que" mostra que o único comportamento externo de valor para Jesus é o que brota de um coração transformado. "Limpe o interior do copo e do prato, *para que* [ίνα] o exterior também fique limpo" — o exterior é importante, mas só o será se for fruto do interior.

STOTT ESTAVA CERTO

Agora, podemos ver que John Stott estava certo no texto reproduzido no início do capítulo anterior. O que Jesus tem em mente quando afirma: "Eu lhes digo que se a justiça de vocês não for muito superior à dos fariseus e mestres da lei, de modo nenhum entrarão no Reino dos céus" (Mateus 5.20)? Stott responde: "A justiça cristã é maior que a justiça farisaica por ser mais profunda, por ser uma justiça do coração. [...] A justiça que agrada [a Deus] é uma justiça interior da mente e da motivação. Porque 'o Senhor vê o coração'".[3] Stott acredita que essa justiça verdadeira será externa, visivelmente expressa na vida, mas o elemento fundamental é a justiça do coração.

É FÁCIL — E DIFÍCIL — A JUSTIÇA "REPULSIVA" SER MUITO SUPERIOR À DOS FARISEUS

Pelo que vimos, isso é exatamente o que Jesus quis dizer. Jesus desenhou um quadro tão repulsivo da "justiça" dos fariseus, que nossa reação talvez seja imaginar que é fácil ter uma justiça muito superior à deles. Trata-se de uma afirmação verdadeira num sentido e falsa em outro. A parte verdadeira é a que Jesus disse: "O meu jugo é suave e o meu fardo é leve" (Mateus 11.30). Jesus não pertence à categoria dos que "sobrecarregam os homens com fardos que dificilmente eles

---

[3] V. 1Samuel 16.7; Lucas 16.15.

podem carregar", mas "não levantam nem um dedo para ajudá-los" (Lucas 11.46). É correto, portanto, pensar que, em certo sentido, a justiça que Jesus ordena é "fácil" e seu fardo é "leve".

Em outro sentido, como vimos no *mandamento 18*, é difícil. Na verdade, não é difícil: é impossível. Quando o homem rico se afastou de Jesus, preferindo o caminho dos fariseus, por ter muito amor ao dinheiro, Jesus comentou que era difícil "limpar o interior do copo" e deixar de amar o dinheiro: "Para o homem é impossível, mas para Deus não; todas as coisas são possíveis para Deus" (Marcos 10.27). Ele queria dizer que, sozinho, aquele homem não podia mudar o próprio coração. Ele amava o dinheiro mais que a Jesus. É isso que precisava ser mudado. Essa era a justiça que faltava aos fariseus.

A justiça muito superior à justiça dos fariseus é o novo coração que confia em Jesus e o ama acima do dinheiro, dos elogios, do sexo e de tudo o mais neste mundo. Amar o infinitamente valioso é, em certo sentido, a coisa mais fácil do mundo — é como receber mandamento para comer seu alimento favorito, mas, se nosso coração não ama a Jesus dessa maneira, a tarefa de transformá-lo fica acima de nossa capacidade.

Seis antíteses mostram a justiça muito superior à dos fariseus

Depois de dizer, em Mateus 5.20, que nossa justiça deve exceder em muito a dos mestres da lei e fariseus, o restante do capítulo é reservado às palavras de Jesus no Sermão do Monte. Nesse discurso, ele mostra que a verdadeira justiça, embora inclua boas ações, é *decisiva* e *essencialmente* interna. *Decisivamente* porque o que se passa no interior decide se o comportamento exterior tem valor perante Deus. *Essencialmente* porque a essência do comportamento agradável a Deus é sua motivação interior, não os movimentos dos músculos ou os efeitos externos. Tudo que Jesus disse a respeito da hipocrisia dos fariseus nos leva a essa conclusão.

Jesus confirma essa conclusão no restante de Mateus 5. Ele apresenta seis exemplos de como a compreensão externa da Lei precisa ocorrer interiormente até que o mandamento de Deus penetre o coração e tome posse de seus mais profundos sentimentos de afeto. Essas seis ordens também são conhecidas por *antíteses* porque Jesus põe seu mandamento em oposição (antítese) ao que os fariseus estavam fazendo com a lei do Antigo Testamento e com a contemporização da própria lei.[4]

DA PROIBIÇÃO DO HOMICÍDIO À PROIBIÇÃO DA IRA

Primeira: Jesus refere-se ao mandamento de não matar. Em oposição à simples aplicação externa desse mandamento, ele proíbe a ira e diz que ela, mesmo sem o ato externo, é semelhante ao homicídio (Mateus 5.21-26). Vemos, portanto, que a justiça muito superior à dos fariseus é, em essência, a mudança interna de não ficarmos irados quando formos tratados injustamente (v. *Mandamentos 18 e 19*).

---

[4] Jesus confirmou a lei mosaica em Mateus 5.17,18 e em outras passagens bíblicas de forma tão categórica, que é difícil imaginar que suas ordens nos versículos de 21 a 48 devam ser entendidas como antiéticas em relação ao *verdadeiro* significado da lei em si. "'Não pensem que vim abolir a Lei ou os Profetas; não vim abolir, mas cumprir. Digo-lhes a verdade: Enquanto existirem céus e terra, de forma alguma desaparecerá da Lei a menor letra ou o menor traço, até que tudo se cumpra" (v. 17,18). É por isso que digo que Jesus põe seu mandamento em antítese ao que os fariseus estavam fazendo com a lei do Antigo Testamento. Eles tratavam a lei de forma restrita, principalmente a externa. Jesus mostra que existe uma exigência mais profunda e mais ampla. Não estou dizendo que Jesus nunca provocou discussões em torno de alguns padrões de comportamento da lei mosaica. Certas partes da lei que não passavam de adaptações temporárias à dureza do coração humano. Por exemplo, Jesus disse: "Moisés permitiu que vocês se divorciassem de suas mulheres por causa da dureza de coração de vocês. Mas não foi assim desde o princípio" (Mateus 19.8). Com a chegada do Messias, do poder do Reino de Deus, da instituição da nova aliança (v. *Mandamento 23*) e do envio do Espírito Santo, Jesus ordenou aos discípulos que procurassem seguir um padrão de comportamento mais elevado, diferente do que fez Moisés ao permitir ações em razão da dureza do coração humano.

Da proibição do adultério à proibição da lascívia

Segunda: Jesus refere-se ao mandamento de não cometer adultério. Em oposição à simples aplicação externa desse mandamento, ele proíbe a lascívia: "Eu lhes digo: Qualquer que olhar para uma mulher para desejá-la, já cometeu adultério com ela no seu coração" (Mateus 5.28). Ele mostra que a justiça muito superior à dos fariseus é, em essência, a mudança interior que livra o coração do desejo do sexo ilícito. A justiça que Jesus ordena não é apenas o ato, mas também a pureza de coração por trás da castidade exterior.

Da proibição do divórcio à fidelidade

Terceira: Jesus refere-se à cláusula do divórcio no Antigo Testamento e apresenta contra ela o ideal mais alto de não nos divorciarmos de nossa mulher. "Eu lhes digo que todo aquele que se divorciar de sua mulher, exceto por imoralidade sexual, faz que ela se torne adúltera, e quem se casar com a mulher divorciada estará cometendo adultério" (v. 32). A justiça muito superior à dos mestres da lei e dos fariseus é a capacidade de encontrar uma resposta aos problemas conjugais na transformação do coração, não na solução externa do divórcio.[5]

Do cumprimento dos juramentos à simples sinceridade

Quarta: Jesus refere-se ao mandamento: "... cumpra os juramentos que você fez diante do Senhor" (5.33). Em oposição a esse mandamento, ele ordena algo mais radical e mais interior. Ordena que nosso coração tenha uma sinceridade transparente a ponto de não haver necessidade de confirmações externas (como juramentos) para reforçar um simples sim ou um não. A justiça muito superior à dos mestres da lei e dos fariseus é o compromisso interior de total sinceridade que torne o "eu juro" supérfluo.

---

[5] Para mais informações sobre a opinião de Jesus acerca do divórcio e do segundo casamento, v. *Mandamentos 40, 41, 42*.

DA RETALIAÇÃO AO CONTENTAMENTO E AO AMOR

Quinta: Jesus cita a lei do "olho por olho e dente por dente" e a contrapõe com seis ordens: "Mas eu lhes digo: [1] Não resistam ao perverso. [2] Se alguém o ferir na face direita, ofereça-lhe também a outra. [3] E se alguém quiser processá-lo e tirar-lhe a túnica, deixe que leve também a capa. [4] Se alguém o forçar a caminhar com ele uma milha, vá com ele duas. [5] Dê a quem lhe pede, e [6] não volte as costas àquele que deseja pedir-lhe algo emprestado" (5.39-42). Tudo isso é atitude: não são apenas propensões interiores.

Não devemos, portanto, dizer que a justiça muito superior à dos mestres da lei e dos fariseus seja meramente interna. Ela abrange claramente ações de extraordinária paciência, autonegação e amor. Contudo, não podemos esquecer o fato de que essas seis ordens são tão radicalmente opostas ao egoísmo natural e humano (farisaico!) que seria impossível cumpri-las sem uma mudança interior, que transfira nosso contentamento e nossa segurança para algo diferente daquilo que o mundo oferece, ou seja, Jesus.

DO AMOR RESTRITO AO AMOR AOS NOSSOS INIMIGOS

Finalmente, Jesus cita a distorção de uma lei do Antigo Testamento (Levítico 19.18). "Vocês ouviram o que foi dito: 'Ame o seu próximo e odeie o seu inimigo' " (Mateus 5.43). Em seguida, ele contradiz a distorção: "Mas eu lhes digo: Amem os seus inimigos e orem por aqueles que os perseguem" (v. 44). O amor torna-se visível nos atos de sacrifício no serviço ao próximo, mas não é o primeiro a tornar-se visível, e sim a mudança no coração.

Isso está bem claro no mandamento: "*Orem* por aqueles que os perseguem". Orar significa desejar sinceramente o bem deles,[6] orar pela salvação, pela alegria duradoura e pela salvação misericordiosa

---

[6] Para reflexões sobre os salmos imprecatórios, que expressam desejo pela destruição do inimigo, v. "Digressão acerca do ódio ao ímpio" no *Mandamento 29*.

de Deus operada na vida deles. Isso não ocorrerá se houver apenas um fraco compromisso de demonstrar cortesia externa aos inimigos. Se quisermos orar por eles de verdade, nosso coração precisa ser transformado dramaticamente: abandonar o egoísmo e ter segurança em Jesus. Essa mudança, acompanhada de ações que fluem dela, é a justiça muito superior à dos mestres da lei e dos fariseus.

No próximo capítulo, passaremos ao tema da batalha em prol do amor e da pureza interiores que faltavam aos fariseus. A batalha é tão radical quanto decepar a mão e arrancar o olho, mas veremos também que nossa segurança não se baseia meramente na *demonstração* de um coração diferente do coração dos fariseus: baseia-se também em nossa *posição* diante do perdão, da aceitação, do amor e da vida eterna de Deus.

Mandamento 27

A JUSTIÇA DE VOCÊS DEVE SER MUITO SUPERIOR À DOS FARISEUS, PORQUE TODA ÁRVORE BOA PRODUZ FRUTOS BONS

Bem-aventurados os puros de coração, pois verão a Deus. (MATEUS 5.8)

Eu lhes digo: Qualquer que olhar para uma mulher para desejá-la, já cometeu adultério com ela no seu coração. Se o seu olho direito o fizer pecar, arranque-o e lance-o fora. É melhor perder uma parte do seu corpo do que ser todo ele lançado no inferno. E se a sua mão direita o fizer pecar, corte-a e lance-a fora. É melhor perder uma parte do seu corpo do que ir todo ele para o inferno. (MATEUS 5.28-30)

Toda árvore boa dá frutos bons, mas a árvore ruim dá frutos ruins. (MATEUS 7.17)

O erro dos fariseus era que eles concentravam seus esforços morais na limpeza do "exterior do copo" e deixavam de lado a pureza do coração. Neste capítulo, destacaremos a batalha para conseguir essa pureza muito superior à dos fariseus, e, como ocorre com todas as batalhas, a questão do triunfo vem à tona. Venceremos essa batalha? No final, voltaremos a atenção para o alicerce de nossa segurança no perdão, na aceitação, no amor e na vida de Deus.

Pureza de coração: amar uma coisa

Quando diz em Mateus 5.8: "Bem-aventurados os puros [καθαροὶ] de coração, pois verão a Deus", Jesus está descrevendo a justiça muito superior à dos mestres da lei e dos fariseus. Ele usa a mesma palavra, "puro" [καθαρός], para mostrar o que os fariseus necessitavam: "Fariseu cego! Limpe [καθάρισόν] primeiro o interior do copo e do prato, para que o exterior também fique limpo [καθαρόν]" (23.26). A impureza que mais preocupa Jesus é o erro de não confiar em Deus nem o amar. O coração foi feito para Deus — para confiar nele e amá-lo. O significado de "impuro" é qualquer coisa que ocupe o lugar de Deus ou diminua nossa fé nele e nosso amor por ele.

Søren Kierkegaard escreveu um livro intitulado *Purity of Heart Is to Will One Thing* [Pureza de coração é querer uma coisa].[1] Esse título está muito próximo da essência da pureza. Eu apenas trocaria a palavra *will* ["querer"] por "amar". "Querer" pode significar simplesmente um ato da alma contra nossos verdadeiros desejos, mas querer ter a Deus dessa maneira não seria pureza de coração. A pureza atinge um ponto tão alto, que Deus é *amado* supremamente em Jesus. Foi o que os fariseus não fizeram, mas a justiça superior faz.

A mudança no coração que produz um novo amor por Jesus é um dom de Deus que sentimos quando os olhos de nosso coração se abrem para ver Jesus como mais desejado que qualquer outra realidade. Jesus refere-se a essa mudança como novo nascimento (v. *Mandamento 1*) ou arrependimento (v. *Mandamento 2*). Acredita-se que estas sejam as ordens de Jesus por trás de todas as outras ordens: ter um novo coração; nascer de novo. É o que estamos vendo implicitamente aqui no mandamento de viver uma justiça ou uma pureza superior à dos mestres da lei e dos fariseus. Trata-se de um mandamento mais profundo para o novo nascimento.

A mudança interior é um dom. Deus a ordena, e Deus a concede. Jesus diz: "É necessário que vocês nasçam de novo" (João 3.7), mas

---

[1] San Francisco: Harper Perennial, 1956.

ele também diz: "O vento sopra onde quer. Você o escuta, mas não pode dizer de onde vem nem para onde vai. Assim acontece com todos os nascidos do Espírito" (v. 8). Jesus dá o mandamento. O Espírito livre e imprevisível concede o dom. *Nossa* responsabilidade é ver a presença de Jesus ali e confiar nele por tudo que ele é.

A BATALHA DE VIDA OU MORTE PELA PUREZA DE CORAÇÃO

Fica claro no ensinamento de Jesus que guardar e desenvolver o dom da pureza e da justiça superiores às dos fariseus é uma batalha de vida ou morte. Não somos passivos. *Jesus* concede o poder decisivo, como está escrito em João 15.5: "... sem mim vocês não podem fazer coisa alguma", mas *nós* sentimos esse poder na disposição de participar dos ataques radicais e persistentes contra nossa tendência para pecar. Jesus abençoou "os que têm fome e sede de justiça". Eles "serão satisfeitos" (Mateus 5.6). Fome e sede são inexoráveis. Não cessam nunca. São sinais de vida. Fazemos qualquer coisa ao nosso alcance para matar a fome e a sede. É assim que Jesus nos ensina a buscar a pureza.

Por exemplo, ao tratar da impureza da lascívia interior, Jesus ordena que devemos fazer o que for necessário para derrotá-la, porque nossa alma está em jogo.

> Se o seu olho direito o fizer pecar, arranque-o e lance-o fora. É melhor perder uma parte do seu corpo do que ser todo ele lançado no inferno. E se a sua mão direita o fizer pecar, corte-a e lance-a fora. É melhor perder uma parte do seu corpo do que ir todo ele para o inferno. (Mateus 5.29,30)

Talvez Jesus se refira a isso quando diz: "Desde os dias de João Batista até agora, o Reino dos céus é tomado à força, e os que usam de força se apoderam dele" (Mateus 11.12).[2] Tomar o Reino à força pode ser uma forma de repetir o que Jesus diz acerca de lutar contra

---
[2] V. George LADD, *The Presence of the Future*, p. 163-4.

a lascívia: arrancar o olho e cortar a mão e lançá-la fora — fazer o que for necessário — para herdar o Reino e não ir para o inferno. Tome o Reino à força — força contra seu pecado, não força contra Deus. A batalha pela justiça em nosso coração é violenta.

O EXTREMO DE ARRANCAR O OLHO DIREITO

Observe três aspectos a respeito dessa batalha. Primeiro: o olho é o primeiro órgão a ser prejudicado: "Se o seu olho direito o fizer pecar, arranque-o e lance-o fora". Embora o pecado seja de natureza sexual, Jesus não diz: "Arranque seu órgão sexual para evitar a ação". Ele diz: "Arranque seu olho para evitar o desejo". A batalha é em prol da pureza de coração mais que da pureza do leito. Sem pureza de coração, tudo no leito é impuro.

Segundo: note que Jesus diz que devemos arrancar o olho *direito*. Significa que o olho esquerdo ficará intacto para despertar tanta lascívia quanto antes. Por isso, o objetivo de Jesus não é ordenar que arranquemos literalmente o olho de direito. Isso não resolveria nada. Os desejos interiores não podem ser controlados por mutilação externa. Jesus queria ressaltar que há riscos enormes em jogo. São grandes demais, e precisamos fazer o que for necessário para destruir a escravidão ao desejo pecaminoso. É surpreendente ver pessoas tratando de forma tão casual a questão de seus pecados. O mandamento de Jesus é totalmente oposto. Lute para ter um coração puro com a mesma premência de estar arrancando um olho ou decepando uma das mãos.

Terceiro: note o que está em jogo — o inferno. "É melhor perder uma parte do seu corpo do que ir todo ele para o inferno." Muitos cristãos que amam a verdade da justificação somente pela graça e somente pela fé — que eu também amo e faz parte dos ensinamentos de Jesus (v. *Mandamento 20*) — têm dificuldade para aceitar essas ameaças de Jesus sem questionar. Não há como evitá-las, porém. Elas aparecem em todos os Evangelhos e dizem claramente que, se abandonarmos a batalha pela pureza, pereceremos.

A CERTEZA REPOUSA EM NOSSA POSIÇÃO E EM NOSSO COMPORTAMENTO

Se nossa justiça não for muito superior à dos mestres da lei e dos fariseus, diz Jesus, não entraremos no Reino dos céus (Mateus 5.20). Tudo que lemos nesse capítulo de Mateus mostra que Jesus não está pensando na justiça divina que nos é imputada,[3] mas na transformação interna e na aplicação externa reveladas nas seis antíteses (Mateus 5.21-48).

Como, então, desfrutar a segurança em Jesus se ele exige uma mudança verdadeira no coração e um comportamento irrepreensível? Tentei responder a essa pergunta no *Mandamento 24*. Na verdade, estou tentando dar uma resposta a ela do início até o fim deste livro. Portanto, encerro este capítulo com outra afirmação simples. Pense em nosso sentido de segurança — a certeza de que participaremos da manifestação final do Reino de Deus no fim dos tempos —, apoiando-se de maneira mais decisiva em nossa posição na graça insuperável de Deus e num comportamento condizente com essa posição.

Para mim, a *posição* na graça insuperável de Deus pode ser explicada por meio de pelo menos seis gloriosas verdades acerca dos que confiam em Jesus. 1) Pertencemos a Deus antes de pertencer a Jesus (João 17.6), isto é, já estávamos na graça de Deus antes mesmo de ser justificados. 2) Nosso nome está escrito no céu entre os nomes daqueles que Deus deseja levar para lá (Lucas 10.20). 3) Fomos justificados — declarados justos — pela fé na misericórdia gratuita de Deus por intermédio de Cristo (Lucas 18.14). Jesus garante que não necessitamos de nossa justiça — nem devemos confiar nela — para estar em posição de merecer sua graça. De acordo com Lucas, a parábola de Jesus sobre o fariseu e o publicano foi dirigida "a alguns que confiavam em sua própria justiça

---

[3] Para saber mais sobre o conceito de Jesus acerca da justificação pela fé e da imputação de justiça, v. *Mandamento 20*.

e desprezavam os outros" (v. 9). 4) Fomos resgatados de todos os inimigos que querem destruir nossa alma (Marcos 10.45). 5) Fomos perdoados de todos os nossos pecados por meio do sangue de Cristo (Mateus 26.28). 6) Temos desde já a nova vida do Espírito, a vida eterna (João 5.24).

Essa é a nossa posição. É completa e perfeita. Fomos escolhidos, temos o nome escrito no céu, estamos justificados, resgatados, perdoados e herdamos a vida eterna. Essa é a rocha decisiva de nossa segurança, de nossa certeza. É objetiva, independe de nós e é imutável.

DEMONSTRANDO NOSSA POSIÇÃO

O que quero dizer com *demonstrar* é que nosso modo de viver revela nossa posição. A demonstração não produz posição. Deus estabelece nossa posição somente mediante a fé, mas ele recomenda que demonstremos nossa posição ao mundo. Essa é a justiça muito superior à dos mestres da lei e fariseus. É necessária, não opcional, ou seja, para Jesus, se não houver nenhuma demonstração de nossa posição na graça de Deus, não existirá posição. Jesus diz que essa demonstração é necessária à salvação final (para chegar ao céu, como costumamos dizer), porque Deus deseja ser glorificado *tanto* pelo ato misericordioso de estabelecer nossa posição em sua graça de uma vez por todas *quanto* pela misericórdia de conceder a ajuda de que necessitamos para demonstrar essa posição em nossa conduta. Nenhum dos que conseguiram posição pela fé na graça insuperável de Deus deixará de ter o necessário para demonstrar essa condição em sua vida.

A certeza de que nossa demonstração será infalivelmente capacitada por Deus baseia-se em numerosas realidades. Por exemplo: 1) Jesus garante que nada poderá nos arrancar de sua mão (João 10.28,29); 2) Jesus promete enviar um Conselheiro, que não nos deixará sozinhos na batalha (João 14.16,26; 15.26); 3) Jesus promete estar conosco até o fim dos tempos (Mateus 28.20); 4) Jesus ora para que nossa fé não desfaleça e para que o Pai nos proteja (Lucas 22.32; João 17.11,15); 5) Jesus entende que somos imperfeitos, mas que irá compensar essa deficiência (Mateus 6.12); 6) Jesus declara o que é exigido de nós, e, mesmo quando for impossível para nós, não o será para Deus (Mateus 19.26); 7) Nossa demonstração deve evidenciar a vida concedida por Deus, não a perfeição. Essas e outras verdades dão-nos a certeza de que a obra de Deus em nossa vida produzirá a sublime demonstração da graça exigida no último dia.

"Toda árvore boa dá frutos bons"

Para ilustrar a necessidade da demonstração, Jesus usou o exemplo da árvore e seus frutos. "Toda árvore boa dá frutos bons, mas a árvore ruim dá frutos ruins. A árvore boa não pode dar frutos ruins, nem a árvore ruim pode dar frutos bons. Toda árvore que não produz bons frutos é cortada e lançada ao fogo" (Mateus 7.17-19). Quando afirma que "a árvore boa não pode dar frutos ruins", Jesus não está dizendo que seus seguidores não pecam. O tempo presente do verbo grego traduzido por "dar" pode ser entendido como "continuar dando". Portanto, Jesus queria dizer: "Toda árvore boa não pode *continuar dando* frutos ruins". A árvore não é cortada por produzir frutos ruins aqui e ali, e sim porque deu tantos frutos ruins, que não há nenhuma prova de que seja boa. No julgamento final, Deus não exigirá nossa perfeição, e sim frutos suficientes para mostrar que a árvore tinha vida — em nosso caso, vida divina.

"Eu lhes digo que se a justiça de vocês não for muito superior à dos fariseus e mestres da lei, de modo nenhum entrarão no Reino dos céus" (5.20). Que Deus nos conceda a bênção de confiar somente em Cristo, a fim de recebermos a garantia de nossa posição na graça insuperável de Deus e a ajuda que ele promete de mudar nosso coração e levar-nos a demonstrar atos de amor.

Mandamento 28

AMEM SEUS INIMIGOS — MOSTREM-LHES A VERDADE

Eu lhes digo: Amem os seus inimigos e orem por aqueles que os perseguem. (MATEUS 5.44)

Amem os seus inimigos, façam o bem aos que os odeiam, abençoem os que os amaldiçoam, orem por aqueles que os maltratam. (LUCAS 6.27,28)

Que mérito vocês terão, se amarem aos que os amam? Até os "pecadores" amam aos que os amam. E que mérito terão, se fizerem o bem àqueles que são bons para com vocês? Até os "pecadores" agem assim. E que mérito terão, se emprestarem a pessoas de quem esperam devolução? Até os "pecadores" emprestam a "pecadores", esperando receber devolução integral. (LUCAS 6.32-34)

Santifica-os na verdade; a tua palavra é a verdade. (JOÃO 17.17)

O mandamento de Jesus para amar os inimigos, ser misericordiosos e pacificadores e perdoar indica que alguns têm dificuldade para amar. O mandamento é expresso de formas diferentes porque as dificuldades são diferentes. Jesus chama de "inimigos" alguns de nossos semelhantes, porque eles são contra nós. Desejam ver-nos fracassar. Ame-os, ordena Jesus (Mateus 5.44; Lucas 6.27,35). Outros talvez não sejam inimigos pessoais, mas são seres humanos cujo caráter, personalidade ou condição os tornam desagradáveis e até repulsivos. Sejam misericordiosos para com eles, diz

Jesus (Mateus 5.7; 18.33; Lucas 10.37). Não devemos tratá-los de acordo com a aparência deles ou com o que merecem, mas com misericórdia. Outros talvez sejam parentes ou amigos que se ofenderam com algo que lhes fizemos — com ou sem razão —, e o relacionamento esfriou ou terminou. Esforce-se para reconciliar-se com eles, aconselha Jesus (Mateus 5.23-26). Outros talvez não tenham nada contra você, você é que tem algo contra eles. Perdoe-os, orienta Jesus (6.14,15). A indolência, o orgulho e a ira não devem impedi-lo de perdoar, de procurar fazer as pazes e de reconciliar-se com humildade.

Jesus também teve inimigos

O mandamento de Jesus também pressupõe que *teremos* inimigos e que nem todos se reconciliarão conosco, por mais que nos esforcemos. Ele mostra, porém, que ter inimigos não é mau: talvez signifique que estamos vivendo uma situação semelhante à dele. Por exemplo, ele abençoou os que são perseguidos por causa dele: "Bem-aventurados serão vocês quando, por minha causa, os insultarem, os perseguirem e levantarem todo tipo de calúnia contra vocês" (5.11). Ter inimigos, portanto, é algo natural: "Se o dono da casa foi chamado Belzebu, quanto mais os membros da sua família! [...] Se me perseguiram, também perseguirão vocês" (Mateus 10.25; João 15.20).

Na verdade, Jesus alertou-nos sobre o fato de que não haver perseguição pode ser indício de que nos assemelhamos mais a um falso profeta que a ele:

> Ai de vocês,
>   quando todos
>   falarem bem de vocês,
>   pois assim
>   os antepassados deles
>   trataram os falsos profetas. (Lucas 6.26)

A inimizade entre o mundo e os seguidores de Jesus tem raízes na verdade de que o mundo o rejeita (João 18.37) e na profunda transformação que Jesus opera na vida da pessoa: "Se vocês pertencessem ao mundo, ele os amaria como se fossem dele. Todavia, vocês não são do mundo, mas eu os escolhi, tirando-os do mundo; *por isso o mundo os odeia*" (João 15.19; v. 17.14). Não devemos, portanto, supor que temos inimigos porque fizemos alguma coisa errada — até pode ser, e devemos sondar nosso coração e nos arrepender, caso tenhamos ofendido alguém. No entanto, Jesus diz, de forma muito clara, que os discípulos *fiéis* terão inimigos. Espere por isso.

AMEM OS QUE MATAM E OS QUE DESPREZAM OS CRISTÃOS

É extraordinário o fato de Jesus chamar a atenção tanto para a perseguição cruel quanto para a mera atitude de desprezo e outras formas de inimizade com as quais devemos lidar. Não seria estranho supor que ele se preocupasse apenas com o pior tipo de inimizade, que o resto se resolveria sozinho. No entanto, para Jesus, precisamos amar não apenas quando nossa vida está ameaçada, mas também quando nosso ego é ameaçado pelo desprezo de alguém. Reflita na variedade de inimizades que ele menciona.

Devemos amar os que nos perseguem (Mateus 5.44), nos odeiam (Lucas 6.27), nos amaldiçoam e nos maltratam (6.28), nos batem no rosto e nos tiram a capa (6.29). São comportamentos que muito nos ofendem, física e emocionalmente, e podem até nos causar a morte (Mateus 10.21; Lucas 11.49). Devemos reagir a tudo isso com amor. Além dessas terríveis formas de inimizade, porém, coisas insignificantes também nos aborrecem. Jesus disse, por exemplo: "Se [vocês] saudarem apenas os seus irmãos, o que estarão fazendo de mais? Até os pagãos fazem isso! [...] E que mérito terão, se fizerem o bem àqueles que são bons para com vocês?..." (Mateus 5.47; Lucas 6.33). Jesus está se referindo a atos comuns, como cumprimentar alguém ou fazer o bem. A questão é: estamos dispostos a cumprimentar alguém ou a fazer o bem a um estranho ou a quem não fez nada por nós? Eles nunca nos ofenderam nem demonstraram ser nossos inimigos. Estão apenas cuidando de seus afazeres, sem nos dar atenção. Talvez consideremos desprezo essa atitude ou talvez isso não nos desperte nenhum sentimento. Ame-os, diz Jesus. Não ame apenas os que o aceitam e lhe fazem o bem. Ame o perseguidor, ame aquele que simplesmente age como se você não existisse.

Isso nos leva a duas questões básicas. Primeira: que tipo de amor é esse? Com que ele se parece? Até que ponto nos envolve? Segunda: de onde ele vem? Como surgiu em nosso coração e como é sustentado ao longo do tempo e extraído de nós quando tudo que é natural parece dizer: "Neste caso, não há necessidade de amar, nem mesmo seria possível"? Analisemos a primeira pergunta, sobre o tipo de amor.

O AMOR PRESERVA A VERDADE BÍBLICA

A primeira resposta à pergunta: "O que esse amor envolve?" é tão óbvia, que talvez não a enxerguemos. Ao ordenar que amemos nossos inimigos, Jesus está denunciando e corrigindo uma interpretação equivocada das Escrituras. "Vocês ouviram o que foi dito: 'Ame o seu próximo e odeie o seu inimigo'. Mas eu lhes digo: Amem os seus inimigos e orem por aqueles que os perseguem" (Mateus 5.43,44). Ao nos dar esse mandamento de amar, ele denota que nos ama porque está corrigindo uma interpretação falsa da Bíblia e prejudicial para nós.

As Escrituras judaicas que o povo lia na época de Jesus não diziam: "Odeiem o seu inimigo". Diziam: "Não procurem vingança, nem guardem rancor contra alguém do seu povo, mas ame cada um o seu próximo como a si mesmo..." (Levítico 19.18). No entanto, chegou-se à conclusão de que o mandamento para amar aplicava-se apenas a "alguém de seu povo" e a "seu próximo". O primeiro ato de amor de Jesus ao ordenar que amemos é seu exemplo ao dar o mandamento: ele nos mostra que o amor rejeita as interpretações equivocadas da Palavra de Deus e expõe a verdade.

A verdade é a raiz do amor

Menciono em primeiro lugar o exemplo de amor de Jesus, não apenas por ser o primeiro e mais evidente ato de amor observado em suas palavras, mas porque, na época em que vivemos, o amor é quase sempre contrastado com a defesa da verdade. Não é o que Jesus demonstra, nem aqui nem em outro lugar. Se alguém dissesse a Jesus: "O amor une; a doutrina divide", penso que Jesus olharia fundo na alma dessa pessoa e diria: "A doutrina verdadeira é a raiz do amor. Portanto, quem se opuser a ela, destruirá a raiz da unidade".

Jesus nunca opôs a verdade ao amor. Pelo contrário, afirmou ser ele próprio a personificação e a essência da verdade: "Eu sou o caminho, a *verdade* e a vida" (João 14.6). Referindo-se outra vez a si mesmo, disse: "Aquele que fala por si mesmo busca a sua própria glória, mas aquele que busca a glória de quem o enviou, este é verdadeiro; não há nada de falso a seu respeito" (7.18). Foi esta afirmação abrangente de Jesus: "... para isto vim ao mundo: para testemunhar da *verdade*..." (18.37), para explicar por que ele viera ao mundo, que levou Pilatos a perguntar com ceticismo: "Que é a verdade?" (v. 38). Até seus adversários viram quanto Jesus era indiferente às opiniões do povo e quão dedicado era à verdade. "Mestre, sabemos que és *verdadeiro* e não te importas com quem quer que seja..." (Marcos 12.14, RA). Quando Jesus deixou este mundo e retornou para o Pai, no céu, o Espírito que enviou em seu lugar foi chamado "Espírito da verdade": "Quando vier o Conselheiro, que eu enviarei a vocês da parte do Pai, o Espírito da verdade que provém do Pai, ele testemunhará a meu respeito" (João 15.26).

Portanto, diferentemente de muitos que comprometem a verdade apenas para seguir alguém, Jesus fez o oposto. A descrença de seus ouvintes confirmava a necessidade de uma profunda mudança *neles*, não na verdade: "Todos os que são da verdade me ouvem" (João 18.37); "No entanto, vocês não crêem em mim, porque lhes digo a verdade!" (8.45). Quando a verdade não produz a reação que queremos — quando ela não "funciona" —, não devemos abandoná-la. Jesus não é pragmático quando se trata de amar as pessoas com a verdade. Nós falamos a verdade, e se ela não for capaz de vencer a opinião do outro, não devemos pensar em mudá-la, e sim orar para que nossos ouvintes sejam despertados e modificados pela verdade: "E conhecerão a verdade, e a verdade os libertará" (8.32). Jesus orou: "Santifica-os na verdade; a tua palavra é a verdade" (17.17).

Quando ora para que seu povo seja santificado na verdade, Jesus revela as raízes do amor. A santificação — ou santidade, conforme Jesus a entende —, implica transformar-se numa nova pessoa. Ele está orando para que nos tornemos pessoas que amam, misericordiosas, pacificadoras e perdoadoras. Tudo isso faz parte da oração: "Santifica-os", e tudo isso acontece em verdade e pela verdade, jamais separado dela. O esforço de opor o amor à verdade é como pôr a fruta contra a raiz ou o acendedor contra o fogo; ou como construir, sem um alicerce firme, um dormitório no segundo pavimento da casa. A casa inteira desmoronará, levando junto o dormitório, se o alicerce ruir. O amor vive pela verdade, inflama-se por meio da verdade e subsiste por causa da verdade. Foi por isso que o primeiro ato de amor de Jesus, ao nos dar o mandamento de amar, foi corrigir uma falsa interpretação das Escrituras.

O USO DA VERDADE SEM AMOR

É possível usar a verdade sem amor. Por exemplo, quando um povoado samaritano não quis receber Jesus "porque se notava que ele se dirigia para Jerusalém" (Lucas 9.53), Tiago e João consideraram aquela atitude um insulto à verdade. Tratava-se de uma afronta à verdade de Jesus. Por isso, em defesa da verdade, propuseram ao Mestre: "Senhor, queres que façamos cair fogo do céu para destruí-los?" (v. 54). A reação de Jesus foi imediata: "... voltando-se, os repreendeu" (v. 55).

A solução para aquela atitude hostil não foi permanecer no povoado e modificar a verdade para receber um tratamento melhor. Jesus não disse aos samaritanos: "A doutrina divide, o amor une, portanto vamos deixar nossas diferenças doutrinárias de lado e viver em união". Não, a solução foi esta: "... e foram para outro povoado" (v. 56). Existem ainda muitas pessoas a serem amadas com a verdade. Sempre que possível, devemos apresentar, com amor, a verdade redentora, sem ser agressivos com quem nos rejeitar. A verdade não será mudada. Ela é a raiz de uma vida de amor, o acendedor do fogo do amor e o alicerce da força do amor. Quando Jesus ordenou que amássemos os inimigos e contrastou seu mandamento com a interpretação que dizia: "Ame o seu próximo e odeie o seu inimigo", ele nos estava mostrando, com amor, que corrigir uma falsa interpretação da Bíblia é forma fundamental para amar nosso inimigo.

Desafiando o poder absoluto de quem é amado

Há outra implicação óbvia das palavras de Jesus para o significado de amar: não é falta de amor considerar alguém inimigo. Vivemos em tempos de grande fragilidade emocional. As pessoas se ofendem com facilidade e, quando são criticadas, reagem, dizendo ter sido ofendidas. Na verdade, vivemos numa época em que a ofensa emocional, ou a mágoa, quase sempre se transformam em padrão de julgamento para decidir se houve amor nas palavras do ofensor. Se alguém reclamar que se sentiu ofendido por algo que você disse, muitos outros pensarão que você não agiu com amor. O amor, portanto, não é avaliado por eles pela qualidade do ato e nem por seus motivos, mas pelas reações subjetivas. Nesse tipo de relacionamento, o ofendido tem autoridade absoluta. Se ele disser que você o ofendeu, muitos entenderão que você *não agiu* com amor, que você é culpado. Jesus não permitirá que esse conceito fique livre de contestação.

O amor não é definido pela reação do amado. A pessoa pode ser genuinamente amada e sentir-se ofendida, magoada ou irada, querer vingança ou demonstrar indiferença. Isso em nada diminui a beleza e o valor do ato de amor que a ofendeu. Vemos isso claramente na morte de Jesus, o maior ato de amor que já existiu, porque as reações a ela foram de um extremo ao outro: da afeição (João 19.27) à fúria (Mateus 27.41,42). A prostração, a mágoa, a ira, a fúria e o ceticismo das pessoas diante da morte de Jesus não alteraram o fato de que ele realizou um grande ato de amor.

Essa verdade é demonstrada na vida de Jesus neste mundo. Ele amou de uma forma que, muitas vezes, não se assemelhava a amor. Não conheço ninguém, nem pessoalmente nem na História, que tenha sido tão sincero quanto Jesus ao lidar com o povo. Evidentemente, seu amor era tão autêntico, que necessitava de poucos "amortecedores". Minha convivência de cinqüenta anos com o Jesus dos Evangelhos despertou-me a consciência de nosso grau de fragilidade e fraqueza emocionais. Se Jesus falasse conosco da maneira em que costumava falar em sua época, nós nos sentiríamos continuamente magoados e ofendidos. E era assim que ele falava com seus discípulos e seus adversários.[1] O povo da época também se

---

[1] Jesus foi rude com seus discípulos quando os chamou "maus" (Mateus 7.11), "homens de pequena fé" (6.30; 8.26; 14.31; 16.8; 17.20) e "geração incrédula" (17.17). Foi rude com um homem que lhe pediu permissão para sepultar o pai antes de tornar-se seu discípulo (Lucas 9.60). Foi rude com alguns que o convidaram para jantar: "Você não me saudou com um beijo, mas esta mulher, desde que entrei aqui, não parou de beijar os meus pés. Você não ungiu a minha cabeça com óleo, mas ela derramou perfume nos meus pés" (7.45,46); "Quando você der um banquete ou jantar, não convide seus amigos, irmãos ou parentes, nem seus vizinhos ricos; se o fizer, eles poderão também, por sua vez, convidá-lo, e assim você será recompensado. Mas, quando der um banquete, convide os pobres, os aleijados, os mancos, e os cegos" (14.12,13). Jesus disse estar feliz por Deus haver escondido a verdade dos "sábios e cultos": "Eu te louvo, Pai, Senhor dos céus e da terra, porque escondeste estas coisas dos sábios e cultos, e as revelaste aos pequeninos" (Mateus 11.25). Não respondeu àqueles que lhe apresentaram um jogo de palavras diante do povo (21.23-27). Disse que Herodes era uma "raposa" (Lucas 13.32). Acusou os fariseus de "hipócritas", "guias cegos", "sepulcros

sentia ofendido. "Os discípulos se aproximaram dele e perguntaram: 'Sabes que os fariseus ficaram ofendidos quando ouviram isso?' " (15.12). A reação de Jesus a essa informação foi simples e direta: "Toda planta que meu Pai celestial não plantou será arrancada pelas raízes.[2] Deixem-nos; eles são guias cegos..." (v. 13,14). Em outras palavras: "Eles são plantas que não produzem o fruto da fé porque Deus não o plantou neles. Não vêem que me comporto com amor porque são cegos, não porque sou impiedoso". As coisas que Jesus disse a amigos e a inimigos nos fariam ruir emocionalmente e nos lançariam num poço de autopiedade.

Em torno disso, há uma questão fundamental: a sinceridade de um ato de amor não é determinada pelos sentimentos subjetivos da pessoa amada. Jesus usava a palavra "inimigos". Isso devia ser ofensivo para muita gente, acima de tudo porque Jesus defendia seus argumentos com palavras como estas: "E se [vocês] saudarem apenas os seus irmãos, o que estarão fazendo de mais?" (Mateus 5.47). Ele não se importava se alguém o acusasse de não estar sendo cuidadoso o suficiente para distinguir os inimigos verdadeiros dos irmãos ofendidos. Aparentemente, Jesus espera que digamos palavras duras, como "inimigo", misturadas com palavras ternas, como "irmão".

---

caiados", "insensatos" (Mateus 23.13,16,17,27,33). Com um chicote, derrubou as mesas dos cambistas no templo (Mateus 21.12). Tal comportamento situaria Jesus tão distante do grau de tolerância emocional de nossos dias que seu comportamento seria considerado desprovido de amor. Isso serve para mostrar que o padrão de julgamento do amor não reside na resposta subjetiva daquele que é amado.

[2] "As plantas que o Pai celestial plantou eram aqueles que receberam a revelação do caráter de Jesus, vindo do Pai — uma revelação que ele havia escondido dos 'sábios e cultos'" (11.25-27; 13.11-17; 16.16,17; cf. 14.33)" (Craig S. KEENER, *A Commentary on the Gospel of Matthew* [Grand Rapids: Eerdmans, 1999], p. 413). A frase assemelha-se às palavras de Jesus em João 10.26: "Vocês não crêem, porque não são minhas ovelhas"; ou em 18.37: "Todos os que são da verdade me ouvem"; ou em 8.47: "Aquele que pertence a Deus ouve o que Deus diz. Vocês não o ouvem porque não pertencem a Deus".

O AMOR NÃO É DESATENTO NEM NEGLIGENTE QUANTO A SEUS EFEITOS

Não estou dizendo que o amor seja descuidado com as palavras que utiliza ou com os efeitos que possa causar nas pessoas. O amor preocupa-se em proteger a pessoa amada. Deseja tirá-la do sofrimento e da tristeza e levá-la a uma experiência mais intensa de alegria em Deus — agora e para sempre. Mas estou ressaltando um lado do problema que parece predominar de forma incomum em nosso mundo infestado de psicologia. Estou simplesmente chamando a atenção para este fato: *não se sentir* amado não é o mesmo que *não ser* amado. Em sua vida, Jesus exemplifica a objetividade do amor. O amor tem motivos concretos e ações concretas. Quando existe amor, a reação da pessoa amada não muda esse fato.

Essa é uma boa notícia para quem ama, porque significa que Deus é Deus, e a pessoa amada *não é* Deus. O julgamento feito pelo ofendido não é absoluto. Pode estar certo ou estar errado, mas não é absoluto. Deus é absoluto. Nós nos submetemos a ele. Só ele conhece nosso coração. Quando estamos diante de Deus, o fator decisivo acerca do amor não é o que os outros pensam, mas se ele é verdadeiro. Não importa se eles apreciam nossa maneira de amar. A maioria do povo não reconheceu o amor de Jesus — e não reconhece até hoje. Não importa se somos justificados diante dos homens. O importante é que Deus sonde nosso coração e veja neles um amor sincero (mesmo não sendo perfeito). Só Deus pode fazer o julgamento definitivo (Lucas 16.15).

Mandamento 29

AMEM SEUS INIMIGOS — OREM POR AQUELES QUE OS MALTRATAM

Amem os seus inimigos e orem por aqueles que os perseguem. (MATEUS 5.44)

Orem por aqueles que os maltratam. (LUCAS 6.28)

Pai, perdoa-lhes, pois não sabem o que estão fazendo. (LUCAS 23.34)

Antes de passar para o mandamento de amar os que nos perseguem e nos maltratam, precisamos de um esclarecimento acerca desse mandamento de Jesus: o amor odeia o mal que destrói aqueles que amamos.

O AMOR ODEIA O MAL QUE DESTRÓI O SER HUMANO

Não podemos desejar o bem dos que amamos e ser indiferentes ao que os destroem. O mandamento de Jesus de amar os inimigos implica que esse amor deve odiar o mal que destrói aqueles a quem amamos. Se houvesse um universo no qual não existisse nenhum mal capaz de magoar o ser humano ou desonrar a Jesus, existiria apenas amor e nenhum ódio. Não haveria nada para odiar. Num mundo como o nosso, porém, é necessário amar e odiar, e em nosso amor também deve existir ódio.

Digressão acerca do ódio ao ímpio

Este talvez seja o melhor lugar para encaixar algumas opiniões sobre o tipo de ódio acerca do qual Jesus leu em Salmos — às vezes, chamados "salmos imprecatórios", isto é, salmos que expressam ódio pelos inimigos de Deus e invocam maldições divinas sobre eles. Nessa classificação, podemos incluir as seguintes passagens de Salmos: 5.10; 10.15; 28.4; 31.17,18; 35.4-6; 40.14,15; 58.6-11; 69.22-28; 109.6-15; 139.19-22; 140.9,10. Em Salmos 139.19-22, lemos:

> Quem dera matasses os ímpios, ó Deus!
>   Afastem-se de mim os assassinos!
> Porque falam de ti com maldade;
>   em vão rebelam-se contra ti.
> Acaso não odeio os que te odeiam. SENHOR?
> E não detesto os que se revoltam contra ti?
> Tenho por eles ódio implacável!
> Considero-os inimigos meus!

Sabemos que Jesus tinha conhecimento desses salmos e que não os criticou, mas os citou como parte das Escrituras. Pelo menos um dos mais contundentes (o salmo 69) parece ter sido um dos favoritos de Jesus, dos quais ele, em sua natureza humana, extraiu orientação, encorajamento e conhecimento de si mesmo (João 15.25 = Salmos 69.4: "Os que sem razão me odeiam..."; João 2.17 = Salmos 69.9: "... pois o zelo pela tua casa me consome..."; Mateus 27.34 = Salmos 69.21: "Puseram fel na minha comida e para matar-me a sede deram-me vinagre"). O versículo 24 diz: "Despeja sobre eles a tua ira; que o teu furor ardente os alcance".

Examine cuidadosamente estas passagens de Salmos e observe que o *amor* pelo inimigo é um desejo de longa data: "Elas me retribuem o bem com o mal e procuram tirar-me a vida. Contudo, quando estavam doentes, usei vestes de lamento..." (35.12,13); "Em troca da minha amizade eles me acusam, mas eu permaneço em oração. Retribuem-me o bem com o mal, e a minha amizade com ódio" (109.4,5). Embora não esteja explícito, este pode ser o caso de todos os salmos: a maldade visível resiste ao amor.

Observe também que o ódio pode referir-se às vezes (nem sempre) à aversão moral, não à vingança pessoal. Isso não é o mesmo que dizer: "Odeie o pecado e ame o pecador" (que pode ser um bom conselho, mas não diz tudo). Existe uma espécie de ódio pelo pecador (considerado moralmente corrupto e hostil a Deus) que pode coexistir com a piedade e até mesmo com o desejo de sua salvação. Ressalte-se que esse ódio é aversão moral, não desejo de destruição. A analogia com a comida pode ajudar. Talvez você odeie espinafre (por causa do gosto que ele tem), mas confirma seu valor e conhece seus efeitos benéficos. Portanto, é possível odiar uma pessoa, no sentido de sentir aversão por seu caráter (por exemplo, um assassino canibalesco e estuprador de crianças), e, ao mesmo tempo, dispor-se a abrir mão de sua vida pela salvação dele. O ódio que Jesus proíbe é o ódio que deseja a destruição de alguém.

Pode haver, contudo, uma situação na qual a maldade seja persistente e arbitrária e desprezo tanto a Deus, que a hora da redenção já tenha passado, restando apenas perversidade e julgamento irremediáveis. Por exemplo, Jesus fala do pecado imperdoável (Mateus 12.32). Ele também faz menção dos fariseus para os quais não há mais retorno: "Deixem-nos; eles são guias cegos. Se um cego conduzir outro cego, ambos cairão num buraco" (15.14). Que palavras terríveis! Craig Keener compara-as com Mateus 7.6: "Não dêem o que é sagrado aos cães, nem atirem suas pérolas aos porcos...".[1] Aparentemente, Jesus dá continuidade ao que os Salmos afirmam, isto é, que a falta de amor de tais pessoas em relação a Deus é tão grande, tão implacável e tão arbitrária, que talvez seja apropriado desejar a destruição delas e invocar anátema sobre elas. Jesus deixa claro que isso acontecerá no fim dos tempos, quando o Rei "dirá aos que estiverem à sua esquerda: 'Malditos, apartem-se de mim para o fogo eterno, preparado para o Diabo e os seus anjos'" (25.41).

Por tudo isso, e pelo fato de Jesus confirmar a inspiração divina dos Salmos (22.43; João 10.35), concluo que ele reconheceu que o salmista falava sob a orientação do Espírito Santo, prenunciando a chegada do Messias e Juiz, que tem o direito supremo de invocar julgamento sobre os inimigos de Deus. Não se trata de uma vingança pessoal, e sim de uma exação profética do que acontecerá

---

[1] *A Commentary on the Gospel of Matthew*, p. 413.

no último dia, em que Deus lançará todos os seus inimigos impenitentes no inferno (Lucas 12.5; Mateus 22.13; 25.30). Seria bom deixar esse julgamento por conta de Deus e perceber nossa capacidade corrompida de odiar como deveríamos. Embora exista o pecado imperdoável, somos exortados a amar nossos inimigos, orar por quem nos persegue e retribuir o mal com o bem (como Davi faz em Salmos 35.12,13; 109.4,5). Essa é nossa vocação pela fé. Devemos temer ao Senhor e confiar nele, para não desfalecer, e desejar estar do outro lado da maldição.

Para ilustrar a verdade de que neste mundo é necessário que nosso amor inclua o ódio, reflita no que Jesus diz em João 5.29, a respeito do último dia, em que os mortos ressuscitarão e o povo todo subirá: "... os que fizeram o bem ressuscitarão para a vida, e os que fizeram o *mal* ressuscitarão para serem condenados". Significa que existe *maldade* no mundo, a qual levará alguns daqueles a quem amamos à destruição final. Como o amor se sente em relação a essa maldade? Meu argumento é que o amor detesta o mal. Não odiamos o julgamento de Deus. Seu julgamento é justo e sábio. Odiamos, porém, o mal que leva a pessoa a se opor a Deus e que a torna passível do julgamento divino.

Não existe mal que prejudique apenas você

Alguém pode argumentar, a esta altura: "Devo odiar apenas o mal que prejudica alguém, mas não o mal que me prejudica". É como eu dizer que não haveria falta de amor de *sua* parte se eu me envolvesse num tipo de comportamento mau que dissesse respeito somente a mim. Não existe esse tipo de comportamento, Jesus diria. Por que não? Porque tudo que eu faço exerce influência no prazer que sinto em Jesus e em minha capacidade de refletir sua grandeza. Fomos feitos para isso (Mateus 5.16; 10.32). Fomos feitos para mostrar o valor de Jesus aos outros, a fim de que possam ser despertados para isso, ou seja, apreciá-lo cada vez mais e refleti-lo para sempre. Esse é o maior bem que podemos fazer por eles. Esse é o significado de amar. Entretanto, se fizermos algo a nós que prejudique nossa alegria em Jesus e nos impeça de refletir seu valor diante do mundo (e essa é a própria essência do mal, porque prejudica nossa alegria em Jesus e nossa capacidade de refletir seu valor), estaremos roubando das pessoas o que Deus nos incumbiu de dar a elas: uma amostra de seu valor. Isso é o oposto do amor. Portanto, o amor precisa odiar o mal, tanto o mal que a pessoa querida está fazendo a si mesma quanto o mal que estou fazendo a mim mesmo *e* a ela.

Ressalto a relação entre o amor e o ódio simplesmente para despertá-lo do sentimentalismo entediante que hoje permeia o tema do amor. Há pessoas cuja visão do mundo é tão relativista e cuja personalidade é tão moralmente flácida, que não ousam sequer classificar o mal, com receio de desobedecer à lei humana da tolerância a todas as idéias. Jesus diria: a tolerância a todas as idéias é o oposto do amor. Ela aprova tudo que é destrutivo. Não podemos ler as palavras de Jesus com sinceridade e concluir que ele nega a existência do mal que destrói e a existência do bem que produz alegria permanente. Portanto, minimizar ou negar a existência do mal, em vez de odiá-lo, transforma a pessoa em destruidora de seres humanos. Esse não é o amor que Jesus ordena.

"OREM POR AQUELES QUE OS PERSEGUEM"

Jesus menciona algumas atitudes relacionadas ao amor pelos inimigos. A primeira é orar, conforme ele menciona no Sermão do Monte após seu mandamento: "Amem os seus inimigos e *orem* por aqueles que os perseguem" (Mateus 5.44); "... *orem* por aqueles que os maltratam" (Lucas 6.28). Essas palavras são extremamente importantes porque nos revelam o conceito de Jesus a respeito do amor. Elas dizem que o amor *deseja realmente* o bem do inimigo, e Jesus confirma isso ao dar um mandamento complementar: "*abençoem* os que os amaldiçoam". Abençoar é desejar o bem-estar de alguém e transformar esse desejo em súplica dirigida a

Deus. Por exemplo, Jesus conhecia a famosa bênção registrada em Números 6.24-26:

> O Senhor te abençoe e te guarde;
> o Senhor faça resplandecer
>   o seu rosto sobre ti
> e te conceda graça;
> o Senhor volte para ti o seu rosto
> e te dê paz.

Façam isso por seu inimigo, diz Jesus. Ele necessita que a luz do semblante de Deus resplandeça sobre ele, para comover seu coração.

Portanto, esse mandamento deixa claro que o amor não é apenas comportamento. Evidentemente, *é* fazer o bem ao inimigo, mas não é só isso. Precisa haver um desejo no coração. Penso assim porque, quando oramos por nossos inimigos, pedimos a bênção de Deus *de todo o coração*. Jesus não elogia a oração hipócrita. Não deseja que oremos para nos exibir. Ele ordena a oração verdadeira, isto é, o desejo verdadeiro dirigido a Deus para o bem de nosso inimigo. O amor deseja realmente que o inimigo tenha a melhor experiência possível com Deus. Boas ações não bastam. O coração precisa ter o propósito de desejar o melhor para o inimigo.

O que pedir para nossos inimigos em oração

Além disso, o mandamento de orarmos pelos inimigos diz qual deve ser o nosso melhor desejo para eles. Depois desse mandamento, no Sermão do Monte, lemos, catorze versículos adiante, que Jesus espera que oremos. Ele nos ensina a orar assim:

> Pai nosso, que estás nos céus!
>   Santificado seja o teu nome.
> Venha o teu Reino;

seja feita a tua vontade,
   assim na terra como no céu.
Dá-nos hoje o nosso
   pão de cada dia.
Perdoa as nossas dívidas,
   assim como perdoamos
   aos nossos devedores.
E não nos deixes cair
em tentação,
mas livra-nos do mal. (Mateus 6.9-13)

É injustificável pensar que a oração de amor por nosso inimigo deva incluir pedidos menos importantes que os que fazemos para nós. Por isso, creio que esta deva ser a oração por nossos inimigos:

- Devemos pedir a Deus que, em primeiro lugar, nosso inimigo santifique o nome de Deus, que ame a Deus acima de tudo, o reverencie e o admire na proporção de seu valor.

- Devemos orar para que nosso inimigo se posicione sob a autoridade salvadora dos preceitos soberanos de Deus e para que Deus exerça seu poder soberano para transformá-lo em seu súdito leal.

- Devemos orar para que nosso inimigo tenha prazer em fazer a vontade de Deus como os anjos fazem no céu, com todas as suas forças, sem reservas, com os mais puros motivos e com suprema alegria.

- Devemos orar para que Deus conceda ao nosso inimigo todos os recursos físicos, como alimento, roupa, abrigo, educação, assistência médica e transporte, de que ele necessita para obedecer ao chamado de Deus para sua vida. Devemos querer para ele o mesmo que queremos para nós.

- Devemos orar para que seus pecados sejam perdoados e que ele também aprenda a perdoar.

- Finalmente, devemos orar para que Deus o proteja das tentações e dos poderes destrutivos do Diabo.

Essa é a oração do amor.

É patético o amor desvinculado de Deus. Até mesmo alguns cristãos pensam erroneamente que podem amar alguém sem desejar que o coração de seus inimigos almeje a exaltação de Deus, ore e busque isso. Tal tendência é lamentável, porque não apenas mostra o lugar pequeno que Deus ocupa no coração desses cristãos, como também implica a falsa idéia de que pode haver amor verdadeiro sem a preocupação com que algumas pessoas pereçam eternamente, desde que prosperem neste mundo. É verdade que nosso amor e nossa oração talvez não consigam levar nosso inimigo a crer em Jesus e a santificar o nome de Deus. O amor é o objetivo de nosso sacrifício, não o sucesso. Podemos ou não obter êxito no objetivo de levar alguém a exaltar Jesus e a santificar o nome de Deus, mas um coração cujo objetivo não seja o de levar o inimigo a sentir alegria eterna em Jesus não demonstra o amor abrangente e sólido que Jesus ordena. Trata-se de um substituto patético e limitado do verdadeiro amor, por mais que o esforço para desejar o bem-estar terreno de nosso inimigo seja criativo, admirado pela mídia e feito com sacrifício. O amor ora por nosso inimigo com todos os objetivos e anseios expressos na oração do Pai-nosso.

"Pai, perdoa-lhes, pois não sabem o que estão fazendo"

O exemplo mais comovente de oração pelo inimigo foi a oração de Jesus na cruz. Após o fato registrado de maneira simples e discreta em Lucas 23.33: "... ali o crucificaram...", Jesus orou: "Pai, perdoa-lhes, pois não sabem o que estão fazendo" (v. 34). Essa oração engloba três atos do coração envolvidos no mandamento de amar nossos inimigos: oração, perdão e misericórdia. Jesus não se cansava de ordenar que seus discípulos aprendessem a perdoar.

Quando Pedro lhe perguntou: " 'Senhor, quantas vezes deverei perdoar a meu irmão quando ele pecar contra mim? Até sete vezes?' Jesus respondeu: 'Eu lhe digo: Não até sete, mas até setenta vezes sete' " (Mateus 18.21,22). Em outras palavras: "Não estabeleça limites, Pedro. A misericórdia em seu coração deve ser uma fonte inesgotável". "Sejam misericordiosos, assim como o Pai de vocês é misericordioso" (Lucas 6.36). Misericórdia e perdão são necessários quando existe culpa verdadeira e ofensa verdadeira. O "inimigo" o ofendeu, e você "merece" uma recompensa proporcional à calúnia. É nessa hora que a misericórdia e o perdão se tornam relevantes e urgentes. A misericórdia diz: "Vou tratá-lo melhor do que você merece", e o perdão diz: "Estou disposto a esquecer sua ofensa. Quero que nosso relacionamento volte a ser como antes".

POR QUE ELES NECESSITAM DE PERDÃO, SE NÃO SABEM O QUE ESTÃO FAZENDO?

A oração de Jesus ilustra isso, embora, a princípio, pareça que não. Ele diz: "Pai, perdoa-lhes, pois não sabem o que estão fazendo" (23.34). Em outras palavras: "Perdoa meus assassinos porque não sabem o que estão fazendo". Isso leva à pergunta: por que perdoar alguém, se ele não sabe o que está fazendo? Não seria melhor dizer: "Pai, já que ele não sabe o que está fazendo, não é culpado e não precisa ser perdoado"? Não deveria ser uma pergunta do tipo *ou... ou*: ou você sabe o que está fazendo e precisa ser perdoado, ou você não sabe o que está fazendo e não precisa ser perdoado? Por que Jesus chama a atenção para a ignorância do que eles estão fazendo *e* pede a Deus que lhes perdoe?

A resposta é que eles são culpados por não saber o que estão fazendo. O perdão só é necessário aos culpados. Ninguém pode perdoar um inocente. Por isso, quando Jesus diz: "Pai, perdoa-lhes", significa que eles são culpados. Depois, quando ele diz: "... pois não sabem o que estão fazendo", significa: "Eles deveriam saber o que estão fazendo e são culpados por não saber o que estão fazendo".

Em outras palavras, a verdade está tão evidente, que a única explicação para a ignorância deles é que não querem enxergar a verdade. São inflexíveis, resistentes e padecem de cegueira em relação à culpa. É por isso que precisam ser perdoados.

Portanto, lá estão os gentios e os judeus assassinando o Filho de Deus, o Messias de Israel, o homem mais inocente e que mais demonstrou amor no mundo. Contudo, eles não sabem a quem estão assassinando. São culpados dessa ignorância e necessitam de perdão. Mais surpreendente ainda: Jesus está orando por eles, pedindo ao Pai que abra os olhos deles e os ajude a enxergar seu pecado, para que se arrependam e sejam perdoados. Esta é a beleza da oração de Jesus: ele os declara culpados e ao mesmo tempo lhes oferece perdão. Para aprender a amar nossos inimigos, precisamos nos lembrar de que eles são realmente culpados e que isso não deve nos impedir de oferecer-lhes amor, misericórdia e perdão. Acima de tudo, isso é importante porque sabemos que Jesus sofreu por *nós* e orou por *nós*. Recebemos o mandamento de amar e perdoar nossos inimigos porque fomos amados e perdoados quando éramos inimigos de Deus.

Mandamento 30

AMEM SEUS INIMIGOS — FAÇAM O BEM AOS QUE OS ODEIAM, DÊEM A TODO AQUELE QUE LHES PEDIR

Pedro aproximou-se de Jesus e perguntou: "Senhor, quantas vezes deverei perdoar a meu irmão quando ele pecar contra mim? Até sete vezes?" Jesus respondeu: "Eu lhe digo: Não até sete, mas até setenta vezes sete". (MATEUS 18.21,22)

Eu digo a vocês que estão me ouvindo: Amem os seus inimigos, façam o bem aos que os odeiam. (LUCAS 6.27)

Se [vocês] saudarem apenas os seus irmãos, o que estarão fazendo de mais? Até os pagãos fazem isso! (MATEUS 5.47)

Encerramos o capítulo anterior, que trata da oração como forma de amar os inimigos, e isso ficou claro no mandamento de Jesus: "Amem os seus inimigos e orem por aqueles que os perseguem" (Mateus 5.44). Tomamos a oração de Jesus por seus inimigos como exemplo, e ele se concentra no perdão: "Pai, perdoa-lhes" (Lucas 23.34). O perdão e a reconciliação estão visivelmente perto do centro da vida e da mensagem de Jesus. Em conseqüência disso, precisamos estudar essas ordens com mais profundidade e, depois, passar para outras formas de amar os inimigos (saudar os de fora de nosso grupo, fazer o bem aos que nos odeiam, oferecer a outra face e dar a quem pede). Por último, tentaremos descobrir se esses mandamentos (por exemplo, dar a quem pede) são realmente a única maneira de demonstrar amor.

O OPOSTO DO PERDÃO NÃO É DEIXAR DE AMAR

Perdoar de coração — não apenas da boca para fora — é um mandamento de Jesus aos discípulos: "Assim também lhes fará meu Pai celestial [referindo-se ao castigo de Deus na parábola do servo impiedoso], se cada um de vocês não *perdoar de coração a seu irmão*" (Mateus 18.35). O oposto do perdão não é deixar de amar. O oposto é guardar rancor. O motivo para esse esclarecimento é que você pode ter um coração perdoador e estar disposto a esquecer a ofensa, mas quem o ofendeu talvez não esteja disposto a se arrepender nem a reconhecer que cometeu um erro. Portanto, mesmo que você o perdoe, o relacionamento talvez não seja restabelecido. Sabemos disso porque Jesus ofereceu perdão continuamente, mas nem todos se reconciliaram com ele. Por isso, o oposto do perdão é guardar rancor, não é deixar de amar. Somos responsáveis pelo que fazemos, não pelo que os outros fazem. Somos responsáveis pelo nosso coração, não pelo coração deles.

Jesus, porém, deixa claro que o *esforço* para reconciliar-se é fundamental. Devemos nos esforçar, dentro do razoável, para nos reconciliar com quem se sentiu ofendido com nossas palavras ou ações. Digo *razoável* porque nem todas as ofensas que cometemos justificam a ira de quem se sentiu ofendido. Jesus não teria feito mais nada em seu ministério se tivesse de buscar a reconciliação com cada mestre da lei ou fariseu que estivesse furioso com ele. Devemos ter isso em mente quando lemos o mandamento de Jesus sobre a reconciliação. Ele disse: "Se você estiver apresentando sua oferta diante do altar e ali se lembrar de que seu irmão tem algo contra você, deixe sua oferta ali, diante do altar, e vá primeiro reconciliar-se com seu irmão; depois volte e apresente sua oferta" (Mateus 5.23,24). Para mim, a frase "se... seu irmão tem algo contra você" significa "se... seu irmão tem algo *legítimo* contra você".

Sempre havia alguém magoado com Jesus. Em seu ministério terreno, nunca houve um momento em que alguém não estivesse magoado com ele. Se Jesus só recebesse permissão para adorar ao Pai depois de se reconciliar com cada pessoa que se sentisse ofendida com suas palavras, ele jamais o teria adorado. O mesmo ocorre com seus representantes ao longo da História. Eles sempre tiveram adversários irreconciliáveis. Na verdade, Jesus alertou-nos de que não seremos seus seguidores fiéis se "todos falarem bem de vocês" (Lucas 6.26). Ao contrário: "Bem-aventurados serão vocês, quando os odiarem, expulsarem e insultarem, e eliminarem o nome de vocês, como sendo mau, por causa do Filho do homem" (v. 22).

A RESISTÊNCIA À RECONCILIAÇÃO PÕE A ALMA EM RISCO

Este é o ponto fundamental de Mateus 5.23,24: se um irmão tiver motivos verdadeiros para sentir-se magoado ou ofendido com algo que lhe fizemos, devemos procurar rapidamente a reconciliação. Vemos isso claramente em razão da palavra "portanto" (οὖν) no início do versículo 23: "*Portanto*, se você estiver apresentando sua oferta diante do altar e ali se lembrar de que seu irmão tem algo contra você...". A conjunção indica que Jesus acabou de dizer algo que tornou premente o mandamento dos versículos 23 e 24. De fato, ele havia declarado: "Eu lhes digo que qualquer que se irar contra seu irmão estará sujeito a julgamento. [...] E qualquer que disser: 'Louco!', corre o risco de ir para o fogo do inferno" (v. 22). Menosprezar um irmão coloca nossa alma em risco.

"*Portanto*...", e logo a seguir vêm os versículos 23 e 24. Se o menosprezo por um irmão põe nossa alma em risco — se ameaça separar-nos de Deus para sempre, como diz o versículo 22 (referindo-se ao inferno), não podemos adorar a Deus com esse sentimento no coração. Devemos tomar uma providência, diz Jesus, e rápido! Se o ato de menosprezar o irmão põe nossa alma em risco diante de Deus, é improvável que Deus aceite nossa adoração enquanto esse sentimento perdurar.

Isso, porém, *não é tudo* que Jesus diz nos versículos 23 e 24. Ele não se concentra explicitamente em nossa ira, mas no relacionamento prejudicado pelo pecado. Mateus 5.21,22 enfoca a ira e o menosprezo, e a conjunção "portanto", no início do versículo 23, mostra que essa ira continua por trás do que Jesus está prestes a dizer. Entretanto, ele deixa de se concentrar no sentimento subjetivo da ira ou do menosprezo e passa a falar do relacionamento prejudicado pela ira. O mandamento é: "... deixe sua oferta ali, diante do altar, e vá primeiro reconciliar-se com seu irmão; depois volte e apresente sua oferta" (v. 24). Jesus entende que o desejo de reconciliação deixa a ira de lado, mas o foco está nos passos concretos que devemos dar: conversar com o irmão ofendido, confessar nosso pecado e pedir-lhe perdão. Essa é a parte mais difícil para o ser humano orgulhoso e pecador. Quando ele consegue fazer isso, porém, as portas do céu se abrem para a mais doce de todas as experiências de adoração.

O AMOR NOS LEVA A CUMPRIMENTAR QUEM NÃO PERTENCE AO NOSSO GRUPO

Amar os inimigos inclui amar aqueles a quem temos dificuldade de amar, seja um estranho hostil ou um cônjuge mal-humorado. Assim, as maneiras de amar que Jesus ordena variam do auto-sacrifício ao simples cumprimento. É notável que, no contexto do mandamento de amar o inimigo, Jesus faça esta extraordinária declaração: "Se [vocês] saudarem apenas os seus irmãos, o que estarão fazendo de mais? Até os pagãos fazem isso!" (Mateus 5.47). Os que se mostram preocupados com o sofrimento mundial e com as injustiças internacionais talvez considerem esse pensamento ridiculamente individualista e insignificante. Saudar? Num mundo como o nosso, é realmente importante cumprimentar alguém na rua? Jesus conhece a verdadeira condição de nosso coração, revelada não apenas nos problemas mundiais que defendemos, mas também nos atos diários de cortesia que demonstramos. Ele busca, incansavelmente, a transformação de nosso coração, não apenas a alteração de nossos compromissos sociais.

"Façam o bem aos que os odeiam"

A mudança em nosso coração implica alterar radicalmente nosso compromisso social. Uma das justificativas de Jesus sobre a necessidade de amar os inimigos é a misericórdia diária de Deus para com este mundo rebelde: "... ele faz raiar o seu sol sobre maus e bons e derrama chuva sobre justos e injustos" (5.45). O sol e a chuva são dois elementos essenciais para o crescimento das plantas, e o ser humano não pode controlá-los. Jesus está dizendo que Deus cuida de seus inimigos e supre suas necessidades de alimento e água. Ele não espera que se arrependam, porém demonstra misericórdia. Por isso, amar os inimigos significa prestar ajuda nas situações comuns da vida. Deus dá chuva e sol aos seus inimigos. Você dá comida e água aos seus inimigos. Essa e outras práticas misericordiosas estão incluídas na expressão "fazer o bem": "... façam o bem aos que os odeiam" (Lucas 6.27; cf. v. 33,35).

Fazer o bem por meio da cura

Jesus deu várias ordens aos apóstolos durante seu ministério. Uma das mais destacadas foi a de curar. Por trás desse mandamento, estava a autoridade de Jesus para curar. A cura foi parte essencial do ministério de Jesus, uma demonstração da chegada do Reino de Deus. A pregação do evangelho e a cura andavam de mãos dadas: "Jesus foi por toda a Galiléia, ensinando nas sinagogas deles, *pregando as boas novas do Reino* e *curando todas as enfermidades e doenças entre o povo*" (Mateus 4.23).

O ministério de cura foi também uma das principais comprovações de que Jesus era o Messias. Enquanto estava confinado na prisão de Herodes, João Batista começou a duvidar que Jesus fosse o Messias, por isso enviou seus discípulos para lhe perguntarem:

"És tu aquele que haveria de vir ou devemos esperar algum outro?" (11.3). Jesus respondeu, salientando seu ministério de cura:

> Voltem e anunciem a João o que vocês estão ouvindo e vendo: os cegos vêem, os mancos andam, os leprosos são purificados, os surdos ouvem, os mortos são ressuscitados, e as boas novas são pregadas aos pobres; e feliz é aquele que não se escandaliza por minha causa. (v. 4-6; v. tb. 9.6)

Os milagres de cura que Jesus realizou objetivavam testemunhar sua posição exclusiva de Messias e Filho de Deus. "As obras que eu realizo em nome de meu Pai falam por mim" (João 10.25). Jesus esperava que o povo cresse nele por causa de suas obras:

> Mas se as realizo, mesmo que não creiam em mim, creiam nas obras, para que possam saber e entender que o Pai está em mim, e eu no Pai. [...] Creiam em mim quando digo que estou no Pai e que o Pai está em mim; ou pelo menos creiam por causa das mesmas obras. (v. 38; 14.11)

A AUTORIDADE DE JESUS E O MANDAMENTO DE CURAR

Embora os milagres de Jesus comprovassem sua relação singular com Deus e sua autoridade singular, ele transferiu parte dessa autoridade aos discípulos. Este passou a ser o fundamento de seu mandamento para curar: "Chamando seus doze discípulos, *deu-lhes autoridade* para expulsar espíritos imundos e curar todas as doenças e enfermidades" (Mateus 10.1). Depois de lhes dar esse poder, ele lhes ordenou que ampliassem seus métodos de ministério: "Por onde forem, preguem esta mensagem: O Reino dos céus está próximo. Curem os enfermos, ressuscitem os mortos, purifiquem os leprosos, expulsem os demônios" (v. 7,8).

Ele deu esse último mandamento aos Doze e também ao grupo de 72 discípulos: "Depois disso o Senhor designou outros setenta e dois e os enviou dois a dois, adiante dele" (Lucas 10.1). Jesus deu-lhes este mandamento: "Curem os doentes [...] e digam-lhes: O Reino de Deus está próximo de vocês" (v. 9).

Como devemos obedecer ao mandamento de curar?

A partir daqui, surge a pergunta sobre nossa responsabilidade de continuar o ministério de cura de Jesus como testemunho da chegada do Reino em sua vida e obra. Há quem diga que devemos continuar o ministério de Jesus, pregando e realizando curas milagrosas, como ele fez. Outros argumentam que esses dons e essa autoridade terminaram com os apóstolos e a primeira geração de cristãos.

Minha opinião está entre as duas posições. Penso que o primeiro grupo precisa concordar em que as curas milagrosas tiveram o objetivo de testemunhar a singularidade da pessoa e obra de Jesus. Aparentemente, o maravilhoso ministério de cura de Jesus e de alguns de seus primeiros seguidores fazia parte dos extraordinários eventos em torno da encarnação do Filho de Deus. A coerência e a perfeição com que Jesus curou não têm paralelos na história da humanidade. Todas as curas milagrosas realizadas após os primeiros dias da Igreja deixam muito a desejar diante das curas que Jesus realizou. Não creio que isso se deva à falta de fé, mas à singularidade intencional de Jesus e daqueles primeiros dias. Jesus realizou curas e ressuscitou mortos para revelar e mostrar o que aconteceria de maneira plena no futuro.

No entanto, não vejo motivos para negar que a pregação do evangelho em nossos dias possa ser acompanhada, em certa medida, de curas milagrosas. Desconfio que sempre haverá divergência de opiniões quanto ao destaque concedido a esse ministério. O melhor caminho, assim me parece, é fazer uma apreciação *tanto* da realidade da cura milagrosa como testemunho da compaixão e do poder de Deus *quanto* da centralidade da Palavra de Deus em salvar pecadores e da soberania de Deus em curar de acordo com sua vontade. Portanto, hoje, a obediência a Jesus significa para alguns grupos o retorno à centralidade da Palavra. Para outros, significa a descoberta da liberdade e do poder misericordioso de Deus em curar.

Fazer o bem quando existe ódio

Os milagres de Jesus nem sempre resultaram em fé salvadora. Alguns de seus contemporâneos ficaram mais impressionados com seu poder que com sua pessoa. A certa altura, os irmãos de Jesus demonstraram mais interesse pela aclamação pública recebida por Jesus que pela beleza espiritual revelada em seus milagres. Eles tentaram torná-lo mais popular por causa de seus milagres em Jerusalém: "Ninguém que deseja ser reconhecido publicamente age em segredo. Visto que você está fazendo estas coisas, mostre-se ao mundo". O texto traz este complemento: "Pois nem os seus irmãos criam nele" (João 7.4,5).

Portanto, até o ministério de cura se enquadra no mandamento: "Façam o bem aos que os odeiam". Façamos uma pausa para assimilar esse mandamento. "Odiar" é uma palavra muito forte. Pense no que significa ser odiado e em como você se sentiria. Depois, reflita no ato maravilhoso de fazer o bem a quem o odeia. Jesus conhecia o significado de ser odiado (Lucas 19.14; João 7.7; 15.18,24,25) e deu a vida por todos os seus inimigos que porventura aceitassem seu amor. Quando disse: "Ninguém tem maior amor do que aquele que dá a sua vida pelos seus *amigos*" (João 15.13), Jesus não estava medindo a grandeza de seu amor pelo fato de morrer por seus amigos, e sim por fazer isso *de livre vontade*. Ao referir-se aos *amigos*, quis dizer que o propósito de sua morte para retirar a ira de Deus (João 3.14,15,36) e perdoar pecados (Mateus 26.28) só seria sentido por aqueles que no momento eram seus inimigos, se um dia deixassem de lado a inimizade e se tornassem seus amigos.

Jesus deixou claro que, assim como ele foi odiado, nós também seremos se o seguirmos. "Todos odiarão vocês por minha causa, mas aquele que perseverar até o fim será salvo" (Mateus 10.22). Disse também que o sofrimento seria maior ainda, porque o ódio partiria de ex-amigos: "Naquele tempo muitos ficarão escandalizados, trairão e odiarão uns aos outros" (Mateus 24.10). Pense nas emoções que afloram em seu coração quando alguém o odeia, profere mentiras a seu respeito e o ofende. A maioria de nós se sente no direito de revidar. Jesus ordena que nosso coração seja mudado. Poderá haver indignação legítima, mas o coração precisa desejar o bem de quem nos odiou e "fazer o bem" a ele. Nosso amor poderá resultar em arrependimento no coração de quem nos odiou, mas também a reação dele pode ser de desprezo (como ocorreu com o amor de Jesus). Isso, todavia, não é problema nosso. Jesus diz: "Façam o bem aos que os odeiam".

Ofereça a outra face, dê a quem lhe pede

Jesus passa a ser mais explícito nas ilustrações referentes ao mandamento de retribuir o mal com o bem. "Se alguém lhe bater numa face, ofereça-lhe também a outra. Se alguém lhe tirar a capa, não o impeça de tirar-lhe a túnica. Dê a todo aquele que lhe pedir, e se alguém tirar o que pertence a você, não lhe exija que o devolva" (Lucas 6.29,30). Enfrento um desafio diante dessas ordens radicais. Como permitir que tenham completo impacto em meu coração e em minha vida se não as cumpro inteiramente, como Jesus pretendia? Meu receio é que, se eu torná-las mais brandas, poderei reduzir o impacto que Jesus pretendia causar por meio delas. No entanto, elas perderão força e parecerão tão irreais, que serão consideradas irrelevantes para a vida real. Por isso, tentei encontrar um meio-termo para mostrar que Jesus não é irredutível nessa questão, mas também não atenua suas ordens a ponto de considerá-las tão irrelevantes quanto a moralidade da classe média.

"O trabalhador merece o seu salário"

Há vários motivos sobrepostos para eu acreditar que Jesus deseja que consideremos essas ordens ilustrações de coisas que o amor *quase sempre* faz, não da coisa exata que *sempre* faz. Antes de tudo, a determinação de que devemos sempre cumprir o mandamento recebido de alguém e mesmo nos esforçar para fazer um pouco mais, aparentemente enfraquece o princípio da justiça no sistema econômico que Jesus aprova. Por um lado, Jesus diz: "Dê a todo aquele que lhe pedir [o sentido da palavra é geral, e não um termo técnico com o significado de 'mendigar'], e se alguém tirar o que pertence a você, não lhe exija que o devolva" (6.30). Por outro lado, Jesus aprovava a idéia de pagar aos trabalhadores um salário justo, não necessariamente o que desejam receber do patrão (Mateus 20.9-14).

Jesus concordou com este princípio da economia: "... o trabalhador merece o seu salário" (10.7), e isso parece indicar que o trabalhador não é obrigado a trabalhar sem receber salário e que o patrão não é obrigado a pagar salário a quem não trabalhar. O sistema econômico que Jesus aprovava entraria em colapso se tanto o trabalhador quanto o patrão acatassem o mandamento: "Dê a todo aquele que lhe pedir" como justificativa para exigir que o outro (em obediência a Jesus!) lhe desse ou fizesse algo sem nenhuma recompensa. Contudo, Jesus diz aos discípulos a respeito do ministério deles: "Vocês receberam de graça; dêem também de graça" (Mateus 10.8). De um lado, recebemos ordens que nos obrigam a dar sem esperar retribuição ("Dê a todo aquele que lhe pedir"); de outro, recebemos ordens que confirmam o sistema econômico baseado no princípio da recompensa justa, até mesmo no ministério: "... o trabalhador merece o seu salário" (Lucas 10.7). Parece-me, portanto, que o mandamento de Jesus: "Dê a todo aquele que lhe pedir" não é universal nem absoluto em todas as circunstâncias: é uma forma pela qual o amor age com freqüência.[1]

---

[1] Podemos ilustrar a questão com base em outros aspectos do sistema social, além do econômico: família, educação e governo. Na família, será que Jesus defenderia a disciplina de oferecer a outra face quando o filho esbofeteia o pai ou a mãe? Será que Jesus defenderia a educação na qual o professor distribui notas de acordo com a exigência dos alunos? Será que Jesus seria contrário ao uso da força policial para dominar criminosos ou diria à polícia que oferecesse a

Quando fazer o bem não significa dar a quem pede

Há outra indicação de que essas ordens não são absolutas para todas as situações. As duas ordens — "Façam o bem aos que os odeiam"; "Dê a todo aquele que lhe pedir" — talvez nem sempre nos induzam ao mesmo comportamento. Podemos ter um plano muito bom para "fazer o bem" a uma pessoa, mas que *não* contemple o ato de conceder o que ela está pedindo — dar o que ela pede talvez não faça bem a ela. Vemos esse princípio nos programas de recuperação de alcoólatras. O viciado não tem acesso a bebidas durante os seis meses de internação. Se o paciente exigir dinheiro para comprar bebida, nós lhe diremos, com amor, que estamos "fazendo o bem" a ele negando seu pedido.

Jesus nem sempre deu a quem lhe pediu. Quando os chefes dos sacerdotes e os líderes religiosos perguntaram a Jesus: "Com que autoridade estás fazendo estas coisas? E quem te deu tal autoridade?" (Mateus 21.23), Jesus os pôs à prova, e eles não lhe deram resposta. Então, Jesus lhes disse: "Tampouco lhes direi com que autoridade estou fazendo estas coisas" (v. 27). "Fazer o bem" nem sempre é o mesmo que "dar a quem pede".

Quando as pessoas competem entre si para receber amor

Existe ainda uma terceira indicação de que essas ordens não são absolutas para todas as situações. Quase sempre, há pessoas competindo entre si para receber nosso amor. Aparentemente, o amor exige ser dirigido a uma só pessoa. A explicação é simples. O que aconteceria

---

outra face? Desconfio que encontraríamos aí o princípio que diz: Jesus apóia o uso legítimo da lei da recompensa nessas esferas do sistema social. Isso significa que as ordens radicais que estamos analisando não têm o objetivo de ser a única forma pela qual o amor deva agir. Ao contrário, são válidas para os cristãos como uma forma de amar radicalmente dentro do sistema econômico vigente, para testemunhar a verdade de que o sistema deste mundo não é absoluto nem insuperável: Jesus é.

se duas pessoas exigissem de você a mesma coisa ao mesmo tempo? E se um mendigo pedisse o dinheiro que você separou para pagar o aluguel da casa de uma pessoa pobre? E se um ladrão exigisse que você lhe entregasse as chaves do carro com seu filho sentado no banco traseiro? Na maioria das vezes, o tempo ou o dinheiro que você deseja dar a alguém não pode ser dado a outra pessoa. Portanto, não temos escolha a não ser aplicar *outros* princípios para decidir qual a maneira mais amorosa de ser generoso com alguém. Diante disso, concluo que as ordens de Jesus de dar a quem pede sem esperar recompensa não são universais nem absolutas para todas as situações. As próprias ilustrações vinculadas ao mandamento de amar servem para nos orientar no correto cumprimento desse mandamento.[2]

Alguns comentaristas dirão que essas ordens são *hipérboles* — figuras de linguagem que exageram a verdade das coisas.[3] Eu lhes

---

[2] A questão de as pessoas competirem entre si para receber nosso amor faz parte do princípio que explica por que os seguidores de Jesus devem, às vezes, defender medidas severas contra quem esteja atacando ("ofendendo") ou prestes a atacar alguém. O uso da força pela polícia e pelos militares é justificada em parte por esse princípio. Se a força não for utilizada contra determinadas pessoas ou grupos, eles ferirão, matarão ou escravizarão outras pessoas. Por isso, embora o uso da força não se assemelhe a "oferecer a outra face" (Mateus 5.39; Lucas 6.29), ele é, na verdade, um esforço para amar alguém mais do que permitir uma agressão. Em tais situações, Jesus ordena que sejamos "astutos": "Eu os estou enviando como ovelhas entre lobos. Portanto, sejam astutos como as serpentes e sem malícia como as pombas" (Mateus 10.16; cf. Lucas 12.42). Além dessa *astúcia* de serpente, ele prescreve uma libertação radical da necessidade de riquezas, de segurança e de honra terrenas. V. mais sobre esse assunto na nota a seguir.

[3] Craig Keener, em sua obra *Commentary on the Gospel of Matthew*, apresenta opiniões sábias e comedidas a respeito da maioria das ordens registradas em Mateus 5.38-48. Por exemplo, ele admite que, se o versículo 40 ("Se alguém quiser processá-lo e tirar-lhe a túnica, deixe que leve também a capa"), "fosse seguido ao pé da letra, os discípulos corriam o risco de ficar nus. [...] Negar que Jesus esteja defendendo literalmente a nudez (uma ofensa à cultura judaica que por certo teria provocado comentários de outras fontes!) e a vida ao relento — isto é, afirmar que ele esteja usando uma hipérbole (5.18,19,29-32; 6.3) — não significa dar uma entonação mais branda à seriedade de seu mandamento. Jesus usou a hipérbole precisamente para provocar seus ouvintes, forçá-los a pensar no valor deles próprios. As palavras de Jesus aqui atingem

pediria que esclarecessem o seguinte: hipérbole no *tipo* de ação que Jesus exige ou hipérbole na *freqüência* exigida? Para mim, a correta é a última. Não nego que alguma dessas ordens deva, às vezes, ser cumprida literalmente. O que considero hiperbólica é a idéia de que esses comportamentos sejam a *única* forma pela qual o amor age em resposta às situações mencionadas. Penso que Jesus nos dá amplas indicações de que não quis dizer isso. Há ocasiões em que "fazer o bem" a alguém significa justamente não dar o que ele pede.

Então, qual o significado dessas ordens radicais? O que devemos fazer em relação a elas? Se não são absolutamente a forma de agir em qualquer situação, o que são? Para saber a resposta, passemos para o próximo capítulo e para a pergunta: como é possível amar assim?

---

o âmago do egoísmo humano, convidando os discípulos a valorizar os outros mais que a si mesmos de forma concreta e consistente" (p. 195).

Mandamento 31

AMEM SEUS INIMIGOS PARA MOSTRAR QUE VOCÊS SÃO FILHOS DE DEUS

Se alguém lhe bater numa face, ofereça-lhe também a outra. Se alguém lhe tirar a capa, não o impeça de tirar-lhe a túnica. Dê a todo aquele que lhe pedir, e se alguém tirar o que pertence a você, não lhe exija que o devolva. (LUCAS 6.29,30)

Amem os seus inimigos e orem por aqueles que os perseguem, para que vocês venham a ser filhos de seu Pai que está nos céus. (MATEUS 5.44,45)

Sejam misericordiosos, assim como o Pai de vocês é misericordioso. (LUCAS 6.36)

Amem [...] os seus inimigos, façam-lhes o bem e emprestem a eles, sem esperar receber nada de volta. Então, a recompensa que terão será grande. (Lucas 6.35)

No fim do capítulo anterior, tentávamos entender o mandamento radical de Jesus: "Se alguém lhe bater numa face, ofereça-lhe também a outra. Se alguém lhe tirar a capa, não o impeça de tirar-lhe a túnica. Dê a todo aquele que lhe pedir, e se alguém tirar o que pertence a você, não lhe exija que o devolva" (Lucas 6.29,30). Argumentamos que Jesus não queria dizer que o amor age somente por meio dessas reações. Neste capítulo, passaremos a uma afirmação mais positiva acerca do que é exigido de nós e depois para a pergunta: como é possível amar assim?

Jesus é nosso tesouro, segurança e honra

O que, então, Jesus está exigindo com suas ordens radicais, como as mencionadas em Lucas 6.29,30? Não posso deixar de dizer que por trás dessas ordens está o mandamento de livrar-se radicalmente do amor ao dinheiro, da necessidade de segurança e das honras terrenas. Oferecer a outra face, mesmo quando você recebe um tapa violento em público, emprestar sem esperar receber de volta e gastar o tempo programado em sua agenda para carregar o fardo de um soldado a uma distância duas vezes maior do que o exigido[1] — tudo isso significa que seu tesouro, sua segurança e sua honra estão no céu, não neste mundo. Jesus é tudo isso para você. De outra maneira, não seria contraditório pensar num coração fervendo de raiva enquanto se está fazendo o bem ou sofrendo alguma indignidade. Portanto, concluo que, em todas essas ordens, Jesus pede uma mudança de coração, que se espelhe nele e olhe para sua recompensa, não para o que o mundo oferece.

Seria, porém, um erro pensar que Jesus está apenas pedindo um coração que o ame mais que o dinheiro, a segurança e as honras terrenas. Ele também pede que façamos realmente o bem aos nossos inimigos e que esse desejo seja sincero. Vimos isso de maneira mais clara no mandamento que recebemos de abençoar os inimigos e orar por eles (Mateus 5.44; Lucas 6.28). O verdadeiro bem que precisamos almejar, se amarmos nossos inimigos, é que todos os pedidos contidos no Pai-nosso se cumpram na vida deles. Desejar

---

[1] Mateus 5.41: "Se alguém o forçar a caminhar com ele uma milha, vá com ele duas". "Os impostos não eram suficientes para cobrir todas as necessidades do exército romano, por isso os soldados podiam confiscar o que fosse necessário [...] e, por lei, obrigar os habitantes da localidade a trabalhar para eles (Mateus 27.32)" (Craig S. Keener, *Commentary on the Gospel of Matthew*, p. 199).

essas coisas de coração para nossos inimigos e sacrificar a vida por eles é o significado do amor.

LIDANDO COM UM MENTIROSO EXPERIENTE

A esse significado do amor, eu acrescentaria que, diante de toda a complexidade da vida, que facilmente nos leva a pensar em desobedecer aos mandamentos de Jesus, deveríamos deixar de lado a obediência quando não temos certeza do que o amor exige. Por exemplo, devo dar dinheiro aos pedintes nas ruas, conhecendo como conheço a vida urbana em meu país? Como "fazer o bem" aos que pedem esmolas? Jesus não parecia estar tão preocupado quanto eu em servir aos interesses de outrem (Mateus 5.40,42). Costumo ficar zangado com as mentiras que ouço. Essa ira justifica minha recusa em dar o que me pedem, mas, para mim, esse não é o intuito de Jesus.

Penso que a intenção de Jesus era, antes de tudo, a compaixão — até mesmo por um mentiroso experiente. O ideal seria que contássemos ao mentiroso que Jesus veio ao mundo para salvar os mentirosos. Depois, se o outro mandamento para amar permitisse, tentaríamos envolver a pessoa mais profundamente no assunto e, se possível, a convidaríamos para uma refeição e uma conversa. Se não fosse possível, deixaríamos que o amor fluísse livremente, mesmo sabendo tratar-se de um trapaceiro. Às vezes, o amor diz não — por exemplo, se a pessoa persistir no erro, provar ser mentirosa e recusar receber nosso amor. Contudo, penso que, quando a situação não está muito clara, o intuito de Jesus parece ser o da generosidade.

COMO PODEREMOS AMAR ASSIM?

Minha última pergunta sobre o mandamento de amar os inimigos é: *como* poderemos amar assim? De onde vem esse poder para amar assim? Veja como isso é maravilhoso no mundo real! É bom demais quando alguém ama assim. É raro um amor tão grande. Isso deve despertar em nós o desejo de nos livrarmos de toda presunção e buscar poder para amar assim. Se limitarmos nossa resposta ao que está escrito no contexto imediato de Mateus 5.38-48 e Lucas 6.27-36, encontraremos três respostas interligadas.

Buscando segurança e ajuda de nosso Pai celestial

A primeira resposta encontra-se na promessa de que, se amarmos nossos inimigos, seremos filhos de Deus: "Amem os seus inimigos e orem por aqueles que os perseguem, *para que vocês venham a ser filhos de seu Pai que está nos céus*" (Mateus 5.44,45). Alguém talvez entenda que devemos amar nossos inimigos *antes* de sermos filhos de Deus, mas o texto também pode significar (e é o que acredito): "Ame seus inimigos para *provar a si mesmo que você é filho de Deus*". Mostramos que somos filhos de Deus agindo da maneira em que o Pai age. Se você é filho de Deus, o caráter divino está em você, e você terá a tendência de fazer o que ele faz. Deus ama seus inimigos — os ímpios e os pecadores — "... ele faz raiar o seu sol sobre maus e bons e derrama chuva sobre justos e injustos" (5.45).

Há vários motivos para pensar que Jesus *não* está dizendo: "Você só será filho de Deus quando provar que é capaz de amar seu inimigo". Ao contrário, ele está dizendo: "*Mostre* que você é filho de Deus, amando seu inimigo". O primeiro motivo está no parágrafo imediato e no texto análogo de Lucas. Em Mateus 5.48, Jesus diz: "Sejam perfeitos como perfeito é o Pai celestial de vocês". Em Lucas 6.36 ele diz: "Sejam misericordiosos, assim como o Pai de vocês é misericordioso". As duas declarações dão a entender que os discípulos estão sendo chamados para amar (de maneira perfeita) porque *são* filhos de Deus, não para se *tornarem* filhos de Deus.

Confirmando a interpretação de Mateus 5.45 ("para que vocês venham a ser filhos de seu Pai" = "para provar que são filhos de seu Pai"), há outros textos com frases semelhantes. Por exemplo, em João 15.8 Jesus diz: "Meu Pai é glorificado pelo fato de vocês darem muito fruto; *e assim serão meus discípulos*" A expressão "e assim serão" é a tradução do mesmo verbo (γένησθε) usado em

Mateus 5.45. Jesus diz que eles podem dar fruto porque *já* são discípulos, isto é, são ramos da videira, que é Jesus (João 15.5) e agora poderão provar isso fazendo o que os ramos fazem: produzir fruto (v. tb. 8.31).

Outro argumento para comprovar que somos filhos de Deus está no texto anterior de Mateus 5, no qual Jesus diz: "Assim brilhe a luz de vocês diante dos homens, para que vejam as suas boas obras e glorifiquem ao Pai de vocês, que está nos céus" (5.16). Observe duas particularidades. Primeira: Jesus dirige-se aos discípulos e diz que Deus é o Pai deles. Jesus não diz: "Ele *poderá ser* o Pai de vocês", e sim: "Ele *é* o Pai de vocês". Segunda: ao ver as boas obras dos discípulos (por exemplo, amar os inimigos), as pessoas glorificam o *Pai deles*. Por quê? Porque o Pai está neles, ajudando-os e capacitando-os a praticar boas obras. Se praticassem boas obras por conta própria, para se tornar filhos de Deus, o mundo veria essas boas obras e *os* glorificaria. Portanto, Jesus não apenas afirma que Deus *já* é o Pai dos discípulos, antes de eles praticarem boas obras. Diz também, em razão disso, que esse é o verdadeiro motivo para eles poderem praticar essas obras de amor. A luz que brilha neles *é* a luz do amor do Pai dentro deles.

Assim, quando Jesus ordena: "Amem os seus inimigos e orem por aqueles que os perseguem, *para que vocês venham a ser filhos de seu Pai que está nos céus*", ele não quer dizer que amar nossos inimigos nos dá o direito de sermos filhos de Deus. Não podemos conquistar a posição de filho. Podemos nascer na condição de filho. Podemos ser adotados como filho. Não conseguimos essa condição por esforço próprio. Jesus quer dizer que amar os inimigos mostra que Deus já é nosso Pai e que somos capazes de amá-los porque Deus nos ama e nos ajudou a cumprir esse mandamento.

Portanto, a primeira resposta à pergunta "*como* podemos amar nossos inimigos?" é esta: nossa filiação com Deus nos liberta da ansiedade. Não tememos perder nosso tesouro, nossa segurança ou nossa honra por causa da ofensa de um inimigo ou pela perda dos bens terrenos. Esse é o ponto fundamental de Mateus 6.31,32: "... não se preocupem, dizendo: 'Que vamos comer?' ou 'Que vamos beber?' ou 'Que vamos vestir?' Pois os pagãos é que correm atrás dessas coisas; mas *o Pai celestial sabe que vocês precisam delas*". De forma semelhante, esse é também o ponto fundamental de 10.29-31: "Não se vendem dois pardais por uma moedinha? Contudo, nenhum deles cai no chão sem o consentimento do *Pai de vocês*. [...] Portanto, não tenham medo; vocês valem mais do que muitos pardais!". O terno e soberano cuidado de nosso Pai celestial, onisciente e onipotente liberta-nos para amar nossos inimigos sem medo de riscos e perdas.

"A RECOMPENSA QUE TERÃO SERÁ GRANDE"

Interligado a esse poder recebido de Deus, há outro, no contexto imediato das ordens de Jesus. Ele promete uma recompensa "grande" — não aqui, mas no céu — se amarmos nossos inimigos: "Amem, porém, os seus inimigos, façam-lhes o bem e emprestem a eles, sem esperar receber nada de volta. Então, *a recompensa que terão será grande* e vocês serão filhos do Altíssimo..." (Lucas 6.35). Digo que as duas fontes de poder estão *interligadas* porque existe um elo entre a "recompensa [...] grande" e "vocês serão filhos do Altíssimo". Em outras palavras, quando provamos ser filhos de Deus amando os inimigos, nossa herança como filhos está garantida. Filhos são herdeiros, e os herdeiros de Deus são herdeiros de tudo: "Bem-aventurados os humildes, pois eles receberão *a terra* por herança" (Mateus 5.5).

Digo que a recompensa será *no céu*, e não aqui, porque amar o inimigo poderá nos custar a vida (Lucas 21.16). Jesus disse que a alegria em meio à perseguição baseia-se em nossa recompensa no céu: "Bem-aventurados serão vocês quando, por minha causa, os insultarem, os perseguirem e levantarem todo tipo de calúnia contra vocês. Alegrem-se e regozijem-se, *porque grande é a sua recompensa nos céus...*" (Mateus 5.11,12). A alegria que nos sustenta em meio à perseguição, quando nos esforçamos para amar nossos inimigos, não se baseia no que o mundo pode oferecer, mas, acima de tudo, no que Deus representará para nós, como nosso Pai, e no que Jesus será para nós, como nosso Rei, no futuro (v. Lucas 14.14).

"VOCÊS RECEBERAM DE GRAÇA; DÊEM TAMBÉM DE GRAÇA"

A terceira verdade que nos capacita a amar nossos inimigos está interligada com outras duas, em Lucas 6.36: "Sejam misericordiosos, assim como o Pai de vocês é misericordioso". Nesse texto, há uma implicação: além de Deus já ser nosso Pai e de sua herança ser a recompensa que sustenta nossa alegria no sofrimento, ele também já nos mostrou misericórdia por meio de seu Filho Jesus. Portanto, a misericórdia que devemos demonstrar é a misericórdia semelhante à de Deus, a qual tem raízes na experiência salvadora da misericórdia divina. Jesus explicou desta forma: "Vocês receberam de graça; dêem também de graça" (Mateus 10.8).

Deus perdoou nossos pecados gratuitamente por causa de Jesus: "Seus pecados estão perdoados. [...] Sua fé a salvou; vá em paz" (Lucas 7.48,50). Esse perdão, diz Jesus, nos foi concedido mediante seu sangue (Mateus 26.28). Não merecemos tal perdão, nem o conquistamos. Nós o recebemos pela fé. Jesus veio para "dar a sua vida em resgate por muitos" (Marcos 10.45). Não veio chamar justos, mas pecadores (Lucas 5.32). Portanto, a boa nova maravilhosa é esta: os publicanos e as prostitutas entram no Reino de Deus antes dos mestres da lei e dos líderes religiosos (Mateus 21.31). Significa que passamos a ocupar a posição de discípulos de Jesus perdoados, de cidadãos do Reino e de filhos de Deus pela fé, não por amar nossos inimigos.

Depois de receber tudo isso "de graça" — sem pagar nada, sem conquistar nem merecer nada —, Jesus nos dá este mandamento: "Vocês receberam o amor de graça quando eram inimigos de Deus; agora dêem amor de graça a seus inimigos".

Mandamento 32

AMEM O PRÓXIMO COMO A SI MESMOS, POIS ESTA É A LEI E OS PROFETAS

"Mestre, qual é o maior mandamento da Lei?" Respondeu Jesus: "'Ame o Senhor, o seu Deus de todo o seu coração, de toda a sua alma e de todo o seu entendimento'. Este é o primeiro e maior mandamento. E o segundo é semelhante a ele: 'Ame o seu próximo como a si mesmo'. Destes dois mandamentos dependem toda a Lei e os Profetas." (MATEUS 22.36-40)

Em tudo, façam aos outros o que vocês querem que eles lhes façam; pois esta é a Lei e os Profetas. (MATEUS 7.12)

A idéia principal do "segundo" mandamento — "Ame o seu próximo como a si mesmo" (Mateus 22.39) — não é se quem recebe o amor é inimigo ou amigo, mas se quem ama deseja o bem do próximo como o deseja a si mesmo. Vemos a importância disso em dois aspectos maravilhosos, em ambos os lados da questão. De um lado, está o maior mandamento da Palavra de Deus: "Ame o Senhor, o seu Deus de todo o seu coração, de toda a sua alma e de todo o seu entendimento". De outro, está a afirmativa de que toda a Lei e os Profetas[1] dependem desses mandamentos. Estamos na companhia de dois superlativos incomparáveis: os dois maiores mandamentos de toda a Escritura,

---

[1] Mateus 22.40: "Destes dois mandamentos dependem toda a Lei e os Profetas".

e tudo que está contido na Palavra de Deus depende deles. Nesse ponto, devemos tirar os sapatos em sinal de reverência. Há poucos textos na Bíblia mais importantes que esses.

Um mandamento contundente e arrebatador

O segundo mandamento é contundente, semelhante ao mandamento de arrancar a pele do próprio corpo para cobrir o de outra pessoa, para que eu me sinta como se fosse essa pessoa e que todos os meus desejos de segurança, saúde, sucesso e felicidade sejam transferidos para ela, como se ela fosse eu. Trata-se de um mandamento fortíssimo. Se seu significado é esse, então algo inacreditavelmente poderoso, chocante e renovador acontecerá em nossa alma, provocando uma reviravolta para despertá-la. Algo sobrenatural. Algo além do que entendo por autopreservação, auto-aprimoramento, auto-afirmação, auto-estima e autopromoção, que seres humanos como eu não conseguem fazer sozinhos.

Subjacente à grandeza desse mandamento está o fato de que ele só é sobrepujado pelo mandamento de amar a Deus de todo o nosso ser. Dediquei um capítulo inteiro a esse mandamento (*Mandamento 9*). Também implícito à importância do segundo mandamento está a afirmação impressionante de que toda a Lei e os Profetas dependem dele quando há uma ligação com o primeiro mandamento. "Destes dois mandamentos dependem toda a Lei e os Profetas" (Mateus 22.40). A expressão "a Lei e os Profetas" refere-se a todo o Antigo Testamento, conforme lemos em Lucas 24.27: "Começando por Moisés e todos os profetas, [Jesus] explicou-lhes o que constava a respeito dele *em todas as Escrituras*".

Que declaração incrível! Aqui temos a autoridade do Filho de Deus dizendo-nos algo fundamental a respeito da origem e formação do plano inteiro e da Palavra de Deus. Acima de tudo, pense no fato de que *Jesus disse isso*. Ele não o precisava ter dito. O perito na lei que pôs Jesus à prova não perguntou isso (Mateus 22.36). Jesus foi além da pergunta ("Qual é o maior mandamento da Lei?") e ampliou a resposta. Aparentemente, quis ressaltar ao máximo a importância e a centralidade desses mandamentos. Disse que amar a Deus é o primeiro e o maior mandamento. Disse que o mandamento de amar o próximo como a si mesmo "é semelhante a ele" (v. 39). Isso é suficiente para fazer soar o alarme. Temos o maior de todos os mandamentos da revelação de Deus à humanidade (amar a Deus), e o segundo maior, semelhante ao maior (amar o próximo como a si mesmo).

Jesus, porém, não pára aqui. Deseja chamar-nos a atenção para a importância desses dois mandamentos. Deseja que paremos para pensar. Por isso, acrescenta: "Destes dois mandamentos dependem toda a Lei e os Profetas" (v. 40). Também são os dois mandamentos dos quais flui tudo o mais nas Escrituras.

"Destes dois mandamentos dependem toda a Lei e os Profetas"

Qual o significado dessa frase? A resposta a esta pergunta abre uma janela para o céu. Compreenderemos seu significado se compararmos o que Jesus diz em Mateus 22.40 com suas palavras em Mateus 7.12, o versículo conhecido como Regra de Ouro. Para entendê-lo, é preciso conhecer o significado de "ame o seu próximo como a si mesmo". Logo após afirmar que Deus nos dará coisas boas se pedirmos, buscarmos e batermos, porque ele nos ama, Jesus diz: "Assim, em tudo, façam aos outros o que vocês querem que eles lhes façam; pois esta é a Lei e os Profetas".

Observe que Jesus se refere à Lei e aos Profetas, como em Mateus 22.40. Ele diz que devemos fazer aos outros o que queremos que eles nos façam, "pois esta é a Lei e os Profetas". Note que o primeiro mandamento — amar a Deus de todo o nosso ser — não é mencionado em Mateus 7.12. Em vez disso, Jesus diz simplesmente que tratar os outros como gostaríamos de ser tratados "é a Lei e os Profetas".

Jesus sintetiza o Antigo Testamento sem Deus?

Devemos ser cautelosos nesse ponto. Ao longo dos séculos, alguns têm procurado interpretar a Regra de Ouro e outras citações, dizendo que Jesus foi, acima de tudo, um excelente professor de ética humana e que seus ensinamentos não dependiam de Deus nem de um relacionamento com o Pai. Eles dizem: "Veja, ele é capaz de sintetizar todo o Antigo Testamento, a Lei e os Profetas, em relacionamentos humanos práticos que nem sequer mencionam Deus".

Digo que devemos ser cautelosos nesse ponto porque quem pensa assim ignora não apenas as coisas grandiosas que Jesus disse acerca de Deus em várias ocasiões e as coisas maravilhosas que disse acerca de si mesmo, isto é, que veio de Deus para dar a vida em resgate por muitos (Marcos 10.45), mas também o contexto imediato. Mateus 7.12 começa com a palavra "assim" — "portanto", em algumas versões. "Assim, em tudo, façam aos outros o que vocês querem que eles lhes façam". Isso mostra que a Regra de Ouro depende do que ocorreu antes — de nosso relacionamento com Deus como um Pai que nos ama, responde às nossas orações e nos concede tudo que de bom lhe pedimos (v. 7-11).

O texto imediatamente anterior (v. 11) diz: "Se vocês, apesar de serem maus, sabem dar boas coisas aos seus filhos, quanto mais *o Pai de vocês*, que está nos céus, dará coisas boas aos que lhe pedirem! *Assim*... [obedeçam à Regra de Ouro]". Essa conexão lógica significa que Deus está sustentando a Regra de Ouro com seu cuidado paternal. O amor de Deus por nós — e nosso amor por ele, retribuído com confiança e oração — é a fonte de poder que nos capacita a pôr em prática a Regra de Ouro. Por isso, ninguém pode transformar

Jesus num mero professor de ética. Aqui e em todos os lugares, seu ensino está vinculado a Deus.

O AMOR A DEUS É EVIDENCIADO QUANDO AMAMOS O PRÓXIMO

Em seguida, Jesus afirma que tratar os outros tal como desejamos ser tratados "é a Lei e os Profetas". Ele não diz que os dois mandamentos são a Lei e os Profetas, mas apenas um. Observe que esse texto difere de Mateus 22.40, onde lemos que a Lei e os Profetas dependem dos dois mandamentos.

Por que Jesus fez essa declaração? Para mim, ele quer dizer que, quando vemos as pessoas amando assim (obedecendo à Regra de Ouro), há uma expressão visível do objetivo da Lei e dos Profetas. Esse amor expressa, de forma sincera, pública e prática, o propósito do Antigo Testamento. Cumpre a Lei e os Profetas, tornando o objetivo visível. Amar a Deus, no entanto, é *invisível*. É uma paixão interna da alma, porém ela se manifesta quando amamos o próximo. Portanto, amar o próximo é a manifestação externa, visível, a demonstração prática e a obediência ao mandamento de amar a Deus e, por conseguinte, o propósito do Antigo Testamento.

A idéia é de que o segundo mandamento (amar o próximo) é o objetivo visível de toda a Palavra de Deus. Não se pode dizer que amar a Deus não esteja incluído aqui, nem que amar a Deus seja menos importante. Ao contrário, o amor a Deus torna-se visível e se completa quando amamos o próximo de modo visível, prático e sacrifical. Penso que é por isso que o segundo mandamento se destaca aqui como expressão do que seja "a Lei e os Profetas": "... pois esta *é* a Lei e os Profetas". Amar o próximo não será "a Lei e os Profetas" se estiver desvinculado do amor a Deus. O amor ao próximo baseia-se em nosso amor a Deus e, à medida que ele transborda, passa a ser o objetivo da Lei e dos Profetas.

Como a Lei e os Profetas dependem do amor?

Retornemos a Mateus 22.37-40. Jesus *menciona* o amor a Deus e o amor ao próximo e diz claramente, no versículo 40: "Destes dois mandamentos dependem toda a Lei e os Profetas". Por quê? Entendo que ele esteja dizendo algo diferente de 7.12, mas não contraditório. Aqui ele não diz que os dois mandamentos "são" a Lei e os Profetas, mas que a Lei e os Profetas *dependem* desses dois mandamentos — "Destes dois mandamentos dependem toda a Lei e os Profetas".

Nesse ponto, estamos diante da janela para o céu, que mencionei anteriormente. Jesus diz que a Lei e os Profetas dependem dos dois mandamentos, isto é, estão *pendurados* como uma pedra no pescoço (Mateus 18.6) ou como um homem na cruz (Lucas 23.39). Em que estão pendurados? No amor. Isso é o inverso do que diz Mateus 7.12, onde lemos que a Lei e os Profetas conduzem ao amor e encontram expressão nele. Em 22.40, porém, Jesus está dizendo o inverso: o amor conduz à Lei e aos Profetas e encontra expressão neles. A Lei e os Profetas estão pendurados (dependem) em algo anterior a eles, isto é, o desejo ardente de Deus de que este mundo e a história da humanidade sejam marcados pelo amor a Deus e por um amor radical ao próximo.

Vamos exemplificar, para melhor compreensão. Imagine a história da redenção inspirada por Deus, desde a criação até a consumação, como se fosse um rolo de pergaminho. Essa é a Lei e os Profetas (e o Novo Testamento). Os atos e propósitos de Deus na História são narrados nesse livro, acompanhados de seus mandamentos e promessas. Mateus 7.12 relata que, quando o povo de Deus ama o próximo como a si mesmo, o propósito desse rolo está sendo cumprido. Seu objetivo está sendo expresso de forma visível e manifestado de modo prático, "... para que [todos] vejam as suas boas obras e glorifiquem ao Pai de vocês, que está nos céus" (5.16). Portanto, o livro conduz ao amor. O amor flui do livro.

A JANELA PARA O CÉU

Em seguida, Jesus mostra-nos uma visão incomparável. Ele abre uma janela para o céu, por assim dizer. Tira-nos da História e do mundo por alguns momentos e mostra-nos o livro à distância. Agora, podemos ver o rolo por inteiro — a Lei e os Profetas, o Antigo Testamento, a história da redenção, os propósitos e os atos de Deus na História, e percebemos que o rolo está *pendurado* em duas correntes de ouro, presas em alças. Jesus levanta os olhos para o céu, e vemos as correntes subindo e desaparecendo no firmamento. Depois, ele nos leva para o céu e mostra-nos as extremidades superiores das correntes. Elas estão presas ao trono de Deus. Uma corrente está presa ao braço direito do trono, onde está escrito: "Ame o Senhor, o seu Deus de todo o seu coração, de toda a sua alma e de todo o seu entendimento". A outra corrente está presa ao braço esquerdo do trono, onde está escrito: "Ame o seu próximo como a si mesmo".

Jesus vira-se para nós e diz: "Todo o rolo, toda a Lei e os Profetas, toda a história da redenção e todos os planos e atos de meu Pai dependem destes dois grandes propósitos soberanos de Deus: que ele seja amado por sua criação e que os homens amem uns aos outros como a si mesmos". Creio que não seria exagero dizer que toda a criação, toda a obra da redenção — até mesmo a obra de Cristo, que sofreu, morreu e ressuscitou para ser nosso Redentor — e toda a História dependem destes dois grandes propósitos: que os seres humanos amem a Deus de todo o coração e que esse amor transborde para podermos amar uns aos outros.

Isso significa que o amor é a origem (Mateus 22.40) e o objetivo (7.12) da Lei e dos Profetas. É o princípio e o fim do motivo pelo qual Deus inspirou a Bíblia. É a nascente de um lado e o oceano sem limites do outro lado do rio da história da redenção — lembrada e prometida na Palavra de Deus. Sem dúvida, este é o propósito de Deus: que levemos a sério seu mandamento.

Nesse contexto esplêndido, não seria prudente supor que já vimos a plenitude do significado do amor ou que ele já ocupe o lugar central de nossa vida, como deveria. Jesus está dizendo: todas as Escrituras e todos os seus planos para a História *dependem* destes dois grandes propósitos: que o amemos de todo o coração e que amemos uns aos outros como a nós mesmos.[2]

---

[2] Apesar de eu não ter abordado em detalhes um mandamento de Jesus muito parecido com esse, pronunciado durante uma controvérsia a respeito da Lei, ele deve pelo menos ser mencionado neste capítulo: "Vão aprender o que significa isto: 'Desejo misericórdia, não sacrifícios'..." (Mateus 9.13; v. 12.7). Parece que Jesus está dizendo que há indicações no Antigo Testamento, como a citação de Oséias 6.6, de que, se realmente a compreendermos teremos condições de ver que toda a Lei apontava para algo além das formalidades e de comportamentos exteriores, isto é, para o amor sincero ordenado por Jesus.

Mandamento 33

AMEM O PRÓXIMO COM O MESMO EMPENHO COM QUE BUSCAM O BEM-ESTAR DE VOCÊS

... como a si mesmo. (MATEUS 22.39)

Neste capítulo, examinaremos com mais detalhes o mandamento propriamente dito, em particular a expressão avassaladora "como a si mesmo". "Ame o seu próximo[1] *como a si mesmo*" é um mandamento radical. Digo "radical" porque ela corta a *raiz* da tendência ao pecado, deixa-a exposta e, pela graça de Deus, a separa de vez.

A RAIZ DO PECADO: O DESEJO DE SER FELIZ DISTANTE DE DEUS

A raiz de nossa tendência ao pecado é o desejo de ser feliz *à parte de Deus* e *da felicidade do próximo em Deus*. Gostaria que essa frase fosse lida com muito cuidado. Vou repeti-la: a raiz de nossa tendência ao pecado é o desejo de ser feliz *à parte de Deus* e *da felicidade do próximo em Deus*. Todos os pecados originam-se do desejo

---

[1] Veremos no próximo capítulo como Jesus define o escopo da palavra "próximo". Por ora, basta dizer que qualquer tentativa de restringir seu significado à linhagem étnica, familiar ou associativa é um insulto à intenção de Jesus. O *próximo* é o necessitado que cruza nosso caminho, a quem podemos ajudar.

de ser feliz independentemente da glória de Deus e sem amar o próximo. O mandamento de Jesus corta essa raiz, deixa-a exposta e a separa de vez.

O outro nome dessa raiz é orgulho. Orgulho é a presunção de que podemos ser felizes sem depender de Deus como fonte de nossa felicidade e sem nos importar se os outros encontram felicidade em Deus. Orgulho é o desejo contaminado e corrupto de ser feliz. É corrupto em dois aspectos: 1) relutância em enxergar a Deus como a única fonte de alegria verdadeira e duradoura; 2) relutância em enxergar os outros como criaturas de Deus, com as quais devemos compartilhar nossa alegria nele. Se você tiver o desejo de ser feliz e desvinculá-lo de Deus como fonte de sua felicidade e também das pessoas com quem você espera compartilhar sua felicidade em Deus, só lhe restará a locomotiva do orgulho. Orgulho é a busca da felicidade em qualquer lugar, menos na glória de Deus e no bem do próximo por amor a Deus. Essa é a raiz de todos os pecados.

O QUE SIGNIFICA "COMO A SI MESMO"?

Agora Jesus diz: "Ame o seu próximo como a si mesmo". Com esse mandamento, ele corta a raiz de nossa tendência ao pecado. Como? Na verdade, Jesus está dizendo: "Vou começar falando de suas características humanas inatas, profundas, definidas — seu amor por você. Meu mandamento é: 'Ame o seu próximo *como a si mesmo*'. Você ama a si mesmo. É uma propensão natural. Eu não a ordeno: eu a admito.[2] Todo o seu ser tem um instinto poderoso de autopreservação e auto-realização. Você quer ser feliz. Quer viver, e viver satisfeito. Quer comida para si. Quer roupas para si. Quer um lugar para viver. Quer se proteger da violência. Quer preencher

---

[2] Penso que a tentativa moderna de considerar o "amor a si mesmo", aqui mencionado, como "auto-imagem positiva" e entender que devemos buscar essa imagem positiva para poder amar os outros é um erro clamoroso. V. John PIPER, Is Self-Love Biblical?, *Christianity Today* 21, 12 ago. 1977, p. 6-9.

seu dia com atividades significativas e agradáveis. Quer ter amigos que gostem de você e que passem um pouco de tempo ao seu lado. Quer que sua vida seja importante. Tudo isso é amor a si mesmo. Esse amor é um desejo ardente de diminuir o sofrimento e aumentar a felicidade". Esse é o ponto de partida de Jesus quando ele diz: "... como a si mesmo".

Todos nós, humanos, sem exceção, temos essa característica, a qual nos leva a agir de uma forma ou de outra. Até o suicídio é movido pelo princípio de amar a si mesmo.[3] Em meio à sensação de vazio, de desesperança e da apatia da depressão, a alma diz: "Não é possível piorar mais. Não sei o que vou ganhar com a morte, mas sei do que vou fugir". Assim, o suicídio torna-se uma tentativa de fuga de uma situação intolerável. É um ato mal direcionado do amor a si mesmo.

Jesus começa com a tendência e a generosidade do amor a si mesmo

Agora Jesus diz: "Vou começar falando desse amor a si mesmo. Eu conheço você. Isso é comum a todas as pessoas. Você não precisa aprender amar a si mesmo. Faz parte de sua condição humana. Meu Pai o criou assim. E isso é bom". Querer alimentar-se não é mau. Querer aquecer-se no inverno não é mau. Querer proteger-se não é mau. Querer ter saúde durante uma epidemia não é mau. Querer ser amado pelos outros não é mau. Querer que sua vida tenha significado não é mau, é um traço característico da humanidade definido antes da Queda do homem e não é mau.

---

[3] "Todos os homens procuram ser felizes: não há exceção. Por diferentes que sejam os meios que empregam, tendem todos a esse fim. O que faz que uns vão para a guerra e outros não vão é esse mesmo desejo que está em ambos, acompanhado de diferentes opiniões. A vontade não dá nunca o menor passo senão para esse objeto. Esse é o motivo de todas as ações de todos os homens, até mesmo dos que vão enforcar-se" (Blaise Pascal, *Pensamentos* [São Paulo: Martin Claret, s.d.]).

Se essa característica passar a ser algo prejudicial em sua vida, essa realidade será exposta quando você ouvir o mandamento de Jesus e reagir a ela. Jesus ordena: "*Assim como você ama a si mesmo, ame seu próximo*". Esse mandamento significa: assim como você deseja alimentar-se quando está com fome, sinta também o desejo de alimentar seu próximo quando ele estiver com fome. Assim como deseja ter boas roupas, deseje também roupas boas para seu próximo. Assim como se esforça para ter uma casa confortável para morar, deseje também uma casa confortável para seu próximo. Assim como deseja estar protegido da calamidade e da violência, deseje também conforto e segurança para seu próximo. Assim como deseja ter amigos, seja amigo de seu próximo. Assim como deseja que sua vida seja importante e significativa, deseje o mesmo para seu próximo. Assim como se esforça para tirar boas notas na escola, esforce-se para ajudar seu próximo a ter boas notas. Assim como gosta de ser bem recebido por pessoas estranhas, procure acolher com simpatia as pessoas estranhas ao seu grupo. Faça aos outros o que você gostaria que fizessem a você.

SEU EGOÍSMO PASSA A SER A MEDIDA DE SEU ALTRUÍSMO

Em outras palavras, faça de seu *egoísmo* a medida de seu *altruísmo*. Quando Jesus diz: "Ame o seu próximo como a si mesmo", a palavra "como" é muito radical: "Ame o seu próximo *como* a si mesmo". Que palavra importante! Significa: se você busca a felicidade com *empenho*, deve também buscar a felicidade do próximo com empenho. Se é *criativo* para buscar sua felicidade, seja criativo para buscar a felicidade do próximo. Se busca a felicidade com *perseverança*, deve também buscar a felicidade do próximo com perseverança.

Jesus não diz: "Busque para seu próximo as *mesmas coisas* que busca para si mesmo". Ao contrário, ele diz: "Busque-as da *mesma maneira*", isto é, com a mesma dedicação, empenho, criatividade e perseverança. Demonstre o mesmo empenho que você teria ao tentar sobreviver a uma situação de perigo. Faça de seu egoísmo a medida de seu altruísmo. Use seu padrão de medida para a busca da felicidade para medir o tamanho da felicidade que você deseja ao seu próximo. Como você busca seu bem-estar? Busque da mesma forma o bem-estar de seu próximo.

Essas palavras, no entanto, soam um tanto ameaçadoras e tirânicas, porque temos a tendência de achar que, para levar o mandamento de Jesus a sério, não teremos apenas de amar o próximo "como a nós mesmos": teremos de amá-lo *em vez de* amar a nós mesmos. É o que parece. Temos receio de obedecer a Jesus nesse aspecto porque, se nos esforçarmos demais para fazer os outros felizes, nossa felicidade ficará em segundo plano. O tempo, a energia e a criatividade dedicados ao próximo devem sempre ter prioridade. Portanto, o mandamento de amar o próximo como a mim mesmo parece uma ameaça ao amor que dedico a mim. O que fazer, então? Se temos um desejo inato de ser felizes e se esse desejo é bom, como abrir mão dele e começar a buscar somente a felicidade do próximo à custa da nossa?

Como o primeiro mandamento sustenta o segundo

Penso que Jesus deseja que sintamos essa ameaça até compreendermos que esse — exatamente esse — é o motivo pelo qual o primeiro mandamento é o primeiro mandamento. É o primeiro mandamento que torna o segundo praticável e elimina a ameaça de que o segundo mandamento seja o destruidor de nossa felicidade. O primeiro mandamento é: "Ame o Senhor, o seu Deus de todo o seu coração, de toda a sua alma e de todo o seu entendimento". O primeiro mandamento é a base do segundo. O segundo mandamento é uma expressão visível do primeiro. Isto é, antes de atribuir ao nosso egoísmo a mesma medida de nosso altruísmo, devemos colocar Deus no centro de nossos interesses pessoais. Esse é o cerne do primeiro mandamento.

"Ame o Senhor, o seu Deus de todo o seu coração" significa: encontre em Deus uma satisfação tão profunda, que seja capaz de preencher todo o seu coração. "Ame o Senhor, o seu Deus de toda sua alma" significa: encontre em Deus um propósito tão precioso e tão profundo, que seja capaz de preencher cada parte dolorida de sua alma. "Ame o Senhor, o seu Deus de todo o seu entendimento" significa: encontre em Deus as riquezas do conhecimento, da inspiração e da sabedoria que guiam e preenchem tudo aquilo para que a mente humana foi projetada.

Quer dizer: reúna todo o seu amor a si mesmo — todo o seu anseio por alegria, esperança, amor, segurança, realização e significado na vida — e concentre-o em Deus, até que ele satisfaça seu coração, sua alma e seu entendimento. Você descobrirá que isso não é uma anulação do amor a si mesmo. É a efetivação e a transformação desse amor. Amor a si mesmo é desejo de vida e satisfação, não de frustração e morte. Deus diz: "Venha a mim, e eu lhe darei alegria plena. Satisfarei seu coração, sua alma e seu entendimento com minha glória". Esse é o primeiro e o grande mandamento.

Depois da maravilhosa descoberta de que Deus é nossa fonte inesgotável de alegria, nossa maneira de amar os outros mudará para sempre. Quando Jesus diz: "Ame o seu próximo *como a si mesmo*", não devemos replicar: "Ah, isso ameaça minha felicidade. Significa que será impossível amar a mim mesmo, porque todo esse amor será transferido para o próximo. Jamais poderei fazer isso". Ao contrário, devemos dizer: "Sim, amo a mim mesmo. Desejo sentir alegria, satisfação, auto-realização, segurança e ter uma vida significativa. Deus, porém, chamou-me — ou melhor, deu-me o mandamento — para buscá-lo em primeiro lugar, e ele me dará tudo isso. Deus ordena que meu amor por ele seja o molde de meu amor por mim". É isso mesmo. Não houve um erro de impressão. Meu amor por ele é o molde de meu amor por mim. Isto é, todos os desejos que me satisfariam (o amor por mim mesmo) direciono para ele e encontro satisfação nele. Agora, esse *é* o amor por mim mesmo. É meu amor por Deus. Eles se tornaram um. Minha busca pela felicidade passou a ser uma busca por Deus, e o encontrei em Jesus.

O amor a si mesmo, satisfeito no amor a Deus, torna-se a medida do amor ao próximo

Então, o que Jesus está ordenando no segundo mandamento ("Ame o seu próximo como a si mesmo")? Ele está ordenando que o amor por nós mesmos, agora satisfeito no amor a Deus, tenha a medida e a extensão de nosso amor ao próximo. Explicando melhor: ele está ordenando que nosso egoísmo inato, agora transformado em nossa busca por Deus, transborde e se estenda até alcançar o próximo. Por exemplo:

- Se você deseja ver uma dose maior da recompensa e da liberalidade de Deus em termos de alimento, moradia e roupas, procure mostrar aos outros a grandeza dessa generosidade que encontrou nele. Seu amor a si mesmo, satisfeito no amor a Deus, deve ser derramado no amor ao próximo. Ou melhor, busque a Deus, que satisfez seu amor a si mesmo e peça-lhe que faça transbordar o amor que você sente pelo próximo e satisfaça o amor do próximo por ele próprio.
- Se você deseja usufruir mais da compaixão de Deus por meio da consolação que ele lhe concede no sofrimento, procure mostrar aos outros essa compaixão, consolando-os quando estiverem sofrendo.
- Se você deseja apreciar mais a sabedoria de Deus, recebendo dele conselhos em situações complicadas, procure estender essa sabedoria aos outros quando estiverem também enfrentando problemas em seus relacionamentos.

- Se você sente satisfação ao ver a bondade de Deus em tempos de descanso e lazer, estenda essa bondade aos outros, procurando ajudá-los a ter momentos de descanso e lazer.
- Se você deseja ver um pouco mais da graça redentora de Deus manifestada poderosamente em sua vida, estenda essa graça à vida de outras pessoas que necessitam dela.
- Se você deseja desfrutar mais as riquezas e a amizade pessoal com Deus em momentos de tristeza e de alegria, estenda essa amizade aos que se encontram na mesma situação.

Em todos esses exemplos, o amor ao próximo não é uma ameaça ao amor a si mesmo, porque o amor a si mesmo se transforma em amor a Deus, e o amor a Deus jamais será ameaçado, diminuído ou exaurido por ser derramado na vida dos outros.

Mandamento 34

Amem o próximo como a si mesmos e como Jesus nos amou

Ele [o perito na lei], querendo justificar-se, perguntou a Jesus: "E quem é o meu próximo?". (Lucas 10.29)

Em tudo, façam aos outros o que vocês querem que eles lhes façam; pois esta é a Lei e os Profetas. (Mateus 7.12)

Um novo mandamento lhes dou: Amem-se uns aos outros. Como eu os amei, vocês devem amar-se uns aos outros. Com isso todos saberão que vocês são meus discípulos, se vocês se amarem uns aos outros. (João 13.34,35)

Não me atrevo a dizer que encontramos nos capítulos anteriores a solução para todas as perplexidades do amor. Existem argumentos demais a considerar, levando em conta nosso tempo e recursos limitados. Há escolhas difíceis entre o que descartar e o que manter. Há interpretações diferentes sobre o que é bom para outra pessoa. Tudo isso é muito complicado.

Mandamento radical e provisão radical

Quero dizer o seguinte: o amor a Deus sustenta-nos durante a alegria, o sofrimento, a perplexidade e a incerteza quanto ao que o amor ao próximo deve ser. Quando o sacrifício é grande, lembramos que a graça de Deus é suficiente. Quando a bifurcação na estrada do amor não está sinalizada, lembramos com alegria e amor que a graça de Deus é suficiente. Quando desviamos temporariamente a atenção para o mundo e nosso coração dá lugar ao egoísmo e saímos dos trilhos, lembramos que só Deus é capaz de nos satisfazer. A partir de então, arrependemo-nos e amamos sua misericórdia e paciência ainda mais.

O mandamento é radical. Corta a raiz do pecado chamado orgulho — o desejo ardente de ser feliz (o amor a si mesmo) contaminado e corrupto — em dois aspectos: 1) relutância em enxergar a Deus como a única fonte da alegria verdadeira e duradoura; 2) relutância em enxergar os outros como pessoas criadas por Deus para compartilhar de nossa alegria nele. Essa é exatamente a corrupção do amor a si mesmo a que Jesus se opõe nesses dois mandamentos. No primeiro, ele se concentra no desejo ardente de ser feliz, o qual é firmado em Deus e somente nele. No segundo, ele abre um mundo inteiro de alegria incomensurável em Deus e diz que os seres humanos, onde quer que você os encontre, foram criados para receber e expandir a alegria que você sente em Deus. Ame-os como ama a si mesmo. Dê-lhes — usando todos os meios práticos e disponíveis — tudo que você encontrou para si mesmo em Deus.

Aviso: não diminua o significado de "próximo"

Antes de concluir o estudo do mandamento de amar o próximo como a nós mesmos, precisamos atentar para um aviso de Jesus. Ele nos adverte que, quando ouvirmos o mandamento: "Ame seu próximo como a si mesmo", não devemos tentar justificar nossa falta de amor diminuindo a importância do próximo. O alerta de Jesus vem por meio da parábola do bom samaritano.

> Certa ocasião, um perito na lei levantou-se para pôr Jesus à prova e lhe perguntou: "Mestre, o que preciso fazer para herdar a vida eterna?" "O que está escrito na Lei?", respondeu Jesus. "Como você a lê?" Ele respondeu: " 'Ame o Senhor, o seu Deus, de todo o seu coração, de toda a sua alma, de todas as suas forças e de todo o seu entendimento' e 'Ame o seu próximo como a si mesmo' ".

Disse Jesus: "Você respondeu corretamente. Faça isso, e viverá".[1] Mas ele, querendo justificar-se, perguntou a Jesus: "E quem é o meu próximo?". (Lucas 10.25-29)

Dentre todas as questões que poderiam se originar da parábola do bom samaritano, vou concentrar-me em apenas uma. Jesus responde à pergunta do perito na lei, o homem que queria justificar-se, com uma parábola que não responde à pergunta dele, mas a modifica. Jesus muda a pergunta: "Que tipo de pessoa é o meu próximo?" para: "Que tipo de pessoa sou eu?". Muda a pergunta: "Que condição social a pessoa deve ter para ser digna de meu amor?" para: "Como posso tornar-me uma pessoa cuja compaixão não olhe para a condição social?".

Jesus expõe a má fé do perito na lei, mostrando que seu inquisidor já sabia a resposta e estava apenas preparando uma armadilha (10.25). Depois de ver seus motivos expostos, o perito na lei sabe que necessita confessar ou encobrir sua hipocrisia. Decide encobri-la, dando outro nome a ela: "justificar-se" (v. 29). Ele diz mais ou menos isto a Jesus: "Bem, tu sabes que não é fácil descobrir quem é nosso próximo. A vida é complicada. Que tipo de pessoas tenho de amar? Quem se qualificaria para ser um próximo neste mandamento: 'Ame o seu próximo'? Pessoas de todas as raças? De todas as classes? De ambos os sexos? De todas as idades? Excluídos? Pecadores?".

A PERGUNTA À QUAL JESUS NÃO RESPONDE

Como Jesus responde? Ele não gosta da pergunta — dividir a humanidade, separando as pessoas merecedoras de nosso amor das não merecedoras? Jesus não responde à pergunta: "Quem é o meu próximo?", e conta uma parábola que modifica a pergunta. Um homem cai nas mãos de assaltantes, entre Jerusalém e Jericó. Lucas

---

[1] V. *Mandamento 20*, para uma reflexão sobre o conceito de Jesus acerca da justificação somente pela fé.

10.30 relata que eles "lhe tiraram as roupas, espancaram-no e se foram, deixando-o quase morto". Os primeiros a descer pela estrada são um sacerdote e um levita,[2] considerados os mais religiosos, e ambos passam "pelo outro lado" (v. 31,32). Em seguida, surge um samaritano (um não-judeu) e, vendo o homem, "teve piedade dele" (v. 33).

Observe que o foco mudou. A parábola não menciona quem era o moribundo nem a que classe social pertencia. O foco é dirigido para o tipo de pessoa que passa por ali. Os dois primeiros não tiveram piedade dele, mas o samaritano era uma pessoa diferente. Quando a parábola chega ao fim, o que Jesus pergunta? Ele não pergunta: "O próximo era aquele homem ferido?". Jesus pergunta ao perito na lei: "Qual destes três você acha que foi o próximo do homem que caiu nas mãos dos assaltantes?" (v. 36). O perito na lei responde: "Aquele que teve misericórdia dele". Então Jesus lhe diz: "Vá e faça o mesmo" (v. 37). Jesus não responde à pergunta: "E quem é o meu próximo?". Em vez disso, ordena: "Vá para casa e seja uma nova pessoa. Tenha um coração piedoso".

A MORTE DE JESUS: REDENÇÃO E EXEMPLO

Foi exatamente para isso que Jesus morreu. Esta é a promessa da nova aliança, expressa em Ezequiel 36.26: "Darei a vocês um coração novo e porei um espírito novo em vocês...". Jesus disse, na última ceia: "Este cálice é a nova aliança no meu sangue, derramado em favor de vocês" (Lucas 22.20). Os que o acompanharam até a cruz viram-no pagando, com o próprio sangue, o preço do novo coração deles.

Isso nos leva ao argumento final deste capítulo: a relação entre o mandamento de Jesus para amarmos o próximo como a nós mesmos

---

[2] Os levitas eram descendentes da tribo de Israel chamada tribo de Levi (Êxodo 6.25; Levítico 25.32; Números 35.2). O nome, porém, geralmente indica a parte da tribo que ajudava os sacerdotes no serviço do templo (1Reis 8.4; Esdras 2.70).

e o mandamento para amarmos uns aos outros como ele nos amou. A morte de Jesus redimiu nossa culpa e foi uma demonstração de amor para nós. Foi uma morte que perdoou pecados e nos deixou um exemplo de amor. Livrou-nos de perecer e mostrou como deve ser uma vida de amor. Encerro com este enfoque por causa da aparente tensão entre os dois mandamentos: "Ame o seu próximo como a si mesmo" e o "novo mandamento".

Em João 13.34,35 Jesus declara: "Um novo mandamento lhes dou: Amem-se uns aos outros. Como eu os amei, vocês devem amar-se uns aos outros. Com isso todos saberão que vocês são meus discípulos, se vocês se amarem uns aos outros" (v. tb. 15.12). Jesus estabelece a ligação entre seu amor e sua morte quando diz: "Ninguém tem maior amor do que aquele que dá a sua vida pelos seus amigos" (15.13). Por isso, é fundamental compreendermos a ligação entre a morte de Jesus e nossa obediência ao mandamento: "Ame o seu próximo como a si mesmo". De um lado, a morte de Jesus dá o exemplo de como devemos amar; de outro, a morte de Jesus paga por nós o preço da transformação que nos capacita a amar.[3] Examinamos a obra redentora de Jesus nos capítulos anteriores (v. *Mandamentos 10* e *23*). Agora, precisamos avaliar como o exemplo de amor de Jesus se relaciona com o mandamento: "Ame o seu próximo como a si mesmo".

Jesus chamou "novo mandamento" o mandamento de amarmos como ele nos amou (13.34), mas o mandamento: "Ame o seu próximo como a si mesmo" é antigo (Levítico 19.18). Será que isso significa que o mandamento de amar o próximo como a nós mesmos está ultrapassado, e agora temos um novo mandamento: amar como Jesus amou? Não creio.

---

[3] V. *Mandamentos 20, 21* e *27* para entender o relacionamento entre o preço da transformação que a morte de Jesus pagou e o preço da posição ou justificação que ela pagou. Aqui há um ponto central: Jesus é a base de uma nova "posição" no favor de Deus, que passa a ser a base e a esperança da demonstração desse favor por meio do coração e da vida transformados.

A novidade é que o antigo mandamento de amar nunca havia sido exemplificado de forma tão perfeita quanto pelo Filho de Deus. Antes de Jesus, ninguém foi capaz de dizer com tanta autoridade: "Amem como eu amei". E mais: a novidade parece relacionar-se com o propósito de Jesus de reunir um povo cuja marca no mundo seja a lealdade a ele (e a seu Pai) e entre si, em amor. Assim, ele diz: "Com isso todos saberão que vocês são meus discípulos, se vocês se amarem uns aos outros" (João 13.35), ou seja: "Um amor como o meu será a marca do novo povo que estou arrebanhando".

Jesus nos amou perfeitamente porque amou si mesmo perfeitamente

No entanto, a essência do significado do amor — que já descobrimos neste capítulo — não é diferente do que Jesus ordena aqui. Quando morreu por nós, Jesus nos amou como amou a si mesmo. Ele obedeceu perfeitamente ao mandamento: "Ame o seu próximo como a si mesmo". Jesus amou a si mesmo perfeitamente porque desejou sua felicidade com um desejo perfeitamente santo. Isto é, encontrou sua felicidade desde a eternidade em sua comunhão com o Pai e por ser um com o Pai (João 10.30). Quando deu a vida por nós, não negou nem rejeitou o desejo de ser infinitamente feliz em Deus. Ele o manifestou. Ele o buscou.

Quando morreu, Jesus pagou, por pecadores como nós, o preço daquilo de que necessitávamos para encontrar alegria em Deus. É exatamente por isso que Jesus se compraz com nossa alegria em Deus: porque ela glorifica ao Pai. Portanto, ao morrer por nossa alegria em Deus, Jesus morreu para manifestar e preservar sua plena alegria na glória de Deus. Essa glória é refletida em nossa alegria em Deus, paga com o sangue de Jesus. Por isso, o amor de Jesus é a perfeita expressão e o cumprimento do mandamento: "Ame o seu próximo como a si mesmo".

Quer nos diga: "Ame o Senhor, o seu Deus, e ame o seu próximo como a si mesmo, porque deles dependem toda a Lei e os Profetas", quer nos diga: "Como eu os amei, vocês devem amar-se uns aos outros", Jesus está ordenando essencialmente a mesma coisa. São mandamentos radicais. Precisamos fazer de nosso desejo de felicidade a medida de nosso desejo de fazer o bem aos outros. Precisamos transformar a medida do sofrimento de Jesus e da perfeição de sua felicidade em Deus em padrão de nosso sacrifício e na alegria que queremos para nós e para os outros.

Mandamento 35

ACUMULEM TESOUROS NOS CÉUS, COM GENEROSIDADE E SACRIFÍCIO

Não acumulem para vocês tesouros na terra, onde a traça e a ferrugem destroem, e onde os ladrões arrombam e furtam. Mas acumulem para vocês tesouros nos céus, onde a traça e a ferrugem não destroem, e onde os ladrões não arrombam nem furtam. Pois onde estiver o seu tesouro, aí também estará o seu coração. (MATEUS 6.19-21)

Vocês receberam de graça; deem também de graça. (MATEUS 10.8)

Quem é fiel no pouco, também é fiel no muito, e quem é desonesto no pouco, também é desonesto no muito. Assim, se vocês não forem dignos de confiança em lidar com as riquezas deste mundo ímpio, quem lhes confiará as verdadeiras riquezas? E se vocês não forem dignos de confiança em relação ao que é dos outros, quem lhes dará o que é de vocês? (LUCAS 16.10-12)

Quanto mais generoso você for neste mundo e mais sacrifícios fizer, maior será sua alegria no céu. Pelo fato de nos amar e ordenar que prioricemos nossa alegria eterna no céu, Jesus exige desapego radical ao dinheiro e generosidade radical, principalmente para com os pobres.

O SACRIFÍCIO É MEDIDO PELO TAMANHO DA GENEROSIDADE

Quando digo "quanto mais generoso você for neste mundo e mais *sacrifícios* fizer", refiro-me ao que Jesus disse a respeito da oferta da viúva. Esta é a história:

> Jesus sentou-se em frente do lugar onde eram colocadas as contribuições, e observava a multidão colocando o dinheiro nas caixas de ofertas. Muitos ricos lançavam ali grandes quantias. Então, uma viúva pobre chegou-se e colocou duas pequeninas moedas de cobre, de muito pouco valor. Chamando a si os seus discípulos, Jesus declarou: "Afirmo-lhes que esta viúva pobre colocou na caixa de ofertas mais do que todos os outros. Todos deram do que lhes sobrava; mas ela, da sua pobreza, deu tudo o que possuía para viver". (Marcos 12.41-44)

A moral da história é que o valor da oferta é medido pelo tamanho do sacrifício, e não pelo tamanho da generosidade. A viúva colocou "mais" que todos, Jesus disse. Não em quantidade, mas em sacrifício, porque o sacrifício é a melhor medida para saber onde seu coração está. Se você for rico e sua oferta for grande, muita coisa ainda lhe sobrará, e seu coração poderá facilmente apoiar-se nessa sobra. No entanto, se você se sacrificar por Jesus e pouco lhe sobrar, seu coração terá muito menos em que se apoiar. Esse coração estará mais propenso a apoiar-se na esperança do céu. Estará mais propenso a depender de Jesus que do dinheiro.

POR QUE TANTA PREOCUPAÇÃO COM DINHEIRO E BENS MATERIAIS?

É maravilhoso observar como Jesus considera o dinheiro e o que fazemos com ele. Randy Alcorn reconhece que "15% de tudo que

Cristo disse se relaciona com esse assunto — mais do que todos os seus ensinamentos acerca do céu e do inferno".[1] Reflita nestas frases de Jesus acerca do dinheiro e de assuntos relacionados ao estilo de vida:

> "Falta-lhe uma coisa", disse ele. "Vá, venda tudo o que você possui e dê o dinheiro aos pobres, e você terá um tesouro no céu. Depois, venha e siga-me". (Marcos 10.21)

> Bem-aventurados vocês,
>   os pobres,
> pois a vocês pertence
>   o Reino de Deus. [...]
> Mas ai de vocês, os ricos,
> pois já receberam
>   sua consolação. (Lucas 6.20,24)

> Qualquer de vocês que não renunciar a tudo o que possui não pode ser meu discípulo. (Lucas 14.33)

> É mais fácil passar um camelo pelo fundo de uma agulha do que um rico entrar no Reino de Deus. (Lucas 18.25)

> A vida de um homem não consiste na quantidade dos seus bens. (Lucas 12.15)

> Busquem, pois, em primeiro lugar o Reino de Deus e a sua justiça, e todas essas coisas lhes serão acrescentadas. (Mateus 6.33)

> Vendam o que têm e dêem esmolas. Façam para vocês bolsas que não se gastem com o tempo. (Lucas 12.33)

---

[1] *The Treasure Principle* (Sisters: Multnomah, 2001), p. 8 [A chave do tesouro, São Paulo: Atos, 2005]. Recomendo a leitura deste livro para quem pretende pôr em prática o mandamento radical de Jesus a respeito do dinheiro.

> Zaqueu levantou-se e disse ao Senhor: "Olha, Senhor! Estou dando a metade dos meus bens aos pobres; e se de alguém extorqui alguma coisa, devolverei quatro vezes mais". Jesus lhe disse: "Hoje houve salvação nesta casa!". (Lucas 19.8,9)

> O Reino dos céus é como um tesouro escondido num campo. Certo homem, tendo-o encontrado, escondeu-o de novo e, então, cheio de alegria, foi, vendeu tudo o que tinha e comprou aquele campo. (Mateus 13.44)

> [Jesus] viu também uma viúva pobre colocar duas pequeninas moedas de cobre. E disse: "Afirmo-lhes que esta viúva pobre colocou mais do que todos os outros". (Lucas 21.2,3)

> Contudo, Deus lhe disse [ao homem que construiu celeiros maiores]: "Insensato! Esta mesma noite a sua vida lhe será exigida. Então, quem ficará com o que você preparou?" Assim acontece com quem guarda para si riquezas, mas não é rico para com Deus. (Lucas 12.20,21)

> As raposas têm suas tocas e as aves do céu têm seus ninhos, mas o Filho do homem não tem onde repousar a cabeça. [...] Siga-me. (Lucas 9.58,59)

Por que Jesus se preocupa tanto com o que fazemos com o dinheiro? O motivo, ao que me parece, é o princípio formulado por ele mesmo: "... onde estiver o seu tesouro, aí também estará o seu coração" (Mateus 6.21; v. Lucas 12.34). O dinheiro é importante porque a maneira em que lidamos com ele indica onde nosso coração está ou para onde nossa adoração é dirigida. Quando o coração se apega a alguma coisa, ele a valoriza, estima e ama. Isso se chama "adoração".

Não podemos servir a dois senhores: a Deus e ao dinheiro

Jesus adverte: "Ninguém pode servir a dois senhores; pois odiará um e amará o outro, ou se dedicará a um e desprezará o outro. Vocês não podem servir a Deus e ao Dinheiro" (Mateus 6.24). Aqui, a idéia de "servir" é peculiar. Relaciona-se mais com a adoração que com a prestação de serviço. Jesus declara: "Vocês não podem servir a Deus e ao *Dinheiro*". Como servimos ao dinheiro?

A resposta *não* é: servindo serviço ao dinheiro, nem prestando ajuda ao dinheiro ou atendendo às necessidades do dinheiro. A resposta é o oposto: servir ao dinheiro significa esperar que ele lhe preste serviço, lhe proporcione ajuda e atenda às suas necessidades. Servir ao dinheiro significa planejar, sonhar, usar estratégias e manobras para priorizar a riqueza e o que o dinheiro pode proporcionar. O dinheiro é o doador e o benfeitor nessa relação entre servo e senhor. Não podemos fazer nada de útil ao dinheiro. Queremos dinheiro para que ele nos seja útil.

E Jesus diz: "Vocês não podem servir a Deus e ao Dinheiro". O significado de "servir" seria hipoteticamente o mesmo, tanto em relação a Deus quanto ao dinheiro. Portanto, o mandamento de Jesus para servir a Deus *não* tem o sentido de prestar-lhe serviço ou ajuda. Tem o sentido oposto. Esperamos que Deus seja nosso auxílio, nosso benfeitor e tesouro. Servi-lo significa planejar, sonhar, usar de estratégias e manobras para elevar ao máximo nossa alegria em Deus e no que ele promete ser para nós. Assim, Deus, não o dinheiro, passa a ser o doador e o benfeitor nesse relacionamento entre servo e senhor. Não atendemos às necessidades de Deus (ele não tem nenhuma!). O que esperamos é que Deus atenda às nossas.

O dinheiro é um assunto crucial para Jesus porque ao longo do tempo, em todas as culturas e em todas as eras, ele substitui a Deus como o tesouro de nosso coração e se transforma em objeto de nossa adoração. Transforma-se em grande ameaça à nossa obediência ao primeiro e ao último dos Dez Mandamentos: "Não terás outros deuses além de mim" (Êxodo 20.3) e "Não cobiçarás" (v. 17). O dinheiro representa todas as coisas materiais, bem como segurança e os prazeres que ele pode comprar. Representa o grande substituto de Deus em nosso coração. É por isso que a maneira em que lidamos com o dinheiro é tão importante para Jesus.

O EGOÍSMO SEPARA-NOS DO CÉU, E O SACRIFÍCIO INTENSIFICA NOSSA ALEGRIA NELE

Retornemos ao ponto principal do primeiro parágrafo deste capítulo: quanto mais generoso você for neste mundo e mais sacrifícios fizer, maior será sua alegria no céu. Duas coisas foram ditas aqui. Primeira: o egoísmo mantém-nos afastados do céu. Segunda: há gradações de recompensa no céu, ou seja, gradações de alegria, dependendo da gradação de nossa generosidade e de nossos sacrifícios neste mundo. As duas afirmações são controvertidas, mas, em razão do que vimos nos capítulos anteriores, não deveriam nos surpreender. No próximo capítulo, analisarei uma por vez, a fim de esclarecer as palavras de Jesus.

Mandamento 36

ACUMULEM TESOUROS NOS CÉUS E AUMENTEM SUA ALEGRIA EM JESUS

Como é difícil aos ricos entrar no Reino de Deus! De fato, é mais fácil passar um camelo pelo fundo de uma agulha do que um rico entrar no Reino de Deus. (LUCAS 18.24,25)

Quem é fiel no pouco, também é fiel no muito, e quem é desonesto no pouco, também é desonesto no muito. Assim, se vocês não forem dignos de confiança em lidar com as riquezas deste mundo ímpio, quem lhes confiará as verdadeiras riquezas? E se vocês não forem dignos de confiança em relação ao que é dos outros, quem lhes dará o que é de vocês?. (LUCAS 16.10-12)

No fim do capítulo anterior, há duas afirmações controvertidas nos ensinamentos de Jesus, que tentarei justificar neste capítulo. Primeira: o egoísmo mantém-nos afastados do céu. Segunda: há gradações de recompensa no céu, ou seja, gradações de alegria, dependendo da gradação de nossa generosidade e de nossos sacrifícios neste mundo.

Jesus dá a entender, reiteradas vezes, que o egoísmo nos mantém afastados do céu. Apresento a seguir cinco exemplos para comprovar essa verdade.

O HOMEM RICO E A VIDA ETERNA

Primeiro: quando o homem rico pergunta a Jesus o que deve fazer para herdar a vida eterna, o Mestre responde: "Venda tudo o que você possui e dê o dinheiro aos pobres, e você terá um tesouro nos céus. Depois venha e siga-me" (Lucas 18.22). O texto nos faz concluir que, para herdar a vida eterna, é necessário abrir mão do dinheiro e ser generoso para com os pobres. É exatamente o que Jesus está dizendo, porque o homem era "muito rico" (v. 23). Ao vê-lo indo embora, Jesus comenta: "Como é difícil aos ricos *entrar no Reino de Deus*! De fato, é mais fácil passar um camelo pelo fundo de uma agulha do que um rico *entrar no Reino de Deus*" (v. 24,25).

Os discípulos, como se pode imaginar, ficam surpresos diante dessa declaração e perguntam: "Então, quem pode ser salvo?" (Lucas 18.26). Eles entendem que as expressões "herdar a vida eterna" e "entrar no Reino de Deus" estão relacionadas com "ser salvo". Jesus *não* diz que a salvação não está em jogo no egoísmo daquele homem. Ele responde: "O que é impossível para os homens é possível para Deus" (v. 27). Somente Deus pode eliminar o egoísmo que mantém o homem afastado do céu. O texto deixa claro que o amor daquele homem pelo dinheiro o mantém afastado do céu: "Diante disso ele ficou abatido e afastou-se triste, porque tinha muitas riquezas" (Marcos 10.22). (Para entender a interligação dessa história com a justificação somente pela fé, v. *Mandamento 20*.)

O RICO, O MENDIGO E DOIS DESTINOS

O segundo exemplo é a história do rico e do mendigo, contada por Jesus: "Havia um homem rico que se vestia de púrpura e de linho fino e vivia no luxo todos os dias. Diante do seu portão fora deixado um mendigo chamado Lázaro, coberto de chagas" (Lucas 16.19,20). O mendigo queria comer as migalhas que caíam da mesa do rico, mas o texto não menciona se o rico ignorava a presença do mendigo diante de seu portão ou se o desprezava. Jesus prossegue, descrevendo a morte e a vida após a morte dos dois homens: "Chegou o dia em que o mendigo morreu, e os anjos o levaram para junto de Abraão. O rico também morreu e foi sepultado. No Hades, onde estava sendo atormentado, ele olhou para cima e viu Abraão de longe, com Lázaro ao seu lado" (v. 22,23). Jesus está dizendo que o egoísmo e a indiferença do rico o levaram para o inferno.[1]

A FALTA DE AMOR E O JULGAMENTO FINAL

Terceiro: em Mateus 25.31-46, Jesus faz uma advertência semelhante, a respeito de seus fiéis seguidores que são indiferentes às necessidades dos pobres. Eles "irão para o castigo eterno". Quando o rei (representando Jesus, na história) pronuncia a sentença aterradora sobre os seguidores egoístas, eles dizem: "Senhor, quando te vimos com fome ou com sede ou estrangeiro ou necessitado de roupas ou enfermo ou preso, e não te ajudamos?". O rei responde: "Digo-lhes a verdade: O que vocês deixaram de fazer a alguns destes mais pequeninos, também a mim deixaram de fazê-lo". Então Jesus profere a sentença final: "Estes irão para o castigo eterno, mas os justos para a vida eterna" (v. 44-46). O egoísmo mantém-nos afastados do céu.

O RICO INSENSATO QUE PERDE A ALMA

Quarto: Jesus conta mais uma parábola sobre um rico insensato. A produção das terras de um homem é muito farta, e ele passa a ter mais do que é capaz de consumir. Em vez de pensar em ser generoso, ele diz: "Vou derrubar os meus celeiros e construir outros maiores, e ali guardarei toda a minha safra e todos os meus bens. E direi a mim mesmo: Você tem grande quantidade de bens, armazenados para muitos anos. Descanse, coma, beba e alegre-se" (Lucas 12.18,19). A essa decisão egoísta, Jesus diz que Deus respondeu com estas palavras: "Insensato! Esta mesma noite a sua vida lhe será

---

[1] Esse argumento não afirma que a pobreza conduz alguém ao céu. A vida espiritual do pobre não é a idéia central da parábola. Aliás, nem é mencionada. Não existe nenhum motivo para supor que ele não fosse um homem piedoso e sincero. A narrativa concentra-se no rico que pereceu. A parábola é uma advertência contra o perigo da riqueza.

exigida. Então, quem ficará com o que você preparou?" (v. 20). O egoísmo do rico o fez perder a alma.

Como perder as riquezas verdadeiras e eternas

O quinto exemplo é a última ilustração de como o egoísmo nos mantém afastados do céu. Após contar a parábola do administrador astuto (Lucas 16.1-9), Jesus expõe algumas considerações:

> Quem é fiel no pouco, também é fiel no muito, e quem é desonesto no pouco, também é desonesto no muito. Assim, se vocês não forem dignos de confiança em lidar com as riquezas deste mundo ímpio, quem lhes confiará as verdadeiras riquezas? E se vocês não forem dignos de confiança em relação ao que é dos outros, quem lhes dará o que é de vocês? (v. 10-12)

O texto deixa claro que as expressões "verdadeiras riquezas" e "o que é de vocês" referem-se aos tesouros do céu — os prazeres do futuro, quando desfrutaremos comunhão incessante com Jesus. Portanto, Jesus está dizendo que não teremos essas *verdadeiras riquezas* se não formos administradores fiéis do que nos foi confiado para uso neste mundo ímpio. Ele está falando do dinheiro, isto é, dos recursos materiais colocados à nossa disposição aqui. Se guardarmos o dinheiro, em vez de usá-lo para levar as pessoas às "moradas eternas" (Lucas 16.9), não entraremos no céu nem receberemos as verdadeiras riquezas da comunhão com Jesus.

A razão de sermos aceitos por Deus

Isso tudo está relacionado com o que mencionei no primeiro parágrafo deste capítulo: o egoísmo mantém-nos afastados do céu. Espero ter deixado um ponto bem claro neste livro: não creio que a generosidade acompanhada de sacrifício seja a razão de sermos aceitos por Deus. Quando declara que o egoísmo nos mantém afastados do céu, Jesus não quer dizer que Deus venha primeiro certificar-se de que estamos sendo generosos para depois nos aceitar em sua misericórdia eterna. Antes de sermos generosos, Deus nos aceita em sua misericórdia, mediante a fé em Jesus (João 3.16). Ele nos aceita em sua família como filhos (1.12). Ele nos considera justos (Lucas 18.14). Ele nos perdoa os pecados (Mateus 26.28). Ele nos dá a vida eterna (João 5.24). Nada disso é obtido nesta vida se não vencermos o egoísmo. O procedimento é invertido. Depois de reconhecer nosso egoísmo e a dificuldade em vencê-lo, recorremos a Jesus como nossa única esperança. Então somos justificados, perdoados, adotados e protegidos por ele para sempre (João 10.28-30). Só assim seremos capazes de dominar o egoísmo.

Quanto maior o sacrifício feito em amor, maior será a alegria no céu

A outra afirmação controvertida do capítulo anterior e mencionada no primeiro parágrafo deste capítulo é que a gradação do esforço para vencer o egoísmo determina, até certo ponto, a gradação de nossa recompensa — a alegria — no céu. Quanto mais generoso você for neste mundo e mais sacrifícios fizer, maior será sua alegria no céu. A primeira indicação disso encontra-se na parábola das dez minas.[2] Jesus compara sua partida deste mundo com a de um nobre que vai para uma terra distante para ser coroado rei. Ele entrega uma mina a cada um de seus dez servos (representando os seguidores de Jesus), dizendo: "Façam esse dinheiro render até a minha volta" (Lucas 19.13). Para mim, a palavra "dinheiro" mencionada no texto inclui a generosidade que Jesus ordenou repetidas vezes.

Quando retornou, o rei chamou seus súditos para prestarem conta do que fizeram com o dinheiro. O primeiro contou que sua mina havia rendido outras dez. O segundo contou que a sua rendera outras cinco. A do terceiro não rendeu nada. Ao primeiro, Jesus disse:

---

[2] Mina é uma quantia equivalente a três meses de salário de um trabalhador braçal.

"Muito bem, meu bom servo! [...] Por ter sido confiável no pouco, governe sobre dez cidades" (Lucas 19.17). Ao segundo, disse: "Também você, encarregue-se de cinco cidades" (v. 19). Entendo que essas duas recompensas diferentes representam a diversidade de recompensas no céu. Não interpreto literalmente a promessa das cidades. Para mim, ela indica que no Reino haverá recompensas diferentes.

"A MEDIDA QUE USAREM TAMBÉM SERÁ USADA PARA MEDIR VOCÊS"

Outra indicação de que Jesus tem esse conceito do céu está em Lucas 6.37,38: "Não julguem, e vocês não serão julgados. Não condenem, e não serão condenados. Perdoem, e serão perdoados. Dêem, e lhes será dado: uma boa medida, calcada, sacudida e transbordante será dada a vocês. Pois a medida que usarem também será usada para medir vocês". O que Jesus quer dizer com "a medida que usarem também será usada para medir vocês"?

Acima de tudo, ele confirma o que já dissemos, isto é, que o egoísmo nos roubará todas as bênçãos: "Dêem, e lhes será dado". Jesus não está falando de meros relacionamentos humanos. Está falando do reconhecimento final que receberemos de Deus. Esse é o contexto do julgamento, da condenação e do perdão. Na promessa, também está implícito que nossa recompensa será "calcada, sacudida e transbordante". É a ilustração da graça transbordante de Deus. Se formos generosos, Deus nos recompensará com abundância. Se não, seremos condenados por ter um coração egoísta, incorrigível e não redimido.

E quanto à "medida" que usamos para dar: "A medida que usarem também será usada para medir vocês"? É por causa desse texto que acredito na variedade de recompensas no céu, em razão das diferentes gradações de generosidade e sacrifício neste mundo. R. C. H. Lenski foi muito feliz na explanação desse texto. Ele escreve:

> Para explicar essa medida de retribuição, Jesus declara o princípio sobre o qual ela é aplicada: a medida que você usar para medir lhe será devolvida na mesma proporção: αντί, no verbo (*antimetrēthēsetai*), significa sucessão ou devolução. Quando somos generosos, estabelecemos a medida que será usada para recebermos de volta o que demos. Somos medidos com a mesma medida que usamos. Quando a usamos, declaramos que queremos que Deus a use para nos medir no final. [...] É a medida que levaremos a Deus, e ele a completará — e a completará até derramá-la ("calcada, sacudida e transbordante"). [...] Portanto, aqueles que não derem nada receberão menos ainda, e os que forem generosos durante a vida inteira receberão muitíssimo mais. Isso é justiça e graça.[3]

Entendo que o autor não empregou a palavra "justiça" em seu sentido exato, porque nossa generosidade, por maior que seja, é imperfeita e não merece nada de Deus. Em minha opinião, o autor quis dizer que é *conveniente*, *apropriado* e *justo* haver uma correlação entre nossa generosidade e a generosidade de Deus para conosco — não exata, mas verdadeira. Deus usa a mesma medida, porém de forma muito mais transbordante do que somos capazes de oferecer a alguém.

Este é o ponto que estou tentando enfatizar: existem diferenças no grau de satisfação que cada um de nós terá no céu. Ela será abundante, porque no céu não há frustrações. Mas essa abundância não será a mesma para todos, porque a medida que usamos para abençoar os outros neste mundo e a medida que Deus usará para abençoar-nos no céu diferem de pessoa para pessoa. Portanto, volto a dizer: quanto mais generoso você for neste mundo e mais sacrifícios fizer, maior será sua alegria no céu.

"Acumulem para vocês tesouros no céu"

Em razão disso, entendo desta forma o mandamento de Jesus "Acumulem para vocês tesouros nos céus" (Mateus 6.20): esforcem-se

---

[3] *The Interpretation of St. Luke's Gospel* (Minneapolis: Augsburg, 1946), p. 374-5.

para aumentar sua generosidade o mais que puderem. Isso está muito claro nas palavras de Jesus em Lucas 12.33: "Vendam o que têm e dêem esmolas. Façam para vocês bolsas que não se gastem com o tempo, um tesouro nos céus que não se acabe, onde ladrão algum chega perto e nenhuma traça destrói". Em outras palavras, precisamos dar esmolas para conseguir fazer "bolsas que não se gastem com o tempo", ou seja, um "tesouro nos céus". As expressões "bolsas que não se gastem com o tempo" e "tesouro nos céus" são metáforas da recompensa celestial — a plenitude da medida de alegria que teremos no céu. Essa medida é determinada pelo mandamento: "Dêem esmolas". Os tesouros que acumulamos nos céus não são ajuntados aqui na terra. Para acumular tesouros nos céus, precisamos abrir mão de nossos bens com sacrifício e generosidade, isto é, com amor.

Veremos no próximo capítulo que esse tipo de generosidade e de sacrifício tem raízes na bondade de Deus para conosco *antes* de sermos generosos para com os outros e também *enquanto* praticamos a generosidade. Somos capazes de amar e ser generosos porque ele nos deu tudo gratuitamente e promete atender a todas as nossas necessidades, a vida inteira (Mateus 6.33; 7.7-12; Lucas 12.32).

Mandamento 37

ACUMULEM TESOUROS NOS CÉUS, "POIS FOI DO AGRADO DO PAI DAR-LHES O REINO"

Não tenham medo, pequeno rebanho, pois foi do agrado do Pai dar-lhes o Reino. Vendam o que têm e dêem esmolas. Façam para vocês bolsas que não se gastem com o tempo, um tesouro nos céus que não se acabe, onde ladrão algum chega perto e nenhuma traça destrói. Pois onde estiver o seu tesouro, ali também estará o seu coração. (LUCAS 12.32-34)

Antes de analisar a razão de nossa generosidade, cujas raízes estão na bondade de Deus, há uma pergunta premente que surge sempre que a motivação das recompensas é mencionada. Examinaremos primeiro essa pergunta, para depois analisar a bondade de Deus por trás de nossa generosidade.

POR QUE ESSA MOTIVAÇÃO NÃO É EGOÍSMO PREMEDITADO?

Por que essa motivação para ajudar os necessitados — para aumentar nossa alegria no céu — não transforma nossa atitude generosa num ato de egoísmo premeditado? Porque quando somos generosos, temos o objetivo de que os beneficiários — inimigos ou irmãos — sejam ajudados e possam ver melhor a beleza de Jesus, de modo que participem conosco da recompensa celestial. Nenhum seguidor fiel de Jesus deseja ter alegria nele isoladamente. Essa não é a intenção de Jesus. Sozinho, ninguém pode ter alegria nele. Jesus viveu e morreu "para servir e dar a sua vida em resgate por *muitos*" (Marcos 10.45). Queremos aumentar nossa alegria para poder compartilhá-la com os outros. A generosidade acompanhada de sacrifício aumenta nossa alegria no céu, não apenas por causa da grandeza de nosso *coração* em relação aos outros, mas — mudando a ênfase — por causa da grandeza de nosso coração em relação aos *outros*. Queremos que eles participem de nossa alegria e queremos compartilhar a alegria deles, para que, dessa forma, as duas alegrias aumentem.

Vamos inverter o problema: que tipo de amor seria esse se nossa generosidade não tivesse o objetivo de compartilhar com os outros a alegria que desejamos para eles? A generosidade desinteressada transmite a mensagem de que o presente que estou oferecendo não tem valor. Se não aprecio o que ofereço, como meu presente pode ser considerado valioso? Penso que alguns se vêem diante de uma contradição, porque consideram um ato de amor dar esmolas aos necessitados sem se importar com a alegria eterna deles. Acham que dar esmola sem ter o objetivo de convertê-los, para que Jesus se torne o tesouro deles, seja um ato de amor. Não é. Se não tivermos o desejo ardente de que nossa generosidade leve o beneficiário a amar a Cristo, não estaremos praticando um ato de amor. Não estou dizendo que devemos ter sucesso nessa missão para que nossa generosidade seja um ato de amor. O objetivo talvez não seja alcançado. Os necessitados poderão aceitar nossa generosidade e rejeitar a Jesus, e não deixaremos de amá-los por isso — enquanto viverem. Contudo, se a alegria eterna deles em Jesus não for nosso *objetivo*, não estaremos agindo com amor.

A GENEROSIDADE ACOMPANHADA DE SACRIFÍCIO MOSTRA QUE NOS LIBERTAMOS DA ESCRAVIDÃO DOS BENS MATERIAIS

A generosidade que Jesus tem em mente é tão diversificada quanto as possíveis maneiras de abençoarmos os outros com o que temos, fazemos e dizemos. Devemos usar o que temos para abençoar o próximo. Há várias opções: dar dinheiro (Mateus 19.21), curar enfermos (Mateus 10.8), oferecer um copo de água fresca (Marcos 9.41), dedicar tempo e esforço, como o bom samaritano (Lucas 10.34,35), ser hospitaleiro (Lucas 14.13,14). Acima de tudo, Jesus ordena que nos libertemos radicalmente do amor ao dinheiro e ao que ele pode comprar e do medo de perder a segurança e o conforto que ele proporciona.

O dinheiro escraviza pela ganância e pelo medo. A ganância nos faz querer ganhar mais e ter medo de perder o que possuímos. Jesus deseja libertar-nos. A generosidade acompanhada de sacrifício é uma evidência de que fomos libertados dos ídolos proporcionados pelo dinheiro. É também uma evidência de que começamos a amar o próximo como deveríamos, isto é, concentrando-nos na alegria de fazê-lo feliz, em vez de nos dedicarmos aos prazeres pessoais, que se deterioram dentro do pequeno mundo do egoísmo.

Para entender o que Jesus pensa dessa libertação, precisamos prestar atenção à maneira em que ele relaciona a promessa da provisão de Deus com o mandamento da generosidade acompanhada de sacrifício: "Não tenham medo, pequeno rebanho, pois foi do agrado do Pai dar-lhes o Reino. Vendam o que têm e dêem esmolas..." (Lucas 12.32,33). Certamente, Jesus gostaria que incluíssemos um "portanto" entre a promessa e o mandamento: "Não tenham medo, pequeno rebanho, pois foi do agrado do Pai dar-lhes o Reino. [Portanto] vendam o que têm e dêem esmolas".[1]

---

[1] Encontramos a mesma lógica em numerosas citações dos ensinamentos de Jesus. Por exemplo, Jesus diz: "Quando der um banquete, convide os pobres, os aleijados, os mancos, e os cegos. Feliz será você, porque estes não têm como retribuir. A sua recompensa virá na ressurreição dos justos" (Lucas 14.13,14); "Se vocês, apesar de serem maus, sabem dar boas coisas aos seus filhos, quanto mais o Pai de vocês, que está nos céus, dará coisas boas aos que lhe pedirem! Assim, em tudo, façam aos outros o que vocês querem que eles lhes façam..." (Mateus 7.11,12); "Não se preocupem, dizendo: 'Que vamos comer?' ou 'Que vamos beber?' ou 'Que vamos vestir?' *Pois* [...] o Pai celestial sabe que vocês precisam delas" (Mateus 6.31,32).

Lucas 12.32 é a chave para libertar-nos da temível escravidão dos bens materiais. É a dinamite capaz de demolir a casa do materialismo em que vivemos. Lucas 12.32 é uma palavra poderosa de Jesus acerca da natureza de Deus. Ele descreve como é o coração de Deus — o que alegra a Deus, não simplesmente o que ele possui ou faz. Na verdade, Jesus fala do que Deus *gosta* de fazer, do que ele *ama* fazer e do que *sente satisfação* em fazer. "Não tenham medo, pequeno rebanho, pois foi do agrado do Pai dar-lhes o Reino". Essas palavras nos deixam livres para vendermos nossos bens materiais e distribuir o dinheiro entre os necessitados com generosidade e sacrifício.

A BONDADE DE DEUS É A RAZÃO DE NOSSA GENEROSIDADE

Observe cada uma das partes extraordinárias deste versículo tão pleno de misericórdia: "Foi *do agrado* do Pai dar-lhes o Reino". Deus não está agindo dessa forma com o intuito de disfarçar ou esconder um motivo premeditado. As palavras "do agrado" excluem completamente essa idéia. Ele não está dizendo a si mesmo: "Serei generoso por uns tempos, apesar de não querer, porque meu verdadeiro desejo é julgar os pecadores".

O significado das palavras de Jesus é inequívoco: Deus está agindo em completa liberdade. Não está sob pressão para fazer o que não quer. Nesse mesmo ponto, quando concede o Reino ao seu rebanho, ele está agindo com intensa alegria. Este é o significado de "agrado": a alegria, o desejo, a vontade, a aspiração, a satisfação, o contentamento e o deleite de Deus em dar o Reino ao seu rebanho.

Agora, reflita na expressão "do Pai": "Não tenham medo, pequeno rebanho, pois foi do agrado *do Pai* dar-lhes o Reino". Jesus não diz: "Foi do agrado de seu patrão pagar o salário de vocês". Também não diz: "Foi do agrado de seu amo proporcionar-lhes abrigo". Tampouco diz: "Foi do agrado de seu rei dar-lhes o reino". Jesus escolhe cada palavra da sentença para dissipar qualquer dúvida de que Deus não esteja disposto a nos favorecer. Ele diz que Deus é nosso "Pai".

Deus é o melhor dos pais — muito melhor que aquele que você teve!

Nem todos nós tivemos um pai que seguiu o caminho de Deus. Por isso, a palavra "pai" talvez não esteja tão impregnada de paz e segurança quanto Jesus pretendia. Diante disso, tentarei preencher a palavra "pai" com dois significados que Jesus quis atribuir a ela.

Primeiro: se o Rei é nosso Pai, somos herdeiros de seu Reino. É natural, pois é nossa herança. Mateus 25.34 diz que, no último dia, o Rei Jesus dirá: "Venham, benditos de meu Pai! Recebam como *herança* [observe a palavra!] o Reino que lhes foi preparado desde a criação do mundo". Antes de criar o mundo, Deus preparou um Reino para seus filhos. O Reino é deles por direito de herança, e Deus não faz esse convite de má vontade. É do agrado dele dar-lhes o Reino.

Segundo: se o Rei é nosso Pai, somos isentos de pagar impostos. Em Mateus 17.25, Pedro estava em dúvida se os discípulos deviam pagar o imposto do templo. Jesus pergunta: "O que você acha, Simão? De quem os reis da terra cobram tributos e impostos: de seus próprios filhos ou dos outros?". Pedro responde: "Dos outros", e Jesus diz a ele: "Então os filhos estão isentos". Deus não arrecada impostos de seus filhos. Quem sente o peso da lei são os do lado de fora do palácio, não os de dentro. Os filhos estão isentos! Ser filho de Deus significa ser isento.

A lista das vantagens de ter Deus como Pai é extensa, e todas servem para vencer o medo de que Deus não deseje ser bondoso para conosco. Ele não tem má vontade. Está ansioso pela alegria de dar o Reino aos seus filhos. Deus é nosso Pai, e se nós, que somos maus, sabemos dar coisas boas aos nossos filhos, quanto mais nosso Pai, que está nos céus, dará seu Reino aos que lhe pedirem (Mateus 7.7-11).

A GENEROSIDADE E OS CUIDADOS DE DEUS SÃO ABUNDANTES E REPLETOS DE TERNURA

Reflita agora no verbo "dar": "Foi do agrado do Pai *dar*-lhes o Reino". Jesus não diz *vender*-lhes o Reino. Nem diz *negociar* o Reino com vocês. Ele diz que foi do agrado do Pai *dar*-nos o Reino. Deus é um manancial de generosidade, não um simples bebedouro. É uma fonte inesgotável. Ele gosta de fazer sua fonte transbordar. A boa notícia é que Deus não precisa de uma fila passando um balde de mão em mão, nem de operadores de bombas-d'água. Ele deseja bebedores de água, não carregadores de água. Seguir a Jesus significa abaixar-se até encostar o rosto na água e satisfazer a alma sedenta com seu perfeito amor.

Ele nos *dá* o Reino! O Reino não pode ser comprado, permutado nem conquistado. Existe apenas um meio de ganhá-lo, e é o mais fácil de todos, descrito em Lucas 18.17: "Digo-lhes a verdade: Quem não receber o Reino de Deus como uma criança, nunca entrará nele". Foi do agrado de Deus dar-nos o Reino (v. Lucas 8.10.)

Reflita agora na palavra "rebanho". "Não tenham medo, pequeno *rebanho*, pois foi do agrado do Pai dar-lhes o Reino". Jesus está usando metáforas sobre metáforas. Deus é nosso Pai; e se Deus nos dá o Reino, ele é o Rei; e se somos seu rebanho, ele é o Pastor. Jesus escolhe cuidadosamente as palavras para deixar seu argumento o mais claro possível: Deus não regateia suas bênçãos.

As palavras "rebanho" ou "ovelhas" lembram-nos que Jesus disse que o bom pastor dá a vida pelas ovelhas. Agora, ele faz isso de má vontade ou sob pressão? Não. "Ninguém a tira [a vida] de mim, mas eu a dou por minha espontânea vontade..." (João 10.18). O Pai não regateou para nos dar seu Filho, e o Filho não regateou para dar a vida por nós. Foi do agrado do *Pastor* dar o Reino ao seu *rebanho*.

Reflita agora na palavra "pequeno". "Não tenham medo, *pequeno* rebanho, pois foi do agrado do Pai dar-lhes o Reino". Por que Jesus diz "*pequeno* rebanho"? A meu ver, a palavra tem dois significados.

Ela serve para designar afeição e cuidado. Se eu disser à minha família, quando ela estiver em perigo: "Não tenha medo, pequena família", minha intenção é dizer: "Sei que vocês estão em perigo e que são pequenos e fracos, mas farei tudo que estiver em meu poder para tomar conta de vocês, porque vocês são preciosos para mim". Portanto, *"pequeno* rebanho" tem o sentido de afeição e cuidado.

A expressão também dá a entender que a bondade de Deus para conosco não depende de nosso tamanho. Somos um pequeno rebanho — pequeno em tamanho, pequeno em força, pequeno em sabedoria, pequeno em retidão, pequeno em amor. Se a bondade de Deus para conosco dependesse de nosso tamanho, estaríamos em sérias dificuldades, mas esse é justamente o ponto fundamental: ela não depende de nosso tamanho. Também não estamos em sérias dificuldades: "Não tenham medo, *pequeno* rebanho, pois foi do agrado do Pai dar-lhes o Reino".

A DÁDIVA DE RECEBER O REINO SOBERANO DE DEUS

Por último, reflita na palavra "Reino". Talvez ainda persista algum resquício da sensação de que Deus nos dá o Reino de má vontade ou sem entusiasmo. Alguém pode dizer: "Está bem, Deus é nosso Pai e não nosso amo. Ele prefere dar a vender; trata-nos da mesma forma que um bom pastor trata seu rebanho; tem afeição por nós e piedade de nós, porque somos pequenos. Mas, afinal, o que ele promete dar?".

Deus não nos promete dinheiro, porque Jesus diz: "É mais fácil passar um camelo pelo fundo de uma agulha do que um rico entrar no Reino de Deus" (Lucas 18.25). Ele não nos promete popularidade, fama ou admiração entre os homens, porque Jesus diz: "Bem-aventurados serão vocês, quando os odiarem, expulsarem e insultarem, e eliminarem o nome de vocês, como sendo mau, por causa do Filho do homem" (Lucas 6.22). Também não nos promete segurança nesta vida. Ao contrário, diz: "Vocês serão traídos até por pais, irmãos, parentes e amigos, e eles entregarão alguns de vocês à morte. Todos odiarão vocês por causa do meu nome" (Lucas 21.16,17).

O que, então, ele promete dar a seu pequeno rebanho — para provar de uma vez por todas que foi do agrado dele dar-nos algo grandioso? Ele promete o *Reino de Deus*. E o que significa receber o Reino e o domínio soberano de Deus?

Significa dizer, de maneira simples, extraordinária e inexprimível, que a autoridade e o domínio onipotentes do Rei do Universo serão entregues para sempre ao pequeno rebanho de Deus. Quem será capaz de descrever a cena quando esta afirmação de Jesus, na última ceia, se tornar realidade: "Eu lhes designo um Reino, assim como meu Pai o designou a mim, para que vocês possam comer e beber à minha mesa no meu Reino..." (Lucas 22.29,30)?

Jesus sabe que o rebanho de Deus luta contra o medo de ter de vender o que não necessita e dar tudo aos pobres, com sacrifício e generosidade. Ele sabe haver o receio de que o Pai seja um Deus que se zangue facilmente e goste, acima de tudo, de julgar os pecadores, fazendo o bem apenas pressionado pelo dever, não por prazer. Portanto, o Senhor está se esforçando, em Lucas 12.32, para libertar-nos desse medo, contando-nos a verdade acerca de Deus. Ele escolheu cada palavra para livrar-nos do amor ao dinheiro, a fim de que pudéssemos nos satisfazer com tudo que Deus promete ser para nós em Jesus. Cada palavra é importante. Leia sempre o texto devagar.

> Não tenham medo,
> pequeno
> rebanho,
> pois foi
> do agrado do Pai
> dar-lhes
> o Reino!

A SIMPLICIDADE E A GENEROSIDADE DE WILLIAM CAREY

Que tipo de vida essa promessa produzirá naqueles que realmente acreditam nela? Encerro este capítulo com uma ilustração extraída da vida de William Carey, que foi missionário na Índia. Em outubro de 1795, enquanto estava naquele país, Carey recebeu um pacote de cartas procedentes da Inglaterra, sua terra natal. Uma das cartas o criticava por ele se ter "envolvido em assuntos comerciais", em vez de dedicar tempo integral à obra missionária (um trabalho frutífero que duraria mais de trinta anos, sem licença nem férias). Carey sentiu-se magoado e ficou irado com a acusação. Se não estivesse trabalhando, ele e sua família teriam morrido de fome, pois a pequena ajuda financeira da Inglaterra chegava de forma lenta e esporádica. A resposta que ele enviou expressa a vida que desejo para mim e para você e pela qual não deixo de orar:

> Tenho por princípio que, se minha conduta não for prova suficiente, não será digna de ser provada. [...] Com o escasso subsídio que minha família recebe, posso apenas dizer que minha renda total, alguns meses de trabalho e muito mais são destinados aos propósitos do evangelho, para ajudar algumas pessoas na tradução da Bíblia, a fazer cópias à mão, ensinar na escola e coisas semelhantes. [...] Menciono [isso] para mostrar que o amor ao dinheiro não me estimulou a buscar o plano com o qual me comprometi. Sou realmente pobre, e sempre serei, até que a Bíblia seja publicada em bengalês e hindustâni, e que ao povo não [falte] mais instrução.[2]

Esse é o tipo de dedicação ao Reino, com generosidade e sacrifício, que Jesus tinha em mente quando ordenou: "Acumulem para vocês tesouros nos céus".

---

[2] Mary DREWERY. *William Carey: A Biography* (Grand Rapids: Zondervan, 1984), p. 91.

Mandamento 38

NÃO JUREM DE FORMA ALGUMA — DIGAM A VERDADE SEM USAR SUBTERFÚGIOS

Vocês também ouviram o que foi dito aos seus antepassados: "Não jure falsamente, mas cumpra os juramentos que você fez diante do Senhor". Mas eu lhes digo: Não jurem de forma alguma: nem pelos céus, porque é o trono de Deus; nem pela terra, porque é o estrado de seus pés; nem por Jerusalém, porque é a cidade do grande Rei. E não jure pela sua cabeça, pois você não pode tornar branco ou preto nem um fio de cabelo. Seja o seu "sim", "sim", e o seu "não", "não"; o que passar disso vem do Maligno. (MATEUS 5.33-37)

Jesus ensina que a verdade é preciosa. Todos nós concordamos com isso, principalmente quando alguém nos diz uma mentira. O professor mais relativista da universidade, que zomba do conceito da verdade na sala de aula, ficará indignado se sua conta de luz apresentar um consumo maior que o verdadeiro. Na certa, telefonará para a empresa fornecedora de energia elétrica para reclamar do erro na conta e não achará graça se a voz do outro lado da linha disser: "Está errada de *seu* ponto de vista, não do *nosso*".

A VERDADE É PRECIOSA PARA PESSOAS COMUNS

A verdade é preciosa. O bebê engoliu ou não a agulha perdida? Esta água é potável ou não? Você é amigo ou espião? Vai cumprir as promessas feitas no casamento de me amar e cuidar de mim, ou está interessado apenas em dinheiro e sexo? Há combustível suficiente neste avião para chegarmos ao destino, ou devemos retornar ao ponto de partida? A cirurgia vai me deixar melhor ou pior do que estou? A pessoa que ligou desesperada para a polícia disse "avenida 11" ou "rua 11"?

Quem zomba do conceito da verdade são os poderosos, que não precisam (no momento) recorrer à verdade para salvar a vida. Os déspotas do totalitarismo não se importam com a verdade porque têm poder para criar a realidade que desejam — por um momento fugaz na História. Os professores universitários vitalícios não se importam com a verdade na sala de aula, porque têm o poder e a segurança de entreter os alunos com jogos acadêmicos, sem serem forçados a aplicar as próprias tolices à vida real após o término da aula. Para a maioria da humanidade, porém, a verdade é importante, e eles sabem disso. A verdade é fundamentalmente importante. A vida deles depende da verdade.

"VIM AO MUNDO PARA TESTEMUNHAR DA VERDADE"

Jesus amava a verdade e odiava a falsidade. Ele confirmou o nono mandamento: "... não darás falso testemunho..." (Marcos 10.19). Advertiu que o "engano" (a falsidade) vem do interior do coração e contamina a pessoa (7.21,22). Considerava a hipocrisia religiosa uma forma demoníaca de mentir (Mateus 23.15). Chamou de "filhos do Diabo" os que usavam a piedade para ocultar seus atos de maldade: "Vocês pertencem ao pai de vocês, o Diabo, e querem realizar o desejo dele. Ele foi homicida desde o princípio e não se apegou à verdade, pois não há verdade nele. Quando mente, fala a sua própria língua, pois é mentiroso e pai da mentira" (João 8.44). A mentira tem origem no Diabo, e os que não falam a verdade unem forças com Satanás.

Foi para isto que Jesus veio ao mundo: para revelar a verdade acerca de Deus, do homem, da salvação e do que é certo e errado.

No final de seu ministério, por ocasião de seu julgamento, ele disse a Pôncio Pilatos: "... De fato, por esta razão nasci e para isto vim ao mundo: *para testemunhar da verdade*. Todos os que são da verdade me ouvem" (João 18.37). À semelhança de muitos céticos de hoje, Pilatos perguntou: "Que é a verdade?", e afastou-se sem esperar a resposta.

"Eu sou a verdade"

Sabemos a resposta que Pilatos teria ouvido. Jesus teria repetido sua declaração: "Eu *sou* [...] a verdade" (João 14.6). O próprio Jesus — em tudo o que é, faz e diz — exemplifica o que é real, verdadeiro, certo e belo. Quando ele fala, não há engano nem falsidade. Acerca de si mesmo, disse: "... aquele que busca a glória de quem o enviou, este é verdadeiro; não há nada de falso a seu respeito" (7.18). Alguns não acreditaram em suas palavras, mas nem por isso ele pensou em mudar a mensagem para conquistar mais seguidores. Se a verdade é ouvida com descrença, o problema está no coração do incrédulo, não na verdade: "Vocês não crêem em mim, porque lhes digo a verdade!" (8.45). Ele declarou que as pessoas não se desviam da luz por considerá-la falsa, mas porque amam as trevas (João 3.19).

Antes de partir deste mundo, Jesus prometeu enviar um Conselheiro, e chamou-o "Espírito da verdade": "Quando vier o Conselheiro, que eu enviarei a vocês da parte do Pai, o Espírito *da verdade* que provém do Pai, ele testemunhará a meu respeito" (João 15.26). O Espírito da verdade nos ajudará a conhecer a verdade, e ela nos transformará. Por isso, Jesus orou, antes de partir, pedindo ao Pai que o Espírito da verdade fizesse parte de nossa vida: "Santifica-os na verdade; a tua palavra é a verdade" (João 17.17). Podemos, então, entender como a verdade é sumamente importante para Jesus e como o mal é destrutivo, porque nos induz a trapacear, iludir e falar de forma enganosa.

A TOLICE DE CRUZAR OS DEDOS E FAZER O SINAL-DA-CRUZ

Não é de admirar que, no Sermão do Monte, Jesus tenha derrubado uma das práticas mais sutis de sua época, usadas pelo povo para não ter de falar a verdade ou de cumprir uma promessa. Quando a promessa não é cumprida, transforma-se em mentira, e quando a promessa acompanhada de juramento em público não é cumprida, ela se chama "perjúrio". Em minha infância, costumávamos dizer em tom de brincadeira que, se mantivéssemos os dedos cruzados no momento de fazer uma promessa, não teríamos de cumpri-la. Tínhamos também maneiras divertidas de reforçar uma promessa duvidosa. Fazíamos o sinal-da-cruz, com a outra mão em cima do coração e repetíamos estas palavras: "Que eu morra se não estiver dizendo a verdade". Significava: "Estou falando com o coração, e não com a boca, e se eu não estiver dizendo a verdade, que eu morra neste instante".

Jesus reprovava tais artifícios — cruzar os dedos para não ter de cumprir uma promessa e fazer o sinal-da-cruz para reforçar uma promessa. Ele disse:

> Vocês também ouviram o que foi dito aos seus antepassados: "Não jure falsamente, mas cumpra os juramentos que você fez diante do Senhor". Mas eu lhes digo: Não jurem de forma alguma: nem pelos céus, porque é o trono de Deus; nem pela terra, porque é o estrado de seus pés; nem por Jerusalém, porque é a cidade do grande Rei. E não jure pela sua cabeça, pois você não pode tornar branco ou preto nem um fio de cabelo. Seja o seu "sim", "sim", e o seu "não", "não"; o que passar disso vem do Maligno. (Mateus 5.33-37)

Jesus está ordenando duas coisas: primeiro, que não usemos subterfúgios verbais para não ter de cumprir uma promessa; segundo, que sejamos sinceros a ponto de não haver necessidade de juramento.

A técnica de usar subterfúgios para não ter de cumprir uma promessa

Os subterfúgios verbais citados por Jesus referem-se ao céu, à terra, a Jerusalém e à cabeça. Alguns supunham que não precisavam cumprir uma promessa se o juramento não mencionasse Deus como testemunha. Se dissessem: "Juro pelo céu" ou "Juro pela terra" ou "Juro por Jerusalém" ou "Juro pela minha cabeça", poderiam quebrar a promessa, pois não juraram por *Deus*. Essa lógica deturpada diz mais ou menos isto: "O céu, a terra, Jerusalém e minha cabeça não poderão vingar-se de mim se eu quebrar a promessa — só Deus pode. Como não invoquei o nome de Deus como testemunha de minhas palavras, para me responsabilizar por elas, não terei problemas".

Jesus rejeita essas evasivas e ressalta que Deus está por trás de todos os juramentos, de uma forma ou de outra. O céu é seu trono, a terra é o estrado de seus pés, Jerusalém é sua cidade e nossa cabeça está sob o controle dele, não sob o nosso, porque nosso cabelo só pode mudar de cor se ele assim o desejar. Nosso problema, portanto, é que temos um conceito muito pequeno de Deus e da verdade. Imaginamos que a verdade é insignificante e que podemos manipulá-la ao nosso bel-prazer. Imaginamos que Deus está distante e só se preocupa com a sinceridade de nossas palavras quando seu nome é mencionado. Ambas as idéias estão erradas. A verdade é muito preciosa, mais do que podemos imaginar, e Deus está por trás de cada molécula do Universo e se preocupa em que seus filhos falem a verdade.

O subterfúgio de menosprezar Deus para não dizer a verdade

Jesus deparou com esse subterfúgio da parte dos fariseus em Mateus 23.16-22. Sua indignação é indisfarçável:

Ai de vocês, guias cegos!, pois dizem: "Se alguém jurar pelo santuário, isto nada significa; mas se alguém jurar pelo ouro do santuário, está obrigado por seu juramento". Cegos insensatos! Que é mais importante: o ouro ou o santuário que santifica o ouro? Vocês também dizem: "Se alguém jurar pelo altar, isto nada significa; mas se alguém jurar pela oferta que está sobre ele, está obrigado por seu juramento". Cegos! Que é mais importante: a oferta, ou o altar que santifica a oferta? Portanto, aquele que jurar pelo altar, jura por ele e por tudo o que está sobre ele. E o que jurar pelo santuário, jura por ele e por aquele que nele habita. E aquele que jurar pelos céus, jura pelo trono de Deus e por aquele que nele se assenta.

É quase impossível acreditar que os fariseus fossem capazes de usar subterfúgios como esses e, pior ainda, fossem capazes de *ensiná-los* ao povo. Jesus afirmou que os guias cegos "*dizem* [isto é, ensinam aos outros]: 'Se alguém jurar pelo santuário, isto nada significa' ". Talvez essa não seja uma citação direta, e sim a conclusão do que eles diziam. De qualquer forma, Jesus ficou furioso com a maneira pela qual a verdade e Deus eram menosprezados. Para os fariseus, o ouro era mais importante que o templo de Deus. Os sacrifícios eram mais importantes que o altar de Deus. O céu era mais importante que o Deus que nele habita. Todos esses subterfúgios não levavam em consideração o fato de que a santidade do céu, do altar e do templo tinham origem num relacionamento com Deus. Isso, porém, pouco significava para os que estavam predispostos a encontrar meios de fazer a paz por meio da falsidade.

Que mandamento Jesus contrapôs aos numerosos subterfúgios de que nos valemos para fugir à verdade? Conheceremos essa alternativa no próximo capítulo.

Mandamento 39

NÃO JUREM DE FORMA ALGUMA — DIGAM SIMPLESMENTE "SIM" OU "NÃO"

Não jure pela sua cabeça, pois você não pode tornar branco ou preto nem um fio de cabelo. Seja o seu "sim", "sim", e o seu "não", "não"; o que passar disso vem do Maligno. (MATEUS 5.36,37)

Jesus permaneceu em silêncio. O sumo sacerdote lhe disse: "Exijo que você jure pelo Deus vivo: se você é o Cristo, o Filho de Deus, diga-nos". "Tu mesmo o disseste", respondeu Jesus. (MATEUS 26.63,64)

UM NOVO PADRÃO DE SINCERIDADE

Contrariando as manobras ilícitas que o povo fazia para não ter de dizer a verdade (como vimos no capítulo anterior), Jesus declara: "Eu lhes digo: Não jurem de forma alguma [...]. Seja o seu 'sim', 'sim', e o seu 'não', 'não'; o que passar disso vem do Maligno" (Mateus 5.34,37). Jesus vai além das prescrições do Antigo Testamento sobre a questão dos juramentos: ele diz que não devemos jurar de forma alguma. Aparentemente, seus motivos são: com a chegada do Reino de Deus por meio de seu ministério (Lucas 11.20; 17.21), com a presença do próprio Rei (Mateus 21.15,16), com o envio do Espírito da verdade (João 15.26) e com a instituição da nova aliança (Lucas 22.20; v. *Mandamento 23*), os padrões de sinceridade seriam mais elevados, e a medida de comprometimento com o mal neste mundo deveria diminuir.

Ele argumenta: "Não jurem de maneira alguma. Qualquer coisa além disso ['sim', 'sim' e 'não', 'não'] procede do Maligno". O Maligno cria mentira e a falsidade no coração humano. Jesus afirma que elas têm origem no "pai da mentira" (João 8.44) e ganha força por meio da maldade contínua do coração humano. A verdade, portanto, é prejudicada o tempo todo. Sem a verdade, no entanto, a vida em comunidade é impossível. Deve haver uma dose de confiança no casamento, nos negócios, nas escolas, nos governos e no vasto domínio dos acordos contratuais, sem falar da preciosa estrutura das amizades pessoais. Por isso, a mentira, a falsidade e o engano que impregnam o coração humano e a sociedade foram confinados aos artifícios chamados "juramentos".

Esperamos que os juramentos façam o que o amor não faz

O egoísmo e a má vontade fazem parte do mal que destruiu a confiança. Distorcemos a verdade para conseguir o que queremos, mesmo à custa do sofrimento alheio. Para a verdade prevalecer, o amor precisa prevalecer. Se não fôssemos egoístas e amássemos nossos semelhantes, não quebraríamos a palavra, não mentiríamos nem agiríamos com hipocrisia. A verdade prevaleceria.

O amor, porém, não prevalece neste mundo, e os juramentos foram criados para compensar o que o amor deveria fazer. Os juramentos nasceram das necessidades advindas da falta de amor. Não temos amor no coração e, para assegurar a confiabilidade de nossa palavra, fazemos juramentos, na tentativa de induzir os outros a acreditarem no que dizemos. Colocamo-nos sob a ameaça divina por não cumprir nossa palavra, isto é, fazemos de nossos interesses pessoais a medida de nossa sinceridade. Não queremos ser destruídos por Deus, e compartilhamos esses interesses pessoais com os demais seres humanos (mesmo que não acreditem em Deus). Por isso, o juramento é importante para garantir a veracidade de nossas palavras.

Jesus quer dizer o seguinte: "Estou chamando você para um nível diferente de sinceridade. Estou chamando você para testemunhar a chegada de meu Reino e o tipo de integridade que introduzi no mundo. Sim, você ainda vive neste mundo pecador, onde há mentiras e falsidades. Os juramentos talvez sejam necessários para quem desconhece meu poder de salvar almas. Talvez os juramentos ainda ajudem esta sociedade pecadora a permanecer unida. Assemelham-se a uma represa para conter o rio de falsidade humana".[1]

Jesus respondeu: "Tu mesmo o disseste"

Jesus está dizendo: "Quanto a vocês, que me conhecem e me seguem, que foram perdoados e transformados por mim, o seu 'sim' e o seu 'não' devem ter peso de juramento. A integridade de vocês deve ser irrepreensível. Olhem nos olhos do funcionário do tribunal quando ele lhe perguntar: 'Você jura dizer a verdade, somente a verdade e nada mais que a verdade, com a ajuda de Deus?' e responda: 'Direi a verdade". Na véspera de sua morte, Jesus foi pressionado pelo sumo sacerdote a jurar no tribunal. O sumo sacerdote disse: "Exijo que você jure pelo Deus vivo: se você é o Cristo, o Filho de Deus, diga-nos" (Mateus 26.63). O sumo sacerdote queria que Jesus invocasse a Deus como testemunha de um juramento para provar que ele era o Messias.

Jesus não se submeteu à exigência do sumo sacerdote e respondeu: "Tu mesmo o disseste", de acordo com seu mandamento em Mateus 5.37. Este foi o "sim" de Jesus: "Tu mesmo o disseste" (Mateus 26.64; v. Marcos 14.62). Não houve necessidade de juramento. O "sim" de Jesus tinha peso de juramento. O sumo sacerdote sentiu a força das palavras de Jesus e não o forçou a jurar. Ele "rasgou as

---

[1] Tomei emprestada esta ilustração (tradução minha): "Contra essa inundação de pecados, saímos em busca do juramento para construir uma represa, porém ela não atinge seu objetivo, porque serve somente para aumentar o poder da mentira" (Adolf SCHLATTER, *Erläuterungen zum Neuen Testament, Das Evangelium nach Matthäus* (Stuttgart: Calwer Vereinsbuchhandlung, 1928), p. 76.

próprias vestes e disse: "Blasfemou! Por que precisamos de mais testemunhas? Vocês acabaram de ouvir a blasfêmia' " (v. 65).

Os seguidores de Jesus devem fazer juramentos?

O ponto fundamental de Jesus em seu mandamento radical referente aos juramentos é que sejamos pessoas de absoluta integridade e completa sinceridade. Mas uma pergunta paira no ar: os seguidores de Jesus devem fazer juramento? Para responder a essa pergunta, devemos estar cientes de que ela pode ser feita de outra maneira. Jesus não disse apenas: "Não jurem de forma alguma" (Mateus 5.34). Ele também apresentou uma contrapartida positiva: "Seja o seu 'sim', 'sim', e o seu 'não', 'não' " (v. 37). Portanto, a pergunta pode ser feita assim: os seguidores de Jesus devem fazer promessas, responder a perguntas ou fazer afirmações com outras palavras que não sejam "sim" e "não"?

Talvez seja útil refletir na segunda pergunta, porque há exceções no ministério de Jesus que nos impedem de dizer que seus seguidores não podem acrescentar nenhuma palavra ao "sim" e ao "não" para enfatizar a sinceridade de quem fala. A mais comum está em algumas declarações do próprio Jesus: "Digo-lhes a verdade"; "Eu lhes digo verdadeiramente"; "Em verdade vos digo" (RA etc.). Essas expressões de Jesus ocorrem mais de 50 vezes nos Evangelhos. Por mais de 25 vezes, ele usa uma expressão mais enfática: "Em verdade, em verdade vos digo".

A esse respeito, D. A. Carson escreveu: "Jesus a usa antes de verbalizar um pensamento, para confirmar e enfatizar sua veracidade e importância".[2] Se houve alguém no mundo cuja integridade não exigiu ênfase para provar sua confiabilidade, esse alguém foi Jesus. Mesmo assim, ele fez uso da ênfase. O uso de palavras de reforço não significa falta de integridade de quem fala: origina-se num impulso de amor para que os ouvintes entendam a

---

[2] *The Gospel According to John* (Grand Rapids: Eerdmans, 1991), p. 162.

veracidade do que está sendo dito, porque talvez desconheçam a probidade do orador.

Isso me obriga a fazer uma pausa para pensar que eu deveria ser cauteloso ao dizer que os seguidores de Jesus são íntegros a ponto de não haver situações que não exijam uma expressão de reforço, por amor aos ouvintes e para o bem deles. Além disso, Jesus sabia que, em algumas ocasiões, Deus — a essência da integridade — confirmou sua palavra com juramentos. Deus não jurou para reforçar a veracidade de suas palavras, mas para nos dar incentivos múltiplos e ajudar-nos a crer nele (v. Lucas 1.73; Gênesis 22.16). Parece, então, que a ênfase de Jesus visa à integridade e à veracidade absolutas, mas não tem a intenção de determinar, de forma alguma, as palavras que expressam essa veracidade.

Alguns juramentos são aceitáveis

Retornando à proibição aparentemente inquestionável: "Não jurem de forma alguma", pergunto: diante do que acabamos de dizer, devemos presumir que existam exceções a essa regra? Tenho a tendência de pensar que devemos estar abertos à possibilidade de que as palavras de um juramento (por exemplo: "Juro por Deus que estou dizendo a verdade") possam ser uma forma de mostrar amor a alguém que não nos conheça (e não sabe se somos dignos de confiança) e cuja tradição cultural exija que juremos dessa forma para ter credibilidade. A proibição incondicional de Jesus relaciona-se aos abusos nos juramentos mencionados em Mateus 5.35,36 e 23.16-22, e ao princípio dominante em todos os tempos e culturas de que devemos ser absolutamente confiáveis e sinceros.

Cuidado para não diminuir a importância do mandamento radical de Jesus

Isso pode dar a entender que *não* usamos um juramento ou outra expressão para provar que estamos dizendo a verdade, mas apenas para ajudar os outros a aceitar a sinceridade de nossas palavras. Enquanto escrevo estas linhas, porém, sinto estar havendo uma diminuição da importância das palavras de Jesus: "... 'Não jure falsamente, mas cumpra os juramentos que você fez diante do Senhor'" (5.33). O objetivo de Jesus ia além de: "Mantenham sua palavra". Existe algo maior que o juramento.

Teríamos, então, a tendência de pensar que nosso juramento não é necessário. Devemos ser cautelosos ao fazer um juramento. É provável que o juramento comunique (não necessariamente) alguma coisa sobre nossa falta de sinceridade, e isso é uma ofensa a Jesus. Uma das glórias de Jesus é que ele nos livra da necessidade de mentir e da necessidade de provar que não minto.

Os seguidores de Jesus não são apenas sinceros. Eles procuram mostrar que buscam uma condição na qual não haja necessidade de provar a ninguém que são dignos de confiança e encontrarão outros meios de declarar a autoridade de Cristo em pensamentos e palavras. Jesus quer ser conhecido como o caminho, a *verdade* e a vida. Ele ordena que nosso modo de viver e de falar proclame sempre sua glória.

Mandamento 40

O QUE DEUS UNIU NINGUÉM SEPARE, POIS O CASAMENTO RETRATA A ALIANÇA QUE DEUS FEZ CONOSCO

Vocês não leram que, no princípio, o Criador "os fez homem e mulher" e disse: "Por essa razão, o homem deixará pai e mãe e se unirá à sua mulher, e os dois se tornarão uma só carne"? Assim, eles já não são dois, mas sim uma só carne. Portanto, o que Deus uniu, ninguém separe. (MATEUS 19.4-6)

O seu Criador é o seu marido, o SENHOR dos Exércitos é o seu nome. (ISAÍAS 54.5)

Jesus ordena que o marido e a esposa sejam fiéis no casamento, mas sem presumir que isso seja fácil. Contudo, ele ensina que a fidelidade é fundamental porque o casamento é obra de Deus, por meio do qual ele cria a nova realidade de "uma só carne", que ultrapassa nossa compreensão e mostra ao mundo, em forma humana, a aliança entre Deus e seu povo. O casamento é muito mais sagrado do que a maioria das pessoas imagina, porque é uma criação ímpar de Deus, um retrato extraordinário do relacionamento entre Deus e seu povo e uma manifestação da glória de Deus. Contrariando o pouco valor atribuído ao casamento em nossos dias, a mensagem de Jesus deixa claro que o casamento é uma obra grandiosa de Deus e uma aliança sagrada, cujo rompimento só ocorre com a morte.

Casamento: o retrato da aliança de Deus com seu povo

Jesus conhecia as Escrituras judaicas e acreditava que elas se cumpririam nele e em sua obra (Mateus 5.17,18). Também sabia o que Deus dissera acerca do relacionamento entre o Pai e seu povo, quando o comparou com o casamento. Por exemplo, Deus disse: "O seu Criador é o seu marido, o SENHOR dos Exércitos é o seu nome" (Isaías 54.5). Disse ainda:

> "Naquele dia", declara o SENHOR,
>   "você me chamará 'meu marido' [...].
> Eu me casarei com você para sempre;
> eu me casarei com você
>   com justiça e retidão,
> com amor e compaixão.
> Eu me casarei com você
>   com fidelidade
> e você reconhecerá o SENHOR". (Oséias 2.16,19,20)

> Mais tarde, quando passei de novo por perto, olhei para você e vi que já tinha idade suficiente para amar; então estendi a minha capa sobre você e cobri a sua nudez. Fiz um juramento e estabeleci uma aliança com você, palavra do Soberano, o SENHOR, e você se tornou minha (Ezequiel 16.8).

> "Mas, como a mulher
>   que trai o marido,
> assim você tem sido infiel comigo,
>   ó comunidade de Israel",
> declara o SENHOR. (Jeremias 3.20)

Tendo essas passagens das Escrituras como pano de fundo, Jesus com certeza viu a instituição do casamento, feita por Deus na criação, como meio de retratar o relacionamento entre Deus e seu povo.

Em Mateus 19.5, Jesus cita Gênesis 2.24: "Por essa razão, o homem deixará pai e mãe e se unirá à sua mulher, e os dois se tornarão uma só carne". Quando Deus disse isso, e Jesus afirma categoricamente que *Deus* o disse (Mateus 19.4), e não apenas Moisés, o autor de Gênesis —, ele tinha em mente (Deus tinha todas as coisas em mente) que seu povo seria a esposa, e ele, o marido. Portanto, a união entre um homem e uma mulher é uma criação ímpar de Deus, cuja idéia é retratar o relacionamento entre ele e seu povo.

DEUS CRIA A UNIÃO DE CADA CASAMENTO PARA SUA GLÓRIA

Jesus deixa claro que o casamento é uma criação de Deus. Cita as Escrituras e não limita a criação de Deus ao primeiro casamento entre Adão e Eva. Ele diz: "Portanto, o que Deus uniu, ninguém separe" (19.6). Deus, não o homem, é o criador incontestável da união conjugal, e todos os casamentos são "unidos" dessa forma por Deus, porque ele ordena que "ninguém separe", e o único casamento que podemos separar é o nosso. Portanto, esse casamento em particular — não apenas o conceito de casamento, ou o ritual comum do casamento ou ainda o primeiro casamento — é obra de Deus. Deus agiu na união desse marido e dessa esposa, e os dois se tornaram uma só carne pela obra de Deus, não apenas por escolha própria.

Por causa da união de "uma só carne", criada por Deus, esse homem e essa mulher participam de uma aliança semelhante à aliança firmada entre Deus e Israel. O casamento deles retrata o relacionamento entre Deus e seu povo. Por meio do casamento, Deus enche a terra de testemunhas (a maioria de modo involuntário) do relacionamento entre ele e seu povo. Essa é uma das principais razões por que o divórcio e o novo casamento são assuntos da maior gravidade. Eles contradizem o relacionamento entre Deus e seu povo. Deus nunca se divorciou de sua esposa e nunca se casou com outra. Houve separações e muito sofrimento, mas ele sempre a aceitou de volta. O profeta Oséias é testemunha do amor radical de Deus por sua esposa indomável. Deus nunca abandona sua esposa. Se precisar afastá-la por adultério, irá buscá-la no tempo certo. É isto que o casamento deve retratar: o compromisso invencível e misericordioso de Deus para com seu povo — sua esposa.

Dessa forma, o casamento foi criado para honrar a Deus. Em Jeremias 13.11, Deus diz: "Assim como um cinto se apega à cintura de um homem, da mesma forma fiz com que toda a comunidade de Israel e toda a comunidade de Judá se apegasse a mim, para que fosse o meu povo para o meu renome, louvor e *honra*...". Deus escolheu o povo de Israel e casou-se com ele para que este manifestasse sua glória. Portanto, o casamento é obra da criação de Deus, o retrato de sua aliança de amor e a manifestação de sua glória.

E QUANTO À PERMISSÃO DE MOISÉS PARA O DIVÓRCIO?

Isso explica até certo ponto por que o mandamento de Jesus a respeito da fidelidade conjugal assustou os fariseus. Eles mal podiam acreditar que Jesus levantaria uma barreira tão alta. Aproximaram-se dele com uma pergunta: "É permitido ao homem divorciar-se de sua mulher por qualquer motivo?" (Mateus 19.3). A resposta de Jesus não faz referência à lei mosaica, mas ao relato da criação, escrito por Moisés. A intenção de Jesus é enraizar o significado do casamento no plano original, não na maneira em que o casamento é conduzido pela Lei em razão do pecado.

Jesus diz: "Vocês não leram que, no princípio, o Criador 'os fez homem e mulher' e disse: 'Por essa razão, o homem deixará pai e mãe e se unirá à sua mulher, e os dois se tornarão uma só carne'? Assim, eles já não são dois, mas sim uma só carne. Portanto, o que Deus uniu, ninguém separe" (19.4-6). A resposta à pergunta deles é: Deus fez o casamento para durar, por isso não o trate como se pudesse ser desfeito.

Os fariseus achavam que Jesus os fizera cair numa armadilha. Jesus parecia ter assumido uma posição contrária à lei de Moisés, e os fariseus perguntaram: "Então, por que Moisés mandou dar uma certidão de divórcio à mulher e mandá-la embora?" (19.7). Eles ouviram a resposta correta de Jesus, de que ninguém deve romper a aliança do casamento, mas não entendiam assim as palavras de Moisés. Por isso, perguntaram "Por que Moisés mandou dar uma certidão de divórcio à mulher?", logo após Jesus ter dito que aquela aliança não podia ser rompida.

Jesus respondeu: "Moisés permitiu que vocês se divorciassem de suas mulheres por causa da dureza de coração de vocês. Mas não foi assim desde o princípio" (19.8). Jesus assumiu a posição de Moisés no relato da criação, dizendo que o casamento não foi feito para ser rompido, por isso a intenção original de Deus deveria ser redescoberta e reafirmada com a chegada do Reino que ele estava trazendo ao mundo. Jesus apresentou aos discípulos uma norma acima da que Moisés permitira, explicando-a desta maneira: "Eu lhes digo que todo aquele que se divorciar de sua mulher, exceto por imoralidade sexual, e se casar com outra mulher, estará cometendo adultério" (v. 9).

A destruição causada pelo divórcio

Chegamos a ponto de tentar responder a estas perguntas: Jesus estipulou alguma condição para os discípulos se divorciarem e casarem de novo? Existem situações nas quais ele aprovaria o divórcio? Atualmente, não há consenso na resposta a essas perguntas entre os seguidores de Jesus. Eu gostaria de deixar claro desde o princípio que homens mais piedosos que eu têm opiniões diferentes das minhas. Não posso afirmar que tenho a última palavra sobre o assunto e oro para que eu aceite ser corrigido, caso esteja errado. O texto a seguir é uma tentativa de mostrar por que acredito que Jesus somente aprovou o rompimento da aliança em caso de morte e, portanto, proibiu um novo casamento enquanto um dos cônjuges estiver vivo.

Entendo que minhas palavras serão devastadoras para alguns e acrescentarão mais sofrimento a uma situação que para eles já é indesejável. O divórcio é doloroso. Em termos emocionais, é quase sempre mais angustiante que a morte do cônjuge. Demora anos para concretizar-se e anos para que os cônjuges se adaptem à nova situação. Há uma reviravolta incomensurável na vida. Às vezes, a sensação de fracasso, culpa e medo tortura a alma. Assim como o salmista, o marido e a esposa ficam exaustos de tanto chorar e encharcam de lágrimas o leito (Salmos 6.6). O desempenho no trabalho é prejudicado. Os amigos se aproximam ou se afastam, com sentimentos incertos. A solidão é terrível. A sensação de um futuro sombrio consome a pessoa. A troca de acusações no tribunal aumenta o sofrimento.

Quase sempre, os pensamentos se voltam para as crianças. Os pais esperam com todas as suas forças que as feridas não deixem cicatrizes nos filhos nem prejudiquem o futuro deles em relação ao casamento. As tensões na disputa pela custódia e pelo pagamento da pensão aprofundam as feridas. A discussão em torno dos direitos de visitar os filhos pode prolongar o sofrimento por décadas.

Em razão desses e de muitos outros fatores, quem tem o coração sensível chora com os que choram. Tentam não aumentar o sofrimento. Às vezes, esse zelo acompanhado de amor é confundido com transigência. Alguns pensam que o zelo acompanhado de amor seja incompatível com a confrontação, que a ternura de Jesus misturada com a dureza de suas ordens não pode ser amor, mas eles estão errados.

O DESAFIO DE AMAR DE ACORDO COM OS ENSINAMENTOS BÍBLICOS

Jesus foi uma pessoa extraordinariamente zelosa. Seus ensinamentos a respeito do divórcio e do novo casamento também foram firmes: "O que Deus uniu, ninguém separe". De fato, a confrontação firme e amorosa com as ordens de Cristo *é* uma forma de zelo, porque uma decisão pecaminosa é tão nociva quanto o sofrimento emocional. Isso se aplica a cada pessoa e também à Igreja e à sociedade. As concessões sobre a santidade do casamento que enfraquecem a solidez da união conjugal parecem amorosas no curto prazo, porém causam devastação durante décadas. Preservar a estrutura sólida do casamento com altos padrões parece difícil no curto prazo, mas certamente produzirá milhares de bênçãos às gerações futuras.

O grande desafio dos seguidores de Jesus diante do divórcio e do novo casamento é amar de acordo com os ensinamentos bíblicos. O grande desafio é misturar lágrimas de compaixão com a dureza da obediência. Isso é suficiente para honrar a Cristo e preservar a saúde e o poder espirituais do casamento e da Igreja fundada por Jesus.

Em Mateus 19.3-9 e Marcos 10.2-12, Jesus não aceitou a justificativa do divórcio apresentada pelos fariseus, extraída de Deuteronômio 24, e ratificou o propósito de Deus na Criação: nenhum ser humano pode separar o que Deus uniu. Jesus disse que Moisés permitiu o divórcio por causa da dureza do coração humano e, em seguida, deu a entender que viera ao mundo para fazer alguma coisa sobre o assunto. Seu objetivo era que o padrão de seus seguidores fosse mais alto do que o praticado em conformidade com a lei de Moisés.

Alto até que ponto? É a pergunta que tentarei responder no próximo capítulo.

Mandamento 41

O QUE DEUS UNIU NINGUÉM SEPARE, PORQUE QUEM SE DIVORCIAR E SE CASAR OUTRA VEZ ESTARÁ COMETENDO ADULTÉRIO

Todo aquele que se divorciar de sua mulher e se casar com outra mulher, estará cometendo adultério contra ela. E se ela se divorciar de seu marido e se casar com outro homem, estará cometendo adultério. (MARCOS 10.11,12)

Quem se divorciar de sua mulher e se casar com outra mulher estará cometendo adultério, e o homem que se casar com uma mulher divorciada estará cometendo adultério. (LUCAS 16.18)

Foi dito: "Aquele que se divorciar de sua mulher deverá dar-lhe certidão de divórcio". Mas eu lhes digo que todo aquele que se divorciar de sua mulher, exceto por imoralidade sexual, faz que ela se torne adúltera, e quem se casar com a mulher divorciada estará cometendo adultério. (MATEUS 5.31,32)

Eu lhes digo que todo aquele que se divorciar de sua mulher, exceto por imoralidade sexual, e se casar com outra mulher, estará cometendo adultério. (MATEUS 19.9)

Jesus impôs uma regra para a fidelidade conjugal mais rigorosa que a de Moisés e dos mestres da lei de sua época. Não ratificou a permissão para o divórcio, de Deuteronômio 24, sob o argumento de que ela foi concedida por causa da dureza do coração humano (Mateus 19.8), deixando subentendido que viera ao mundo para mudar isso. Neste capítulo, tentaremos discernir a regra mais rigorosa de Jesus acerca da fidelidade conjugal.

INDÍCIOS NAS PALAVRAS DE MOISÉS DE QUE O DIVÓRCIO NÃO DESTRÓI A UNIÃO FEITA POR DEUS

Desconfio que, para Jesus, a regra mais rígida para o casamento baseava-se tanto no relato da criação, em Gênesis 2.24, quanto nas palavras de Deuteronômio 24.1-4. O texto de Deuteronômio mostra que a união em *uma só carne*, estabelecida no casamento, não é completamente anulada pelo divórcio ou pelo segundo casamento. Reflita nestas palavras de Moisés:

> Se um homem casar-se com uma mulher e depois não a quiser mais por encontrar nela algo que ele reprova, dará certidão de divórcio à mulher e a mandará embora. Se, depois de sair da casa, ela se tornar mulher de outro homem, e este não gostar mais dela, lhe dará certidão de divórcio, e a mandará embora. Ou se o segundo marido morrer, o primeiro, que se divorciou dela, não poderá casar-se com ela de novo, visto que ela foi contaminada. Seria detestável para o SENHOR. Não tragam pecado sobre a terra que o SENHOR, o seu Deus, lhes dá por herança.

O fato extraordinário acerca desses quatro versículos é que, apesar de o divórcio ser aceito, a mulher a quem o marido deu certidão de divórcio é "contaminada" ao se casar novamente (v. 4). Portanto, é bem possível que, quando os fariseus perguntaram a Jesus se o divórcio era permitido, Jesus tenha baseado sua resposta negativa na intenção original de Deus, expressa em Gênesis 1.27 e 2.24 e em Deuteronômio 24.4. O texto de Deuteronômio dá a entender que o casamento após o divórcio, embora permitido, *contamina* a pessoa. Portanto, há indicações nos escritos de Moisés de que a certidão de divórcio foi permitida por causa da dureza do coração humano e que ela não fez do divórcio e do segundo casamento um ato aprovado por Deus.

A proibição que Moisés impõe à esposa de retornar ao primeiro marido, mesmo após a morte do segundo (porque "seria *detestável* para o SENHOR", v. 4), deixa implícito que, hoje, o segundo casamento não pode ser desfeito para restaurar o primeiro. Voltarei ao assunto posteriormente. Por ora, eu diria que o segundo e o terceiro casamentos, realizados em desobediência a Deus, não devem ser desfeitos. Devem ser confessados como longe do ideal, mas santificados pela misericórdia de Deus. Aos olhos de Deus, isso é melhor que um número maior de compromissos desfeitos.

AS PROIBIÇÕES PARA AS QUAIS NÃO HÁ EXCEÇÃO

Duas vezes, nos Evangelhos, Jesus proíbe, sem exceção, o divórcio seguido de outro casamento. Em Lucas 16.18, ele diz: "Quem se divorciar de sua mulher e se casar com outra mulher estará cometendo adultério, e o homem que se casar com uma mulher divorciada estará cometendo adultério". Aparentemente, Jesus diz que todos os casamentos após o divórcio são considerados adultério. São palavras fortes. O segundo casamento é chamado "adultério" porque o primeiro continua válido. Portanto, Jesus assume uma posição contra a cultura judaica numa época em que todos os divorciados tinham direito a um segundo casamento.[1]

---

[1] Causa-me perplexidade que tantos comentaristas assumam uma posição oposta. Segundo eles, uma vez que "qualquer leitor judeu aceitaria sem discutir" que o divórcio abriu a porta para o segundo casamento, Jesus também concorda com esse princípio e considera desnecessário expressá-lo em Marcos 10.11,12 e Lucas 16.18. Por exemplo: "Em vez de concluir que Jesus não permitiu divórcio em casamentos consumados sexualmente, é muito mais provável que ele não tenha entrado em detalhes a respeito dos pontos com os quais concordava e que faziam parte dos conceitos gerais de sua época" (Andreas KÖSTENBERGER, *God, Marriage, and Family: Rebuilding the Biblical Foundation*. Wheaton [Crossway Books, 2004], p. 242). Estou inclinado a dizer que a rejeição explícita e irrestrita de Jesus, em Marcos 10 e Lucas 16, ao segundo casamento é um repúdio direto a esse princípio cultural ligado à dureza do coração humano. Depois

Lucas 16.18 contém mais uma implicação: a segunda metade do versículo ("e o homem que se casar com uma mulher divorciada estará cometendo adultério") mostra que não apenas o homem que se divorcia é culpado de adultério quando se casa novamente, mas *qualquer* homem que se casa com uma mulher divorciada também comete adultério. Isso é mais extraordinário ainda, uma vez que a mulher mencionada no texto bíblico é, provavelmente, a parte inocente no divórcio, porque, quando o marido se divorciou dela, cometeu adultério ao casar com outra. Entendemos que ele não tinha direito a divorciar-se da mulher, ou seja, ela não fez nada para tornar legítimo o divórcio. No entanto, qualquer homem que se casar com essa mulher abandonada, diz Jesus, "estará cometendo adultério".

Que palavras duras! A mulher abandonada pelo homem que casa com outra é chamada por Jesus para demonstrar a santidade das promessas feitas no casamento e, em conseqüência disso, não pode casar com outro homem. Pelo fato de não haver exceções mencionadas no versículo e de Jesus rejeitar claramente o conceito cultural da época de permitir o divórcio com direito a um segundo casamento, os

---

de tão claras palavras de Jesus, o que mais seria necessário para rejeitarmos o princípio cultural da legitimidade do segundo casamento após o divórcio? David INSTONE-BREWER argumenta: 1) que a explicação resumida de Jesus em Lucas 16.18 é uma referência ao casamento de Herodes Antipas com a mulher de seu irmão (p. 160-1); 2) que a omissão de cláusulas de exceção é explicada pela analogia das abreviações rabínicas (p. 161-7); 3) que a cláusula de exceção "a não ser por *porneia*" deveria ser: "exceto por indecência", referindo-se à expressão "algo que ele reprova", de Deuteronômio 24.1, e exprimindo a posição mais conservadora do rabino Shammai, me parece improvável (*Divorce and Remarriage in the Bible: The Social and Literary Context* [Grand Rapids: Eerdmans, 2002]). Se alguém objetar que Jesus não endossou nem proibiu o segundo casamento após a morte do cônjuge por concordar com a opinião aceita na época, minha resposta será: 1) Nenhum dos argumentos de Jesus sobre o segundo casamento tem o objetivo de responder à pergunta sobre o que é legítimo após a morte do cônjuge, mas somente sobre o que é legítimo no divórcio do cônjuge. 2) Certa ocasião, quando deparou com a questão da morte do cônjuge (na pergunta feita pelos saduceus acerca da mulher que enviuvou sete vezes, Mateus 22.23-32), Jesus não apontou nenhum erro por ela ter se casado novamente após a morte do marido.

primeiros leitores do evangelho de Lucas devem ter tido dificuldade para encontrar exceções capazes de comprovar que Jesus aceitava a legitimidade do divórcio.

Outro exemplo da rejeição irrestrita de Jesus ao casamento após o divórcio é encontrado em Marcos 10.11,12: "Todo aquele que se divorciar de sua mulher e se casar com outra mulher, estará cometendo adultério contra ela. E se ela se divorciar de seu marido e se casar com outro homem, estará cometendo adultério". Esses dois versículos repetem a primeira metade de Lucas 16.18, mas vão além e dizem que tanto o homem quanto a mulher que se divorciam e se casam novamente cometem adultério — e, como está escrito em 16.18, não há exceções a essa regra.

Vimos até agora duas proibições categóricas do casamento após o divórcio, em Lucas 16.18 e Marcos 10.11,12, uma vez que Jesus considera adultério o segundo casamento, ainda que um dos cônjuges seja a parte inocente no divórcio. Lemos ainda duas fortes afirmações, em Mateus 19.6 e Marcos 10.9, de que nenhum homem pode separar o que Deus uniu pelo casamento.

Há permissão para o divórcio em Mateus 5.32?

Existe outro fator que torna o assunto ainda mais controvertido: em Mateus 5.32 e 19.9, parece haver uma exceção à proibição do segundo casamento após o divórcio. Em Mateus 5.32, Jesus afirma: "Eu lhes digo que todo aquele que se divorciar de sua mulher, *exceto por imoralidade sexual*, faz que ela se torne adúltera, e quem se casar com a mulher divorciada estará cometendo adultério". Em Mateus 19.9, ele afirma: "Eu lhes digo que todo aquele que se divorciar de sua mulher, *exceto por imoralidade sexual*, e se casar com outra mulher, estará cometendo adultério". Os dois versículos são, em geral, interpretados como se Jesus houvesse permitido o divórcio e o segundo casamento em casos de "imoralidade sexual" cometida por um dos cônjuges. Seria esse o significado de "cláusulas de exceção"?

De acordo com as palavras de Mateus 5.32 ("*faz* que ela se torne adúltera"), Jesus parte do princípio de que, na maioria das situações, na cultura judaica, a mulher rejeitada pelo marido era convencida a casar-se novamente. No entanto, apesar das pressões exercidas sobre a mulher divorciada, Jesus proíbe o segundo casamento. Suas palavras dão a entender que o segundo casamento de uma esposa inocente abandonada pelo marido também é adultério: "Todo aquele que se divorciar de sua mulher, *exceto por imoralidade sexual*, faz que ela [a esposa inocente que não cometeu imoralidade sexual] se torne adúltera, e quem se casar com a mulher divorciada estará cometendo adultério". Significa que o segundo casamento é errado, tanto para a parte *culpada* no processo do divórcio quanto para a parte *inocente*. A oposição de Jesus ao segundo casamento parece basear-se nos laços indissolúveis do casamento, não nas condições do divórcio.

Mateus 5.32 não ensina que o segundo casamento seja permitido em alguns casos. Ao contrário, reafirma que quem se casa de novo depois do divórcio comete adultério, até mesmo a parte inocente; que o homem que se divorcia de sua mulher e se casa com outra é culpado de adultério; que o homem que se casa com uma mulher abandonada injustamente pelo marido também comete adultério. Daí a cláusula final do versículo: "Quem se casar com a mulher divorciada estará cometendo adultério". Antes de abordar o significado da cláusula de exceção, gostaria de analisar também o texto de Mateus 19.9.

A CLÁUSULA DE EXCEÇÃO EM MATEUS 19.9

A outra ocasião em que Jesus aparentemente apresenta uma "cláusula de exceção" à proibição do divórcio e do segundo casamento está registrada em Mateus 19.9: "Eu lhes digo que todo aquele que se divorciar de sua mulher, *exceto por imoralidade sexual*, e se casar com outra mulher, estará cometendo adultério". Pergunto: essa exceção significa que há situações nas quais a pessoa casada pode se casar de novo depois do divórcio? É o que a maioria dos comentaristas aceita e o que pensa a maioria dos seguidores de Jesus. Para mim, não é o que está implícito no mandamento de Jesus. Talvez seja útil detalhar minha peregrinação para chegar a esse outro entendimento.

Por toda a minha vida adulta, entendi que o adultério e o abandono do lar fossem dois motivos legítimos para o divórcio e o segundo casamento. Eu tinha um pensamento firme a esse respeito e via a confirmação disso na cláusula de exceção em Mateus 19.9, embora hoje eu compreenda que o restante do Novo Testamento apontava para outra direção.[2] Chegou o momento, entretanto, em que essa idéia começou a ruir.

No início, fiquei confuso, porque a forma categórica de Jesus desaprovar o divórcio e o segundo casamento em Marcos 10.11,12 e Lucas 16.18 não é mencionada por Mateus. Eu queria saber se, de fato, essa cláusula de exceção seria uma abertura para o divórcio e o segundo casamento. Eu me aborrecia com as suposições feitas por

---

[2] Um comentário mais completo de meu entendimento acerca do restante do Novo Testamento pode ser encontrado no tópico "Divorce and Remarriage", no site de Desiring God. Disponível em: <http://www.desiringgod.org/resourcelibrary/articles/bydate/1986/1488/>. Uma pesquisa de três opiniões é apresentada em Mark L. STRAUSS (Org.), *Remarriage After Divorce in Todays's Church* (Grand Rapids: Zondervan, 2006), no qual Gordon Wenham representa a posição contra o casamento após o divórcio; William A. HETH, que não mais sustenta sua opinião expressa em *Jesus and Divorce* (ed. atualizada, Carlisle: Paternoster, 1997), escrito em co-autoria com WENHAM, representa a posição de dois motivos para o divórcio e o segundo casamento; Craig S. Keener representa a posição de dois motivos para permissão do divórcio e do segundo casamento. Como complemento, v. Craig S. KEENER, *And Marries Another: Divorce and Remarriage in the Teaching of the New Testament* (Peabody: Hendrickson, 1991); Carl LANEY, *The Divorce Myth: A Biblical Examination of Divorce and Remarriage* (Minneapolis: Bethany, 1981), que apresenta argumentos contra o divórcio após o segundo casamento; David INSTONE-BREWER, *Divorce and Remarriage in the Bible: The Social and Literary Context* e *Divorce and Remarriage in the Church* (Carlisle: Paternoster, 2003), que apresenta argumentos favoráveis ao divórcio e ao segundo casamento, até mesmo por maus-tratos e negligência; Geoffrey W. BROMILEY, *God and Marriage* (Grand Rapids: Eerdmans, 1980); Andreas KÖSTENBERG & David W. JONES, *God, Marriage, and Family: Rebuilding the Biblical Foundation* (Wheaton: Crossway Books, 2004), que contém bons comentários com uma visão bíblica mais ampla do casamento e defende a posição do divórcio limitado e do segundo casamento.

tantos autores, isto é, que Mateus estava simplesmente tornando explícito algo que teria sido implicitamente compreendido por quem ouviu as palavras de Jesus ou pelos leitores de Marcos 10 e Lucas 16 (v. nota de rodapé 1).

Teriam eles realmente imaginado que as declarações categóricas de Jesus incluíam exceções? Comecei a ter sérias dúvidas. Resolvi investigar para saber se, de fato, a cláusula de exceção no texto de Mateus estava de acordo com o sentido incondicional de Marcos e Lucas, em vez de seguir o caminho inverso.

A segunda questão que começou a perturbar-me foi a pergunta: por que Mateus usa a palavra grega πορνεία (*porneia*, "imoralidade sexual"), em vez de μοιχεία (*moicheia*, "adultério")? A imoralidade sexual no casamento seria naturalmente adultério, mas a palavra empregada por Mateus para expressar o pensamento de Jesus em geral significa *fornicação* ou *imoralidade sexual sem referência à infidelidade conjugal*. Quase todos os comentaristas da Bíblia parecem concluir mais uma vez que, no contexto, *porneia* se refere a adultério. A pergunta continuava a cutucar-me. Por que Mateus não usa a palavra *moicheia* ("adultério"), se sua intenção era essa?

Em seguida, notei algo muito interessante. O único lugar em que Mateus usa a palavra *porneia*, além de 5.32 e 19.9, é em 15.19, onde ele usa as duas: *porneia* e *moicheia*. Portanto, a principal evidência contextual para Mateus ter usado as duas palavras é que, para ele, *porneia* é, em certo sentido, diferente de adultério. Então, será que Mateus, ao registrar os ensinamentos de Jesus, usou a palavra *porneia* em seu sentido mais comum, de fornicação, incesto ou prostituição, sem dar a ela a conotação de infidelidade, isto é, de adultério?[3]

---

[3] Abel Isaksson concorda com essa opinião acerca de πορνεία e resume sua pesquisa desta forma: "Assim, não podemos nos desviar do fato de que a diferença entre o que deve ser considerado *porneia* e o que deve ser considerado *moicheia* foi estritamente mantida na literatura judaica pré-cristã e no Novo Testamento. [A palavra] *porneia* pode, é claro, designar formas diferentes de relações sexuais proibidas, mas não encontramos nenhum exemplo inequívoco do uso dessa palavra para designar o adultério da esposa. [Quero neste ponto dar o

Encontrei outra pista em minha pesquisa quando notei o uso de *porneia* em João 8.41, no qual os líderes judeus acusaram indiretamente Jesus de ter nascido de *porneia*. Pelo fato de não aceitar o nascimento virginal, entendiam que Maria, mãe de Jesus, cometera fornicação e que Jesus era resultado desse ato. Com base nessa pista, retornei à narrativa de Mateus sobre o nascimento de Jesus (Mateus 1.18-20).

A RELEVÂNCIA DAS CLÁUSULAS DE EXCEÇÃO PARA A PROMESSA DE CASAMENTO ENTRE JOSÉ E MARIA

Esses versículos referem-se a José e Maria como marido (ἀνήρ) e esposa (γυνή). No entanto, o texto diz que Maria "estava *prometida* em casamento a José". Talvez a explicação esteja no fato de que as palavras gregas para designar *marido* e *esposa* sejam simplesmente "homem" e "mulher" e também no fato de que, na época, a promessa de casamento era um compromisso mais significativo que o noivado de hoje. No versículo 19, lemos que José decide "anular o casamento", isto é, divorciar-se, embora Maria estivesse

---

benefício da dúvida a Isaksson, dizendo que ele pode ter cometido um exagero técnico em suas palavras. Talvez quisesse dizer isto (ou seja, o que eu diria): se a esposa entregar-se a uma vida de prostituição, da mesma forma que Israel fez em Jeremias 3.6 e em Oséias 2.2, os atos dela poderiam ser chamados tanto *porneia* quanto *moicheia*. O mesmo ato pode ser descrito dessas duas maneiras, mas isso não torna as palavras intercambiáveis. *Moicheia* continua a designar o rompimento da aliança por infidelidade conjugal, ao passo que *porneia* designa imoralidade sexual ilícita, *sem* o sentido de infidelidade conjugal, mas pode envolver duas pessoas casadas.] Sob essas circunstâncias é difícil supor que essa palavra signifique adultério nas cláusulas registradas em Mateus. A logia [palavras atribuídas a Jesus] sobre o divórcio é expressa como um parágrafo da lei, com o objetivo de ser obedecida pelos membros da Igreja. Sob essas circunstâncias, é inconcebível que, num texto dessa natureza, o autor não tivesse mantido uma distinção clara entre o significado de lascívia e o de adultério: *moicheia*, e não *porneia*, é a palavra usada para descrever o adultério da esposa. Do ponto de vista filológico, há, conseqüentemente, argumentos muito fortes contra a interpretação das cláusulas como permissão ao divórcio nos casos em que a esposa é culpada de adultério" (*Marriage and Ministry in the New Temple* [trad. Neil Tomkinson e Jean Gray. Lund: Gleerup, 1965], p. 134-5).

apenas prometida em casamento a ele. A palavra para "divórcio" (ἀπολούσι) é a mesma empregada em Mateus 5.32 e 19.9. Acima de tudo, porém, Mateus diz que José "apenas" pretendia divorciar-se, possivelmente por causa da suposta *porneia* (fornicação) cometida por Maria. Em outras palavras, de acordo com Mateus, esse "divórcio" era permitido.

Somente Mateus registra a dúvida enfrentada por José, isto é, se devia casar-se ou não com sua prometida, porque, no entender dele, Maria havia cometido fornicação (πορνεία). Ao descrever o dilema de José, Mateus diz que ele "apenas" pretendia divorciar-se dela. Significa que Mateus, um seguidor de Jesus, não considerava errado esse tipo de "divórcio" nem considerava José e Maria impedidos de se casarem com outra pessoa.

Uma vez que somente Mateus contou essa história e trouxe o assunto à tona, ele foi o único autor dos Evangelhos a sentir a necessidade de deixar claro que a proibição incondicional de Jesus ao divórcio seguido de novo casamento *não* incluía uma situação semelhante à de José e Maria. É o que penso da intenção de Mateus para com as cláusulas de exceção. Ele registra as palavras de Jesus: "Todo aquele que se divorciar de sua mulher [sem incluir, é claro, o caso de fornicação (πορνεία) entre os casais prometidos em casamento] e se casar com outra mulher, estará cometendo adultério".[4]

Há uma objeção comum a essa interpretação: tanto em Mateus 19.3-9 quanto em 5.31,32, Jesus responde a uma pergunta sobre casamento, não sobre uma promessa de casamento. Há quem diga que a expressão "exceto por fornicação" seja irrelevante para o contexto

---

[4] Não conheço todas as palavras usadas por Jesus durante seu ministério para expressar essa proibição. Por isso, não me atrevo a dizer que Mateus tenha criado essa cláusula de exceção para colocá-la na boca de Jesus. Provavelmente, Jesus transmitiu seus ensinamentos em aramaico e, em razão disso, Mateus e os outros autores dos Evangelhos, que os escreveram em grego, escolheram com critério as palavras para usar em seus escritos. Tenho certeza de que os autores dos Evangelhos foram inspirados pelo Espírito Santo, e o que escreveram em grego retrata com precisão o que Jesus ensinou.

do casamento. Para mim, essa irrelevância é exatamente o ponto principal da cláusula de exceção. Talvez ela pareça irrelevante no contexto, dependendo da interpretação de cada leitor. Mas acho que ninguém pensaria assim se lesse o texto como sugeri ou se as palavras de Mateus 5.32 fossem interpretadas desta maneira: "Eu lhes digo que todo aquele que se divorciar de sua mulher — *exceto, é claro, em caso de fornicação* [πορνεία] *antes do casamento* — faz que ela se torne adúltera". Dessa forma, Jesus deixa claro que a atitude que seu pai terreno quase tomou — "divorciar-se" de Maria por causa de πορνεία — não teria sido injusta. Teria sido correta. Essa é a situação que a cláusula de exceção propõe excluir.[5]

Essa interpretação da cláusula de exceção tem várias vantagens:

- Não obriga o evangelho de Mateus a discordar do significado categórico e aparentemente claro de Marcos e Lucas.
- Explica por que a palavra *porneia* é usada em lugar de *moicheia* na cláusula de exceção de Mateus.
- Está de acordo com Mateus 15.19, quando o autor desse evangelho usa *porneia* (para "fornicação") a fim de distingui-la de *moicheia* ("adultério").
- Enquadra-se no contexto mais amplo de Mateus para explicar a idéia de José "divorciar-se" de Maria (Mateus 1.19).

Quais as conseqüências desse padrão tão alto para o casamento? Veremos no capítulo seguinte.

---

[5] Andreas KÖSTENBERGER (*God, Marriage, and Family: Rebuilding the Biblical Foundation*, p. 241-3) apresenta sete argumentos contra esse ponto de vista. Embora eu não os considere convincentes, tenho tentado levá-los em consideração em minhas meditações e conclusões.

Mandamento 42

O QUE DEUS UNIU NINGUÉM SEPARE — UM HOMEM E UMA MULHER UNIDOS PELA GRAÇA ATÉ QUE A MORTE OS SEPARE

Os discípulos lhe disseram: "Se esta é a situação entre o homem e sua mulher, é melhor não casar". Jesus respondeu: "Nem todos têm condições de aceitar esta palavra; somente aqueles a quem isso é dado. Alguns são eunucos porque nasceram assim; outros foram feitos assim pelos homens; outros ainda se fizeram eunucos por causa do Reino dos céus. Quem puder aceitar isso, aceite". (MATEUS 19.10-12)

SE ESSA É A SITUAÇÃO, É MELHOR NÃO CASAR?

Não é de admirar que os discípulos tenham ficado confusos depois de advertências tão severas sobre o casamento e o divórcio em Mateus 19.3-9. Eles disseram: "Se esta é a situação entre o homem e sua mulher, é melhor não casar" (v. 10). A reação dos discípulos confirma que estamos no caminho certo quando ouvimos Jesus impor limites tão estreitos. Para eles, as restrições eram tão rigorosas, que seria melhor não casar. Em outras palavras, se não houver uma porta dos fundos para o casamento, será melhor não passar pela porta de entrada. Essa reação não teria muito sentido se Jesus houvesse apresentado uma porta dos fundos tão larga quanto a infidelidade.

A reação de Jesus não foi reduzir os limites para que o casamento se tornasse menos arriscado. Ao contrário, ele disse, em essência, que a capacidade de permanecer solteiro, se necessário, e a capacidade de permanecer casado, se necessário, são dons de Deus. O sucesso em permanecer solteiro ou o sucesso em permanecer casado, mesmo com dificuldades, são obras da graça divina. "Nem todos têm condições de aceitar esta palavra [isto é, que o casamento seja permanente]; somente aqueles a quem isso é dado" (19.11). Não se ressalta aqui que alguns discípulos receberam a graça e outros não, mas que essa graça (ou a fidelidade na condição de solteiro ou de casado) é a marca do verdadeiro discípulo. "Aqueles a quem isso é dado" são os seguidores de Jesus.[1] Deus concede graça para que se cumpra o que ele ordena.

Eunucos para o Reino

Em seguida, Jesus apresenta uma ilustração para mostrar que essa graça foi concedida àqueles que, por vários motivos, não se casaram. "Alguns são eunucos porque nasceram assim; outros foram feitos assim pelos homens; outros ainda se fizeram eunucos por causa do Reino dos céus. Quem puder aceitar isso, aceite" (19.12). Se você não se casou ou se divorciou e precisa continuar a viver sozinho, não é o único nessa situação: há pessoas que foram forçadas a ficar solteiras e pessoas que decidiram ficar solteiras por causa do Reino. Em todos os casos, Deus concede graça.

A frase: "Quem puder aceitar isso, aceite" é semelhante a: "Aquele que tem ouvidos para ouvir, ouça" (13.9,43; v. 11.15). Isto é, se você tem ouvidos para ouvir — ou se teve a graça de receber esse chamado para respeitar radicalmente o casamento —, então você tem a marca do seguidor de Jesus. "As minhas ovelhas ouvem a minha voz; eu as conheço, e elas me seguem" (João 10.27).

---

[1] Compare a analogia de palavras entre Mateus 19.11 e 13.11; entre 19.12 e 13.9,43; 11.15; entre 19.11 e 19.26.

A INSENSATEZ DA HOMOSSEXUALIDADE

O casamento é uma obra grandiosa de Deus. É uma dádiva grandiosa ao mundo. É digno de ser cantado em prosa e verso, digno de vida e sacrifício, não apenas de um pequeno capítulo como este. Jesus por certo sofreria ao ver como o casamento é tratado hoje em dia. Ficaria estarrecido diante da idéia de dois homens ou duas mulheres chamarem de "casamento" uma união homossexual. Ele jamais consideraria essa união um casamento. Por mais piedade que pudesse ter dessa perversão sexual, ele chamaria "pecado" a homossexualidade e consideraria insensatez a tentativa de santificá-la com a palavra "casamento".

Jesus reagiria a essa insensatez tal como reagiu à pergunta dos fariseus quando se basearam nos ensinamentos de Moisés para justificar o divórcio. Jesus retornou à Criação. Apenas dessa vez ele ressaltou as palavras "homem" e "mulher". "Vocês não leram que, no princípio, o Criador 'os fez *homem* e *mulher*' e disse: 'Por essa razão, o *homem* deixará pai e mãe e se unirá à sua *mulher*, e os dois se tornarão uma só carne'?" (Mateus 19.4,5). Jesus fixou as raízes do casamento heterossexual na criação do homem, como macho e fêmea, e na primeira união do homem com a mulher numa só carne. Seria para ele uma grande tristeza ver a glória do casamento e tudo que ele representa tão degradados, a ponto de fazerem dessa união uma capa para encobrir o pecado da homossexualidade.

O DIVÓRCIO E O SEGUNDO CASAMENTO SÃO PECADOS IMPERDOÁVEIS?

Por mais importante que seja o casamento, o divórcio seguido de outro casamento não é um pecado imperdoável. Às vezes, alguém pergunta minha opinião a respeito do divórcio, se Jesus o considerava um pecado imperdoável. A resposta é não. Jesus disse que seu sangue é a base de perdão para todos os pecados (26.28). Portanto, ele pôde dizer: "Eu lhes asseguro que todos os pecados e blasfêmias dos homens lhes serão perdoados, mas quem blasfemar contra o Espírito Santo nunca terá perdão: é culpado de pecado eterno" (Marcos 3.28,29).

Aprendemos com essas promessas maravilhosas que o perdão de pecados é concedido pelo sangue derramado por Jesus. O perdão é concedido a todos os pecados, sem exceção. O perdão é recebido gratuitamente mediante nossa confiança em Jesus para nos perdoar os pecados. Isso significa que vemos o pecado como pecado e que o odiamos por ser uma ofensa a Jesus. O único pecado imperdoável é aquele que nos recusamos a confessar e a abandonar. Cometemos o pecado imperdoável quando nos agarramos a ele por tanto tempo e com tanta tenacidade, que não somos mais capazes de confessá-lo como pecado nem de nos afastar dele. Quando Jesus menciona a "blasfêmia contra o Espírito Santo" (Mateus 12.31,32) e o "pecado eterno" (Marcos 3.29), ele está falando da resistência à obra de convencimento do Espírito Santo até o ponto em que ele se afasta, deixando o pecador desamparado na dureza de seu coração, incapaz de arrepender-se.

Nem o divórcio nem o segundo casamento são pecados mais imperdoáveis que o homicídio, o furto, a mentira, a avareza, o adultério ou a homossexualidade. "... todos os pecados e blasfêmias dos homens lhes serão perdoados" (Marcos 3.28). Deus é fiel e justo para perdoar e honrará o valor do sacrifício de seu Filho a favor de todo aquele que confessar seus pecados e depositar sua esperança na obra redentora de Jesus.

O pecado conjugal enquadra-se na mesma categoria de mentir, matar e furtar. Se alguém mentiu, matou, furtou ou abandonou o casamento sem motivo legítimo, a questão não é se ele pode ser perdoado. A questão é: ele reconhece que cometeu um pecado? Está disposto a renunciar a esse pecado? Está fazendo o possível para ter uma vida reta?

Em geral, o conflito não está em saber se o divórcio e o segundo casamento são pecados imperdoáveis, mas em saber se são pecados (do passado) que devemos confessar e evitar (no futuro). Se a pessoa furtou coisas no passado, ninguém diria que estamos tratando o furto como pecado imperdoável se insistirmos em que tal pessoa confesse seu pecado e comece a acertar as contas com quem ela prejudicou. O pecado não é imperdoável, desde que seja confessado como pecado, abandonado por opção e tenha seus efeitos reparados (até onde for possível).

O mesmo ocorre com o divórcio e o segundo casamento. Como no caso do furto cometido no passado, eles não devem manter ninguém afastado da comunhão com os seguidores de Jesus. Deve haver uma confissão sincera do pecado cometido e a renúncia a ele, bem como uma declaração solene do que é certo, conforme o que foi feito com os demais pecados do passado.

O QUE DEVE FAZER UM SEGUIDOR DE JESUS QUE SE DIVORCIOU E CASOU NOVAMENTE?

O que Jesus espera de seus seguidores que pecaram, se divorciaram e casaram novamente? Espera nosso reconhecimento de que a opção de casar novamente e o ato de ingressar no segundo casamento constituem pecados. Devemos confessá-los e pedir perdão. Também espera que não nos separemos de nosso cônjuge atual. Minha afirmativa baseia-se em pelo menos cinco observações.

Primeira: aparentemente, Jesus considerava errado alguém se casar várias vezes, mas não deixa de considerar esse fato uma realidade. Ele disse à mulher à beira do poço: "... você já teve cinco [maridos]; e o homem com quem agora vive não é seu marido..." (João 4.18). Ela estava morando com um homem, mas não houve casamento — não foi firmada uma aliança entre eles. Jesus considerava "maridos" os outros homens, mas não aquele com quem a mulher vivia.

Segunda: Jesus sabia que o texto de Deuteronômio 24 não aprovava que a mulher voltasse para o primeiro marido depois de ter tido um segundo. Jesus não se desviou do caminho para suavizar as palavras do texto.

Terceira: a aliança firmada entre o homem e a mulher é fundamental para Jesus, como vimos no capítulo anterior (v. tb. *Mandamento 23*). Portanto, embora a união atual entre um homem e uma mulher seja adúltera, o compromisso é real e deve ser mantido. Começou no pecado, porém não significa que continue pecaminoso e sem esperança de purificação.

Quarta: Deus transforma atos de desobediência em planos ordenados por ele. Um exemplo disso está em 1Samuel 12.19-22. O povo de Israel cometeu um pecado ao pedir um rei para governar a nação, no entanto Deus transformou o reinado, instituído de forma pecaminosa, na origem do Messias e no Reino de Jesus. Outro exemplo é o casamento pecaminoso de Davi com Bate-Seba. O que Davi fez — o adultério cometido com Bate-Seba, o assassinato do marido dela e o casamento — "desagradou ao Senhor" (2Samuel 11.27). Em razão disso, o Senhor tirou a vida do primeiro filho daquela união (2Samuel 12.15,18). Entretanto, "o Senhor [...] amou" Salomão, o segundo filho do casal, e escolheu-o para reinar sobre seu povo (v. 24).

Quinta: mediante o arrependimento e o perdão pelo sangue de Jesus e mediante a obra santificadora do Espírito Santo, o casamento que começou em pecado pode ser consagrado a Deus e purificado e tornar-se um meio de graça. Continua a ser menos que o ideal, mas não se constitui uma maldição. Poderá ser até uma grande bênção.

Casamento: excelente e precioso, mas não definitivo ou permanente

Não há dúvida de que o mandamento de Jesus acerca da fidelidade no casamento seja radical para a cultura moderna. É um teste para provar sua soberania em nossa vida. Seus padrões são elevados. Jesus deixa transparecer que este mundo não é nosso lar definitivo. Ele deixa também muito claro que o casamento é apenas uma lei para quem vive neste mundo: "Na ressurreição, as pessoas não se casam nem são dadas em casamento; mas são como os anjos no céu" (Mateus 22.30). Portanto, o casamento é uma bênção efêmera. Uma grande bênção, mas não uma bênção definitiva. Uma bênção preciosa, mas não permanente.

A perspectiva da eternidade explica por que Jesus é tão radical. Permanecer a vida inteira solteiro não é nenhuma tragédia. Caso contrário, a vida de Jesus teria sido uma tragédia. Tragédia é querer um casamento perfeito a ponto de transformá-lo num deus. Os padrões de Jesus são elevados porque o casamento não preenche todas as nossas necessidades, nem deve preenchê-las. O casamento não deve ser um ídolo. Não deve e não pode ocupar o lugar de Jesus. O casamento dura apenas um momento. Jesus é eterno. O modo em que nos comportamos no casamento ou na vida de solteiro mostrará se Jesus é nosso tesouro supremo.

Mandamento 43

DÊEM A CÉSAR O QUE É DE CÉSAR E A DEUS O QUE É DE DEUS

Os fariseus saíram e começaram a planejar um meio de enredá-lo em suas próprias palavras. Enviaram-lhe seus discípulos junto com os herodianos, que lhe disseram: "Mestre, sabemos que és íntegro e que ensinas o caminho de Deus conforme a verdade. Tu não te deixas influenciar por ninguém, porque não te prendes à aparência dos homens. Dize-nos, pois: Qual é a tua opinião? É certo pagar imposto a César ou não?" Mas Jesus, percebendo a má intenção deles, perguntou: "Hipócritas! Por que vocês estão me pondo à prova? Mostrem-me a moeda usada para pagar o imposto". Eles lhe mostraram um denário, e ele lhes perguntou: "De quem é esta imagem e esta inscrição?" "De César", responderam eles. E ele lhes disse: "Então, dêem a César o que é de César e a Deus o que é de Deus". Ao ouvirem isso, eles ficaram admirados; e, deixando-o, retiraram-se. (MATEUS 22.15-21)

Jesus era judeu. Fazia parte de um povo que vivia em sua terra natal sob o domínio totalitário de Roma. César reinava absoluto e alegava ter *status* divino como imperador de Roma. César Augusto era o imperador quando Jesus nasceu (Lucas 2.1), e seu filho Tibério César reinou de 13 a 37 d.C., durante o restante do tempo em que Jesus viveu neste mundo (3.1). Por isso, quando Jesus pediu aos fariseus uma moeda com a imagem de César, é provável que a moeda exibida estampasse a imagem de Tibério.[1]

A ARMADILHA

Quando perguntaram a Jesus se eles eram obrigados por lei a pagar imposto a César, os fariseus estavam tentando pendurá-lo nas cordas do dilema político da sobretaxa. Os judeus viviam oprimidos e indignados porque a terra prometida estava sendo governada por romanos pagãos. Pagar imposto a Roma era uma ofensa religiosa, porém não pagá-lo era um ato suicida. Era óbvio que os fariseus estavam armando uma cilada para Jesus: "Ou ele defenderia o pagamento de impostos a Roma, enfraquecendo seu apoio popular e messiânico, ou contestaria os impostos. [...] Os herodianos poderiam [então] acusá-lo de revolucionário, e, como conseqüência, ele poderia ser executado — e executado sumariamente".[2]

Por isso, perguntaram-lhe: "Dize-nos, pois: Qual é a tua opinião? É certo pagar imposto a César ou não?". Em resposta, Jesus denunciou a hipocrisia deles ao mesmo tempo que declarou o profundo significado de viverem seus seguidores como detentores de dupla cidadania: em seu Reino e no reino deste mundo. Ele retrucou: "'Hipócritas! Por que vocês estão me pondo à prova? Mostrem-me a moeda usada para pagar o imposto'. Eles lhe mostraram um denário, e ele lhes perguntou: 'De quem é esta imagem e esta

---

[1] "O denário de prata de Tibério, cunhado especialmente em Lião, trazia uma imagem de sua cabeça e circulou na Palestina nessa época. Embora alguma moeda anterior pudesse estar em circulação, o denário imperial é o mais provável [...]. A moeda tinha relação direta com a religião pagã de Roma e com o culto ao imperador no Oriente: o lado com a imagem também estampava uma inscrição superposta: 'TI.CAESAR DIVI AVG.F.AVGVSTVS' — 'Cesar Tibério, filho do Divino Augusto'. O outro lado estampava uma imagem feminina (talvez da imperatriz Lívia, personificada como deusa de Roma), na qual se lia 'PONTIF. MAXIMIF. MAXIM', uma referência ao sumo sacerdote da religião romana. O império usava essas moedas para estimular a adoração ao imperador" (Craig S. KEENER, *A Commentary on the Gospel of Matthew*, p. 525).

[2] Craig S. KEENER, *A Commentary on the Gospel of Matthew*, p. 524.

inscrição?' 'De César', responderam eles. E ele lhes disse: 'Então, dêem a César o que é de César e a Deus o que é de Deus' " (Mateus 22.17-21).

Jesus não se esquivou da pergunta. Penso que sua resposta tem o objetivo de forçar-nos a pensar, e na última parte ela exige lealdade radical à suprema autoridade de Deus sobre todas as coisas. O significado do primeiro mandamento: "Dêem a César o que é de César" origina-se do segundo: "Dêem [...] a Deus o que é de Deus". É a justaposição dos dois mandamentos que dá ao primeiro seu objetivo correto.

UMA RESPOSTA SURPREENDENTE E INCISIVA

É possível visualizar os fariseus prendendo a respiração enquanto o Mestre diz: "Então, dêem a César o que é de César". Talvez um sorriso irônico de vitória tenha começado a brotar no rosto dos seus adversários. A resposta parecia pender para a submissão a Roma. Eu gostaria de saber quanto tempo Jesus aguardou entre um mandamento e outro — talvez tempo suficiente para deixar as palavras abrirem caminho na mente deles: "O objetivo de César é dominar e ter autoridade. Concordem com isso". Quando as palavras começaram a calar fundo, Jesus acrescentou uma condição curta, mas poderosa: "... e dêem a Deus o que é de Deus". O sorriso dos adversários desapareceu. Não era a resposta que esperavam. Não era a resposta que qualquer um esperasse. Jesus ordenou a lealdade em duas direções: a César, de acordo com seu domínio e autoridade, e a Deus, de acordo com seu domínio e autoridade.

Sabiamente, ele deixou o campo de ação desses dois domínios e autoridades à escolha de seus ouvintes. O compromisso com Roma dependeria de como entendessem o campo de ação e a natureza do domínio e da autoridade de Deus em relação ao campo de ação e a natureza do domínio e da autoridade de César. É nisso que ele nos leva a pensar.

O ponto de partida para esse pensamento é o princípio inequívoco do segundo mandamento: "Dêem [...] a Deus o que é de Deus". O princípio é: *tudo* é de Deus. Caso alguém não entendesse esse princípio no mandamento de Jesus, ele diria: "Ouvindo, não ouvem. Têm ouvidos, mas não ouvem". O fator de suma importância não foi verbalizado, mas era óbvio para qualquer um que estivesse disposto a ouvir o óbvio. O fato de não ter sido verbalizado permitiu que Jesus escapasse da armadilha e conduziu a uma resposta muito mais profunda e de alcance muito maior que a pergunta dos seus adversários.

Dar a César é dar a Jesus, ou é traição

O fato de Deus ser dono de tudo e ter autoridade sobre todo o Universo torna o segundo mandamento superior ao primeiro. "Dêem a César o que é de César" passa a ser uma subcategoria de "Dêem [...] a Deus o que é de Deus". Tudo é de Deus. Portanto, o que é de César é de Deus. Dar a César o que é dele equivale a dar a Deus o que é de Deus. Isso é fundamental para compreendermos como alguém pode se dedicar inteiramente a Jesus como Senhor e viver neste mundo sob o domínio de César — ou de outra autoridade.

Embora César tivesse exercido poder na crucificação, Jesus era o Senhor supremo sobre César. Jesus sabia disso. Durante sua vida terrena, ele se absteve conscientemente de exercer seu direito e seu poder para dominar os inimigos. Preferiu entregar sua vida. "... eu dou a minha vida para retomá-la. Ninguém a tira de mim, mas eu a dou por minha espontânea vontade. Tenho autoridade para dá-la e para retomá-la..." (João 10.17,18). E depois de ressuscitar ele disse: "Foi-me dada toda a autoridade nos céus e na terra" (Mateus 28.18). Jesus está acima de toda a autoridade de César. "Dêem a César o que é de César" significa: em tudo que derem a César, dêem a Jesus toda a honra, pela autoridade absoluta que ele tem sobre César.

Durante seu ministério terreno, Jesus não atraiu atenção excessiva para seu domínio e autoridade universais. É compreensível. Ele veio ao mundo para sofrer e morrer. Sabia que chegaria o dia em que reinaria livremente sobre todas as nações. Foi por isso que ele disse: "Quando o Filho do homem vier em sua glória, com todos os anjos, assentar-se-á em seu trono na glória celestial. Todas as nações serão reunidas diante dele, e ele separará umas das outras como o pastor separa as ovelhas dos bodes" (25.31,32). Enquanto viveu nesta terra, porém, ele não exerceu livremente esse poder. Por isso, quando chegou o momento de manifestar a forma em que seus seguidores deveriam agir em relação a César, preferiu chamar a atenção para Deus, não para si. Jesus não disse: "Dêem a César o que é de César e a mim o que é meu".

É isso que Jesus exige de nós. Ele e o Pai são um (João 10.30), "além disso, o Pai a ninguém julga, mas confiou todo julgamento ao Filho, para que todos honrem o Filho como honram o Pai ..." (5.22,23). Em sua hora de maior fragilidade, o sumo sacerdote perguntou se ele era o Messias, o Filho do Deus Bendito. " 'Sou', disse Jesus. 'E vereis o Filho do homem assentado à direita do Poderoso vindo com as nuvens do céu' " (Marcos 14.62). Em outras palavras: "Embora neste momento eu esteja fragilizado e seja desprezível aos olhos de vocês, muito em breve me sentarei no lugar de absoluta autoridade sobre você e sobre Pilatos, Herodes e César". Portanto, "dêem a César o que é de César e a Deus o que é de Deus" também significa dar a Jesus a honra do domínio e da autoridade absolutos sobre tudo, até mesmo sobre o que é de César.

NÃO HÁ OUTRA AUTORIDADE, A NÃO SER A QUE VEM DE CIMA

Jesus ordenou a submissão absoluta a ele e ao seu domínio e autoridade. Todas as outras formas de submissão são relativas diante dessa submissão suprema. Todas as outras formas de submissão são *garantidas*, *limitadas* e *moldadas* pela submissão a Jesus.

São *garantidas* porque as autoridades de menor importância neste mundo, como César, estão debaixo da autoridade de Deus. Jesus disse a Pilatos: "Não terias nenhuma autoridade sobre mim, se esta não te fosse dada de cima..." (João 19.11). Pilatos tinha autoridade porque a recebera de Deus. A autoridade humana é garantida porque Deus a concede indiretamente. Quando Jesus disse: "Dêem [...] a Deus o que é de Deus", a expressão "o que é de Deus" abrangia a autoridade de Pilatos, porque esta era, indiretamente, autoridade de Deus. Deus a concedera a Pilatos. Ele não a teria sem permissão de Deus. Portanto, Jesus considera legítima a autoridade humana. É legítima, mas não absoluta. Ela *vem* de Deus, mas não é Deus.

Jesus arriscou-se ao dizer: "Dêem a César o que é de César", porque isso estimularia maior obediência às ordens de César. Uma realidade que evidencia esse risco é que o coração rebelde é mais perigoso dentro de nós que as ordens de César fora de nós. Este é o desejo de Jesus: devemos entender que o perigo enfrentado por nossa alma corre por causa dos governos injustos e seculares não pode ser jamais comparado com a magnitude do perigo que ela enfrenta diante do orgulho insubmisso. Nenhum abuso de autoridade da parte de César e nenhuma lei injusta de Roma tinha poder de lançar alguém no inferno. Já o orgulho e a rebeldia levam para o inferno todo aquele que não tem um Salvador. Por isso, as autoridades de menor importância deste mundo estão garantidas pela vontade de Deus em dois sentidos. Por um lado, ele deseja que reconheçamos que essas autoridades são realmente menos importantes e que o glorifiquemos como Soberano único e supremo. Por outro, ele deseja que reconheçamos essas autoridades como ordenadas por Deus e que não venhamos a resistir, por orgulho, ao que ele instituiu.

A submissão às autoridades deste mundo não é apenas *garantida* pela autoridade suprema de Deus: é também *limitada* e *moldada* por essa autoridade. Veremos essas funções da autoridade de Deus no capítulo seguinte.

Mandamento 44

DÊEM A CÉSAR O QUE É DE CÉSAR, COMO SE FOSSEM DAR A DEUS O QUE É DE DEUS

Os fariseus saíram e começaram a planejar um meio de enredá-lo em suas próprias palavras. Enviaram-lhe seus discípulos junto com os herodianos, que lhe disseram: "Mestre, sabemos que és íntegro e que ensinas o caminho de Deus conforme a verdade. Tu não te deixas influenciar por ninguém, porque não te prendes à aparência dos homens. Dize-nos, pois: Qual é a tua opinião? É certo pagar imposto a César ou não?" Mas Jesus, percebendo a má intenção deles, perguntou: "Hipócritas! Por que vocês estão me pondo à prova? Mostrem-me a moeda usada para pagar o imposto". Eles lhe mostraram um denário, e ele lhes perguntou: "De quem é esta imagem e esta inscrição?" "De César", responderam eles. E ele lhes disse: "Então, dêem a César o que é de César e a Deus o que é de Deus". Ao ouvirem isso, eles ficaram admirados; e, deixando-o, retiraram-se. (MATEUS 22.15-21)

Mencionei no capítulo anterior que Jesus ordenou submissão absoluta a ele e ao seu domínio e autoridade. Todas as outras formas de submissão são *garantidas*, *limitadas* e *moldadas* por essa submissão suprema a Jesus, o Rei dos reis. Vimos que são garantidas. Agora, veremos de que maneira são limitadas e moldadas.

Quando César ordena o que Deus proíbe

Todas as formas de submissão terrena são *limitadas* pela autoridade suprema de Deus, consumada por Jesus (v. João 5.27; Mateus 28.18). Devemos obedecer a César desde que sua autoridade esteja dentro dos planos de Deus, mas nem sempre devemos fazer o que ele ordena. Se César disser: "César é o Senhor!", não devemos imitá-lo. Se ele ordenar que nos curvemos ao seu domínio, não devemos fazer isso. *Jesus* é o Senhor. Seus seguidores curvam-se diante dele como um ser supremo. Não se curvam diante de ninguém mais. Embora a autoridade humana proceda de Deus, ela não age necessariamente de acordo com a Palavra de Deus. Às vezes, ordena o que Deus proíbe.

É por isso que Jesus adverte sobre o conflito de pendermos para um lado ou para o outro. Jesus diz aos discípulos que eles terão de optar entre a submissão a ele e a submissão ao governo de César. Essa opção poderá custar a vida de alguns deles. "Antes de tudo isso, prenderão e perseguirão vocês. Então os entregarão às sinagogas e prisões, e vocês serão levados à presença de reis e governadores, tudo por causa do meu nome. [...] e eles entregarão alguns de vocês à morte" (Lucas 21.12,16). Jesus *não* nos ordena dar a César tudo que César acredite ser de César. Dar a César o que é de César não inclui obedecer ao mandamento de César de não nos sujeitarmos totalmente a Deus. A autoridade suprema de Deus limita a autoridade de César e nossa submissão a César.

Submetemo-nos a César por reconhecer a suprema autoridade de Jesus

Todas as formas de submissão neste mundo não são apenas garantidas e limitadas pela suprema autoridade de Deus: são também *moldadas* por essa autoridade. Mesmo quando o dever nos obriga à submissão a César, essa submissão é diferente porque César não tem autoridade absoluta. Obedecemos a César até certo ponto, não porque ele seja Senhor, mas porque o Senhor Jesus nos deu esse mandamento. Nossa obediência a César destrona César, porque expressa obediência à soberania de Jesus. Obedecemos a César porque estamos servindo a seu dono e Senhor, isto é, a Jesus. Não há, portanto, nenhum sopro de adoração a César. Ele é despojado de sua suposta divindade no próprio ato de submissão às suas leis. Até mesmo nossa submissão é um ato de rebeldia contra reis e governadores com pretensões de divindade.

Jesus, em Mateus 17.24-27, dá um exemplo de submissão pela supremacia da autoridade de Deus:

> Quando Jesus e seus discípulos chegaram a Cafarnaum, os coletores do imposto de duas dracmas vieram a Pedro e perguntaram: "O mestre de vocês não paga o imposto do templo?" "Sim, paga", respondeu ele. Quando Pedro entrou na casa, Jesus foi o primeiro a falar, perguntando-lhe: "O que você acha, Simão? De quem os reis da terra cobram tributos e impostos: de seus próprios filhos ou dos outros?" "Dos outros", respondeu Pedro. Disse-lhe Jesus: "Então os filhos estão isentos. Mas, para não escandalizá-los, vá ao mar e jogue o anzol. Tire o primeiro peixe que você pegar, abra-lhe a boca, e você encontrará uma moeda de quatro dracmas. Pegue-a e entregue-a a eles, para pagar o meu imposto e o seu".

O "imposto de duas dracmas" provavelmente se referia ao imposto que o povo judeu pagava todos os anos para a manutenção do templo. A identificação exata do imposto não é importante, porque há um fator mais significativo no texto. A pergunta é: Jesus e os discípulos deviam pagá-lo? A resposta é sim. Mas o importante para nós é como Jesus justifica o pagamento.

Jesus compara o pagamento com a forma pela qual um rei secular cobra impostos para seu império. Ele cobra impostos de seus filhos? Não. Portanto, os filhos estão isentos. "Ora", Jesus diz, "o mesmo ocorre comigo e com meus discípulos. Somos filhos de Deus, e ele tem autoridade sobre todas as coisas e é dono de tudo, portanto não temos de pagar o imposto do templo. Mas devemos pagar? Sim. Por quê? Para não escandalizar os coletores do imposto".

O princípio é este: às vezes, há motivos para nos submetermos a uma autoridade que não se origina do direito intrínseco da autoridade, mas de um princípio de liberdade e daquilo que seria em prol de um bem maior. Aplicado a César, esse princípio seria mais ou menos assim: Deus é dono de César. Deus tem autoridade absoluta sobre César. Esse Deus é nosso Pai. Somos seus filhos. Portanto, não temos nenhuma obrigação de pagar impostos ao governo de César. Nosso Pai é dono desse governo. Estamos isentos. Na verdade, a terra inteira é nossa, porque somos herdeiros de nosso Pai e um dia a herdaremos (Mateus 5.5). Contudo, apesar de ser isentos, devemos pagar impostos a César? Sim, porque, por ora, esse pagamento produziria um bem maior e porque nosso Pai ordena: "Dêem a César o que é de César". Assim, podemos entender como o domínio supremo de Deus sobre todas as coisas garante e limita nossa submissão terrena e também a molda.

Como a autoridade de Jesus molda nossa desobediência a César

A suprema autoridade de Jesus molda nossa submissão até mesmo quando desobedecemos a César. Isto é, até mesmo nossa desobediência, quando forçada, não é indiferente à autoridade de César. Essa desobediência será moldada e aprovada pela supremacia de Jesus sobre a autoridade pervertida de César. Vimos que a autoridade de Jesus limita a autoridade de César. Vimos isso no mandamento de Jesus: é melhor morrer que se submeter ao mandamento de César de negar Jesus. O próprio Jesus não obedeceu às ordens de Herodes (Lucas 23.9), de Pilatos (Marcos 15.5) e do sumo sacerdote (Mateus 26.62,63). Jesus exercitou e ordenou a desobediência civil até certo ponto. Sua vida, seus ensinamentos e sua autoridade exemplificam como essa desobediência deve ser.

Dedicamos capítulos inteiros às ordens de Jesus de nos humilharmos como servos (*Mandamento 17*), amar nossos inimigos (*Mandamentos 28, 29, 32, 33* e *34*) e cuidar do próximo (*Mandamento 21*).

Essas e outras ordens moldam poderosamente a forma pela qual os seguidores de Jesus se envolvem na desobediência civil. Talvez seja proveitoso aplicar novamente essas ordens a essa situação, com algumas orientações.

Moldando a desobediência civil por meio dos mandamentos de Jesus

Mateus 5.38-48 contém palavras fortes acerca de não resistir ao perverso e de amar o inimigo (v. *Mandamento 30*). O que vimos, e agora voltamos a ver, é que não resistir ao perverso e amar o inimigo nem sempre são a mesma coisa. A respeito da não-resistência, Jesus diz:

> Vocês ouviram o que foi dito: "Olho por olho e dente por dente". Mas eu lhes digo: Não resistam ao perverso. Se alguém o ferir na face direita, ofereça-lhe também a outra. E se alguém quiser processá-lo e tirar-lhe a túnica, deixe que leve também a capa. Se alguém o forçar a caminhar com ele uma milha, vá com ele duas. Dê a quem lhe pede, e não volte as costas àquele que deseja pedir-lhe algo emprestado (Mateus 5.38-42).

Todas essas ordens exigem complacência com quem nos maltrata ou nos pede alguma coisa e parecem ser o oposto de resistência. No decorrer do sermão, porém, Jesus diz algo um pouco diferente, nos versículos de 43 a 48, ou seja, o amor deve ser maior que a ação de não resistir:

> Vocês ouviram o que foi dito: "Ame o seu próximo e odeie o seu inimigo". Mas eu lhes digo: Amem os seus inimigos e orem por aqueles que os perseguem, para que vocês venham a ser filhos de seu Pai que está nos céus. Porque ele faz raiar o seu sol sobre maus e bons e derrama chuva sobre justos e injustos. [...] Portanto, sejam perfeitos como perfeito é o Pai celestial de vocês.

Aqui há uma conotação diferente. A ênfase está em fazer o bem ao inimigo. Ame o inimigo. Ore pelo inimigo — se possível, para que seja salvo e encontre esperança e vida em Jesus. Faça o bem ao inimigo, assim como Deus manda a chuva e o sol sobre ele. Nos versículos de 38 a 42, há uma idéia de complacência (não resistir, oferecer a outra face, caminhar mais uma milha). Já nos versículos de 43 a 48 Jesus passa a falar de ações positivas para o bem de nossos inimigos, com a finalidade de abençoá-los.

Surge, então, a dúvida: seriam a não-resistência e a complacência dos versículos de 38 a 42 sempre a melhor maneira de amar os outros e fazer-lhes o bem, em comparação com o que está escrito nos versículos de 43 a 48? Os primeiros concentram-se em ações passivas — não retaliar, estar disposto a sofrer injustamente. Os outros concentram-se em ações ativas — fazer o bem ao inimigo. Pergunto: a passividade é sempre a melhor maneira de fazer o bem?

Quando o amor por uma pessoa exige resistência à outra

A resposta torna-se mais clara quando entendemos que, na maioria das situações de injustiça ou de perseguição, não somos os únicos a sofrer. Por exemplo, como é possível amar duas pessoas se uma é criminosa e a outra é vítima; se uma faz sofrer e a outra está sofrendo? Será que o amor é passivo quando a face que está sendo ferida não é a *sua*, mas a de outra pessoa — e isso repetidas vezes?

E quanto ao mandamento de dar a quem pedir? É amor dar nossa capa a alguém que a usará para estrangular um bebê? E quanto a caminhar uma milha a mais (com amor!) ao lado de alguém que queira nossa companhia para apoiarmos uma carnificina cometida por ele? Você caminharia uma milha a mais com alguém que o queira transformar em cúmplice de uma maldade?

O ponto fundamental dessas perguntas é: nesses versículos, Jesus apresenta o amor que elimina nosso egoísmo e nosso medo. Se o egoísmo e o medo nos impedem de ser generosos e caminhar uma milha a mais, precisamos ser quebrantados por essas palavras. Jesus, no entanto, não diz que a aceitação passiva em situações de injustiça seja a única forma de amor. Pode até ser uma forma de covardia. Quando o amor examina cuidadosamente as alegações de justiça e misericórdia entre todos os envolvidos, chega um momento, um breve instante em que o amor deixa de ser passivo e complacente e expulsa os cambistas do templo (Marcos 11.15).

A MAIOR BATALHA É QUEBRAR NOSSA RESISTÊNCIA

Que orientações Jesus dá aos seus seguidores em relação à desobediência civil? As palavras de Jesus excluem todas as vinganças e todas as ações com base no mero expediente da segurança pessoal. O Senhor elimina nosso amor aos bens materiais e à comodidade. É a idéia central de Mateus 5.38-42. Não aja simplesmente com a finalidade de atender a interesses pessoais, vestuário, conforto, bens materiais e segurança.

Ao contrário, confie em Jesus e transforme-se em alguém completamente desvencilhado dessas coisas, pronto a ajudar os outros (tanto os oprimidos quanto os opressores; tanto os perseguidos quanto os perseguidores; tanto as crianças agonizantes quanto os praticantes de aborto; tanto os racistas quanto as raças). O tom e a conduta dessa desobediência civil são opostos às demonstrações estridentes, beligerantes e violentas acompanhadas de pedradas, gritos e palavrões.

Somos gente da cruz. Nosso Senhor submeteu-se espontaneamente à crucificação para salvar seus inimigos. Devemos a vida eterna a ele. Nossos pecados foram perdoados. Isso elimina a fanfarronice de nosso protesto. Elimina a arrogância de nossa resistência. Assim, se depois de ver todos os outros meios fracassarem for necessário desobedecer em prol do amor e da justiça, retiraremos primeiro a viga de nosso olho, que nos causará dor e lágrimas suficientes para transformar nossa indignação em um humilde e silencioso, porém inabalável, não. Nossa maior batalha não é triunfar sobre leis injustas, mas ser esse tipo de pessoa.

"Dêem a César o que é de César e a Deus o que é de Deus": que esse mandamento exalte a supremacia de Deus e de seu Filho Jesus sobre todos os poderes deste mundo; que ele incuta em nosso coração uma submissão irrestrita à soberania de Jesus; que garanta, limite e molde nossa submissão a "César"; que nos livre de viver neste mundo como cidadãos de outro reino — sem fugir, sem nos conformar, mas pondo em prática a diferença radical que o Rei Jesus faz em cada relacionamento, até mesmo em nosso relacionamento com o governo.

Mandamento 45

FAÇAM ISTO EM MEMÓRIA DE MIM, PORQUE EU EDIFICAREI A MINHA IGREJA

"E vocês?", perguntou ele [Jesus]. "Quem vocês dizem que eu sou?" Simão Pedro respondeu: "Tu és o Cristo, o Filho do Deus vivo". Respondeu Jesus: "Feliz é você, Simão, filho de Jonas! Porque isto não lhe foi revelado por carne ou sangue, mas por meu Pai que está nos céus. E eu lhe digo que você é Pedro, e sobre esta pedra edificarei a minha igreja, e as portas do Hades não poderão vencê-la". (MATEUS 16.15-18)

Vão e façam discípulos de todas as nações, batizando-os em nome do Pai e do Filho e do Espírito Santo. (MATEUS 28.19)

Eu lhes envio a promessa de meu Pai; mas fiquem na cidade até serem revestidos do poder do alto. (LUCAS 24.49)

O mandamento de Jesus: "Façam isto em memória de mim" foi dado na instituição da ceia do Senhor (Lucas 22.19). Esse mandamento, porém, pressupõe que exista algo mais, isto é, uma Igreja adorando a Jesus após sua partida deste mundo. Será que Jesus tinha esse plano para a Igreja e deixou essas instruções? É o que veremos neste capítulo. O assunto é fundamental para o próximo capítulo.

"Edificarei a minha igreja"

Jesus prometeu edificar sua Igreja. Ao dizer "igreja", ele não se referia a um templo. Esse nunca foi o significado de igreja (ἐκκλησία), em grego. Jesus prometeu edificar um povo. Ele queria reunir um povo que confiasse nele como Senhor (João 13.13; 20.28) e Salvador (João 3.17; 10.9), que cultivasse o amor fraternal (João 13.34,35) e amasse os inimigos (Mateus 5.44). Jesus descreve a si mesmo como "o bom pastor", que reúne suas ovelhas para formar um rebanho:

> Eu sou o bom pastor; conheço as minhas ovelhas, e elas me conhecem, assim como o Pai me conhece e eu conheço o Pai; e dou a minha vida pelas ovelhas. Tenho outras ovelhas que não são deste aprisco. É necessário que eu as conduza também. Elas ouvirão a minha voz, e haverá um só rebanho e um só pastor (João 10.14-16).

As frases "é necessário que eu as conduza" e "elas ouvirão a minha voz" contêm a mesma autoridade da frase "edificarei a minha igreja" (Mateus 16.18). "*É necessário* que eu as conduza"; "Elas *ouvirão* a minha voz"; "*Edificarei* a minha igreja" — é o que o poder do Reino faz. Jesus compara o Reino de Deus a uma rede que é lançada ao mar da humanidade e "apanha toda sorte de peixes" (Mateus 13.47). O Reino de Deus, como Jesus apresenta, não é uma região nem um povo, mas um domínio, um reinado. Por isso, ele ajunta um povo como a rede apanha os peixes. Alguns céticos tentam encontrar uma contradição entre a mensagem de Jesus sobre o Reino de Deus e o subseqüente surgimento da Igreja. Não existe nenhuma contradição. O Reino cria a Igreja. Ou melhor, o Rei, Jesus, edifica sua Igreja.

Jesus sabia que haveria um espaço de tempo entre sua primeira vinda e a segunda, e nos disse isso. Por exemplo, a parábola dos lavradores conta o que acontecerá entre sua primeira e sua segunda vinda. Começa assim: "Certo homem plantou uma vinha, arrendou-a a alguns lavradores e ausentou-se *por longo tempo*" (Lucas 20.9). Trata-se de uma das afirmações mais claras de Jesus, indicando que o espaço de tempo transcorrido até sua segunda vinda é um detalhe de suma importância. Ele estava ciente de que se afastaria de seu "rebanho" e deixou instruções a serem seguidas enquanto esse dia não chegasse.

Jesus teve o cuidado de sustentar a Igreja por meio do Espírito Santo

Esse sustento consiste no envio do Espírito Santo, na preservação da verdade inspirada nos escritos dos apóstolos e de pessoas próximas a eles, em orientações para lidar com o pecado no rebanho e em ordenanças quanto ao batismo e para à ceia do Senhor.

Jesus sabia muito bem o que significava deixar seu "pequeno rebanho" (Lucas 12.32) neste mundo hostil e retornar ao Pai. Como seus seguidores viveriam sem sua presença física? Jesus ocupara o centro da vida deles por três anos, e agora se preparava para partir. Quem os ensinaria? Quem os guiaria e protegeria? Como viveriam em sua ausência? Essas e muitas outras perguntas surgiriam após a partida de Jesus. Por isso, ele lhes assegurou: "Não os deixarei órfãos; voltarei para você" (João 14.18).

Pouco depois de dizer essas palavras, ele prometeu enviar o Espírito Santo. O Espírito de Deus seria sua presença entre eles. "Eu pedirei ao Pai, e ele lhes dará outro Conselheiro para estar com vocês para sempre, o Espírito da verdade. O mundo não pode recebê-lo, porque não o vê nem o conhece. Mas vocês o conhecem, pois ele vive com vocês e estará em vocês" (14.16,17). "Ele vive *com* vocês e estará *em* vocês": Jesus está dizendo que ele próprio estará *com* seus discípulos — presente fisicamente —, e o Espírito, quando vier, também estará *neles*. Jesus consola seus seguidores com a verdade de que ele estará presente na Igreja por meio do Espírito que enviará em seu lugar.[1]

---

[1] Devo deixar claro que, ao descrever assim a vinda do Espírito, não estou dizendo que o Espírito e o Filho não sejam pessoas distintas. O Espírito pode

"Não se perturbe o seu coração"

Com estas promessas, Jesus pretende transmitir um forte encorajamento aos seus seguidores antes de partir: "Deixo-lhes a paz; a minha paz lhes dou. Não a dou como o mundo a dá. Não se perturbe o seu coração, nem tenham medo" (14.27). Portanto, mesmo que a Igreja passe por provações neste mundo hostil de incrédulos (15.20), ela deve se sentir encorajada porque Jesus promete enviar o Espírito Santo, que a ajudará e, certamente, provará ser uma manifestação da presença do próprio Jesus.

No fim de sua vida terrena, Jesus prometeu: "Eu estarei sempre com vocês, até o fim dos tempos" (Mateus 28.20). Jesus prometeu estar com seus seguidores, mesmo após sua partida. Isso é uma realidade, porque o Espírito Santo também é o Espírito de Jesus. Em razão das obras que Jesus realizou na cruz (20.28), de sua obra presente mediante o Espírito (João 10.16; 12.32) e de sua obra futura, quando irá regressar em triunfo (Mateus 16.27), sua Igreja pode se manter confiante neste mundo hostil: "Neste mundo vocês terão aflições; contudo, tenham ânimo! Eu venci o mundo" (João 16.33); "... edificarei a minha igreja, e as portas do Hades não poderão vencê-la" (Mateus 16.18).

Em vista dessa função indispensável do Espírito Santo em sua ausência, Jesus ordena que seus seguidores aguardem a chegada do Espírito e não cometam o erro de iniciar o ministério sem o dom do Espírito. Pouco antes de subir ao céu, Jesus disse: "Eu lhes envio a promessa de meu Pai; mas fiquem na cidade até serem revestidos do poder do alto" (Lucas 24.49). Todas as gerações posteriores aos seguidores de Jesus receberiam o Espírito e, dessa maneira, sentiriam o poder e a presença do Rei ressurreto.

---

manifestar o Filho e mediar uma experiência da presença do Filho, porque isso faz parte da misteriosa unicidade deles e não contradiz a distinção entre um e outro.

Jesus deixou o Novo Testamento para sua Igreja

Jesus sustenta seu rebanho depois de partir deste mundo. Envia o Espírito Santo e prepara a preservação da verdade inspirada nos escritos dos apóstolos. Jesus não se refere aos escritos dos apóstolos, mas posiciona tanto os apóstolos quanto o Espírito Santo no lugar certo, como garantia de seus ensinamentos para a fundação da Igreja.

Num momento decisivo de seu ministério terreno, Jesus escolheu 12 apóstolos dentre todos os discípulos que o seguiam. Ele não fez uma escolha aleatória. Orou a noite inteira. "Num daqueles dias, Jesus saiu para o monte a fim de orar, e passou a noite orando a Deus. Ao amanhecer, chamou seus discípulos e escolheu doze deles, a quem também designou *apóstolos*" (6.12,13). A palavra "apóstolo" significa "alguém que é 'enviado' [ἀποστέλλειν] e compartilha a autoridade de quem o envia, como seu representante".[2] Nem todos que Jesus enviou foram designados apóstolos. Por exemplo, Jesus enviou 72 discípulos adiante dele e disse-lhes: "Vão! Eu os estou enviando como cordeiros entre lobos. [...] Curem os doentes [...] e digam-lhes: O Reino de Deus está próximo de vocês" (10.3,9). Esses discípulos não foram chamados apóstolos.

O fato de haver 12 apóstolos — assim como havia as 12 tribos de Israel — e de a palavra "apóstolo" encerrar o sentido de autoridade especial para representá-lo dá a entender que Jesus queria que os apóstolos fossem o alicerce do verdadeiro Israel, a Igreja. Com referência ao antigo Israel, Jesus havia dito que, pelo menos temporariamente, esse povo seria substituído: "Eu lhes digo que

---

[2] Donald HAGNER, Matthew 1—13, *Word Biblical Commentary* (Dallas: Word, 1993), v. 33a, p. 265. Norval GELDENHUYS define apóstolo como "alguém escolhido e enviado com a comissão especial de representar aquele que o enviou, e de quem recebeu plenos poderes" (*Supreme Authority: The Authority of the Lord, His Apostles and the New Testament* [Grand Rapids: Eerdmans, 1953], p. 53-4).

o Reino de Deus será tirado de vocês [Israel] e será dado a um povo que dê os frutos do Reino [os seguidores de Jesus, a Igreja]" (Mateus 21.43; v. tb. *Mandamento 28*). Os 12 apóstolos seriam o alicerce desse novo "Israel". Eles representariam a autoridade de Jesus quando preparassem o alicerce para esse novo povo.

Para assegurar a veracidade futura dos ensinamentos dos Doze, Jesus prometeu enviar o Espírito da verdade com a finalidade de preservar seus ensinamentos e incutir neles a verdade essencial que ainda não conheciam. Ao falar aos 11 apóstolos, depois de Judas tê-los abandonado na véspera da crucificação, Jesus disse:

> Tenho ainda muito que lhes dizer, mas vocês não o podem suportar agora. Mas quando o Espírito da verdade vier, ele os guiará a toda a verdade. Não falará de si mesmo; falará apenas o que ouvir, e lhes anunciará o que está por vir. Ele me glorificará, porque receberá do que é meu e o tornará conhecido a vocês. (João 16.12-14)

> Mas o Conselheiro, o Espírito Santo [...] lhes ensinará todas as coisas e lhes fará lembrar tudo o que eu lhes disse. (14.26)

Esta é a forma em que Jesus iria cuidar de seu rebanho depois de partir deste mundo: ajuntaria um grupo de representantes e daria autoridade a eles, assegurando-lhes que, quando assumissem a responsabilidade de ensinar, receberiam auxílio divino para apresentar à Igreja a verdade de que ela iria necessitar para uma vida de santidade. Jesus queria que os ensinamentos ministrados com autoridade por esses porta-vozes fossem preservados para as gerações posteriores.

Sabemos disso porque Jesus orou ao Pai no fim de sua vida terrena: "Minha oração não é apenas por eles [os Doze]. Rogo também por aqueles que crerão em mim, *por meio da mensagem deles*, para que todos sejam um..." (17.20,21). Todas as gerações posteriores da Igreja creriam em Jesus "por meio da mensagem deles". Significa que a mensagem dos apóstolos deveria ser preservada. Essa é a origem do que chamamos Novo Testamento. O alicerce da Igreja de hoje é o ensinamento dos apóstolos. Esse ensinamento foi orientado pelo Espírito e preservado para nós nos escritos do Novo Testamento.³

---

3   Há uma passagem controvertida nos ensinamentos de Jesus a respeito do lugar ocupado por Pedro no que diz respeito à fundação da Igreja. Jesus perguntou aos discípulos: " 'E vocês?' [...] 'Quem vocês dizem que eu sou?' Simão Pedro respondeu: 'Tu és o Cristo, o Filho do Deus vivo'. Respondeu Jesus: 'Feliz é você, Simão, filho de Jonas! Porque isto não lhe foi revelado por carne ou sangue, mas por meu Pai que está nos céus. E eu lhe digo que você é Pedro, e sobre esta pedra edificarei a minha igreja, e as portas do Hades não poderão vencê-la. Eu lhe darei as chaves do Reino dos céus; o que você ligar na terra terá sido ligado nos céus, e o que você desligar na terra terá sido desligado nos céus' " (Mateus 16.15-19). Alguns apóiam-se nessa passagem para ensinar que Pedro e seus sucessores (os bispos de Roma e os papas) têm função administrativa e autoridade exclusivas na Igreja e na História. As "chaves do Reino" estariam nas mãos deles, conferindo-lhes a função exclusiva de tomar decisões naquilo que a Igreja crê e faz. Meu entendimento é direcionado por esta interpretação: "Há outra interpretação, mais acessível. Jesus condenou os mestres da lei e os fariseus porque eles se apoderaram da chave do conhecimento, recusando-se a entrar no Reino de Deus e não permitindo que outros entrassem (Lucas 11.52). O mesmo pensamento aparece no primeiro evangelho: "Ai de vocês, mestres da lei e fariseus, hipócritas! Vocês fecham o Reino dos céus diante dos homens! Vocês mesmos não entram, nem deixam entrar aqueles que gostariam de fazê-lo" (Mateus 23.13). No idioma bíblico, conhecimento é mais que percepção intelectual. É 'uma possessão espiritual advinda de revelação'. A autoridade concedida a Pedro tem raízes na revelação, isto é, no conhecimento espiritual, que ele compartilhou com os Doze. As chaves do Reino são, portanto, 'o discernimento espiritual que capacitará Pedro a ajudar outros a atravessarem a porta da revelação que ele próprio atravessou' (Anthony FLEW, *Jesus and His Church* [1943], p. 95). A autoridade para ligar e desligar abrange a admissão dos homens na esfera do Reino de Deus e a exclusão deles. Cristo edificará sua *ekklesia* ['igreja'] sobre Pedro e sobre aqueles que compartilham a divina revelação de que Jesus é o Messias. Em virtude dessa mesma revelação, eles receberão a responsabilidade de permitir que os homens entrem na esfera das bênçãos do Reino ou de excluir homens de tal participação" (George LADD, *The Presence of the Future*, p. 274-5).
Essa opinião enquadra-se em minha afirmativa de que Jesus providenciou um alicerce para a Igreja nos ensinamentos dos apóstolos. Pedro teve uma função de destaque, mas sua autoridade de fundador foi compartilhada com os outros e encontra-se hoje no Novo Testamento, não na função ocupada pelo papa.

O Espírito e a Palavra são inseparáveis

Dessa forma, Jesus deixou para sua Igreja o Espírito e a Palavra. Seu Espírito e seus ensinamentos são inseparáveis. Ele criticaria qualquer um que tentasse separar a Palavra do Espírito. Os ensinamentos objetivos de Jesus, trazidos à memória dos apóstolos pelo Espírito e registrados para as gerações posteriores, são regras para a Igreja. Qualquer tentativa de abandonar ou distorcer esse objetivo, ou seja, esses ensinamentos históricos permanentes, se desviará do que Jesus ordenou, ensinou e prometeu.

É também verdade que, sem o Espírito, ninguém receberá nem entenderá corretamente esses ensinamentos históricos. Somos todos humanos por natureza, sem nenhuma vida espiritual, e sem vida espiritual não temos olhos para enxergar verdadeiramente o que Jesus ensinou. A solução para essa cegueira e apatia espirituais é nascer de novo pelo Espírito: "Ninguém pode ver o Reino de Deus, se não nascer de novo" (João 3.3). O novo nascimento é obra do Espírito: "O que nasce da carne é carne, mas o que *nasce do Espírito* é espírito" (v. 6). Se quisermos a vida espiritual e a visão que nos capacite a enxergar o que Jesus realmente ensina, teremos de nascer do Espírito. (Para mais detalhes sobre essa importante obra do Espírito, v. *Mandamento 1*.)

Jesus também deixou três outras sustentações importantes para sua Igreja. No próximo capítulo, examinaremos o mandamento de Jesus para a disciplina na Igreja e as ordenanças quanto ao batismo e à ceia do Senhor.

Mandamento 46

FAÇAM ISTO EM MEMÓRIA DE MIM — BATIZEM DISCÍPULOS E PARTICIPEM DA CEIA DO SENHOR

Se o seu irmão pecar contra você, vá e, a sós com ele, mostre-lhe o erro. Se ele o ouvir, você ganhou seu irmão. Mas se ele não o ouvir, leve consigo mais um ou dois outros, de modo que "qualquer acusação seja confirmada pelo depoimento de duas ou três testemunhas". Se ele se recusar a ouvi-los, conte à igreja; e se ele se recusar a ouvir também a igreja, trate-o como pagão ou publicano. (Mateus 18.15-17)

[Jesus] lhes disse: "Desejei ansiosamente comer esta Páscoa com vocês antes de sofrer. Pois eu lhes digo: Não comerei dela novamente até que se cumpra no Reino de Deus". Recebendo um cálice, ele deu graças e disse: "Tomem isto e partilhem uns com os outros. Pois eu lhes digo que não beberei outra vez do fruto da videira até que venha o Reino de Deus". Tomando o pão, deu graças, partiu-o e o deu aos discípulos, dizendo: "Isto é o meu corpo dado em favor de vocês; façam isto em memória de mim". Da mesma forma, depois da ceia, tomou o cálice, dizendo: "Este cálice é a nova aliança no meu sangue, derramado em favor de vocês". (Lucas 22.15-20)

Qual é o mandamento de Jesus acerca do pecado na Igreja?

Além de enviar o Espírito e a Palavra à sua Igreja (como vimos no capítulo anterior), Jesus também deixou orientações sobre como lidar com o pecado do rebanho. Aparentemente, todos os seus ensinamentos têm esse propósito. Como uma bússola, eles orientam seus seguidores a viverem na Igreja e no mundo. Jesus, porém, deixou outras orientações específicas em Mateus 18.15-17 para um assunto que viria a chamar-se "disciplina na Igreja".

> Se o seu irmão pecar contra você, vá e, a sós com ele, mostre-lhe o erro. Se ele o ouvir, você ganhou seu irmão. Mas se ele não o ouvir, leve consigo mais um ou dois outros, de modo que "qualquer acusação seja confirmada pelo depoimento de duas ou três testemunhas". Se ele se recusar a ouvi-los, conte à igreja; e se ele se recusar a ouvir também a igreja, trate-o como pagão ou publicano.

A palavra "igreja" indica que Jesus está preparando seu pequeno grupo de seguidores para uma comunhão contínua em sua ausência. As palavras de Jesus deixam claro que, quando pecamos com insistência, sem nos arrepender — quando nos recusamos a levar o pecado a sério e a declarar guerra contra ele em nossa vida —, demonstramos que não somos seus verdadeiros seguidores. Jesus sabia que na Igreja sempre haveria falsos crentes (13.30,48) e deixou orientações para uma disciplina aplicada com cuidado, carinho e paciência, que não tolera a resistência ao arrependimento.

Tratar o "irmão" não arrependido como "pagão ou publicano" não significa tratá-lo com hostilidade. Jesus já deixou claro que devemos amar os pagãos: "E se [vocês] saudarem apenas os seus irmãos, o que estarão fazendo de mais? Até os pagãos fazem isso!" (5.47). Tratar o irmão como pagão ou publicano significa deixar de compartilhar com ele a comunhão ímpar com Jesus — mostrar-lhe que existe uma barreira para essa comunhão. Isso inclui, por exemplo, não participar com ele da ceia do Senhor.

"Façam discípulos de todas as nações, batizando-os"

Essas ordenanças deixadas por Jesus nos levam a conhecer as instruções que ele preparou para sua Igreja antes de partir, isto é, quanto ao batismo e à ceia do Senhor. Pouco antes de subir ao céu, Jesus ordenou: "... façam discípulos de todas as nações, batizando-os em nome do Pai e do Filho e do Espírito Santo" (28.19). Uma das condições para ser seguidor de Jesus é ser batizado. Essa é a marca exterior da transformação interior que ocorreu para levar a pessoa a submeter-se à soberania de Jesus como pecador perdoado.

João Batista já havia batizado o povo, pedindo que se arrependessem, na preparação para a vinda do Messias (Marcos 1.4). Isso foi maravilhoso. Ele convidava o povo judeu para receber um sinal especial de arrependimento, para provar que pertenciam ao povo do Messias. Alguns líderes, porém, se indignaram e protestaram, dizendo que já eram o povo do Messias. Eram descendentes de Abraão. Diante disso, João replicou: "Não pensem que vocês podem dizer a si mesmos: 'Abraão é nosso pai'. Pois eu lhes digo que destas pedras Deus pode fazer surgir filhos a Abraão" (Mateus 3.9). Em outras palavras, ele disse aos líderes judeus: "O batismo que ordeno indica que um verdadeiro povo de Israel está sendo formado. Esse povo não é tão antigo quanto os descendentes biológicos de Abraão. É formado por aqueles que se arrependem, e, em breve, conhecerão o Messias, Jesus, e crerão nele. Não pensem que, se vocês forem rejeitados por causa da incredulidade, Deus não será capaz de cumprir as promessas de sua aliança; ele poderá fazer surgir das pedras os beneficiários de suas promessas".

O batismo de João mostra como é possível distinguir os verdadeiros crentes em Jesus dos meros descendentes de cristãos. E Jesus escolhe o sinal do batismo como marca de seus seguidores em sua ausência. Os incrédulos que passam a crer em Jesus devem ser batizados, isto é, em obediência a esse mandamento devem demonstrar que pertencem verdadeiramente a Jesus.[1] Minha opinião é que esse

---

1. Não tenho a intenção de criar polêmica em torno do batismo de crianças *versus* batismo de crentes. Recomendo a leitura deste livro, que defende a verdade do batismo do crente: Paul K. JEWETT, *Infant Baptism and the Covenant of Grace: An Appraisal of the Argument That as Infants Were Once Circumcised, So They*

ato, praticado por quase todas as igrejas cristãs da atualidade, não foi inventado pelas igrejas. Jesus deixou isso bem claro antes de partir e nos deu esse mandamento. Por isso, o seguidor de Jesus deve ser batizado em nome do Pai, do Filho e do Espírito Santo, conforme Jesus orientou. Para ser seu discípulo e fazer parte de sua Igreja, é necessário ser batizado.

"FAÇAM ISTO EM MEMÓRIA DE MIM"

A outra ordenança que Jesus deixou para sua Igreja é a ceia do Senhor. Chamo "ordenanças" quanto ao batismo e à ceia de Senhor porque foram *ordenados* por Jesus, isto é, ele estabeleceu os procedimentos para a observância do batismo e da ceia do Senhor. Isso ficou claro com referência ao batismo, porque Jesus o ordenou como se fosse um ato mais ou menos formal, em nome do Pai, do Filho e do Espírito Santo. Também ficou claro com relação à ceia do Senhor porque, no contexto de uma declaração muito solene acerca do pão e do cálice, Jesus ordenou: "Façam isto". "...'Isto é o meu corpo dado em favor de vocês; façam isto em memória de mim'. Da mesma forma, depois da ceia, tomou o cálice, dizendo: 'Este cálice é a nova aliança no meu sangue, derramado em favor de vocês' " (Lucas 22.19,20).

Jesus não deu um nome a essa ordenança. Chamou "Páscoa" à refeição inteira de que participou com seus discípulos naquela última noite e relacionou-a com seu sacrifício. "Desejei ansiosamente comer esta Páscoa com vocês antes de sofrer" (Lucas 22.15). A Páscoa marcou, no Egito, a noite em que Deus poupou os filhos dos judeus de serem exterminados pelo anjo da morte, porque a viga superior e as laterais da porta da casa deles estavam marcadas com o sangue de um cordeiro morto em sacrifício (Êxodo 12.13,23). Todos os acontecimentos referentes à última noite de Jesus, ao julgamento e à crucificação foram planejados por Deus e obedecidos por Jesus, por

---

Should Now Be Baptized (Grand Rapids: Eerdmans, 1978). Minha opinião mais detalhada está disponível em <http://www.desiringgod.org/resourcelibrary/topicindex/23/>.

isso seria insensatez pensar que a última ceia tenha sido apenas uma refeição que coincidiu com a Páscoa. "O Filho do homem vai, como está escrito a seu respeito..." (Mateus 26.24).

Não é de admirar, portanto, que os primeiros documentos cristãos referentes a essa ordenança de Jesus dêem à refeição o nome de "ceia do Senhor" (κυριακὸν δειπνον, 1Coríntios 11.20) e se refiram a Jesus como "nosso Cordeiro pascal" (Τὸπάσχα ἡμων, 1Coríntios 5.7). Certamente, Jesus queria dizer: "Estou instituindo uma ceia sagrada para meu povo depois que eu partir, e nela meu povo deve enxergar um símbolo sagrado do sacrifício pascal que farei amanhã cedo, quando morrerei pelos pecados deles".

O CÁLICE, O PÃO, O SANGUE E O CORPO DE JESUS

O uso do vocábulo "símbolo", na última sentença, pode causar polêmica. Há opiniões divergentes acerca do que Jesus quis dizer com estas palavras ao pegar o pão: "*Isto é* o meu corpo dado em favor de vocês" (Lucas 22.19); e ao pegar o cálice: "*Isto* é o meu sangue da aliança, que é derramado em favor de muitos, para perdão de pecados" (Mateus 26.28). Estaria ele dizendo que o cálice e o pão eram símbolos de seu corpo e seu sangue, ou que seriam transformados na substância de seu corpo e sangue?

Era natural na época, e hoje também, mostrar a imagem de uma coisa qualquer como representação da coisa em si. Por exemplo, olho para uma fotografia de minha casa e digo: "Esta é minha casa". Não passaria pela cabeça de ninguém imaginar que estou tentando dizer que a fotografia se transformou em minha casa. Se Jesus se abaixasse para desenhar um camelo na areia, ele diria: "Isto é um camelo". O desenho não se transformaria num camelo. Apenas representaria um camelo.

Sabemos que Jesus usou esse tipo de linguagem porque, na parábola do semeador, ele interpreta as imagens de quatro tipos de pessoas com estas palavras: "Quanto ao que foi semeado em terreno pedregoso, *este é aquele que ouve a palavra* e logo a recebe com alegria" (13.20). O terreno pedregoso *representa* um tipo de pessoa. Não há nada de moderno ou de estranho nesse modo de pensar: é a maneira mais natural de entender as palavras de Jesus. O cálice e o pão representam o sangue e o corpo de Jesus.

Além do mais, se insistirmos em dizer que "isto é o meu corpo" e "isto é meu sangue" se referem à presença material do sangue e do corpo de Jesus, como ficaria esta afirmação: "Este cálice é a nova aliança no meu sangue" (Lucas 22.20)? Seria o cálice a nova aliança, assim como é o sangue? Certamente, "este cálice é a nova aliança" significa "este cálice representa a nova aliança que será paga e instituída pelo derramamento de meu sangue, amanhã cedo". Portanto, seria prudente entender as palavras "isto é o meu corpo" e "isto é o meu sangue" desta forma: "O cálice e o pão representam meu sangue e meu corpo oferecidos em favor de vocês em minha morte como sacrifício por seus pecados".

"As palavras que eu lhes disse são espírito e vida"

Há outra afirmação de Jesus usada para defender a idéia de que o cálice e o pão se transformam na presença material do sangue e do corpo de Jesus. Em João 6.53-54, ele diz: "Se vocês não comerem a carne do Filho do homem e não beberem o seu sangue, não terão vida em si mesmos. Todo aquele que come a minha carne e bebe o meu sangue tem a vida eterna...". Jesus quer que entendamos essas palavras como expressão vívida do alimento *espiritual*, não do alimento material. É o que ele afirma, alguns versículos adiante, para entendermos que a vida prometida nos versículos 53 e 54 não é obtida pela carne, mas pelo Espírito: "O Espírito dá vida; a carne não produz nada que se aproveite. As palavras que eu lhes disse são espírito e vida" (v. 63). Esse versículo é uma advertência. As expressões "isto é o meu corpo" e "isto é o meu sangue" não significam que a vida eterna seja obtida por meio do ato físico de comer e beber.

Portanto, Jesus ordena que seus seguidores celebrem a ceia do Senhor como celebração de sua morte, na expectativa de sua segunda vinda na glória de seu Reino (Lucas 22.18). O fato de saber que o cálice e o pão representam o mais extraordinário ato de amor da História e que por meio dele a aliança foi paga e instituída, isto é, foi pago o preço do perdão e de um novo coração (Jr 31.31-34), transforma a ceia do Senhor num ato inigualável de comunhão com o Cristo ressurreto. Ele se aproxima por meio de seu Espírito e de sua Palavra e se torna conhecido de nós, para nos alegrarmos da forma ímpar moldada por esse ato solene.

O mandamento de Jesus: "Sejam a Igreja"

Vimos até agora, neste capítulo, que a Igreja não é um expediente tardio criado pelos seguidores de Jesus, porque sua mensagem sobre a vinda do Reino não se materializou. Não, a Igreja não substituiu o Reino. A Igreja é criada e sustentada pelo Reino. A Igreja foi planejada por Jesus, e ele deixou tudo de que ela necessitava.

"Edificarei a minha igreja" é a bandeira que hoje tremula acima dos seguidores de Jesus quando estão congregados. Ele está edificando seu povo. Está ajuntando seu rebanho. Está cumprindo sua promessa de estar com a Igreja até o fim dos tempos. Ele a está doutrinando por meio de seu Espírito e da Palavra. Ele a está separando do mundo mediante a marca do batismo. Ele está sendo conhecido, lembrado e apreciado por ela na ceia do Senhor. "Façam isto" é um mandamento do Senhor, e ele exige que não sejamos apenas seguidores individuais, mas um rebanho, um ajuntamento, uma comunidade — uma Igreja.

Mandamento 47

DEIXEM A LUZ DE VOCÊS BRILHAR DIANTE DOS HOMENS, PARA QUE GLORIFIQUEM AO PAI DE VOCÊS, QUE ESTÁ NOS CÉUS

Vocês são o sal da terra. Mas se o sal perder o seu sabor, como restaurá-lo? Não servirá para nada, exceto para ser jogado fora e pisado pelos homens. Vocês são a luz do mundo. Não se pode esconder uma cidade construída sobre um monte. E, também, ninguém acende uma candeia e a coloca debaixo de uma vasilha. Ao contrário, coloca-a no lugar apropriado, e assim ilumina a todos os que estão na casa. Assim brilhe a luz de vocês diante dos homens, para que vejam as suas boas obras e glorifiquem ao Pai de vocês, que está nos céus.
(MATEUS 5.13-16)

O sal é bom, mas se deixar de ser salgado, como restaurar o seu sabor? Tenham sal em vocês mesmos e vivam em paz uns com os outros.
(MARCOS 9.50)

O mandamento para que nossa luz brilhe diante do mundo tem um objetivo: glorificar nosso Pai que está nos céus. Em última análise, para glorificar a Deus, devemos deixar nossa luz brilhar. É correto, portanto, dedicarmos um capítulo inteiro à importância deste objetivo: a glorificação de Deus. No próximo capítulo, analisaremos o significado de deixar nossa luz brilhar.

O PRINCIPAL DESEJO DE JESUS E O VALOR SUPREMO

A primeiro mandamento de Jesus em relação à oração é que nosso Pai seja santificado: "Vocês orem assim: 'Pai nosso, que estás nos céus! Santificado seja o teu nome' " (Mateus 6.9). Ao dizer isso, Jesus dá a entender que seu primeiro e mais ardente desejo — e esse deve ser também o nosso — é manifestar a santidade de Deus. Escolhi a expressão "manifestar a santidade de Deus" por três motivos. Primeiro: a palavra grega que deu origem a "santificado seja" (άγιασθτω) deriva de ἅγιος ("santo"). Segundo: quando transformamos a palavra "santo" em verbo, como nesse caso, ela passa a significar "mostrar-se santo" — daí a idéia de *manifestar* santidade. Terceiro: uma das maneiras de falar da manifestação da glória de Deus é falar de sua glória.[1]

É importante entender a ligação entre *santificar* o nome de Deus e a *glória* de Deus, porque Jesus declarou numerosas vezes (veremos isso mais adiante) que a glória do Pai e a glória dele próprio são de suma importância. Nada no Universo é mais precioso que a glória de Deus. Quando entendemos a ligação entre santificar o nome de Deus, que é o principal desejo de Jesus, e a glória de Deus, que é o valor supremo do Universo, vemos que não existe nenhum conflito entre os dois. Santificar o nome de Deus e glorificar a Deus são atos idênticos.

---

[1] Há uma forma de considerar a santidade de Deus em relação à sua glória: a santidade de Deus é o valor infinito de sua perfeição e pureza intrínsecas, e sua glória é a manifestação ou o brilho intenso desse valor infinito. A indicação textual dessa relação encontra-se em Levítico 10.1-3: "Nadabe e Abiú, filhos de Arão, pegaram cada um o seu incensário, nos quais acenderam fogo, acrescentaram incenso, e trouxeram fogo profano perante o SENHOR, sem que tivessem sido autorizados. Então saiu fogo da presença do SENHOR e os consumiu. Morreram perante o SENHOR. Moisés então disse a Arão: 'Foi isto que o SENHOR disse: "Aos que de mim se aproximam santo me mostrarei [αγιασθήσομαι]; à vista de todo o povo *glorificado* [δοξασθήσομαι] serei" ' ". Os sacerdotes deviam tratar Deus como santo nos sacrifícios, para que Deus fosse manifestado como santo ao povo, isto é, fosse glorificado.

O QUE É GLÓRIA DE DEUS?

A glória de Deus é o esplendor de suas perfeições multiformes. Essas palavras são insuficientes para descrever a maravilhosa realidade de todas elas. Embora as palavras sejam inadequadas, precisamos tentar. A glória de Deus é o brilho incomparável do valor infinito de tudo que Deus é. A glória de Deus é sua beleza moral. É visível aos olhos humanos porque o mundo glorioso criado por ele mostra seu Criador invisível, porém mais glorioso ainda. "Considerai como crescem os lírios do campo. [...] nem Salomão, em toda a sua *glória*, se vestiu como qualquer deles. [...] Deus veste assim a erva do campo..." (Mateus 6.28-30, RA). A glória dos lírios do campo é obra de Deus. Tem a finalidade de chamar nossa atenção e despertar-nos para uma glória de que a glória dos lírios do campo é apenas uma imagem.

Temos prazer em contemplar a glória. Fomos feitos para gostar de contemplá-la. Foi por isso que Jesus veio ao mundo. Ele veio para revelar a glória de Deus de forma muito mais completa do que a natureza a revelou (João 1.14); para morrer em nosso lugar, a fim de que fôssemos salvos da ira de Deus e pudéssemos desfrutar para sempre a glória da graça de Deus (3.14,15,36; 17.24); para desejarmos essa glória e não perecermos por causa de nossa atração cega pela glória do pecado (3.19). Jesus tinha o objetivo consciente de revelar a glória de Deus. Suas ações e palavras foram planejadas para cumprir profecias como estas:

> ... o povo que vivia nas trevas
>   viu uma grande luz;
> sobre os que viviam
>   na terra da sombra da morte
> raiou uma luz. (Mateus 4.16)

Jesus disse: "Enquanto estou no mundo, sou a luz do mundo" (João 9.5; v. 8.12). Ele revelou o esplendor da glória de Deus como nunca antes se viu e, mediante essa luz, colocou tudo sob um ângulo verdadeiro.

Como Jesus glorificou a Deus

Jesus manifestou a glória de Deus ao cumprir a missão de que Deus lhe incumbira, por isso orou ao Pai no fim de sua vida terrena: "Eu te glorifiquei na terra, completando a obra que me deste para fazer" (17.4). Dessa obra, fizeram parte os muitos milagres realizados durante sua vida e a grande obra final de redenção mediante sua morte e ressurreição.

Por exemplo, quando realizou seu primeiro milagre em público, transformando a água em vinho, Jesus "revelou assim a sua *glória*" (2.11). Quando Jesus curou um paralítico e perdoou-lhe os pecados, "a multidão ficou cheia de temor e *glorificou* a Deus" (Mateus 9.8). As pessoas, ao presenciar que "os mudos falavam, os aleijados recobravam saúde, os coxos andavam e os cegos viam [...], *glorificavam* ao Deus de Israel" (15.31, RA). Quando os dez leprosos foram curados, um deles "voltou, *dando glória* a Deus em alta voz" (Lucas 17.15, RA). Depois de ser curada, a mulher que não podia endireitar o corpo havia dezoito anos "*dava glória* a Deus" (13.13, RA). Pouco antes de ressuscitar a Lázaro, Jesus disse à irmã do morto: "Não lhe falei que, se você cresse, veria a *glória* de Deus?" (João 11.40). Tudo o que Jesus fez tinha o objetivo de engrandecer a Deus. Sua missão era manifestar a grandeza e a beleza da perfeição de Deus em todas as suas formas.

No entanto, o maior de todos os milagres foi a morte e a ressurreição de Jesus, que nos permitiu ser redimidos da culpa e do poder do pecado (Marcos 10.45), ter os pecados perdoados (Mateus 26.28) e alcançar a vida eterna (João 3.14,15). Nesse ato grandioso de troca — a vida do inocente pela vida do culpado —, Jesus manifestou a glória da ira de Deus e a glória do amor de Deus. A ira de Deus é uma ira gloriosa (Lucas 21.23; João 3.36). Não poderia ser de outra forma. Também o amor de Deus é um amor glorioso. Quando Jesus se apresentou para morrer, como o clímax de sua obra terrena, houve a sensação geral de ser aquele o momento de maior lamentação e maior glória que já existiu.

Jesus disse, em seus últimos instantes na terra: "Chegou a hora de ser *glorificado* o Filho do homem. Digo-lhes verdadeiramente que, se o grão de trigo não cair na terra e não morrer, continuará ele só. Mas se morrer, dará muito fruto" (João 12.23,24). A glória de Jesus foi manifestada tanto no sofrimento quanto na ressurreição triunfal. Jesus disse: "Não devia o Cristo sofrer estas coisas, para entrar na sua *glória*?" (Lucas 24.26). Os sofrimentos constituíram um caminho para a glória.

O Pai glorifica o Filho, e o Filho glorifica o Pai

Os sofrimentos, porém, não são apenas um caminho. São parte essencial de sua glória. "Agora [nesta hora de sofrimento] o Filho do homem é *glorificado*, e Deus é *glorificado* nele. Se Deus é *glorificado* nele, Deus também *glorificará* o Filho nele mesmo, e o *glorificará* em breve" (João 13.31,32). Deus é dignamente glorificado em Jesus, porque o Filho se dispôs a morrer para que o Pai retirasse sua justa ira, que recaía sobre os pecadores. Quando o Pai é glorificado no Filho, ele glorifica o Filho com uma poderosa prova de amor, na ressurreição.

O Pai e o Filho glorificam um ao outro no ato da salvação, numa espécie de vaivém. Se tivéssemos visto que o Filho glorifica o Pai e que o Pai, por sua vez, glorifica o Filho, o inverso também seria verdadeiro. Jesus orou: "*Glorifica* o teu Filho, para que o teu Filho te *glorifique*" (17.1; 12.27,28). Quando Jesus glorifica o Pai em sua morte, o Pai também glorifica o Filho; quando o Pai glorifica o Filho em sua ressurreição e exaltação, o Filho também glorifica o Pai. Essa manifestação mútua da glória de Deus na obra do Pai e do Filho é o desejo ardente do coração de ambos.

Não há amor maior que Deus revelando sua glória em Jesus para nós

A boa notícia é que essa é a própria essência do amor do Pai e do Filho por nós. Ambos manifestam sua glória não apenas com a finalidade de torná-la visível, para a alegria de criaturas de alma sedenta como nós, que fomos feitos para encontrar plena satisfação nisso. Também a manifestam de uma forma que ela pague o preço de nossos pecados, a fim de apreciarmos a glória de Deus e, assim, escaparmos do juízo (5.29). O desejo de Deus de glorificar a si mesmo e ao Filho é um ato de amor por causa da preciosidade do que ele nos concede e do preço que paga para concedê-la. Ele nos concede sua glória e paga o preço dela com a vida do Filho. Não há dádiva maior que o próprio Deus em toda a sua glória. Não há preço maior que a morte do Filho de Deus. Não há amor maior do que Deus revelando sua glória na morte e ressurreição de Jesus.[2]

Quando a obra grandiosa da redenção foi realizada na crucificação e ressurreição, Jesus começou a tarefa, ao longo dos séculos, de ajuntar um povo para si, enviando o Espírito Santo, cuja obra central é glorificar a Jesus e aproximar o povo dele pela fé. Jesus prometeu: "Quando o Espírito da verdade vier, ele os guiará a toda a verdade. [...] *Ele me glorificará*, porque receberá do que é meu e o tornará conhecido a vocês" (16.13,14). A obra principal do Espírito é continuar a obra grandiosa de glorificar ao Pai e ao Filho. Ele abre nossos olhos espirituais para enxergarmos a verdade e a beleza de Jesus e o que ele fez em sua vida, morte e ressurreição (3.3,8; Mateus 16.17). Quando o vemos como ele é, sentimos vontade de recebê-lo, confiar nele, adorá-lo e obedecer-lhe.

Depois de conhecermos o desejo da manifestação da glória de Deus, pergunto: o que significa "assim brilhe a luz de vocês" para a glória de Deus? É o assunto principal do próximo capítulo.

---

[2] Para conhecer o desdobramento desse assunto e a leitura de outros textos, v. John Piper, *God Is the Gospel: Meditations on God's Love as the Gift of Himself* (Wheaton: Crossway Books, 2005).

Mandamento 48

ASSIM BRILHE A LUZ DE VOCÊS DIANTE DOS HOMENS — O SACRIFÍCIO PRAZEROSO DO AMOR NO SOFRIMENTO

Bem-aventurados serão vocês quando, por minha causa, os insultarem, os perseguirem e levantarem todo tipo de calúnia contra vocês. Alegrem-se e regozijem-se, porque grande é a sua recompensa nos céus, pois da mesma forma perseguiram os profetas que viveram antes de vocês. Vocês são o sal da terra. Mas se o sal perder o seu sabor, como restaurá-lo? Não servirá para nada, exceto para ser jogado fora e pisado pelos homens. Vocês são a luz do mundo. Não se pode esconder uma cidade construída sobre um monte. E, também, ninguém acende uma candeia e a coloca debaixo de uma vasilha. Ao contrário, coloca-a no lugar apropriado, e assim ilumina a todos os que estão na casa. Assim brilhe a luz de vocês diante dos homens, para que vejam as suas boas obras e glorifiquem ao Pai de vocês, que está nos céus. (MATEUS 5.11-16)

No capítulo anterior, concentramo-nos no desejo supremo de Jesus, de seu Pai e do Espírito Santo, isto é, que eles sejam glorificados na obra de nossa salvação. Isso nos leva agora a analisar o mandamento de Jesus: "Assim brilhe a luz de vocês diante dos homens, para que vejam as suas boas obras e glorifiquem ao Pai de vocês, que está nos céus" (Mateus 5.16). Depois de saber que o desejo supremo de Jesus, do Pai e do Espírito é manifestar a glória de Deus, não deve nos admirar o fato de que os seguidores de Jesus devam ter esse mesmo desejo. Devemos viver de forma que as pessoas olhem para nós e engrandeçam ao nosso Deus. É o que Jesus ordena.

Brilhe com a luz que você é

A luz que deixamos brilhar é a luz que somos. Jesus disse: "Vocês são a luz do mundo" (Mateus 5.14). Há um movimento de dentro para fora. O que as pessoas vêem do lado de fora são nossas "boas obras". Mas isso não diz quem *somos*. As boas obras têm uma fonte de luz, e ela vem de dentro. Este é o segredo para compreendermos por que essa luz deve brilhar: para que as pessoas vejam as nossas boas obras e *glorifiquem a Deus*. Por que glorificar a Deus, e não a nós? Porque a luz que brilha é a luz de Deus, ou a luz de Jesus — a revelação da glória de Deus.

Que luz as pessoas vêem?

Por que Jesus disse, então, que *somos* a luz do mundo? Como as boas ações podem brotar de nosso interior de forma que manifestem a glória de Deus? Nesse ponto, seria prudente não nos afastarmos do contexto das palavras de Jesus. Ele acabara de falar das bem-aventuranças: bem-aventurados os pobres de espírito, os que choram, os humildes, os que têm fome e sede de justiça, os misericordiosos, os puros de coração, os pacificadores e os perseguidos por causa da justiça (v. 3-10). Vemos aqui um tipo de identidade muito raro no mundo. Assemelha-se ao sabor do sal, quando as coisas estão sem gosto e sem encanto,[1] e a uma luz, que traz esperança a alguém que está tropeçando no escuro.

---

[1] W. D. Davies e Dale Allison apresentam 11 possíveis significados para "vocês são o sal da terra" (Mateus 5.13) e concluem que talvez esta seja a idéia: as várias utilidades do sal (A Critical and Exegetical Commentary on the Gospel According to Saint Matthew, *International Critical Commentary* [Edinburgh: T & T Clark, 1988], v. 1, p. 472-3). Eu, porém, junto-me aos que pensam

No entanto, há uma bem-aventurança mais próxima do mandamento de deixar nossa luz brilhar para a glória de Deus, isto é, somos abençoados quando alguém nos insulta.

> Bem-aventurados serão vocês quando, por minha causa, os insultarem, os perseguirem e levantarem todo tipo de calúnia contra vocês. Alegrem-se e regozijem-se, porque grande é a sua recompensa nos céus, pois da mesma forma perseguiram os profetas que viveram antes de vocês. (Mateus 5.11,12)

Imediatamente após o mandamento de nos alegrarmos na perseguição, Jesus declara: "Vocês são o sal da terra. [...] Vocês são a luz do mundo" (v. 13,14). Concluo, portanto, que neste mundo insípido e escuro existe algo mais salgado e brilhante: a alegria quase incompreensível dos seguidores de Jesus em meio às perseguições e provações da vida.

É uma alegria ser humilde, misericordioso, puro de coração e pacificador, mas essas qualidades não bastam para despertar a atenção das pessoas para a glória de Deus. Em geral, elas só entendem que Deus está por trás de nossas boas obras quando nos vêem passar por um sofrimento que, na maioria das vezes, lhes causaria ira ou desespero, mas cujo efeito sobre nós é diferente. Elas vêem que nos "alegramos" nas provações. Vêem que essas provações não produzem sentimentos de egoísmo ou de autopiedade nem um espírito mesquinho. Ao contrário, vêem alegria e não entendem o motivo dessa esperança quando tudo parece ter desabado à nossa volta. A resposta, Jesus diz, é que temos grande recompensa nos céus (5.12). Jesus passou a ser um tesouro para nós, muito mais precioso que tudo que o mundo oferece. Portanto, quando a perseguição ou a desgraça leva embora os prazeres deste mundo, continuamos a ter Jesus e a ter alegria.

---

que é muito comum alguém falar do sabor do sal. Existe uma espécie de vida diferente arraigada às promessas das bem-aventuranças, cujo sabor é raro e maravilhoso neste mundo sem encantos e de excessivos prazeres superficiais.

Quando nossas boas obras recebem o sabor desse sal e brilham com essa luz, o mundo sente o desejo de provar algo que nunca provou e de ver algo que nunca viu, isto é, a glória de Deus em Jesus. Se dermos testemunho a respeito da verdade e da beleza de Jesus[2] e se o Espírito soprar misericordiosamente no coração daqueles que observam a evidência dessa beleza em nossa vida, eles glorificarão ao nosso Pai, que está nos céus (5.16).

A GLÓRIA DE DEUS É UM "MOTIVO OCULTO" PARA O AMOR?

A supremacia do valor da glória de Deus é vista no mandamento de Jesus em Mateus 5.16: "Assim brilhe a luz de vocês diante dos homens, para que vejam as suas boas obras e glorifiquem ao Pai de vocês, que está nos céus". Ele diz claramente que nosso objetivo ao praticar boas obras é que os homens possam glorificar a Deus. Às vezes, quem fala muito de amor, mas não se concentra em Deus, como Jesus, faz declarações como esta: "Se você faz o bem aos outros com a finalidade de glorificar ao seu Deus, não está amando essas pessoas, porque existe um motivo oculto por trás disso".

Quem faz esse tipo de crítica nunca conheceu a glória de Deus como o maior dom e a maior alegria que se possa imaginar. Que outro motivo teria alguém para dar a vida por outra pessoa (fazer o bem a ela) senão o objetivo específico de satisfazê-la para sempre com a glória de Deus? Esse motivo não é oculto: é explícito, básico, evidente. É a verdadeira essência do amor. Os seguidores de Jesus

---

[2] Jesus consideraria um grande erro se interpretássemos suas palavras erroneamente, isto é, que uma pessoa possa ter uma visão redentora da glória de Deus por meio de nossas ações, sem nosso testemunho verbal de quem Jesus é e do que ele fez por nós e nos prometeu. Foi por isso que Jesus enviou os discípulos para *pregarem* e *fazerem* boas obras (Mateus 10.7,8; Lucas 9.2; 10.9). Ele não ordenou que pregassem *ou* fizessem, mas que pregassem *e* fizessem. A grande missão salvadora dos seguidores de Jesus é proclamar o evangelho, mostrando uma vida de amor semelhante ao sal e à luz: "E este evangelho do Reino será pregado em todo o mundo como testemunho a todas as nações, e então virá o fim" (Mateus 24.14).

não fazem o bem sem ter o objetivo de conduzir quem eles amam à vida eterna. Sabem exatamente qual é o bem maior, o mais alto e o mais jubiloso: ver Deus em Jesus para sempre e experimentar isso. Esse é o objetivo deles, do qual não se envergonham. Para eles, um objetivo mais modesto seria falta de amor.

Jesus nos amou porque sacrificou sua vida para obter a glória de Deus para nós

Já vimos isto, mas é tão importante que merece ser visto em textos diferentes: Jesus amou dessa maneira. Na hora de maior sofrimento, ele deixou sua luz brilhar mais intensamente por meio de uma "boa obra". Enquanto realizava a maior "boa obra" deste mundo, ele pensou em voz alta: "Agora meu coração está perturbado, e o que direi? Pai, salva-me desta hora?". A resposta foi não. Em vez de pedir ao Pai que o salvasse, ele fez menção do motivo fundamental da chegada dessa hora: "Não; eu vim exatamente para isto, para esta hora. Pai, glorifica o teu nome!" (João 12.27,28). D. A. Carson está correto ao dizer que isso é "nada mais que uma articulação do princípio que controlou sua vida e ministério (7.18; 8.29,50)".[3] Do início (2.11) até o fim (12.28), Jesus deixou sua luz brilhar — fez boas obras — para comprovar e manifestar a glória de Deus.

Para Jesus, esse foi seu ato supremo de amor, não apenas porque lhe custou a vida (15.13), mas também porque obteve gratuitamente a maior dádiva possível para os pecadores. Ele orou por isso: "Pai, quero que os que me deste estejam comigo onde eu estou e *vejam a minha glória...*" (João 17.24). Essa foi a dádiva final, a maior e a mais gratificante que recebemos de Jesus na "boa obra" que ele realizou na cruz.

Isso não faz nenhum sentido para alguém que não vê nem experimenta a glória de Deus como a maior de todas as dádivas. Já para quem renunciou a tudo que o mundo oferece (Lucas 14.33) e

---

[3] *The Gospel According to John* (Grand Rapids: Eerdmans, 1991), p. 440.

direcionou o coração para receber a "grande recompensa" no céu, isto é, a alegria da glória de Jesus, o preço dessa recompensa que custou a vida de Jesus é o maior ato de amor imaginável.

Deixando nossa luz brilhar, como Jesus, na maneira em que morreremos

Quando nos exorta a deixar a luz brilhar para que os outros vejam nossas boas obras e glorifiquem a Deus, Jesus nos convida a participar da grande obra que ele veio fazer. Assim como buscou a glória do Pai mediante a morte, ele espera que façamos o mesmo. Jesus disse a Pedro: " 'Digo-lhe a verdade: Quando você era mais jovem, vestia-se e ia para onde queria; mas quando for velho, estenderá as mãos e outra pessoa o vestirá e o levará para onde você não deseja ir'. Jesus disse isso para indicar *o tipo de morte com a qual Pedro iria glorificar a Deus*" (João 21.18,19). Jesus tem certeza de que seus discípulos honrarão a Deus pela forma em que irão morrer.

A única pergunta é: como morreremos? Essa decisão está nas mãos de Deus, como Jesus deixa bem claro:

> Não se vendem dois pardais por uma moedinha? Contudo, nenhum deles cai no chão sem o consentimento do Pai de vocês. Até os cabelos da cabeça de vocês estão todos contados. Portanto, não tenham medo; vocês valem mais do que muitos pardais! (Mateus 10.29-31)

Se Deus decide como as aves devem morrer, por certo também decidirá como iremos morrer.

A luz de Jesus e a nossa em sua segunda vinda

A grande manifestação final e histórica do brilho da luz de Jesus — e da nossa — ocorrerá em sua segunda vinda. Ele nos diz como será esse brilho. Para ele, será assim: "Pois o Filho do homem virá na *glória* de seu Pai [...] e todas as nações da terra se lamentarão e verão o Filho do homem vindo nas nuvens do céu com poder e *grande glória*. [...] assentar-se-á em seu trono na *glória* celestial" (Mateus 16.27; 24.30; 25.31). Jesus veio a primeira vez para manifestar a glória do Pai e virá segunda vez para completar essa revelação, e os anjos "... tirarão do seu Reino tudo o que faz tropeçar e todos os que praticam o mal" (13.41).

E quanto a nós? O que significará a segunda vinda de Jesus para nós? Sabemos que deixar nossa luz brilhar será nossa vocação *eterna*. Jamais deixaremos de ter essa vocação. É para isto que fomos criados: para nos alegrar com nossa grande recompensa — a glória de Deus em Jesus — a ponto de refletir seu valor infinito em atos de amor que obriguem as pessoas a ver, experimentar e demonstrar a glória de Deus. Vemos essa nossa luz que brilha eternamente em Mateus 13.43, onde Jesus diz o que ocorrerá com seus seguidores em sua segunda vinda: "Então os justos *brilharão* como o sol no Reino de seu Pai...".

Esse é nosso destino final. Contemplando a glória de Jesus (João 17.24), brilharemos com sua beleza e amor. A Igreja que ele prometeu edificar (Mateus 16.18; v. *Mandamento 45*) encontrará seu destino final ao refletir a glória de Jesus, para que nossa alegria nele seja cada vez maior, em razão das manifestações multiformes da Igreja no brilho de seus membros.

O MANDAMENTO PARA BRILHAR

O mandamento de Jesus ao mundo é que todos os seres humanos encontrem nele a glória que nos dá plena satisfação e para a qual fomos criados. A seguir, ele ordena que deixemos de confiar nas coisas do mundo e depositemos a esperança na grande recompensa da alegria duradoura nele. E, depois dessa esperança e dessa alegria, ele ordena que deixemos nossa luz brilhar em atos de amor e sacrifício, para que os outros possam ver, provar e difundir a glória de Deus.

Mandamento 49

FAÇAM DISCÍPULOS DE TODAS AS NAÇÕES, PORQUE TODA A AUTORIDADE PERTENCE A JESUS

Jesus aproximou-se deles e disse: "Foi-me dada toda a autoridade nos céus e na terra. Portanto, vão e façam discípulos de todas as nações, batizando-os em nome do Pai e do Filho e do Espírito Santo, ensinando-os a obedecer a tudo o que eu lhes ordenei. E eu estarei sempre com vocês, até o fim dos tempos". (MATEUS 28.18-20)

A colheita é grande, mas os trabalhadores são poucos. Peçam, pois, ao Senhor da colheita que envie trabalhadores para a sua colheita. (MATEUS 9.37,38)

Vá pelos caminhos e valados e obrigue-os a entrar, para que a minha casa fique cheia. (LUCAS 14.23)

Eu lhes digo que, da mesma forma, haverá mais alegria no céu por um pecador que se arrepende do que por noventa e nove justos que não precisam arrepender-se. (LUCAS 15.7)

Assim como o Pai me enviou, eu os envio. (JOÃO 20.21)

Antes de ordenar que seus seguidores fizessem discípulos de todas as nações, Jesus apresentou a justificativa para essa missão aparentemente audaciosa. Ele disse: "Foi-me dada toda a autoridade nos céus e na terra" (Mateus 28.18). Hoje, qualquer seguidor de Jesus que peça ao seguidor de outro senhor que se arrependa e se entregue a Jesus pode fazer isso com base nesta afirmação: Jesus tem toda a autoridade no Universo.

O QUE É AUTORIDADE?

Autoridade refere-se ao direito e ao poder de dominar ou controlar determinada pessoa ou um grupo de pessoas. O pai tem autoridade sobre os filhos, mas não necessariamente sobre o vizinho. O tenente tem autoridade sobre seu pelotão, mas não sobre o comandante da companhia. O professor tem autoridade sobre os alunos na sala de aula, mas não sobre os pais dos alunos. O gerente administrativo tem autoridade sobre as secretárias, mas não sobre o presidente da empresa.

Vemos um exemplo do significado de autoridade no diálogo de Jesus com o centurião romano. O oficial queria a cura para seu servo, mas não se sentia digno de receber Jesus em sua casa. Assim, disse a Jesus:

> Senhor, não mereço receber-te debaixo do meu teto. Mas dize apenas uma palavra, e o meu servo será curado. Pois eu também sou homem sujeito à autoridade e com soldados sob o meu comando. Digo a um: Vá, e ele vai; e a outro: Venha, e ele vem. Digo a meu servo: Faça isto, e ele faz. (Mateus 8.8,9)

Autoridade, portanto, é o direito e o poder de determinar a seus subordinados que façam o que você lhes ordenou.

Essa é a autoridade que Jesus tem sobre todos e todas as coisas. "Foi-me dada *toda* a autoridade nos céus e na terra." A expressão "nos céus e na terra" significa que a autoridade de Jesus inclui tudo. Portanto, todas as pessoas e coisas estão subordinadas a Jesus. Todos os seres humanos. Todos os anjos. Todos os demônios. O próprio Diabo. Toda a natureza e o que nela ocorre.

A AUTORIDADE PLENA DE JESUS

Vemos o exemplo dessa autoridade durante o ministério terreno de Jesus. Ele tem autoridade para perdoar pecados, algo que só Deus pode fazer — e foi acusado de blasfêmia por esse motivo (Marcos 2.7-12). Vemos isso na forma em que Jesus ensinou o povo e na maneira pela qual manejava as Escrituras judaicas: "Todos ficavam maravilhados com o seu ensino, porque lhes ensinava como alguém que tem autoridade e não como os mestres da lei" (1.22; Mateus 5.17,18). Vemos isso na maneira pela qual ele repreendeu o Diabo (4.10) e se dirigiu aos espíritos imundos: "Até aos espíritos imundos ele dá ordens, e eles lhe obedecem!" (Marcos 1.27). Vemos isso na maneira pela qual ele dominou as forças da natureza curando todos os tipos de enfermidades (Mateus 4.23), transformando a água em vinho (João 2.9; 4.46) e acalmando a tempestade: "Ele se levantou, repreendeu o vento e disse ao mar: 'Aquiete-se! Acalme-se!' O vento se aquietou, e fez-se completa bonança" (Marcos 4.39).

Vemos a autoridade de Jesus em questões de vida e morte, em relação a ele mesmo e a outros — e, acima de tudo, na questão da vida eterna. Ele ressuscitou pessoas (Marcos 5.41,42; Lucas 7.14,15; João 11.43,44) e teve domínio sobre a própria morte e ressurreição: "Ninguém a tira [a vida] de mim, mas eu a dou por minha espontânea vontade..." (10.18). Ele terá plena autoridade no Juízo Final. Jesus disse que Deus, o Pai, lhe deu "autoridade para julgar, porque é o Filho do homem" (João 5.27). Deus lhe deu autoridade sobre a humanidade inteira, para que concedesse vida eterna a todos os que lhe foram dados (João 17.2).

COMO JESUS TEM DOMÍNIO SOBRE O MUNDO

Não existe nada fora do alcance da autoridade de Jesus. Ele tem a prerrogativa e o poder de exigir submissão de todas as almas. Como Senhor do Universo, Jesus ordena que todos, de todas as nações e religiões, sejam seus discípulos. Ele exerce esse direito universal enviando seus seguidores a fazerem discípulos de todas as nações.

Depois de afirmar que toda a autoridade nos céus e na terra lhe foi dada, ele diz: "Portanto...". Essa palavra mostra que sua autoridade é a *base* de seu direito universal sobre tudo e todos. Mostra também, no versículo seguinte, *como* ele exerce esse direito.

O texto a seguir é uma comissão a seus seguidores: "Vão e façam discípulos de todas as nações..." (Mateus 28.19). Jesus não exerce poder legítimo sobre o coração da pessoa diretamente. Ele exerce esse poder por meio de seus seguidores e deixou este princípio antes de subir ao céu: "Eu lhes garanto: Quem receber aquele que eu enviar, estará me recebendo; e quem me recebe, recebe aquele que me enviou" (João 13.20; Mateus 10.40). É verdade que ele disse: *"Edificarei* a minha igreja" (Mateus 16.18) e: *"Tenho* outras ovelhas que não são deste aprisco. É necessário que eu as conduza também. Elas ouvirão a minha voz..." (João 10.16). Ele próprio está cuidando disso, mas não quer dizer que o fará *diretamente* do céu, sem intermediários. Sabemos disso porque quando orou pela futura Igreja, em João 17.20, ele a definiu como "aqueles que crerão em mim, por meio da mensagem deles".

A MISSÃO DURARÁ ATÉ O FIM DOS TEMPOS

Jesus edificou sua Igreja e está reunindo um rebanho de todas as nações do mundo *por meio da mensagem* daqueles que ele envia. Por isso, a autoridade universal de Jesus é distribuída numa missão cuja duração será por toda a História, enquanto a humanidade existir. "Portanto, vão e façam discípulos de todas as nações [...]. E eu estarei sempre com vocês, *até o fim dos tempos*" (Mateus 28.19,20). A expressão "até o fim dos tempos" indica que a missão deve durar até a segunda vinda de Jesus. O mandamento não foi dado apenas à primeira geração de discípulos. A missão durará até onde se estende a promessa de sua sustentação. E a promessa é: Jesus estará conosco "até o fim dos tempos". Enquanto houver tempo e houver nações a serem alcançadas, o mandamento de Jesus continua válido: "Vão e façam discípulos".

Os seguidores de Jesus falam em nome dele

Percebemos várias implicações nessa tarefa. Para começar, o direito exclusivo de Jesus será exercido não apenas por ele, mas também por seus seguidores. Ele afirmou ser o único Senhor do Universo e declarou que todos, de todas as nações, com ou sem religião, devem ser seus discípulos. Ele transferiu esse direito aos seus emissários, para fazerem discípulos de todas as nações e de todas as religiões do mundo. Jesus enviou seus seguidores para fazer discípulos de todas as nações e de todas as religiões: judeus, hindus, budistas, muçulmanos, animistas, ateus, agnósticos. Ele envia seus seguidores, amparados por sua autoridade universal, para que convidem pessoas de todas as nações e de todas as religiões a se tornarem discípulos de Jesus.

Significa que, em tempos de relativismo (como o nosso), nos quais as pessoas não gostam da verdade objetiva e imutável, os seguidores de Jesus serão acusados de arrogância. Proclamarão que Jesus tem toda a autoridade — um fato verdadeiro — e que todos devem arrepender-se, crer nele e ser seu discípulo. Farão um alerta a todos. Quem não aceitar Jesus como o eterno Filho de Deus, que veio ao mundo para salvar os pecadores por meio de sua morte e que ressuscitou como Senhor do Universo, não terá a vida eterna. Jesus disse: "Quem crê no Filho tem a vida eterna; já quem rejeita o Filho não verá a vida, mas a ira de Deus permanece sobre ele. [...] Aquele que não honra o Filho, também não honra o Pai que o enviou" (João 3.36; 5.23; v. 15.23).

Esta é a missão e a promessa que sustentam os emissários de Jesus: "Aquele que lhes dá ouvidos, está me dando ouvidos; aquele que os rejeita, está me rejeitando; mas aquele que me rejeita, está rejeitando aquele que me enviou" (Lucas 10.16). Os seguidores de Jesus serão ridicularizados por dizer que toda a autoridade pertence a Jesus e que todos devem ser seus discípulos, ou não terão a vida eterna. Jesus, no entanto, já sabia o que iria acontecer: "Se o mundo os odeia, tenham em mente que antes me odiou" (João 15.18). Foi por isso que ele encaixou o mandamento radical de fazer discípulos entre duas afirmações: 1) que toda a autoridade pertence a ele; 2) que ele estará com seus emissários até o fim dos tempos.

JESUS ORDENA QUE BUSQUEMOS DIVERSIDADE ÉTNICA EM SEU REINO

A segunda implicação da missão universal de Jesus é que ele se preocupa com todos os grupos étnicos e quer ter discípulos de todas as "nações". Quando Jesus ordena: "Vão e façam discípulos de todas as *nações*", a palavra "nações" não se refere a países. "Nações" — ou seu sinônimo "povos" (Lucas 2.31; Salmos 117.1) —, na Bíblia, não se refere a países como Estados Unidos, Espanha, Brasil, China, mas a grupos étnicos, lingüísticos e culturais dentro desses países. Por exemplo, na China existem dezenas de "nações": Dulong, Li, Lisu, Shui, Salar, Yao e outras. Nas Escrituras judaicas que Jesus conhecia, havia "os jebuseus, os amorreus, os girgaseus, os heveus, os arqueus, os sineus, os arvadeus, os zemareus e os hamateus" (Gênesis 10.16-18).

Em nossos dias, o mandamento de Jesus de fazer discípulos de todas as nações significaria, por exemplo, fazer discípulos entre os balúchis do Paquistão, os malinqués da Guiné, os bugis da Indonésia, os was da China, os somalis da Somália e os dakotas de Minneapolis. Esses são os grupos a que Jesus se referiu quando disse: "Portanto, vão e façam discípulos de *todas as nações*". Onde houver um grupo distinto de pessoas[1] sem nenhum discípulo de Jesus, o mandamento dele é categoricamente claro: "Vão como meus emissários, com minha autoridade, minha Palavra, meu amor e meu poder e façam discípulos ali". Não existe nenhuma parcialidade de Jesus nessa missão. Ele não é a favor do Ocidente nem do Oriente.

---

[1] Para uma explicação mais completa do significado de "todas as nações", do ponto de vista bíblico e missionário, v. John PIPER, *Let the Nations Be Glad: The Supremacy of God in Missions* (ed. rev. e aum., Grand Rapids: Baker, 2003), p. 155-200.

Jesus está comprometido com a diversidade e a unidade étnicas, para que todos conheçam a verdade de sua supremacia. De fato, a palavra da qual extraímos "étnico" é a mesma traduzida por "nações" em Mateus 28.19: ἔθνος.

Parece que nem sempre Deus buscou pessoas de todas as nações. Às vezes, temos a impressão de que ele estava comprometido apenas com Israel, seu povo, não com as outras nações. Seus caminhos são indiretos e, por vezes, inescrutáveis. Como entender essa maneira indireta de formar uma Igreja de adoradores de todas as nações? É o que veremos no último capítulo.

Mandamento 50

FAÇAM DISCÍPULOS DE TODAS AS NAÇÕES, PORQUE A MISSÃO NÃO PODE FALHAR

Eu lhes digo que muitos virão do oriente e do ocidente, e se sentarão à mesa com Abraão, Isaque e Jacó no Reino dos céus. Mas os súditos do Reino serão lançados para fora, nas trevas, onde haverá choro e ranger de dentes. (MATEUS 8.11,12)

Antes de tudo isso, prenderão e perseguirão vocês. Então os entregarão às sinagogas e prisões, e vocês serão levados à presença de reis e governadores, tudo por causa do meu nome. Será para vocês uma oportunidade de dar testemunho. (LUCAS 21.12,13)

Cairão pela espada e serão levados como prisioneiros para todas as nações. Jerusalém será pisada pelos gentios, até que os tempos deles se cumpram. (LUCAS 21.24)

A MANEIRA INDIRETA DE DEUS PARA ALCANÇAR AS NAÇÕES: CONCENTRANDO-SE EM ISRAEL

Não podemos vacilar diante do método incomum que Deus utilizou para alcançar as nações, para a glória de seu Filho. É verdade que Jesus ensinou que Deus, de forma inusitada, preferiu trabalhar com Israel, e não com as nações. Jesus disse que os judeus de sua época eram "súditos do Reino" (Mateus 8.12). Eles receberam o privilégio ímpar de ser o foco das obras misericordiosas de Deus ao longo da História — por exemplo, a libertação do Egito no mar Vermelho, os milagres para sustentar o povo no deserto, a dádiva da terra prometida e as numerosas vitórias em batalhas (v. Salmos 105 para ler o relato de uma dessas bênçãos).

É também verdade que Jesus veio ao mundo como o Messias *judeu*, anunciando a chegada do Reino tão aguardado, que triunfaria sobre os inimigos de Israel. Contudo, ele não tinha a intenção de trazer o Reino da forma em que os judeus imaginavam. Sua intenção era sofrer e morrer pelos pecados deles antes de ser o Rei daquele povo. Só assim eles obteriam a vida eterna. Jesus concentrou sua missão nos judeus, dando-lhes todas as oportunidades para que o conhecessem e cressem nele e transmitiu estas instruções aos Doze quando os enviou com autoridade para realizar milagres durante a vida terrena: "Jesus enviou os doze com as seguintes instruções: 'Não se dirijam aos gentios, nem entrem em cidade alguma dos samaritanos. Antes, dirijam-se às ovelhas perdidas de Israel' " (Mateus 10.5,6). Em outra ocasião, ele disse: "Eu fui enviado apenas às ovelhas perdidas de Israel" (15.24). Talvez fosse uma forma indireta de alcançar as nações, mas Deus tem seus motivos.

O objeto da atenção de Jesus o rejeitou, e ele passou a concentrar-se nas nações

As nações têm muito que aprender com o erro de Israel de não confiar em Deus e não acolher um Messias sofredor. Durante a vida de Jesus neste mundo, a maioria dos judeus não acreditou que ele fosse o Messias (Mateus 21.39; Marcos 15.11-13; João 5.47; 6.36; 8.45; 12.37). Os judeus não esperavam um Servo sofredor. Jesus repreendeu-os: "Como vocês custam a entender e como demoram a crer em tudo o que os profetas falaram! Não devia o Cristo sofrer estas coisas, para entrar na sua glória?" (Lucas 24.25,26).

A intenção de Deus não era apenas que seu Filho, o Messias, sofresse antes de entrar na glória: Deus também queria que esse sofrimento abrisse a porta da salvação para as nações. Nas Escrituras judaicas, que Jesus conhecia e amava, a profecia estava clara: um dia, o Filho de Deus herdaria as nações. Deus disse que estabeleceria seu Filho, o Rei Jesus, em Jerusalém, e em seguida o Filho declara:

> Proclamarei o decreto do SENHOR:
> Ele me disse: "Tu és meu filho;
>   eu hoje te gerei.
> Pede-me, e te darei as nações como herança
>   e os confins da terra como tua propriedade". (Salmos 2.7,8)

Lemos várias vezes nas Escrituras hebraicas a promessa de que, um dia, todas as nações se curvarão diante do verdadeiro Deus para adorá-lo, e seu Filho-Servo será uma luz para as nações:

> Todos os confins da terra
>   se lembrarão e se voltarão para o SENHOR,
> e todas as famílias das nações
>   se prostrarão diante dele [...].
> Também farei de você uma luz
>   para os gentios,
> para que você leve a minha salvação
>   até os confins da terra. (Salmos 22.27; Isaías 49.6; v. Gênesis 49.10; Deuteronômio 32.43; Salmos 66.4; 67.3,4; 68.32; 72.8; 86.9; 97.1; 138.4,5; Isaías 11.10; 42.10-12; 45.22; 49.12; Jeremias 16.19; Daniel 7.14; Miquéias 4.1-4)

Jesus veio como a luz do mundo, e o foco de sua atenção era Israel, mas o Messias começou a deixar claro que o Reino que trazia por meio do sofrimento abençoaria as nações e que Israel seria, por uns tempos, deixado de lado. Por exemplo, quando o centurião gentio creu nele, depois que os líderes religiosos demonstraram não crer, Jesus declarou: "Eu lhes digo que muitos virão do oriente e do ocidente, e se sentarão à mesa com Abraão, Isaque e Jacó no Reino dos céus. Mas os súditos do Reino serão lançados para fora, nas trevas, onde haverá choro e ranger de dentes" (Mateus 8.11,12). O significado é claro: os herdeiros naturais do Reino (Israel) não irão herdar as bênçãos, por causa de sua incredulidade, mas as nações gentias, isto é, os que virão "do oriente e do ocidente", entrarão no Reino.

O mistério estava sendo revelado. Os gentios — as nações — herdariam as bênçãos de Israel. Jesus deu mostras disso em seu primeiro sermão em Nazaré, sua cidade natal:

> Asseguro-lhes que havia muitas viúvas em Israel no tempo de Elias, quando o céu foi fechado por três anos e meio, e houve uma grande fome em toda a terra. Contudo, Elias não foi enviado a nenhuma delas, senão a uma viúva [gentia] de Sarepta, na região de Sidom. Também havia muitos leprosos em Israel no tempo de Eliseu, o profeta; todavia, nenhum deles foi purificado — somente Naamã, o sírio [gentio]. (Lucas 4.25-27)

Qual foi a reação dos judeus da cidade natal de Jesus? "Todos os que estavam na sinagoga ficaram furiosos quando ouviram isso" (v. 28).

OS TEMPOS DOS GENTIOS

Ficou cada vez mais claro, para os que tinham ouvidos para ouvir, que Jesus viera para salvar todas as nações — e também os judeus. Por exemplo, Jesus disse aos discípulos: "Por minha causa vocês serão levados à presença de governadores e reis como testemunhas a eles e aos *gentios* [isto é, às nações]" (Mateus 10.18). Quando expulsou os cambistas do templo, Jesus disse:

> Não está escrito:
> "A minha casa será chamada
>   casa de oração
> *para todos os povos* [nações]"? (Marcos 11.17)

A respeito do Juízo Final, Jesus disse: "*Todas as nações* serão reunidas diante dele, e ele separará umas das outras como o pastor separa as ovelhas dos bodes" (Mateus 25.32). O critério de julgamento *não* será o dos judeus, mas a forma pela qual as pessoas reagiram ao ministério de seus mensageiros. Disse também que o juízo de Deus cairia sobre Jerusalém e que "Jerusalém será pisada pelos gentios, até que *os tempos deles* se cumpram" (Lucas 21.24). A nação de Israel foi passada para trás, e há um tempo determinado para a missão aos gentios, até que Israel diga: "Bendito é o que vem em nome do Senhor" (Mateus 23.39).

Durante esse período — os tempos dos gentios —, a promessa soberana de Jesus permanece firme: "Este evangelho do Reino será pregado em todo o mundo como testemunho a todas as nações, e então virá o fim" (24.14). Não existe *talvez* nas palavras de Jesus. A missão que ele dá a seus seguidores — ir pelo mundo e fazer discípulos de todas as nações — *terminará*: "... *edificarei* a minha igreja" (Mateus 16.18); "Tenho outras ovelhas que não são deste aprisco. *É necessário* que eu as conduza também. Elas *ouvirão* a minha voz..." (João 10.16); "Está *escrito* [e não pode ser anulado!] que o Cristo haveria de sofrer e ressuscitar dos mortos no terceiro dia, e que em seu nome seria pregado o arrependimento *para perdão de pecados a todas as nações...*" (Lucas 24.46,47). A missão de fazer discípulos de todas as nações *será* bem-sucedida.

As bênçãos concedidas a Abraão são para as nações

Apesar de Deus haver concentrado sua obra redentora em Israel por muitos séculos, tudo estava preparado para a missão global de alcançar as nações. Vemos isso desde a primeira promessa, feita a Abraão:

> Então o Senhor disse a Abrão: "Saia da sua terra, do meio dos seus parentes e da casa de seu pai, e vá para a terra que eu lhe mostrarei. [...] Abençoarei os que o abençoarem e amaldiçoarei os

que o amaldiçoarem; e por meio de você *todos os povos da erra serão abençoados*". (Gênesis 12.1-3)

Essa promessa está sendo cumprida no mandamento de Jesus: "Portanto, vão e façam discípulos de todas as nações". Quando as nações se tornarem discípulos de Jesus, receberão o Messias de Israel; e quando receberem o Messias de Israel, receberão o Deus de Abraão; e quando receberem o Deus de Abraão, se tornarão herdeiros de todas as promessas feitas por Deus a Israel. Foi o que Jesus deixou subentendido em Mateus 21.43: "Portanto eu lhes digo que o Reino de Deus será tirado de vocês [Israel] e será dado a um povo que dê os frutos do Reino". O "povo" é a Igreja arrebanhada de todas as nações.

O MANDAMENTO FINAL DE JESUS: "PROCLAMEM MEU NOME AO MUNDO INTEIRO"

O mandamento final de Jesus é que jamais percamos de vista a abrangência global de sua declaração a respeito da raça humana. Jesus não é uma divindade tribal. Ele é o Senhor do Universo. Um dia, todo joelho se dobrará diante dele, espontaneamente ou não (25.31,32). O julgamento foi confiado a ele (João 5.22). O mandamento é que seus seguidores alcancem todas as nações, obedecendo a tudo o que ele ordenou. "Vão e façam discípulos de todas as nações[1] [...] *ensinando-os a obedecer a tudo o que eu lhes ordenei*" (Mateus 28.19,20). Por isso, tudo que tentei incluir neste livro (e não esgotei o assunto) deve ser levado às nações. Este é o significado de fazer discípulos: não apenas levá-los a professar a fé, mas a obedecer a tudo que Jesus lhes ordenou.

---

[1] Omiti o mandamento de batizar ("Vão e façam discípulos de todas as nações, batizando-os em nome do Pai e do Filho e do Espírito Santo") não porque não seja importante para alguém se tornar discípulo de Jesus, mas porque já tratei desse assunto no *Mandamento 46*.

Pela oração, pela palavra e pelo sofrimento

O sucesso está garantido (24.14). Jesus constatará que a missão foi cumprida, mas a responsabilidade está em nossas mãos. Cumprimos nossa responsabilidade pela oração, pela Palavra e pelo sofrimento a favor do próximo. Jesus disse: "A colheita é grande, mas os trabalhadores são poucos. Portanto, peçam ao Senhor da colheita que mande trabalhadores para a sua colheita" (Lucas 10.2). Precisamos orar fervorosamente para que Deus faça o que prometeu fazer. As promessas não tornam as orações supérfluas: garantem as respostas.

Precisamos, pois, abrir a boca e proclamar a verdade de Jesus a todas as nações: "O que eu lhes digo na escuridão, falem à luz do dia; o que é sussurrado em seus ouvidos, proclamem dos telhados" (Mateus 10.27); "Vá pelos caminhos e valados e obrigue-os a entrar, para que a minha casa fique cheia" (Lucas 14.23); "Eu lhes digo que [...] haverá mais alegria no céu por um pecador que se arrepende do que por noventa e nove justos que não precisam arrepender-se" (15.7). Não devemos nos envergonhar, porque Jesus diz: "Quem, pois, me confessar diante dos homens, eu também o confessarei diante do meu Pai que está nos céus. Mas aquele que me negar diante dos homens, eu também o negarei diante do meu Pai que está nos céus" (Mateus 10.32,33).

Finalmente, todas as vezes que orarmos e falarmos devemos estar prontos para sofrer. "Assim como o Pai me enviou, eu os envio" (João 20.21). Jesus veio para sofrer. Não seremos capazes de fazer discípulos de todas as nações sem carregar nossa cruz e sem acompanhar os passos de Jesus no caminho do Calvário, do sacrifício feito com amor (Marcos 8.34). Essa é a luz de Jesus que o mundo pode ver mais claramente (*Mandamento 48*).

Ele é digno de tudo isso

Jesus não nos chama para uma vida fácil nem para uma missão fácil: "Antes de tudo isso, prenderão e perseguirão vocês. Então os entregarão às sinagogas e prisões, e vocês serão levados à presença de reis e governadores, tudo por causa do meu nome. Será para vocês uma oportunidade de *dar testemunho*" (Lucas 21.12,13). O sofrimento não será em vão. No curto prazo, sempre será uma ocasião de apresentar a realidade de Jesus. No longo prazo, nos conduzirá à vida eterna, "pois quem quiser salvar a sua vida, a perderá; mas quem perder a sua vida por minha causa e pelo evangelho, a salvará" (Marcos 8.35). Portanto, em todo o seu sofrimento para levar adiante a missão de Jesus, você receberá mais e mais recompensas: "Bem-aventurados serão vocês quando, por minha causa, os insultarem, os perseguirem e levantarem todo tipo de calúnia contra vocês. Alegrem-se e regozijem-se, porque grande é a sua recompensa nos céus..." (Mateus 5.11,12). Essa recompensa é a alegria da companhia gloriosa e inexaurível de Jesus para todo o sempre.

ÍNDICE ONOMÁSTICO

Alcorn, Randy, 298
Allison, Dale, 393
Arnal, William E., 32
Agostinho, Aurélio, 27, 55, 90
Augusto, Divino, 358

Barnett, Paul, 34
Blomberg, Craig L., 21, 33
Bornkamm, Gunther, 30
Boyd, Gregory, 34
Braun, Herbert, 31, 33
Bromiley, Geoffrey W., 345
Bultmann, Rudolf, 30, 31

César, Tibério, 357, 358
Calvino, João, 55
Carey, William, 319
Carson, D. A., 34, 329, 396
Chesterton, G. K., 148
Crouch, James E., 144

Davey, Noel, 29
Davies, W. D., 393
Dawes, Gregory W., 30
Dennis, Lane, 13
Desjardins, Michel, 32
Drewery, Mary, 319

Dun, James D. G., 30, 32

Edwards, Jonathan, 55, 94, 96, 99, 100
Elliott, Matthew, 55
Espinoza, Benedict, 30

Flew, Anthony, 377
Francisco de Assis, 36
Friedrich, Gerhard, 144

Geldenhuys, Norval, 375
Griffin, Ted, 13
Grundman, Walter, 162

Habermas, Gary, 34
Hagner, Donald, 375
Heth, William A., 345
Hoskyns, Edwyn, 29
Hurtado, Larry, 32

Instone-Brewer, David, 342, 345
Isaksson, Abel, 346

Jewett, Paul K., 381
Johnson, Luke Timothy, 34, 36
Jones, David W., 345
Kähler, Martin, 30

Käsemann, Ernst, 30
Keener, Craig S., 242, 246, 265
Kierkegaard, Søren, 228
Knight, Jonathan, 32
Köstenberger, Andreas, 341, 349

Ladd, George, 22, 180, 201, 229
Laney, Carl, 345
Lenski, R. C. H., 308
Lewis, C. S., 25, 92, 94
Lívia, imperatriz, 358
Lutero, Martinho, 166, 199, 204
Luz, Ulrich, 144

Machoveč, Milan, 31, 33
Maimonides, 211
Martyn, Henry, 136
Mathis, David, 13
McClaren, Alexander, 145
McKnight, Scot, 30, 32
Minkema, Kenneth, 94, 100
Moreland, J. P., 34

Niederwimmer, Kurt, 31, 33

Pascal, Blaise, 284

Piper, John, 29, 80, 96, 112, 138, 151, 283, 391, 404
Piper, Karsten, 106
Piper, Noël, 13

Reimarus, Hermann, 30

Sailhamer, John, 211
Sandell-Berg, Karolina Wilhelmina, 130
Schlatter, Adolf, 31, 32, 328
Schweitzer, Albert, 30
Shammai, rabino, 342
Steinbach, Carol, 13
Stott, John R. W., 211, 221
Strauss, David Friedrich, 30
Strauss, Mark L., 345
Strobel, Lee, 34

Taylor, Justin, 13, 96

Wenham, Gordon, 345
Wilberforce, Rev. S., 136
Wilkins, Michael J., 34
Winter, Bruce, 13
Witherington III, Ben, 29, 32, 33
Wrede, William, 30

ÍNDICE DE ASSUNTOS

Adoração a Deus
  a vida inteira, 113
  Deus em espírito e verdade, 108
  dos nascidos do Espírito, 111
  por intermédio de Jesus e a Jesus, 111
  servir, 113

Adultério
  da proibição do adultério à proibição da lascívia, 224, 347
  uma geração adúltera, 86, 215

Alegria
  acumulem tesouros nos céus e aumentem sua, em Jesus, 303
  completa, 115
  Deus, a fonte da minha plena, 89
  e autonegação, 93
  em hebraico, 90
  Jesus compra, 98
  Jesus sustenta nosso esforço, 209
  mandamento para regozijar-se e saltar de, 91, 95
  na perseguição, 272
  não existe limite para a, em Jesus, 99
  produzida por estar no Reino desde já, 202
  quando o mandamento de Jesus é obedecido, 168
  raiz da santidade, 96
  significa glorificar Jesus, 99
  vender tudo para ter, 93, 203

Amar a Jesus, v. *Amor*

Amor a si mesmo, como auto-imagem positiva, 283

Amor, v. *Generosidade*
  a Deus de todo o coração, 84, 87, 89, 90, 280, 281
  a Deus é o primeiro mandamento, 85, 276, 278, 286
  a Deus torna-se visível quando amamos os outros, 225
  a glória de Deus é um "motivo oculto" para o?, 395
  o mandamento para amar é amar, 59
  a verdade é a raiz do, 238
  alegria na recompensa sustenta o, 97, 397, 398
  amar a Deus de todo o seu coração, 81, 85, 88, 274, 280, 286, 287, 291
  amem os seus inimigos, 184, 225, 234, 237, 240, 244, 247, 248,

251, 253, 254, 257, 258, 269, 270, 271, 272, 273, 366, 372
ao próximo com o mesmo empenho que buscam seu bem-estar, 282
ao próximo é o segundo mandamento, 288
a si mesmo, reabastecido no amor a Deus, 288
buscando segurança e, de nosso Pai celestial, 270
como a si mesmo, 85, 237, 274, 288, 290, 291, 292, 293, 294, 295, 296
como Jesus nos amou, 295
como o primeiro mandamento sustenta o segundo, 286
como podemos amar assim?, 269
creiam no filho de Deus e produzam o fruto do, 181
cumprimenta as pessoas fora de nosso grupo, 257
cumprimenta os que matam e desprezam, 236
desafia o poder absoluto de quem é amado, 240
e ira, 156
faz o bem a quem nos odeia, 262
Jesus amou-nos perfeitamente como amou a si mesmo perfeitamente, 295
não é desatento nem negligente, 243
não há amor maior que Deus revelando sua glória, 391
o oposto é odiar, 86

o princípio da justiça também se aplica, 263
o que significa "como a si mesmo"? 283
odeia o ódio que destrói as pessoas, 244, 248
oferece a outra face, 262
ora por aqueles que nos perseguem, 248, 250
mandamento para amar a Jesus, 59
por Deus de todo o coração, 274
alma, entendimento e forças, 81, 287
por Deus, *litmus test* é Jesus, 82
preserva a verdade bíblica, 237
quando as pessoas competem entre si para receber, 264, 265
quando fazer o bem não significa dar a quem pede, 264
restrito ao amor aos nossos inimigos, 225
sacrifício prazeroso do, no sofrimento, 101, 392
valoriza a Deus acima de tudo, 90
vendo e contemplando a Deus como uma beleza arrebatadora, 84

Antigo Testamento
   Jesus sintetiza o Antigo Testamento sem Deus?, 277

Antíteses
   seis para mostrar a justiça muito superior à dos fariseus, 222

Apóstolo, significado de, 375

Arrependimento
   a todas as nações, 44
   frutos do, 41

necessidade universal de, 42, 43
o que significa, 40, 41, 42

Autonegação
e alegria, 93
e carregar a cruz, 77

Autoridade de Jesus, 258, 259, 364, 366, 376, 400, 401
como Jesus tem domínio sobre o mundo, 401
Jesus fala as mesmas palavras de Deus, 61
Jesus silencia demônios, 61, 62
mas sem espada, 27
na Grande Comissão, 26
ninguém falou como ele, que é autoridade? 400
universal, 402, 403

Batismo, v. *Ordenanças*

Beleza
de Deus é arrebatadora, 19, 113

Bíblia, v. *Escrituras*

Buscas pelo Jesus histórico,
desilusão com as, 31
duas primeiras, 30
frutos das, 29
oceano de especulações, 29
terceira busca, 32
três buscas, 29, 30

Carne, nascido da, 38, 39, 378

Casamento e divórcio, v. *Divórcio e segundo casamento*
casamento é excelente e precioso, mas não definitivo, 355
casamento retrata a aliança que Deus fez conosco, 332
destruição causada pelo divórcio, a, 336
Deus cria a união de cada casamento, 334
divórcio e o segundo casamento são pecados imperdoáveis? 352
é melhor não casar? 350
e quem se divorciou e casou novamente? 354
eunucos para o Reino, 350
há exceções para o divórcio? 343
insensatez da homossexualidade, a, 352
permissão de Moisés para o divórcio, 335
proibições para as quais não há exceção, 341
promessa de casamento entre José e Maria, 347
quem se divorciar e casar de novo comete adultério, 339
um homem, uma mulher, unidos pela graça até que a morte os separe, 350

Ceia do Senhor
amem com o mesmo empenho com que buscam o bem-estar de vocês, 282
como são o cálice, o corpo e o sangue de Jesus? 383

Certeza
fundamenta-se em nossa posição e demonstração, 231, 232

César
dêem a César o que é de César, 357, 359, 360, 361, 362, 363, 366, 370

Céu, céus
acumulem tesouros nos céus, 189, 297, 303, 309, 310, 311, 319
doando com generosidade, 312
janela de Jesus para o, 279, 280
egoísmo separa-nos do, 302, 303, 305, 306
seus nomes estão escritos nos, 91, 207, 208

Condenação, v. *Julgamento de Deus*

Conhecer a Deus por tudo o que ele é, 206

Coração
acumulem tesouros nos céus, 297
doando com generosidade, 297, 298
janela de Jesus para o, 280
orgulho separa-nos do, 138

Coragem, v. *Preocupação*

Crer
esforçar-se e descansar, 196
mandamento de Jesus, 150, 152
quando oramos, 119
significado de crer em Jesus, 145

Cristo, v. *Jesus, Obediência a Deus, Obediência a Jesus, Messias*

Cruz
Fifty Reasons Why Jesus Came to Die, 15
tomar a cruz e segui-lo, 150

Cura
autoridade de Jesus e o mandamento de curar, 258, 259
como devemos obedecer ao ministério de Jesus e o nosso, o, 259, 260, 261

Dangerous Duty of Delight, The, 92

Demonstração, v. *Posição em Cristo, Santificação*
de que você é filho de Deus, 267, 270, 271, 272

Desiring God, 92, 112, 138, 151, 345

Desobediência
por que eles não ouvem?, 366

Desobediência civil
batalha para quebrar nossa resistência, 369
moldada pela autoridade de Jesus, 367

Deus, v. *Reino de Deus, Espírito de Deus, Julgamento de Deus, Palavra de Deus, Adoração a Deus, Vontade de Deus*
a dádiva do Reino soberano de Deus, 317
o melhor dos pais, 315
os cuidados de Deus são repletos de ternura, 316
pecado, uma agressão a, 41, 42

Dinheiro
acumulem tesouros nos céus, 301
doando com generosidade, 304
ameaça mortal a quem deseja entrar pela porta estreita, 187
como perder as riquezas verdadeiras, 306
e os olhos bons, 189, 190

o rico e o mendigo, 304
o rico insensato que perde a alma, 305
por que tanta preocupação com o, 298
vocês não podem servir a Deus e ao, 86, 108, 113, 188, 301

Disciplina na igreja, v. *Igreja*

Diversidade
devemos buscar diversidade étnica, 404
somos todos espiritualmente mortos, 38, 39, 48

Divórcio e segundo casamento, v. *Casamento e divórcio*
bibliografia, 224, 353, 354
casamento é excelente, mas não definitivo, o, 355
da proibição do divórcio à fidelidade, 224
destruição causada pelo divórcio, a, 336
é melhor não casar? 350
e quem se divorciou e casou novamente? 354
eunucos para o Reino, 351
há exceções para o divórcio? 342, 343
insensatez da homossexualidade, a, 352
permissão de Moisés para o divórcio, 335
proibições para as quais não há exceção, 341
promessa de casamento entre José e Maria, 347
quem se divorciar e casar de novo comete adultério, 339
são pecados imperdoáveis?, 352
um homem, uma mulher, unidos pela graça, até que a morte os separe, 350

Dois outros livros, 15

Dor, v. *Sofrimento*

Eleitos
escolhidos por Deus e entregues a Jesus, 193

Emoções, sentimentos
Deus reage com emoções diferentes, 154, 160
instáveis, 112
Jesus comanda as emoções, 55
no Novo Testamento, 55, 56

Engodo do elogio humano, o, 186

Ensinando os mandamentos,
os que são da verdade ouvem Jesus, 64, 239, 242, 322
subterfúgio de menosprezar a Deus para não dizer a verdade, o, 324

Escrituras
Grande Comissão pela oração, 26
pela Palavra e pelo sofrimento, 412
Jesus deixa um Novo Testamento para sua Igreja, 375

Esforço
a justiça de vocês deve ser muito superior à dos fariseus, 210
e descansar, 196
gostar do que temos, não conquistar o que não temos, 203

Jesus sustenta nosso, 209
não será em vão, 413
o perdão e a justificação sustentam nosso, 205
para entrar na casa de nosso Pai, 206
para entrar pela porta estreita, 183, 184, 185, 187, 191, 192, 193, 194, 195, 196, 198, 199, 200, 201, 202, 203, 204, 205, 207, 209
sem Cristo nosso esforço seria em vão, 198

Espírito de Deus
e a nova aliança, 199
e a Palavra são inseparáveis, 378, 379
e como nascer de novo, 111

Espírito de servo, v. *Humildade*
a humildade produz o, 146
a palavra "servir" no Novo Testamento, 86, 113, 301
como Jesus serviu e servirá, 147
um coração intrépido e quebrantado, 143, 148

Espírito Santo, v. *Espírito de Deus*

Eucaristia, v. *Ceia do Senhor*

Evangelhos, os
Autenticidade dos, 33
títulos de Jesus, 21

Falsos profetas e falsos cristos, 191, 192, 193

Fariseus
cegos à proporção espiritual, 218
condição diabólica de exigir de forma impiedosa, 218
em João 5, 215
expulsos do Reino, 213
ira e súplica de Jesus, 212
o que eles amavam, 214

Fé, v. *Crer*

Felicidade, todos os homens buscam a, 283, 285, 286, 288

Filho de Deus
Jesus, 20, 43, 57, 155, 403
nós também somos, 206, 208, 209, 270

Filho do homem, por que Jesus gostava de intitular-se, 20, 21

Frutos
a árvore boa dá frutos bons, 177, 277, 233
creiam no Filho de Deus e produzam o fruto do amor, 69, 178
se vocês permanecerem em mim produzirão, 69, 71

Future Grace, 71

Generosidade
acumulem tesouros nos céus, 297
aumentem sua alegria em Jesus, 303
bondade de Deus é o motivo de nossa, 314
mostra que nos libertamos da escravidão dos bens materiais, 312
por que não é egoísmo premeditado?, 311

simplicidade de William Carey, a, 319

Gentios, os tempos dos, 406

Glória de Deus e de Jesus
  alegria glorifica a Jesus, 84, 117, 295
  como Jesus glorifica a Deus, 19
  deixe sua luz brilhar para a, 397
  glorificando a Deus na maneira pela qual morremos, 397
  manifestada na obra de Jesus, 23, 390
  não há amor maior que Deus revelando sua glória, 391
  o Pai glorifica o Filho, e o Filho glorifica o Pai, 390
  o que é a glória de Deus? 388
  objetivo da obediência, 19
  objetivo fundamental de Jesus, 113
  orar para a, 122
  principal desejo de Jesus e o valor supremo, 387, 395
  sua relação com a santidade, 387

God Is the Gospel, 391

God-Entranced Vision of All Things, A, 96, 100

Governo
  dêem a César o que é de César, 359, 360, 361, 362, 363, 370

Grande Comissão
  autoridade e intimidade em torno da, 26
  buscar diversidade étnica, 404
  e o objetivo do livro, 26
  façam discípulos de todas as nações, 27
  Israel e a maneira indireta de Deus para alcançar as nações, 405, 406, 407
  missão durará até o fim dos tempos, a, 26
  missão não pode falhar, a, 406
  pela oração, pela palavra e pelo sofrimento, 412
  proclamem o nome de Jesus ao mundo inteiro, 411
  seguidores de Jesus falam em nome dele, os, 403
  tempos dos gentios, os, 406

Guerra
  a vida é uma, 183, 184
  quando Jesus não está aqui, 380

Hipérbole nas ordens de Jesus? 266

Hipocrisia, 121, 210, 216, 217, 222, 292, 321, 327, 358

Homossexualidade, a insensatez da, 352

Humildade
  cinco implicações, 149
  como esta criança, 143
  declarando guerra ao orgulho, 137
  e confiança, 140
  o dom de receber todas as coisas como uma dádiva, 150
  o segredo é a presença da graça de Deus, 143
  produz o espírito de servo, 146
  somos servos inúteis, 137, 141

Igreja
"Edificarei a minha igreja", 123, 371, 372, 374, 385, 402, 410
orientações de Jesus para a disciplina na, 378, 380

Impostos, dêem a César o que é de César, 366

Inferno, v. *Julgamento de Deus*

Inimigos, v. *Amor*
aqueles que matam e desprezam, Jesus também teve, 236

Intelectualidade, o que a *die Wissenschaft* deveria ser, 31

Ira
a videira é a fonte para abrandar a força da, 168
amor e, 156
benéfica, 155, 156, 160, 164, 165, 167
de Jesus e a nossa, 155
ninguém decide sentir, 153
nociva, 155, 156, 161, 165
o que significa, 154
proporção e, 156
providência e, 156, 152, 158
que tipo de ira Jesus proíbe, 167
serviço ao próximo e a, 156, 165

Israel
bênçãos concedidas a Abraão são para todas as nações, as, 410
Jesus concede o que ele ordena, 81
maneira indireta de Deus para alcançar as nações, a, 406

Jesus, v. *Obediência a*, *Cruz*, *Redenção*
a ira de Jesus e a nossa, 155
amou-nos perfeitamente como amou a si mesmo perfeitamente, 295
como água e pão, 45, 47, 53
como novo lugar de adoração, 109
concede o que ele ordena, 228
dos Evangelhos é o mais radical, 35
ele é digno de tudo isso, 412
foi rude com seus discípulos, 134, 241
jugo suave, fardo leve, 45, 46, 141, 204, 218, 221
linguagem áspera e severa, 24
nosso tesouro, segurança e honra, 268
o dia de sua segunda vinda é desconhecido, 103, 185, 191, 194
palavra abrasiva de, 25
ressurreição de, 181, 389, 391
resumo da pessoa e da obra de, 19, 20
valor infinito de, 24, 114, 204, 398

Júbilo, v. *Alegria*

Julgamento de Deus
descrições que Jesus usa para inferno, 101
está próximo, 43
inferno não é uma conseqüência natural do, 102
inferno significa que o pecado é terrivelmente grave, 106
medo de Deus que pode destruir, 103, 105

nossa situação desesperadora, 50, 51

Juramentos
  digam a verdade sem usar subterfúgios, 320
  digam simplesmente "sim" ou "não", 326
  do cumprimento do juramento à simples sinceridade, 224
  fazem o que o amor não faz, 327
  insensatez de cruzar os dedos, a, 323
  os seguidores de Jesus devem fazer juramentos? 329
  subterfúgio de menosprezar Deus para não dizer a verdade, o, 324
  subterfúgios para não ter de cumprir uma promessa, 324
  verdade é preciosa, a, 320

Justiça
  deve ser muito superior à dos fariseus, 213, 220, 230, 170, 210
  muito superior à dos fariseus é fácil e difícil, 210, 217, 221, 222, 227

Justificação
  a razão de sermos aceitos por Deus, 306
  confiem em Jesus para serem justificados, 169
  e o perdão sustentam nosso esforço, 205
  e perfeição, 171
  este homem foi para casa justificado, 169, 172, 173, 205
  Jesus é o fundamento de nossa, 174
  no juízo, 231
  posição é a base da demonstração, 232

Lascívia, v. *Pureza de coração*

Lei
  a atual vontade de Deus está expressa na, 178, 179
  aponta para um ponto além, desses dois mandamentos dependem toda a Lei e os Profetas, 274
  Jesus sintetiza a Lei sem Deus? 277
  nosso comportamento para com a Lei muda com a chegada de Jesus, 179

Let the Nations Be Glad, 404

Levitas, 293

Local de trabalho secular
  obediência a Jesus, 80

Luz
  a de Jesus e a nossa em sua segunda vinda, 397
  que luz as pessoas vêem? 393

Mandamentos de Jesus
  cuidado para não diminuir a importância dos, 330
  processo de seleção, 35

Medo
  da falta de fé, 105
  de Deus e do inferno, 105
  dom precioso, 107

ter medo de Deus e confiar em Deus, 105

Messias
Jesus afirma ser o, 20, 21, 109

Metodologia
do livro, 24
processo de seleção, 35

Mina, uma quantia equivalente a três meses de salário, 307

Misericórdia
não se irem — tenham misericórdia, 161
vocês receberam de graça; dêem também de graça, 263, 273, 297

Missões, v. *Grande Comissão*

Morte
espiritual, 38, 48
glorificando a Deus na maneira em que morremos, 397

Morte de Jesus, v. *Redenção*
Fifty Reasons Why Jesus Came to Die, 15
redenção e exemplo, 293

Motivação para obedecer, 211

Nações, todas as, 399

Nascer de novo, 37, 38, 39, 42, 213, 228, 378

Nova aliança
e a missão fundamental de Jesus, 22
e como nascer de novo, Jesus cumpre a, 192
no sangue de Jesus, 192, 197, 198, 379, 382

Obediência a Deus
toda árvore boa produz frutos bons, 177, 277, 233
demonstra nossa posição, 232
é necessária uma dose de, 176
"façam a vontade de meu Pai", 178, 175
não é a razão de sermos aceitos por Deus, 306
para demonstrar que somos filhos de Deus, 207, 209
pelo cumprimento da nova aliança, 89, 178, 179

Obediência a Jesus
a árvore boa produz frutos bons, 177
arca de tesouros de alegria, 26
demonstra nossa posição, 232
é impossível obedecer a todos os mandamentos, 17
é necessária uma dose de obediência verdadeira, 176
ensinando a obedecer, 18
fruto de sua obra redentora, 23, 153, 180, 294, 353
jugo suave, fardo leve, 45, 141, 196, 204, 218, 221
não é a razão de sermos aceitos por Deus, 182
objetivo do livro, 17
para demonstrar que somos filhos de Deus, 207, 209, 271
para manifestação de sua glória, 18, 23

Obediência impossível, 22, 24
Jesus promete ajudar-nos, 204

Ódio
  devemos odiar o ímpio? 245
  fazer o bem quando existe, 258
  o amor odeia o mal que destrói as pessoas, 244

Oração
  com fé, 119
  com perseverança, 118
  com simplicidade, 118
  Grande Comissão pela oração, 26
  pela Palavra e pelo sofrimento, 412
  Jesus ora para que não fraquejemos, 206
  mantém-nos ligados a Jesus, 72
  não para receber elogios dos outros, 120
  o que pedir para nossos inimigos em, 249
  orem sempre e não desanimem, 115, 117
  para nossa alegria, 115, 117
  para que Deus seja glorificado, 123
  pedidos, agradecimento, louvor e confissão, 166
  pelo quê? 115, 122
  por aqueles que os perseguem, 115
  por meio da morte de Jesus e em seu nome, 118
  por quem? 115

Ordenanças
  batismo de crianças *versus* batismo de crentes, 380
  batismo, 378
  ceia do Senhor, 382

Orgulho
  é desprovido de amor, 140
  Jesus analisa minuciosamente as profundezas do, 138
  necessidade de receber elogio humano, 139
  somos servos inúteis, 137, 142
  uma sensação de merecimento, 139
  separa-nos do céu, o, 283

Ortodoxia,

Ouça Jesus, 66

Palavra de Deus, v. *Escrituras*
  e Espírito são inseparáveis, 378
  quem pertence a Deus ouve as palavras de Deus, 64, 242

Pecado
  a maior ameaça é pecar todos os dias, 184
  agressão a Deus, 41, 42
  como dívida, 162
  inferno significa que o pecado é terrivelmente grave, 106

Perdão
  e ira, 257
  e serviço ao próximo, 156, 225
  não se irem — tenham misericórdia e, 161
  oposto não é deixar de amar, o, 255
  orem pelos seus inimigos, 254
  por que eles necessitam de perdão, se não sabem o que estão fazendo? 252
  quem pouco foi perdoado pouco ama, 58

resistência à reconciliação põe a alma em risco, a, 256
setenta vezes sete — como? 162
tire primeiro a viga do seu olho, 165
transforma nossa vida, 176

Perecer, v. *Julgamento de Deus*

Perfeição
  e justificação, 171
  o tempo da perfeição ainda não chegou, 205

Permanecer
  em Jesus, 68, 69, 70, 71, 73, 150
  Jesus guarda aqueles que permanecem nele, 72, 73

Perseguição
  alegria na, 159
  eles farão com você o que fizeram com Jesus, 133

Perseverança
  e o perigo da nostalgia, 195
  Jesus ora para que não fraquejemos, 206

Política de dar a César o que é de César, a, 357, 358

Posição em Cristo
  a nossa posição, 80, 226, 231, 232, 233
  nossa certeza, 80

Prazer
  e sofrimento podem impedir-nos de entrar pela porta estreita, 185
  eterno em Jesus, 96

Preço alto por seguir Jesus, 80

Preocupação
  a vida é mais importante que a comida, 14, 126
  Deus será o mesmo amanhã, 130
  e os lírios do campo, 82, 128
  descansar em Jesus, 46, 72, 105, 143, 191, 192, 196, 204
  Jesus não mantém seu Reino à custa de preocupações, 130
  não se preocupem com as ameaças do homem, 132, 136
  não se preocupem com as necessidades do dia-a-dia, 125, 129
  o amanhã trará as suas próprias preocupações, 130
  os cabelos da cabeça de vocês estão todos contados, 397
  ter coragem para proclamar a verdade, 133, 134
  vocês não podem "acrescentar uma hora que seja à sua vida", 127
  vocês poderão apenas ser mortos, 134

Prosperidade não é a fonte da alegria, 186

Próximo
  ame o seu próximo como a si mesmo, 291
  não diminua o sentido de, 291

Pureza de coração
  amar uma coisa, 27
  batalha de vida ou morte, 26, 229

Recompensa
  alegria na recompensa sustenta o amor, 97, 397, 398

Jesus é nossa grande, 97
  por que ela não é egoísmo
  premeditado? 311
  raiz da alegria no sofrimento, 97

Reconciliação, v. *Perdão*

Redenção
  e a nova aliança, 293
  Jesus compra e provê nossa
  alegria, 98
  Jesus morreu em nosso lugar, 122
  morte de Jesus, e exemplo, 293
  perdão e justificação, 205

Regeneração, v. *Nascer de novo*

Reino de Deus
  cumpriu-se na História por
  intermédio de Jesus, 21
  Jesus afirma ser Rei, 125
  mistério do, 31
  mistério: ele está aqui, 200
  no ministério de Jesus, 22
  vocês já estão no poder do, 22

Relacionamentos
  ruptura com bens materiais, 78
  ruptura com pessoas, 78
  ruptura com a vocação, 78

Ressurreição de Jesus, 181, 389, 391

Retaliação, 225

Riscos dos elogios e dos vícios, os, 186

Sacramentos, v. *Ordenanças*

Sacrifício, medido pelo tamanho da generosidade, 298

Sal da terra, 386, 392, 393, 394

Salmos imprecatórios
  o ódio ao ímpio, 225, 245

Santidade
  alegria é a raiz da, 239
  sua relação com a glória, 387

Santificação
  confiem em Jesus para serem
  transformados, 175
  creiam e produzam o fruto do
  amor, 178, 181, 182
  demonstra nossa posição em
  Cristo, 232, 233
  é necessária uma dose de
  obediência, 176
  não é a razão de sermos aceitos
  por Deus, 174, 177, 178, 182
  o tempo da perfeição ainda não
  chegou, 205
  para demonstrar que somos
  filhos de Deus, 207, 267, 270,
  271, 272
  pureza de coração é uma batalha
  de vida ou morte, 229

Satisfação, v. *Alegria*
  com tudo que Deus é por nós
  em Jesus, 54

Seguindo Jesus, v. *Obediência a Jesus, Autonegação*
  participando do que ele faz, 74

Segunda vinda
  luz de Jesus e a nossa em sua, a, 397, 398
  o dia é desconhecido, 194

Sinal
  pedido por uma geração
  perversa, 86

Soberania de Deus
 e a obediência, 260
 ele governa o mundo nos mínimos detalhes, 82, 135, 158

Soberania de Jesus, 365, 370, 381

Sofrimento
 alegria no, 273, 97
 e prazer podem impedir-nos de entrar pela porta estreita, 185
 é temporário, a alegria é eterna, 77, 78
 Grande Comissão pela oração, 26
 pela Palavra e pelo sofrimento, 412
 Jesus é digno de tudo isso, 412
 sacrifício prazeroso do amor no, 392
 seguindo a Jesus no, 76

Summit Drive Grade School, 14

Tesouro
 acumulem tesouros no céu, 189, 190, 297, 310, 311
 Deus é nosso, 89, 93, 301
 Jesus é nosso, 312, 356, 394

The Freedom of a Christian, 166

Título do livro, 27

Tyndale House, 13

Um homem chamado Jesus Cristo, 15

Unidade do Novo Testamento, 24

Universidade de Munique, 14

Valor infinito de Jesus, o, 24

Verdade
 é a raiz do amor, 238
 Jesus é a, 238
 Jesus veio ao mundo para testemunhar da, 82, 269, 321,
 o uso da, sem amor, 239
 preciosa para pessoas comuns, 320
 um novo padrão de sinceridade, 326

Vida, v. *Vida eterna*

Vida eterna
 é necessária uma dose de obediência, 47, 169, 171, 172
 é nossa desde já, 201, 202, 209
 Jesus tem palavras de, 62, 63, 403
 justificação, 169
 perfeição, 170, 175, 178

Vigilância, v. *Esforço*

Vontade de Deus, v. *Obediência a Deus*

Weight of Glory, The, 92, 94

Wissenshaft, o que ela deveria ser, 32

Leia também

Um homem chamado Jesus Cristo

JOHN PIPER

> *"Jesus jamais será domesticado. Mas as pessoas ainda tentam domesticá-lo. Escolhemos uma de suas características que seja capaz de demonstrar que ele está do nosso lado. Todo mundo sabe que é muito bom ter a companhia de Jesus, mas não a companhia do Jesus original, não-adaptado. Apenas o Jesus revisado que se encaixa em nossa religião, plataforma política ou estilo de vida."* – John Piper

Teólogo contemporâneo dos mais renomados, John Piper analisa com perspicácia o fato curioso de que quase ninguém fala mal de Jesus, inclusive dentre as pessoas que não o aceitam como Senhor e Deus.

Mas será que podemos conhecer Jesus como ele realmente foi e é? Como conhecer uma pessoa que viveu na terra há dois mil anos e afirmou ter ressuscitado dos mortos com vida indestrutível?

Transbordando paixão pelo Inspirador dessas páginas, Piper discorre sobre o Mestre na santa esperança de que todos vejam e experimentem sua glória.

Esta obra foi composta em *Agaramond*
e impressa por Gráfica Expressão e Arte papel
Snowbright 60 g/m² para Editora Vida.